MATTHES & SEITZ BERLIN

PAPERBACK

Georges Bataille

DIE EROTIK

Aus dem Französischen von Gerd Bergfleth
Überarbeitet von Tim Trzaskalik
Mit einem Nachwort von Michel Surya

Matthes & Seitz Berlin

FÜR MICHEL LEIRIS

VORWORT

Abbildung I

Hellenistisches Phallus-Monument des kleinen Dionysos-Tempels auf Delos. Der Sockel ist mit Reliefs verziert, die den Umzug bei den Dionysien darstellen. Die Frontseite zeigt den vogelförmigen Phallus, der bei diesem Umzug auf einem Wagen mitgeführt wurde.

Der menschliche Geist ist den überraschendsten Ansprüchen ausgesetzt. Unaufhörlich hat er Angst vor sich selbst. Seine erotischen Regungen erschrecken ihn. Die Heilige wendet sich entsetzt vom Wollüstigen ab: Sie weiß nichts von der Einheit, die zwischen seinen uneingestehbaren Leidenschaften und ihren eigenen besteht.

Dennoch kann man erforschen, was den menschlichen Geist zusammenhält, dessen Möglichkeiten sich von der Heiligen bis zum Wollüstigen erstrecken.

Ich versetze mich an einen Standpunkt, von dem aus ich wahrnehmen kann, wie diese entgegengesetzten Möglichkeiten sich einander angleichen. Ich will sie nicht aufeinander zurückführen; sondern ich versuche, jenseits ihrer wechselseitigen Verneinung eine äußerste Möglichkeit der Übereinstimmung zu erfassen.

Ich glaube nicht, dass der Mensch eine Chance hat, Licht in seine Situation zu bringen, bevor er nicht beherrscht, was ihn erschreckt. Nicht dass er auf eine Welt hoffen soll, in der es keinen Grund mehr für das Entsetzen gäbe, in der Erotik und Tod sich auf der Ebene mechanischer Verkettungen befänden. Aber der Mensch kann das, was ihn erschreckt, überwinden, *er kann ihm ins Angesicht schauen.*

Um diesen Preis entgeht er der seltsamen Verkennung seiner selbst, die ihn bisher kennzeichnete.

Im Übrigen folge ich nur einem Weg, auf dem andere mir vorausgegangen sind.

Schon lange vor der Arbeit, die ich heute veröffentliche, hörte die Erotik auf, ein Thema zu sein, das ein »seriöser Mensch«, ohne seinen Namen zu gefährden, nicht behandeln durfte.

Seit Langem sprechen die Menschen ohne Furcht und ausführ-

lich von der Erotik. Daher ist bekannt, wovon ich nun meinerseits spreche. Ich wollte nichts anderes, als zu erforschen, was die Vielfalt der beschriebenen Fakten zusammenhält. Ich habe mich bemüht, eine Gesamtheit an Verhaltensweisen kohärent darzulegen.

Diese Suche nach einer kohärenten Gesamtheit unterscheidet meine Bemühung von denen der Wissenschaft. Die Wissenschaft untersucht eine abgesonderte Frage. Sie häuft Spezialarbeiten an. Ich glaube, dass die Erotik für die Menschen einen Sinn hat, den die Wissenschaft auf ihrem Weg nicht erreichen kann. Die Erotik kann nur so betrachtet werden, dass man bei ihrer Betrachtung zugleich den Menschen betrachtet. Insbesondere kann sie nicht unabhängig von der Geschichte der Arbeit und nicht unabhängig von der Religionsgeschichte betrachtet werden.

Daher entfernen sich die Kapitel dieses Buchs oft von der sexuellen Realität. Andererseits habe ich Fragen vernachlässigt, die manchmal nicht weniger wichtig erscheinen werden als die behandelten. Ich habe alles der Suche nach einem Standpunkt geopfert, von dem aus die Einheit des menschlichen Geistes fassbar wird.

Die Arbeit setzt sich aus zwei Teilen zusammen. Im ersten habe ich systematisch die verschiedenen Aspekte des menschlichen Lebens, wie sie von der Erotik aus in Betracht kommen, in ihrem Zusammenhang dargestellt.

Im zweiten habe ich einzelne Studien vereinigt, in denen ich dieselbe Frage erörtere: Die Einheit des Ganzen ist unverkennbar. Es handelt sich in beiden Teilen um dieselbe Untersuchung. Die Kapitel des ersten Teils und die verschiedenen Studien des zweiten wurden gleichzeitig geschrieben, seit dem Krieg bis zum laufenden Jahr. Diese Vorgehensweise hat einen Nachteil: Ich konnte Wiederholungen nicht vermeiden. Vor allem habe ich im ersten Teil gelegentlich in anderer Form Themen wiederaufgenommen, die im zweiten Teil behandelt werden. Mir ist dieses Verfahren umso *weniger hinderlich erschienen, als es dem allgemeinen Aspekt der Arbeit entspricht. Jede besondere Frage umschließt in ihr schon die ganze Frage. In gewissem Sinne beschränkt sich dieses Buch auf eine Gesamtansicht des menschlichen Lebens, die von einem immer anderen Blickwinkel aus wiederholt wird.*

Indem ich die Augen auf eine solche Gesamtsicht richtete, hat mich nichts mehr angezogen als die Möglichkeit, in einer allgemeinen Perspektive das Bild wiederzufinden, von dem meine Jugend besessen war: das Bild Gottes. Sicher kehre ich nicht zu meinem Jugendglauben zurück. Aber in der verlassenen Welt, in der wir umgehen, hat die menschliche Leidenschaft nur einen Gegenstand. Die Wege, auf denen wir uns mit ihm befassen, sind verschieden. Dieser Gegenstand hat die vielfältigsten Aspekte; aber den Sinn dieser Aspekte durchdringen wir nur, wenn wir ihren tiefen Zusammenhang gewahren.

Ich lege Wert auf die Feststellung, dass in dieser Arbeit die Impulse der christlichen Religion und des erotischen Lebens in ihrer Einheit erscheinen.

Ich hätte dieses Buch nicht schreiben können, wenn ich die Probleme, die es mir stellte, allein hätte ausarbeiten müssen. Ich möchte hier darauf hinweisen, dass meiner Anstrengung der Spiegel der Tauromachie *von Michel Leiris voranging, in dem die Erotik als eine an das Leben selbst gebundene Erfahrung betrachtet wird, nicht als Gegenstand einer Wissenschaft, sondern der Leidenschaft, und in tieferer Hinsicht einer poetischen Kontemplation.*

Vor allem im Hinblick auf den Spiegel, *den Michel Leiris am Vorabend des Krieges schrieb, soll dieses Buch ihm gewidmet werden.*

Darüber hinaus möchte ich ihm hier meinen Dank aussprechen für die Hilfe, die er mir anbot, als eine Erkrankung mir unmöglich machte, mich selbst um die Beschaffung der Fotografien zu kümmern, die meinen Text begleiten.

Ich möchte an dieser Stelle zum Ausdruck bringen, wie sehr ich gerührt bin über die eifrige und effiziente Unterstützung, die eine große Zahl meiner Freunde mir bei dieser Gelegenheit gewährten, indem sie es auf sich nahmen, mir die entsprechenden Dokumente zu verschaffen.

Namentlich erwähne ich hier Jacques-André Boiffard, Henri Dussat, Théodore Fraenkel, Max-Pol Fouchet, Jacques Lacan, André Masson, Roger Parry, Patrick Waldberg, Blanche Wiehn.

Ich kenne weder M. Falk noch Robert Giraud noch den großartigen Fotografen Pierre Verger persönlich, denen ich ebenfalls einen Teil dieser Dokumentation verdanke.

Ich zweifle nicht daran, dass der Gegenstand meiner Studien und das Gespür für den Anspruch, dem mein Buch gehorcht, wesentlich zu ihrem Eifer beigetragen haben.

Ich habe noch nicht den Namen meines ältesten Freundes erwähnt, Alfred Métraux. Angesichts der Hilfe, die er mir gewährte, müsste ich eigentlich von all dem sprechen, was ich ihm verdanke. Er hat mich nicht nur in den Jahren nach dem Ersten Weltkrieg in das Gebiet der Anthropologie und der Religionsgeschichte eingeführt, sondern seine unbestrittene Autorität hat mir auch das Gefühl der Sicherheit – einer soliden Sicherheit – gegeben, wenn ich über die entscheidende Frage von Verbot und Überschreitung gesprochen habe.

EINFÜHRUNG

Abbildung II

Die Erhängung. Zeichnung von André Masson zu Sades *Justine*, 1928. Unveröffentlicht.

»Der Marquis de Sade [bestimmt] den Mord
als einen Gipfel der erotischen Erregung.« (S. 29)

Von der Erotik ist es möglich zu sagen, dass sie die Bejahung des Lebens bis in den Tod ist. Genau genommen ist das keine Definition, aber ich glaube, dass diese Formel den Sinn der Erotik besser ausdrückt als irgendeine andere. Wollte man eine genaue Definition geben, müsste man gewiss von der sexuellen Aktivität zur Fortpflanzung ausgehen, von der die Erotik eine besondere Form darstellt. Die sexuelle Aktivität zur Fortpflanzung ist den geschlechtlich differenzierten Tieren und den Menschen gemeinsam, aber anscheinend haben die Menschen allein ihre sexuelle Aktivität zu einer erotischen Aktivität gemacht: Was die Erotik von der gewöhnlichen sexuellen Aktivität unterscheidet, ist eine vom natürlichen Zweck der Fortpflanzung und der Versorgung der Kinder unabhängige psychologische Suche. Von dieser elementaren Definition komme ich übrigens unmittelbar auf die Formel zurück, die ich zuerst vorgeschlagen habe und nach der die Erotik die Bejahung des Lebens bis in den Tod ist. Denn obwohl die erotische Aktivität zuerst ein Überschwang des Lebens ist, ist dem Gegenstand dieser psychologischen und, wie gesagt, von der Sorge um die Fortpflanzung des Lebens unabhängigen Suche der Tod nicht fremd. Dieses Paradox ist so groß, dass ich ohne Zögern versuchen möchte, durch die folgenden zwei Zitate meiner Behauptung einen Anschein von Begründung zu geben:

> »Das Geheimnis ist leider nur allzu gewiss«, bemerkt Sade, »und kein etwas im Laster verwurzelter Libertin, der nicht wüsste, wie groß die Gewalt des Mordes über die Sinne ist ...«[1]

Derselbe schreibt den noch merkwürdigeren Satz:

> »Es gibt kein besseres Mittel, sich mit dem Tod vertraut zu machen, als ihn mit dem Gedanken einer Ausschweifung zu verbinden.«[2]

Ich sprach von dem *Anschein* einer Begründung. Der Gedanke Sades könnte in der Tat eine Verirrung sein. Auf alle Fälle handelt es sich, selbst wenn es wahr ist, dass die Tendenz, auf die er sich bezieht, in der menschlichen Natur nicht ganz selten vorkommt, um eine verirrte Sinnlichkeit. Dennoch bleibt eine Beziehung zwischen dem Tod und der sexuellen Erregung bestehen. Der Anblick oder die Vorstellung einer Mordtat können, zumindest bei Kranken, das Verlangen nach sexuellem Genuss wecken. Wir können uns nicht mit der Behauptung begnügen, die Krankheit sei die Ursache dieser Beziehung. Ich persönlich räume ein, dass sich in Sades Paradox eine Wahrheit enthüllt. Diese Wahrheit ist nicht auf den Horizont des Lasters beschränkt: Ich glaube sogar, dass sie die Grundlage sein kann für unsere Vorstellungen vom Leben und vom Tod. Schließlich glaube ich, dass wir über das Sein nicht unabhängig von dieser Wahrheit nachdenken können. Das Sein erscheint dem Menschen zumeist als etwas unabhängig von den Regungen der Leidenschaft Gegebenes. Im Gegensatz dazu behaupte ich, dass wir uns das Sein niemals außerhalb dieser Regungen vorstellen dürfen.

Ich bitte zu entschuldigen, dass ich jetzt von einer philosophischen Erwägung ausgehe.

Im Allgemeinen ist es der Fehler der Philosophie, sich vom Leben zu entfernen. Aber ich will Sie sofort beruhigen.[3] Die Erwägung, die ich anstelle, bezieht sich sehr eng auf das Leben: Sie bezieht sich auf die sexuelle Aktivität, diesmal im Hinblick auf die Fortpflanzung. Ich sagte, dass die Fortpflanzung der Erotik entgegengesetzt ist; aber wenn es auch richtig ist, die Erotik so zu definieren, dass der erotische Genuss und die Fortpflanzung als Zweck unabhängig voneinander sind, so ist der grundlegende Sinn der Fortpflanzung nichtsdestoweniger der Schlüssel zur Erotik.

Die Fortpflanzung bringt *diskontinuierliche* Wesen ins Spiel.

Die Wesen, die sich fortpflanzen, sind untereinander verschieden, und die gezeugten Wesen sind untereinander und von jenen verschieden, aus denen sie hervorgegangen sind. Ein jedes Wesen ist von allen anderen verschieden. Seine Geburt, sein Tod und die Ereignisse seines Lebens können für die anderen von Interesse sein, aber unmittelbar ist es nur selbst daran interessiert. Nur es selbst wird geboren. Nur es selbst stirbt. Zwischen dem einen und dem anderen Wesen liegt ein Abgrund, erstreckt sich die Diskontinuität.

Dieser Abgrund befindet sich zum Beispiel zwischen Ihnen, die Sie mir zuhören, und mir, der ich zu Ihnen spreche. Wir versuchen, miteinander zu kommunizieren, aber keine Kommunikation zwischen uns wird die ursprüngliche Differenz beseitigen können. Wenn Sie sterben, dann bin nicht ich es, der stirbt. Sie und ich, wir sind diskontinuierliche Wesen.

Aber sobald ich diesen Abgrund, der uns trennt, in Erinnerung rufe, beschleicht mich das Gefühl einer Lüge. Dieser Abgrund ist tief, ich sehe kein Mittel, ihn zu beseitigen. Doch wir können gemeinsam das Schwindelerregende dieses Abgrunds empfinden. Er kann uns faszinieren. In einem gewissen Sinne ist dieser Abgrund der Tod, und der Tod ist schwindelerregend, er ist faszinierend.

Ich werde jetzt versuchen zu zeigen, dass für uns, die wir diskontinuierliche Wesen sind, der Tod den Sinn der Kontinuität des Seins hat: Die Fortpflanzung führt zur Diskontinuität der Wesen, aber sie bringt ihre Kontinuität ins Spiel, das heißt, sie ist innig mit dem Tod verbunden. Und indem ich von der Fortpflanzung der Wesen und vom Tod spreche, werde ich mich bemühen, die Identität zwischen der Kontinuität der Wesen und dem Tod darzulegen, die beide gleichermaßen faszinierend sind und deren Faszinationskraft die Erotik beherrscht.

Ich spreche von einer elementaren Störung, von dem, was seinem Wesen nach eine grundstürzende Erschütterung ist. Auch wenn die Tatsachen, von denen ich ausgehe, zunächst belanglos erscheinen mögen. Es sind Fakten, die die objektive Wissenschaft feststellt und die sich scheinbar in nichts von anderen Tatsachen unterscheiden, die uns zweifellos betreffen, aber von fern, ohne irgendetwas mit sich zu bringen, was uns intim erregen könnte. Diese augenscheinliche Bedeutungslosigkeit ist trügerisch, doch will ich zunächst in aller Einfachheit davon sprechen, als hätte ich nicht die Absicht, Sie sofort über Ihren Irrtum aufzuklären.

Sie wissen, dass sich die Lebewesen auf zwei Arten fortpflanzen. Die elementaren Wesen kennen eine geschlechtslose Fortpflanzung, aber die komplexeren Wesen pflanzen sich geschlechtlich fort.

In der geschlechtslosen Fortpflanzung teilt sich das einfache, einzellige Wesen, wenn ein bestimmter Grad seines Wachstums erreicht ist. Es bildet zwei Kerne aus, und aus einem Wesen entstehen zwei. Aber wir können nicht sagen, dass das eine Wesen ein zweites hervorgebracht hat. Die zwei neuen Wesen sind gleichermaßen Produkte des ersten. Das erste Wesen ist verschwunden. Im eigentlichen Sinne ist es gestorben, denn es lebt in keinem der beiden Wesen weiter, die es hervorgebracht hat. Es zerfällt nicht in der Art, wie die geschlechtlichen Tiere sterben, aber es hört auf zu sein. Es hört insofern auf zu sein, als es diskontinuierlich war. Zumindest an einem Punkt der Fortpflanzung aber hat es Kontinuität gegeben. Es gibt einen Punkt, an dem das ursprünglich *Eine Zwei* wird. Sobald zwei vorhanden sind, ist die Diskontinuität jedes der Wesen wiederhergestellt. Aber der Übergang schließt zwischen den beiden einen *Augenblick* von Kontinuität ein. Das erste stirbt, aber *in seinem Tod* zeigt sich der fundamentale Augenblick der Kontinuität zweier Wesen.

Dieselbe Kontinuität kann im Tod geschlechtlicher Wesen nicht auftauchen, ihre Fortpflanzung ist grundsätzlich unabhängig vom Todeskampf und von ihrem Verschwinden. Aber die geschlechtliche Fortpflanzung, die im Grunde die gleiche Teilung funktioneller Zellen ins Spiel bringt wie die ungeschlechtliche, fördert eine neue Art des Übergangs von der Diskontinuität zur Kontinuität zutage. Das Spermatozoon und die Eizelle sind im Elementarzustand diskontinuierliche Wesen, aber sie vereinigen sich, und demnach entsteht eine Kontinuität zwischen ihnen, um ein neues Wesen zu bilden, und zwar mit dem Tod, mit dem Verschwinden der getrennten Wesen. Das neue Wesen selbst ist diskontinuierlich, aber es trägt den Übergang zur Kontinuität in sich, die Verschmelzung, die für jedes der beiden verschiedenen Wesen tödlich ist.

Diese Veränderungen scheinen möglicherweise bedeutungslos, bilden aber die Grundlage für alle Lebensformen. Um sie verständlicher zu machen, lege ich Ihnen nahe, sich willkürlich den Übergang des Zustands, in dem Sie sich befinden, zu einer vollkommenen Zweiteilung Ihrer Person vorzustellen, die Sie nicht überleben könnten, da die aus Ihnen hervorgegangenen Doubles sich wesentlich von Ihnen unterscheiden würden. Notwendigerweise wäre keines dieser Doubles dem gleich, der Sie jetzt sind. Um Ihnen gleich zu sein, müsste das eine Double tatsächlich mit dem anderen kontinuierlich verbunden sein, es dürfte ihm nicht entgegengesetzt sein, wie es das ist. Darin liegt eine Bizarrerie, der die Vorstellungskraft nur mit Mühe folgt. Wenn Sie sich im Gegensatz dazu eine

Verschmelzung zwischen einem von Ihresgleichen und Ihnen denken, analog der von Spermatozoon und Eizelle, können Sie sich ohne allzu große Schwierigkeit die Veränderung vorstellen, um die es sich handelt.

Ich lege diese groben Vorstellungen nicht nahe, um eine Präzisierung anzuführen. Zwischen dem klaren Bewusstsein, das wir verkörpern, und den winzigen Wesen, um die es sich handelt, ist die Distanz beträchtlich. Dennoch möchte ich Sie vor der Gewohnheit warnen, diese winzigen Wesen lediglich *von außen* zu betrachten; vor der Gewohnheit, sie als Dinge zu betrachten, die *innerlich* nicht existieren. Sie und ich existieren *innerlich*. Aber das gleiche gilt von einem Hund und infolgedessen von einem Insekt oder einem noch kleineren Wesen. So einfach ein Wesen auch sein mag, es gibt keine Schwelle, von der ab die *innerliche* Existenz erst auftauchte. Sie kann nicht das Ergebnis wachsender Komplexität sein. Hätten die winzigen Wesen nicht von Anfang an, auf ihre Weise, eine innerliche Existenz, könnte keine Komplexität diese Existenz zum Vorschein bringen.

Deshalb ist aber die Distanz zwischen diesen mikroskopisch kleinen Tieren und uns nicht weniger groß. Die haarsträubenden Vorstellungen, die ich angeregt habe, können also keinen präzisen Sinn erhalten. Ich wollte nur auf eine paradoxe Weise die unscheinbaren Veränderungen ins Bewusstsein rufen, um die es sich handelt und die für unser Leben grundlegend sind.

Grundlegend sind die Übergänge vom Kontinuierlichen zum Diskontinuierlichen oder vom Diskontinuierlichen zum Kontinuierlichen. Wir sind diskontinuierliche Wesen, Individuen, die getrennt voneinander in einem unbegreiflichen Abenteuer sterben, aber wir haben Sehnsucht nach der verlorenen Kontinuität. Wir ertragen die Situation nur schwer, die uns an eine Zufalls-Individualität fesselt, an die vergängliche Individualität, die wir sind. Während wir das verängstigte Verlangen nach der Dauer dieses Vergänglichen hegen, sind wir zugleich von der Vorstellung einer ursprünglichen Kontinuität besessen, die uns ganz allgemein mit dem Sein verbindet. Die Sehnsucht, von der ich spreche, hat nichts zu tun mit der *Kenntnis* der von mir angeführten grundlegenden Gegebenheiten. Man kann darunter leiden, nicht so in der Welt zu sein wie eine Welle, die sich in der Vielheit der Wellen verliert, ohne etwas von den Entzweiungen und den Verschmelzungen der einfachsten Wesen zu wissen. Aber bei allen Menschen bestimmt diese Sehnsucht die drei Formen der Erotik.

Ich werde nacheinander von diesen drei Formen sprechen, nämlich von der Erotik der Körper, von der Erotik der Herzen und schließlich von der sakralen Erotik. Ich werde davon sprechen, um deutlich zu machen, dass es in ihnen immer darum geht, die Vereinzelung des Wesens, seine Diskontinuität, durch ein Gefühl tiefer Kontinuität zu ersetzen.

Man kann sich leicht vorstellen, was die Erotik der Körper oder der Herzen bezeichnet, aber die Idee einer sakralen Erotik ist weniger vertraut. Der Ausdruck ist übrigens zwiespältig, insofern jede Erotik sakral ist, doch auf die Körper und die Herzen stoßen wir, ohne in den sakralen Bereich im engeren Sinne einzutreten. Hingegen bezeichnet die systematische Suche nach einer Kontinuität des Seins, die über die unmittelbare Welt hinausführt, ein wesentlich religiöses Unterfangen; in ihrer im Abendland üblichen Form verschmilzt die sakrale Erotik mit der Gottsuche, genauer: mit der Gottesliebe, doch geht der Orient einer ähnlichen Suche nach, ohne unbedingt eine Gottesvorstellung ins Spiel zu bringen. Insbesondere der Buddhismus verzichtet auf diese Idee. Wie dem aber auch sei, ich will schon jetzt unterstreichen, was mein Versuch bedeutet. Ich habe mich bemüht, einen Begriff einzuführen, der auf den ersten Blick befremdlich, unnötig philosophisch erscheinen mochte, den der Kontinuität, die der Diskontinuität des Wesens entgegengesetzt ist. Ich kann nun die Tatsache hervorheben, dass uns ohne diesen Begriff die allgemeine Bedeutung der Erotik und die Einheit ihrer Formen entgehen würden.

Mit dem Umweg über die Darstellung der Diskontinuität und der Kontinuität der kleinsten Wesen, die sich im Fortpflanzungsprozess befinden, versuche ich, dem Dunkel zu entrinnen, in das der riesige Bereich der Erotik seit eh und je getaucht ist. Es gibt ein Geheimnis der Erotik, das ich damit enthüllen möchte. Wäre das möglich, ohne zunächst in die tiefste Tiefe, in das Herz des Seins vorzudringen?

Ich musste soeben zugeben, dass man die Betrachtungen über die Fortpflanzung der kleinsten Wesen für bedeutungslos, für belanglos halten könnte. Es mangelt ihnen die Stimmung einer elementaren Gewalt, die alle Äußerungen der Erotik, um welche es sich auch handeln mag, beherrscht. Das Gebiet der Erotik ist im Wesentlichen das Gebiet der Gewalt, das Gebiet der Verletzung. Aber denken wir über den Übergang der kleinsten Wesen von der Diskontinuität zur Kontinuität nach. Wenn wir uns die Bedeutung vergegenwärtigen, die diese Zustände für uns haben, begreifen wir, dass es immer höchst gewaltsam ist, das Wesen aus der Diskontinuität herauszureißen. Das Gewaltsamste für uns ist der Tod, der uns gerade jener Hartnäckigkeit entreißt, mit der wir auf der Fortdauer des diskontinuierlichen Wesens, das wir sind, beharren. Bei dem Gedanken, dass die diskontinuierliche Individualität in uns plötzlich erlöschen soll, versagt uns das Herz. Wir können die Regungen unseres Herzens nicht einfach mit denen der winzigen Lebewesen, die im Fortpflanzungsprozess stehen, vergleichen, aber so winzig die Wesen auch sein mögen, wir können uns nicht vorstellen, dass das Sein in ihnen ohne Gewalt aufs Spiel gesetzt wird: Das elementare Wesen als Ganzes steht nämlich auf dem Spiel im Übergang von der Diskontinuität zur Kontinuität. Nur die Gewalt kann auf solche Weise alles aufs Spiel setzen, die Gewalt und die namenlose Erregung, die mit ihr verbunden ist! Ohne Verletzung des konstituierten Wesens, das sich in der Diskontinuität konstituiert hat, können wir uns den Übergang von einem Zustand zu einem anderen, wesentlich unterschiedenen nicht vorstellen. In den dunklen Übergängen der in Fortpflanzung begriffenen winzigen Lebewesen finden wir nicht nur den Grund der Gewalt wieder, die uns in der Erotik der Körper den Atem verschlägt, sondern es enthüllt sich uns auch der innerste Sinn dieser Gewalt. Was bedeutet die Erotik der Körper anderes als eine Verletzung der Partner in ihrem Sein? Eine Verletzung, die an den Tod grenzt? Die an den Mord grenzt?

Alles, was die Erotik ins Werk setzt, hat zum Ziel, das Wesen im Allerintimsten zu treffen, dort, wo das Herz versagt. Der Übergang vom Normalzustand zu dem des erotischen Begehrens setzt in uns eine verhältnismäßige Auflösung des in der diskontinuierlichen Ordnung konstituierten Wesens voraus. Der Begriff der Auflösung passt zu dem geläufigen Ausdruck eines *losen* Lebens, wie er mit der erotischen Aktivität verbunden ist. Im Prozess der Auflösung der Wesen kommt dem männlichen Partner gewöhnlich die aktive Rolle zu; die weibliche Rolle ist passiv. Im Allgemeinen ist es der passive, weibliche Teil, der als konstituiertes Wesen aufgelöst wird. Doch für einen männlichen Partner hat die Auflösung der passiven Seite nur einen Sinn: Sie bereitet eine Verschmelzung vor, in der sich zwei Wesen mischen, die zum Schluss gemeinsam denselben Grad der Auflösung erreichen. Die ganze erotische Veranstaltung ist auf eine Zerstörung der Struktur jenes abgeschlossenen Wesens ausgerichtet, das ein am Spiel beteiligter Partner im Normalzustand ist.

Die entscheidende Handlung ist die Entblößung. Die Nacktheit steht im Kontrast zum abgeschlossenen Zustand, zum Zustand der diskontinuierlichen Existenz. Sie ist ein Zustand der Kommunikation, der die Suche nach einer möglichen Kontinuität des Seins offenbart, die über die Selbstbefangenheit hinausführt. Die Körper öffnen sich der Kontinuität durch jene geheimen Kanäle, die uns die Empfindung der Obszönität vermitteln. Die Obszönität bezeichnet die Verwirrung, die eine dem Selbstbesitz, dem Besitz der dauerhaften und sich behauptenden Individualität entsprechende Verfassung der Körper stört. Es findet eine Enteignung statt im Spiel der Organe, die sich in der stetig wiederkehrenden Verschmelzung verströmen, ähnlich dem Hin und Her der Wellen, die sich durchdringen und ineinander verlieren. Diese Enteignung ist so vollständig, dass sich die meisten Menschen im Zustand der Nacktheit, der sie ankündigt, der ihr Bild ist, verbergen, und das umso eher, wenn auf die Nacktheit die erotische Handlung folgt, die die Enteignung vollendet. In den Kulturkreisen, in denen die Entblößung ihre volle Bedeutung besitzt, stellt sie, wenn nicht ein Simulakrum, so doch ein gefahrloses Äquivalent der Tötung dar. Im Altertum war die Auflösung (oder die Zerstörung), auf der die Erotik beruht, so spürbar, dass sie den Vergleich des Liebesakts mit dem Opfer rechtfertigte. Wenn ich von der sakralen Erotik sprechen werde, welche die Verschmelzung der Wesen mit einem Jenseits der unmittelbaren Wirklichkeit betrifft, werde ich auf den Sinn des Opfers zurückkommen. Doch lege ich schon jetzt Nachdruck auf die Tatsache, dass der weibliche Partner in der Erotik als das Opfer erschien, der männliche als der Opferer, wobei sich im Vollzug des Liebesakts beide in der Kontinuität verlieren, die durch einen ersten Akt der Zerstörung eröffnet wird.

Was diesen Vergleich in seinem Wert schmälert, ist der geringe Grad von Zerstörung, um den es sich handelt. Wir könnten höchstens behaupten, dass die erotische Aktivität schwerer ihren Höhepunkt erreicht, wenn das Element der Verletzung, ja der Gewalt, das sie begründet, ausbleibt. Indessen würde die wirkliche Zerstörung, die Tötung im eigentlichen Sinne, keine vollkommenere Form der Erotik mit sich bringen als das ganz vage Äquivalent, von dem ich sprach. Die Tatsache, dass der Marquis de Sade in seinen Romanen den Mord als einen Gipfel der erotischen Erregung bestimmt, hat nur den einen Sinn: dass wir uns nicht notwendigerweise von der Erotik entfernen, wenn wir die in ihr angelegte Bewegungsrichtung, wie ich sie beschrieb, bis zur äußersten Konsequenz führen. Im Übergang vom normalen Zustand zum Begehren gibt es eine grundlegende Faszination des Todes. In der Erotik steht immer die Auflösung konstituierter Formen auf dem Spiel. Ich wiederhole es: jener Formen des sozialen, regelmäßigen Lebens, welche die diskontinuierliche Ordnung der ausgeprägten Individualitäten ausmachen, die wir sind. Trotz Sade ist aber das diskontinuierliche Leben in der Erotik nicht, und weniger noch als in der Fortpflanzung, zum Verschwinden verurteilt: Es ist lediglich in Frage gestellt. Es muss im höchsten Grade verwirrt und gestört werden. Es gibt ein Suchen nach der Kontinuität, aber nur dem Prinzip nach, sodass die Kontinuität, die allein der Tod der diskontinuierlichen Wesen endgültig herstellen könnte, nicht den Sieg davonträgt. Es handelt sich darum, ins Innere einer auf die Diskontinuität gegründeten Welt so viel Kontinuität einzuführen, wie diese Welt ertragen kann. Sades Wahnwitz geht über diese Möglichkeit hinaus. Er ist die Versuchung einer kleinen Zahl, und manchmal gibt es einige, die bis ans Ende gehen. Aber für die Gesamtheit der normalen Menschen zeigen definitive Handlungen nur die äußerste Richtung der wesentlichen Wege an. Es gibt einen schrecklichen

Exzess in der uns belebenden Erregung: Der Exzess erhellt den Sinn der Erregung. Aber für uns ist das nur ein entsetzliches Zeichen, das uns unaufhörlich daran erinnert, dass sich uns der Tod, der *Abbruch* jener individuellen Diskontinuität, an die uns die Angst fesselt, als eine höhere Wahrheit erweist als das Leben.

Die Erotik der Körper hat auf alle Fälle etwas Schweres, Düsteres an sich. Sie bewahrt die individuelle Diskontinuität, und das immer ein wenig im Sinne eines zynischen Egoismus. Die Erotik der Herzen ist freier. Wenn sie sich dem Anschein nach von der Materialität der körperlichen Erotik trennt, so geht sie in Wirklichkeit insofern aus ihr hervor, als sie oft nur ihre durch die gegenseitige Zuneigung der Liebenden stabilisierte Erscheinungsform ist. Sie kann sich ganz davon trennen, aber dann handelt es sich um Ausnahmen, wie sie in der großen Verschiedenheit der Menschen vorkommen. Die Leidenschaft der Liebenden setzt im Grunde die Verschmelzung, die zwischen den Körpern stattfand, auf der Ebene der geistigen Sympathie fort. Sie setzt sie fort, oder sie ist ihr Auftakt. Aber für den, der sie empfindet, kann die Leidenschaft eine stärkere Bedeutung haben als das Begehren der Körper. Wir dürfen niemals vergessen, dass sie trotz der Glückseligkeitsversprechen, die sie begleiten, zuerst Verwirrung und Störung mit sich bringt. Sogar die glückliche Leidenschaft veranlasst eine so heftige Unordnung, dass das Glück, um das es sich handelt, bevor es ein Glück ist, das man genießen kann, mit seinem Gegenteil, dem Leiden, vergleichbar ist. Das Wesen der Leidenschaft ist es, die fortdauernde Diskontinuität durch eine wunderbare Kontinuität zwischen zwei Wesen zu ersetzen. Aber diese Kontinuität wird hauptsächlich in der Angst empfunden, insofern sie unerreichbar ist, ein Trachten in Ohnmacht und Zittern. Ein stilles Glück, in dem das Gefühl der Sicherheit die

Oberhand gewinnt, hat nur den Sinn einer Beruhigung des langen Leidens, das voranging. Denn für die Liebenden ist die Aussicht größer, sich nur flüchtig zu begegnen, als die hingerissene Betrachtung der intimen Kontinuität, die sie vereint, genießen zu können.

Die Aussichten zu leiden sind umso größer, als nur das Leiden die ganze Bedeutung des geliebten Wesens offenbart. Der Besitz des geliebten Wesens bedeutet nicht den Tod, im Gegenteil, aber der Tod ist mit der Suche verbunden. Wenn der Liebende das geliebte Wesen nicht besitzen kann, denkt er manchmal daran, es zu töten: Oft würde er es lieber töten als verlieren. In anderen Fällen wünscht er sich selbst den Tod. Was in dieser Raserei auf dem Spiel steht, ist das Gefühl einer möglichen Kontinuität, die im geliebten Wesen erblickt wird. Es scheint dem Liebenden, dass einzig das geliebte Wesen – das liegt an schwer zu definierenden Korrespondenzen, die über die sinnliche Vereinigung hinaus die Vereinigung der Herzen ermöglichen – in dieser Welt verwirklichen kann, woran unsere Begrenzungen uns hindern, nämlich das völlige Verschmelzen, die Kontinuität zweier diskontinuierlicher Wesen. Die Leidenschaft verwickelt uns auf diese Weise in das Leiden, denn sie ist im Grunde das Streben nach etwas Unmöglichem und, oberflächlich gesehen, nach einer Übereinstimmung, die von Zufälligkeiten abhängt. Indessen verspricht sie einen Ausweg aus dem grundlegenden Leiden. Wir leiden an unserer Isolierung in der diskontinuierlichen Individualität. Die Leidenschaft wiederholt uns ununterbrochen: Wenn du das geliebte Wesen besäßest, bildete dieses Herz, das die Einsamkeit erstickt, mit dem des geliebten Wesens ein einziges Herz. Zum Teil wenigstens ist dieses Versprechen illusorisch. Aber in der Leidenschaft nimmt das Bild der Verschmelzung, manchmal für jeden der Liebenden auf andere Weise, mit wahnsinniger Intensität Gestalt an. Jenseits ihres Bildes, ihres Projekts, kann übrigens die prekäre Verschmelzung, die sich das Überleben des individuellen Egoismus vorbehält, zur Wirklichkeit werden. Gleichwohl: In den meisten Fällen muss durch das Leiden – die drohende Trennung – das volle Bewusstsein dieser prekären und zugleich tiefen Verschmelzung aufrechterhalten werden.

Wie dem auch sei, müssen wir von zwei entgegengesetzten Möglichkeiten Kenntnis nehmen.

Ist die Vereinigung der beiden Liebenden die Wirkung der Leidenschaft, schließt sie den Tod ein, das Begehren nach dem Mord oder dem Selbstmord. Was die Leidenschaft kennzeichnet, ist eine Aura des Todes. Unterhalb dieser Gewalt – der das Gefühl für die kontinuierliche Verletzung der diskontinuierlichen Individualität entspricht – beginnt das Gebiet der Gewöhnung und des Egoismus zu zweit, das heißt eine neue Form der Diskontinuität. Nur in der Verletzung der individuellen Isolierung – auf Höhe des Todes – erscheint jenes Bild des geliebten Wesens, das dem Liebenden alles bedeutet. Für den Liebenden ist das geliebte Wesen die Transparenz der Welt. Was in ihm transparent wird, davon werde ich später im Zusammenhang mit der göttlichen oder sakralen Erotik sprechen. Es ist das volle, unbegrenzte Sein, das von keiner persönlichen Diskontinuität mehr begrenzt wird. Es ist, mit einem Wort, die Kontinuität des Seins, die vom Liebenden als eine Befreiung wahrgenommen wird. Etwas Absurdes, eine schreckliche Vermischung liegt in diesem Anschein, aber durch die Absurdität, die Vermischung und das Leiden hindurch eine wunderbare Wahrheit. Im Grunde ist nichts illusorisch an der Wahrheit der Liebe: Das geliebte Wesen kommt für den Liebenden, zweifellos nur für den Liebenden, aber einerlei, der Wahrheit des Seins gleich. Der Zufall will, dass der Liebende über das geliebte Wesen, da die Vielfalt der Welt verschwunden ist, den Grund des Seins, die Einfachheit des Seins erfasst.

Über die prekären, von günstigen Zufällen abhängigen Möglichkeiten hinaus, die den Besitz des geliebten Wesens gewährleisten, hat sich die Menschheit seit Urzeiten bemüht, ohne solche Zufälle zur Kontinuität zu gelangen, die sie befreit. Das Problem hat sich angesichts des Todes gestellt, der das diskontinuierliche Wesen augenscheinlich in die Kontinuität des Seins stürzt. Diese Art, die Dinge zu sehen, drängt sich dem Geist zwar nicht von Anfang an auf, doch rührt der Tod, der die Zerstörung eines diskontinuierlichen Wesens ist, in keiner Weise an die Kontinuität des Seins, die im Allgemeinen außerhalb von uns existiert. Ich vergesse nicht, dass in dem Wunsch nach Unsterblichkeit die Sorge ins Spiel kommt, das Überleben in der Diskontinuität zu sichern – das Überleben des persönlichen Wesens –, aber ich lasse diese Frage beiseite. Ich betone die Tatsache, dass der Tod die Kontinuität des Seins, da sie den Ursprung der Wesen bildet, nicht erreicht; die Kontinuität des Seins ist von ihm unabhängig; der Tod bringt sie, im Gegenteil, *zur Erscheinung.* Dieser Gedanke, scheint mir, muss die Grundlage für die Interpretation des religiösen Opfers sein, mit dem die erotische Handlung verglichen werden kann, wie ich vorhin sagte. Die erotische Handlung löst die Wesen, die sich in sie einlassen, auf und offenbart ihre Kontinuität, die an jene aufgewühlter Gewässer erinnert. In der Opferhandlung findet nicht nur eine Entblößung, sondern eine Tötung des Opfers statt (oder eine bestimmte Art der Zerstörung, wenn der Gegenstand der Opferhandlung kein lebendes Wesen ist). Das Opfer stirbt, und die Anwesenden haben an einem Element teil, das sein Tod offenbart. Dieses Element ist das, was man, mit den Religionshistorikern, das *Sakrale* nennen kann. Das Sakrale ist eben die Kontinuität des Seins, die denen offenbart wird, die ihre Aufmerksamkeit in einem feierlichen Ritus auf den Tod eines diskontinuierlichen Wesens richten. Durch den gewaltsamen Tod wird die Diskontinuität eines Wesens gebrochen: Das, was bleibt und was in der eintretenden Stille die angstvollen Seelen spüren, ist die *Kontinuität* des Seins, der das Opfer zurückgegeben wurde. Nur eine spektakuläre Tötung, die unter Bedingungen vollzogen wird, die der Feierlichkeit und Gemeinschaftlichkeit der Religion entsprechen, ist geeignet, zu offenbaren, was gewöhnlich der Aufmerksamkeit entgeht. Übrigens könnten wir uns nicht vorstellen, was sich im geheimsten Innern der Teilnehmer bekundet, wenn wir uns nicht auf religiöse Erfahrungen beziehen könnten, die wir persönlich gemacht haben, und sei es in unserer Kindheit. Alles bestätigt die Annahme, dass das *Sakrale* der primitiven Opfer im Wesentlichen dem *Göttlichen* der gegenwärtigen Religionen entspricht.

Ich sagte eben, dass ich von der sakralen Erotik sprechen werde; ich hätte mich verständlicher gemacht, wenn ich zuerst von der göttlichen Erotik gesprochen hätte. Die Liebe zu Gott ist eine geläufigere, weniger verwirrende Idee als die Liebe zu einem sakralen Element. Ich habe es nicht getan, ich wiederhole es, weil die Erotik, deren Gegenstand jenseits der unmittelbaren Wirklichkeit angesiedelt ist, bei Weitem nicht auf die Liebe zu Gott zurückgeführt werden kann. Ich wollte lieber schwer verständlich als ungenau sein.

Im Wesentlichen ist das Göttliche mit dem Sakralen identisch, wenn man von der relativen Diskontinuität der Person Gottes absieht. Gott ist ein zusammengesetztes Wesen, das auf der Gefühlsebene, und sogar in grundlegender Weise, die Kontinuität des Seins besitzt, von der ich spreche. Die Vorstellung von Gott ist aber deshalb nicht weniger, in der biblischen Theologie ebenso wie in der rationalen Theologie, an ein persönliches Wesen gebunden, an einen von der Gesamtheit des Seienden unterschiedenen *Schöpfer*. Was die Kontinuität des Seins betrifft, beschränke ich mich darauf zu sagen, dass sie meiner Meinung nach zwar nicht *erkennbar*, wohl aber *erfahr-*

bar ist, wenn auch in zufälligen, immer ein wenig anfechtbaren Formen. Die *negative* Erfahrung allein ist es meines Erachtens wert, Aufmerksamkeit zu beanspruchen, und diese Erfahrung ist reich. Wir dürfen niemals vergessen, dass die positive Theologie von einer *negativen* Theologie begleitet wird, die sich auf die mystische Erfahrung gründet.

Obwohl sie sich klar davon unterscheidet, scheint mir die mystische Erfahrung schon durch die universale Erfahrung des religiösen Opfers mitgegeben. Sie führt in die Welt, die von einem Denken beherrscht wird, das von der gegenständlichen, objektgebundenen Erfahrung (und der Objekterkenntnis, die sich daraus entwickelt) ausgeht, ein Element ein, das in den Konstruktionen dieses rationalen Denkens keinen Platz findet, es sei denn in negativer Form, als eine Bestimmung seiner Grenzen. Und in der Tat, was die mystische Erfahrung offenbart, ist eine Objektlosigkeit. Das Objekt fällt mit der Diskontinuität zusammen, und die mystische Erfahrung weckt in uns, soweit wir die Kraft haben, einen Bruch mit unserer Diskontinuität herbeizuführen, das Gefühl der Kontinuität. Sie weckt es mit anderen Mitteln als die Erotik der Körper oder die Erotik der Herzen. Genauer, sie verzichtet auf die Mittel, die nicht vom Willen abhängen. Die an die Realität gebundene erotische Erfahrung ist eine Erwartung des Ungewissen, das Warten auf ein bestimmtes Wesen und auf günstige Umstände. Die sakrale Erotik in der mystischen Erfahrung will nur, dass das Subjekt durch nichts gestört werde.

Im Prinzip (es ist keine Regel) berücksichtigt man in Indien die Aufeinanderfolge der verschiedenen Formen, von denen ich sprach, auf ungezwungene Weise. Die mystische Erfahrung ist dem reifen Alter vorbehalten, beim Herannahen des Todes, wenn die günstigen Bedingungen für die reale Erfahrung fehlen. Die an gewisse Gesichtspunkte der positiven Religionen gebundene mystische Erfahrung widersetzt sich manchmal jener Bejahung des Lebens bis in den Tod, in der ich generell den tiefen Sinn der Erotik erkenne.

Aber die Opposition ist nicht notwendig. Die Bejahung des Lebens bis in den Tod ist Herausforderung, sowohl in der Erotik der Herzen als auch in jener der Körper, es ist eine Herausforderung des Todes aus Gleichgültigkeit ihm gegenüber. Das Leben ist Zugang zum Sein: Wenn das Leben auch sterblich ist, die Kontinuität des Seins ist es nicht. Das Näherrücken der Kontinuität, der Rausch der Kontinuität beherrschen die Betrachtung des Todes. In erster Linie gewährt uns die unmittelbare erotische Verwirrung ein Gefühl, das alles übersteigt, sodass die düsteren Aussichten, die mit der Situation des diskontinuierlichen Wesens verbunden sind, in Vergessenheit geraten. Dann, jenseits der dem jugendlichen Leben offenstehenden Trunkenheit, erlangen wir die Macht, dem Tod ins Angesicht zu schauen und in ihm schließlich die Eröffnung der unbegreiflichen, unerkennbaren Kontinuität zu erblicken, die das Geheimnis der Erotik ist und deren Geheimnis nur die Erotik nahebringt.

Wer mir gefolgt ist, wird nun den Sinn des Satzes, den ich zu Anfang zitierte, im Licht der Einheit, die die verschiedenen Formen der Erotik bilden, erfassen:

> »Es gibt kein besseres Mittel, sich mit dem Tod vertraut zu machen, als ihn mit dem Gedanken einer Ausschweifung zu verbinden.«

Was ich gesagt habe, erlaubt, in ihm die Einheit des erotischen Bereichs zu erkennen, der sich uns durch die Verweigerung der willentlichen Selbstbefangenheit eröffnet. Die Erotik öffnet für den Tod. Der Tod öffnet für die Negation der individuellen Fortdauer. Könnten wir ohne innere Gewalt eine Negation auf uns nehmen, die uns an die Grenze alles Möglichen führt?

Zum Schluss möchte ich Ihnen helfen, wirklich zu empfinden, dass an dem Ort, an den ich Sie führen wollte, so wenig vertraut er Ihnen manchmal erscheinen mochte, sich dennoch die Wege grundlegender Gewalten kreuzen.

Ich habe von mystischer Erfahrung gesprochen und nicht von der Poesie. Ich hätte es nicht tun können, ohne noch weiter in ein intellektuelles Labyrinth einzudringen: Wir alle empfinden, was die Poesie ist. Sie ist unser Grund, aber wir können nicht von ihr sprechen. Ich werde jetzt nicht von ihr sprechen, doch glaube ich, die Idee der Kontinuität, die ich vorstellen wollte und die nicht ganz mit der Gottesvorstellung der Theologen identifiziert werden kann, *sinnlicher* zu machen, wenn ich an die folgenden Verse eines der gewaltigsten Dichter erinnere, nämlich Rimbaud.

Neugefunden, Sie.
Was? die Ewigkeit.
Das Meer ist's, hinfort
Ist's mit der Sonne.[4]

Die Poesie führt zu demselben Punkt, zu dem jede Form der Erotik führt – zur Ununterscheidbarkeit, zur Verschmelzung der unterschiedlichen Gegenstände. Sie führt uns zur Ewigkeit, sie führt uns zum Tod und durch den Tod zur Kontinuität: Die Poesie ist *die Ewigkeit. Das Meer ist's, hinfort ist's mit der Sonne.*

ERSTER TEIL
VERBOT UND ÜBERSCHREITUNG

Abbildung III
Opferung eines Hahns. Wodu-Kult.

»Das Opfer stirbt, und die Anwesenden haben an einem Element teil, das sein Tod offenbart. Dieses Element ist das, was man, mit den Religionshistorikern, das *Sakrale* nennen kann.« (S. 33)

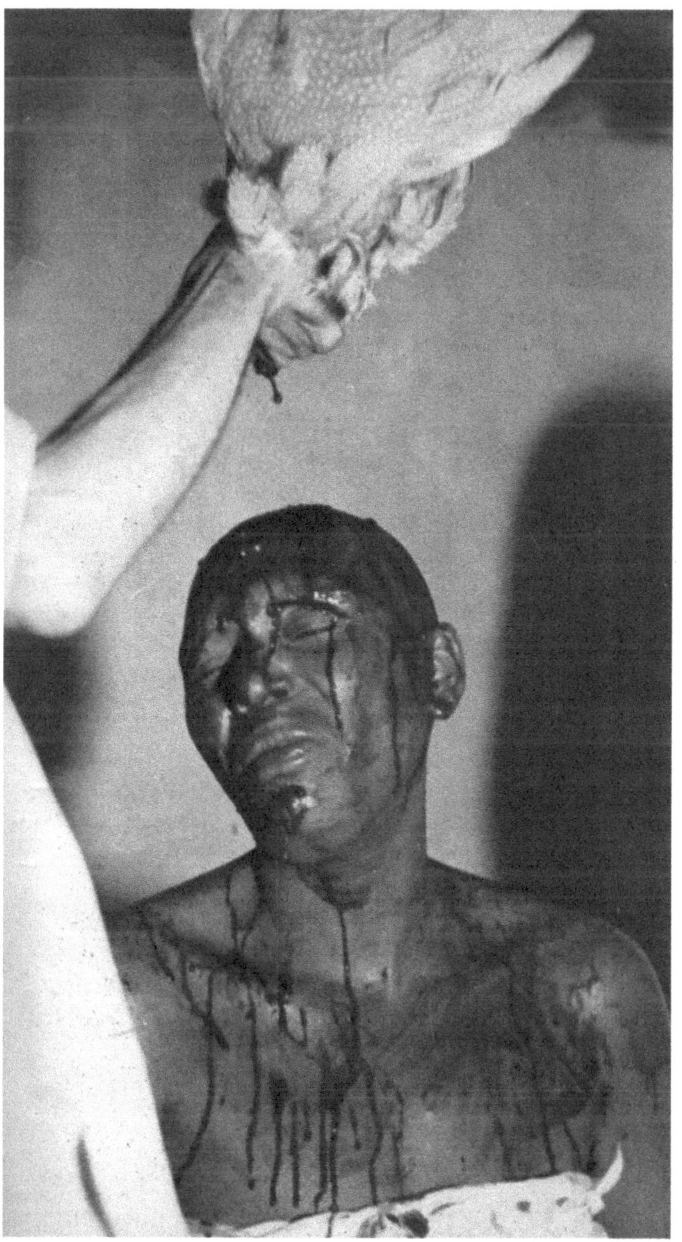

I

EROTIK UND INNERE ERFAHRUNG

Die Erotik als »unmittelbarer« Aspekt der inneren Erfahrung, im Gegensatz zur animalischen Sexualität

Die Erotik ist einer der Aspekte des menschlichen Innenlebens. In dieser Hinsicht täuschen wir uns leicht, weil sie ununterbrochen *im Äußeren* nach einem Objekt ihres Begehrens sucht. Doch dieses Objekt entspricht der *Innerlichkeit* des Begehrens. Die Wahl eines Objekts hängt immer von den persönlichen Vorlieben des Subjekts ab: Selbst wenn sie auf eine Frau fällt, die die meisten gewählt hätten, ist es oft etwas Unwägbares, das entscheidet, und nicht eine objektive Eigenschaft dieser Frau, an der vielleicht nichts ist, was unsere Bevorzugung bewirken könnte, wenn sie nicht an unser inneres Sein rührte. Mit einem Wort, selbst wenn die Wahl des Menschen mit der der meisten übereinstimmt, unterscheidet sie sich noch von der des Tieres: Sie beansprucht jene unendlich komplexe innere Beweglichkeit, die den Menschen charakterisiert. Das Tier hat selbst ein subjektives Leben, aber dieses Leben, so scheint es, ist ihm ein für allemal gegeben, so wie die leblosen Gegenstände gegeben sind. Die Erotik des Menschen unterscheidet sich von der animalischen Sexualität gerade darin, dass sie das innere Leben in Frage stellt. *Die Erotik ist im Bewusstsein des Menschen das, was das Sein in ihm in Frage stellt.* Auch die animalische Sexualität bringt eine Gleichgewichtsstörung mit sich, und diese Störung des Gleichgewichts bedroht das Leben, aber das Tier weiß es nicht. Nichts öffnet sich in ihm, was einer Frage gliche.

Wie dem auch sei, wenn die Erotik die sexuelle Aktivität des Menschen ist, dann insoweit diese sich von der der Tiere unterscheidet. Die sexuelle Aktivität des Menschen ist nicht notwendigerweise erotisch. Doch ist sie es stets dann, wenn sie nicht rudimentär, wenn sie nicht einfach animalisch ist.

Entscheidende Bedeutung des Übergangs vom Tier zum Menschen

Die grundlegende Bestimmung finden wir im Übergang vom Tier zum Menschen, von dem wir so wenig wissen. Alle *Ereignisse* dieses Übergangs sind uns verborgen; zweifellos endgültig. Doch sind wir weniger entwaffnet, als es zunächst scheint. Wir wissen, dass die Menschen Werkzeuge herstellten und sie im Blick auf ihre Lebenserhaltung verwendeten, aber auch, sicherlich bald, für überflüssige Bedürfnisse. Mit einem Wort, sie unterschieden sich von den Tieren durch die *Arbeit*. Gleichzeitig erlegten sie sich Beschränkungen auf, die wir unter dem Begriff *Verbote* kennen. Diese Verbote bezogen sich sicher im Wesentlichen auf das Verhalten den Toten gegenüber. Es ist wahrscheinlich, dass sie gleichzeitig – oder um dieselbe Zeit – die sexuelle Aktivität betrafen. Die frühe Datierung eines gewissen Verhaltens den Toten gegenüber ergibt sich aus zahlreichen Fundstellen von Gebeinen. Der Neandertaler jedenfalls, der noch nicht ganz Mensch war, der sich noch nicht ganz aufgerichtet hatte und dessen Schädel sich noch nicht so sehr wie der unsere von dem der Menschenaffen unterschied, begrub häufig seine Toten. Die sexuellen Verbote reichen gewiss nicht bis in diese fernen Zeiten zurück. Wir können sagen, dass sie überall da auftauchen, wo die Menschheit auftauchte, dass aber, insofern wir uns an die prähistorischen Gegebenheiten halten müssen, nichts Handgreifliches sie beweist. Die Beerdigung der Toten hat Spuren hinterlassen, doch nichts blieb bestehen, was uns auch nur einen Hinweis auf die sexuellen Restriktionen der frühesten Menschen liefert.

Wir können nur annehmen, dass sie arbeiteten, denn wir haben ihre Werkzeuge. Da die Arbeit, wie es scheint, auf logische Weise die Reaktion hervorgerufen hat, die die Haltung dem Tod gegenüber bestimmte, ist es legitim anzunehmen, dass das Verbot, das die Sexualität regelte und einschränkte, ebenfalls als Gegenwirkung von ihr ausging und dass die Gesamtheit der grundlegenden *menschlichen* Verhaltensweisen – Arbeit, Todesbewusstsein, gezügelte Sexualität – in dieselbe ferne Periode zurückreicht.

Die Spuren der Arbeit sind vom *älteren Paläolithikum* an festzustellen, und das älteste Grab, das wir kennen, geht auf das *mittlere Paläolithikum* zurück. In Wirklichkeit handelt es sich um Epochen, die nach den gegenwärtigen Berechnungen Hunderte von Jahrtausenden dauerten: Diese endlosen Jahrtausende entsprechen der Häutung, in der sich der Mensch aus der ursprünglichen Animalität löste. Er ging aus ihr hervor, indem er arbeitete, indem er begriff, dass er sterben muss, und indem er von der Sexualität ohne Scham zur schamhaften Sexualität überging, aus der die Erotik entsprang. Der Mensch im eigentlichen Sinne, den wir unseresgleichen nennen und der in der Zeit der Höhlenmalerei auftaucht (es ist das *jüngere Paläolithikum*), ist von all diesen Wandlungen geprägt, die auf der religiösen Ebene liegen und die er zweifellos samt und sonders hinter sich hatte.

Die Erotik, ihre innere Erfahrung *und ihre* Kommunikation, *gebunden an objektive Elemente und an die historische Perspektive, in der diese Elemente uns erscheinen*

In dieser Weise von der Erotik zu sprechen, hat einen Nachteil. Wenn ich aus ihr die dem Menschen eigene entwicklungsgeschichtliche Aktivität mache, definiere ich die Erotik objektiv. So groß mein Interesse für die objektive Untersuchung der Erotik aber auch sein mag, kommt sie für mich doch erst an zweiter Stelle. Meine Absicht ist es im Gegenteil, in der Erotik einen Aspekt des *inneren Lebens*, des religiösen Lebens, wenn man so will, des Menschen ins Auge zu fassen.

Die Erotik, ich sagte es schon, ist in meinen Augen die Störung des Gleichgewichts, in der sich das Wesen selbst in Frage stellt, und zwar bewusst. In einem gewissen Sinne verliert sich das Wesen objektiv, doch dann identifiziert sich das Subjekt mit dem Objekt, das sich verliert. Notfalls kann ich im Hinblick auf die Erotik sagen: ICH verliere mich. Gewiss ist das nicht gerade eine privilegierte Situation. Aber das zur Erotik gehörende freiwillige Sichverlieren ist flagrant: Niemand kann daran zweifeln. Wenn ich jetzt von der Erotik spreche, habe ich die Absicht, mich ohne Umschweife im Namen des Subjekts auszudrücken, selbst wenn ich für den Anfang objektive Betrachtungen einflechte. Und wenn ich von den Regungen der Erotik objektiv spreche, dann, und ich muss das zuerst betonen, weil die innere Erfahrung niemals unabhängig von objektiven Gesichtspunkten gegeben ist; wir finden sie immer an einen bestimmten, unleugbar objektiven Aspekt gebunden.

Die Bestimmung der Erotik ist ursprünglich eine religiöse, und meine Arbeit steht der »Theologie« näher als der wissenschaftlichen Religionsgeschichte

Ich bestehe darauf: Wenn ich manchmal die Sprache eines Wissenschaftlers spreche, so immer nur dem Anschein nach. Der Wissenschaftler spricht von außen, wie ein Anatom vom Gehirn. (Das ist nicht ganz richtig: Die Religionsgeschichte kann die *innere Erfahrung*, die er von der Religion hat oder hatte, nicht auflösen ... Aber es macht nichts aus, wenn er sie, soweit es ihm möglich ist, vergisst.) *Ich spreche meinerseits vom Innern der Religion aus, wie ein Theologe von der Theologie.*

Der Theologe spricht zwar von einer *christlichen* Theologie, während *die Religion*, von der ich spreche, nicht wie das Christentum *eine* Religion ist. Es handelt sich zweifellos um *die Religion*, aber sie wird gerade dadurch bestimmt, dass sie von Anfang an keine besondere Religion ist. Ich spreche weder von Riten noch von Dogmen noch von einer gegebenen Gemeinschaft, sondern nur von dem Problem, das sich jede Religion gestellt hat: Ich nehme dieses Problem auf mich, wie der Theologe die Theologie. Aber ohne die christliche Religion. Wäre es nicht so, dass das Christentum trotz allem eine Religion ist, fühlte ich mich ihm sogar fern. Und das stimmt insoweit, als das Buch, an dessen Anfang ich diese Position definiere, die *Erotik* zum Gegenstand hat. Es versteht sich, dass die Entwicklung der Erotik *in keiner Hinsicht* aus dem Bereich *der Religion* herausfällt, doch hat gerade das Christentum, indem es sich der Erotik widersetzte, die meisten Religionen verurteilt. In einem gewissen Sinne ist vielleicht die christliche Religion die am wenigsten religiöse.

Was meine Haltung betrifft, möchte ich genau verstanden sein. Zuallererst strebte ich eine Voraussetzungslosigkeit an, wie ich sie mir vollkommener nicht vorstellen konnte. Nichts bindet mich an irgendeine besondere Tradition. So musste ich unfehlbar im Okkultismus oder in der Esoterik eine Voraussetzung erblicken, die mich insofern interessiert, als sie der religiösen Sehnsucht entspricht, von der ich mich aber trotz allem entferne, da sie einen *vorgegebenen* Glauben einschließt. Ich füge hinzu, dass, abgesehen von den christlichen, die Voraussetzungen des Okkultismus in meinen Augen die hinderlichsten sind, insofern sie in einer Welt behauptet werden, in der sich die Prinzipien der Wissenschaft aufdrängen, sie aber diese mit Vorsatz außer Acht lassen. Wer sie sich zu eigen macht, gleicht einem Menschen, der wie alle anderen weiß, dass es eine Arithmetik gibt, sich aber weigert, seine Additionsfehler zu korrigieren. Die Wissenschaft macht mich nicht blind (geblendet könnte ich nur schlecht ihren Anforderungen entsprechen), so wenig wie mich das Rechnen verwirrt. Ich bin einverstanden, wenn man mir sagt »zwei plus zwei ist fünf«, aber wenn jemand um eines bestimmten Ergebnisses willen mit mir Rechnungen ausführt, vergesse ich die angebliche Identität von fünf und zwei plus zwei. In meinen Augen kann niemand das Problem *der Religion* stellen, wenn er von willkürlichen Lösungen ausgeht, die der gegenwärtige *Geist der Genauigkeit* nicht zulässt. Insofern ich von innerer Erfahrung und nicht von Objekten spreche, bin ich kein Mann der Wissenschaft, aber in dem Augenblick, in dem ich von Objekten spreche, tue ich es wie die Wissenschaftler mit der unvermeidlichen Strenge.

Ich würde sogar sagen, mit der religiösen Haltung verbindet sich meistens eine so große Gier nach übereilten Antworten, dass *Religion* den Sinn von geistiger Leichtfertigkeit angenommen hat; meine ersten Worte könnten daher beim unvorbereiteten Leser den Gedanken aufkommen lassen, es handle sich um ein intellektuelles Abenteuer und nicht um ein stetiges Vorgehen, das den Geist, wenn nötig, nach *jenseits* versetzt, aber *auf dem Wege* der Philosophie und der Wissenschaften, auf der Suche nach all dem Möglichen, das er sich zu eröffnen vermag.

Wie auch immer, jeder wird anerkennen, dass weder die Philosophie noch die Wissenschaften das Problem so erfassen können, wie es das religiöse Bestreben gestellt hat. Aber jeder wird auch anerkennen, dass sich das religiöse Bestreben unter den angetroffenen Bedingungen bisher nur in entstellten Formen zum Ausdruck bringen konnte. Die Menschheit konnte dem, was *die Religion* seit eh und je sucht, immer nur nachgehen in einer Welt, in der ihre Suche abhing von zweifelhaften Anliegen, die, wenn schon nicht von materiellen Wünschen, so doch von zufälligen Leidenschaften bestimmt wurden: Sie konnte diese Wünsche und diese Leidenschaften bekämpfen, sie konnte ihnen auch dienen, aber sie konnte ihnen nicht gleichgültig gegenüberstehen. Die Suche, welche die Religion begann – und fortsetzte –, muss genauso wie die der Wissenschaft von den historischen Wechselfällen befreit werden. Nicht, dass der Mensch von diesen Wechselfällen nicht vollkommen abhängig gewesen wäre; aber das gilt nur für die Vergangenheit. Es kommt der gewiss prekäre Augenblick, in dem wir, wenn wir Glück haben, nicht mehr auf die Entscheidung der anderen (in der Form des Dogmas) warten müssen, bevor wir die angestrebte Erfahrung machen. Bis jetzt können wir frei das Resultat dieser Erfahrung mitteilen.

Ich kann mich in diesem Sinne mit *der Religion* beschäftigen, nicht wie der Professor, der ihre Geschichte schreibt, der unter anderem vom Brahmanen spricht, sondern wie der Brahmane selbst. Dennoch bin ich weder Brahmane noch sonst etwas, ich muss eine einsame Erfahrung verfolgen, ohne Tradition, ohne Ritus, und ohne etwas, das mich leitet, auch ohne etwas, das mich behindert. Ich drücke in meinem Buch eine Erfahrung aus, ohne mich auf irgendetwas Besonderes zu berufen, da ich im Wesentlichen die *innere Erfahrung* – das heißt, in meinen Augen, die religiöse Erfahrung – außerhalb der bestimmten Religionen vermitteln möchte.

Daher unterscheidet sich meine Untersuchung, die vor allem in der *inneren Erfahrung* gründet, in ihrem Ursprung von der Arbeit des Religionsgeschichtlers, des Ethnografen oder des Soziologen. Zweifellos stellt sich die Frage, ob es für sie möglich war, sich unabhängig von einer *inneren Erfahrung* durch die Gegebenheiten, die sie bearbeiteten, hindurchzufinden – einer inneren Erfahrung, die sie einerseits mit ihren Zeitgenossen gemein hatten und die andererseits auch bis zu einem gewissen Grad ihre persönliche Erfahrung war, abgewandelt durch den Kontakt mit der Welt, die den Gegenstand ihrer Studien bildete. Aber in ihrem Fall können wir fast den Grundsatz aufstellen: *Je weniger ihre Erfahrung mitspielt* (je diskreter sie ist), desto mehr gewinnt ihre Arbeit an Zuverlässigkeit. Ich sage nicht: je geringer ihre Erfahrung ist, sondern *je weniger sie mitspielt*. Denn ich bin davon überzeugt, dass ein Historiker mit einer reichen Erfahrung im Vorteil ist, aber falls er sie hat und da er sie hat, ist es das Beste, wenn er sich bemüht, sie zu vergessen und die Tatsachen von außen zu betrachten. Er kann sie nicht ganz und gar vergessen, er kann seine Tatsachenerkenntnis nicht ganz auf die beschränken, die ihm von außen gegeben ist – und so ist es besser –, doch das Ideal ist, dass diese Erfahrung gegen seinen Willen wirkt, insofern diese Quelle der Erkenntnis nicht auszuschalten ist und ein Sprechen über Religion ohne innere Beziehung zur erlebten Erfahrung leblose Arbeiten hervorbringen würde, angefüllt mit totem, in einer undurchschaubaren Unordnung zutage gefördertem Material.

Andererseits, wenn ich die Tatsachen persönlich im Licht der Erfahrung, die ich damit gemacht habe, betrachte, weiß ich, was ich preisgebe, wenn ich die Objektivität der Wissenschaft preisgebe. Zuallererst, ich sagte es schon, kann ich mir nicht willkürlich die Erkenntnis versagen, die mir die unpersönliche Methode liefert: Meine Erfahrung setzt immer die Erkenntnis der Objekte voraus, die sie einbezieht (das sind in der Erotik zumindest die Körper, in der Religion die festgelegten Formen, ohne die eine *gemeinsame* religiöse Praxis nicht möglich wäre). Die Körper können wir nur so sehen, wie sie geschichtlich ihre Bedeutung gewonnen haben (ihren erotischen Wert). Wir können die Erfahrung, die wir von ihnen haben, weder von den objektiven Formen und ihrem äußeren Aspekt noch von ihrer historischen Erscheinung trennen. Auf der Ebene der Erotik sind die Verwandlungen des eigenen Körpers, die den uns innerlich erregenden Antrieben entsprechen, an die verführerischen und überraschenden Aspekte der geschlechtlichen Körper gebunden.

Diese bestimmten Gegebenheiten, die uns von allen Seiten zukommen, widersprechen keineswegs der *inneren Erfahrung*, die auf sie antwortet, sondern helfen ihr vielmehr, dem Zufälligen zu entgehen, das dem Individuum eigentümlich ist. Noch wenn die Erfahrung an der Objektivität der realen Welt festgemacht wird, bringt sie unvermeidlich Willkür mit sich, und wiese sie nicht den universalen Charakter des Objekts auf, an das ihre Wiederkehr gebunden ist, könnten wir von ihr überhaupt nicht sprechen. Wie wir auch ohne Erfahrung weder von Erotik noch von Religion sprechen könnten.

Die Bedingungen einer unpersönlichen inneren Erfahrung: *die widersprüchliche Erfahrung des Verbots und der Überschreitung*

Wie dem auch sei, es ist notwendig, eine Untersuchung, die sich *so wenig wie möglich* auf die *Erfahrung* richtet, deutlich derjenigen gegenüberzustellen, die entschlossen auf sie zugeht. Freilich, wenn die erste nicht vorausgegangen wäre, bliebe die zweite der uns geläufigen Willkürlichkeit ausgeliefert. Mittlerweile ist uns klar, dass eine Grundlage, so wie sie uns heute hinreichend scheint, erst seit Kurzem gegeben ist.

Ob es sich um Erotik oder allgemein um Religion handelt, eine klarsichtige *innere Erfahrung* davon war unmöglich in einer Zeit, in der das Gleichgewichtsspiel von Verbot und Überschreitung, das die Erotik und die Religion möglich macht, nicht offen zutage lag. Doch genügt es nicht zu wissen, dass es dieses Spiel gibt. Die Erkenntnis der Erotik oder der Religion erfordert eine persönliche gleichmäßige und widersprüchliche Erfahrung des Verbots und der Überschreitung.

Diese doppelte Erfahrung ist selten. Die erotischen oder religiösen Bilder lösen bei den einen im Wesentlichen Verhaltensweisen im Sinne des Verbots aus, bei anderen die entgegengesetzten. Erstere sind traditionell. Letztere sind ihrerseits auch gewöhnlich, wenigstens in der Form einer angeblichen Rückkehr zur Natur, der sich das Verbot widersetzte. Aber die Überschreitung unterscheidet sich von der Rückkehr zur *Natur*: *Sie hebt das Verbot auf, ohne es zu beseitigen.*[5] Hier verbirgt sich die Triebfeder der Erotik, hier findet man zugleich die Triebfeder der Religionen. Ich würde das Weitere meiner Untersuchung vorwegnehmen, wenn ich mich schon jetzt über das tiefe Einverständnis zwischen dem Gesetz und der Verletzung des Gesetzes aussprechen wollte. Aber wenn es wahr ist, dass das Misstrauen (die unaufhörliche Unruhe des Zweifels) nötig ist, wenn jemand die *Erfahrung*, von der ich spreche, beschreiben will, so muss sie im Besonderen den Ansprüchen genügen, die ich jetzt formulieren kann.

Zunächst müssen wir von unseren Gefühlen sagen, dass sie die Tendenz haben, unseren Ansichten eine persönliche Wendung zu geben. Aber diese Schwierigkeit ist allgemein; ich glaube, es ist verhältnismäßig einfach auszumachen, worin meine *innere Erfahrung zusammenfällt* mit derjenigen der anderen, und worin ich durch sie mit den anderen *kommuniziere*. Das wird gewöhnlich nicht zugestanden, aber ich möchte wegen des unbestimmten und allgemeinen Charakters meiner Aussage nicht darauf beharren. Ich lasse das beiseite; die Hindernisse, die einer Kommunikation der *Erfahrung* entgegenstehen, scheinen mir anderer Art zu sein: Sie hängen am Verbot, das sie begründet, und an der Duplizität, von der ich spreche, die versöhnt, was im Prinzip unversöhnbar ist, die Achtung vor dem Gesetz und seine Verletzung, das Verbot und die Überschreitung.

Entweder oder: Entweder das Verbot wirkt, dann findet die *Erfahrung* nicht statt, oder sie findet nur verstohlen statt, bleibt außerhalb des Bewusstseinsfeldes; oder es wirkt nicht: Das ist der ungünstigere der beiden Fälle. Für die Wissenschaft ist das Verbot meistens nicht gerechtfertigt, es ist pathologisch, verdankt sich einer Neurose. Man kennt es also *von außen*: Selbst wenn wir von ihm eine persönliche Erfahrung haben, sehen wir in ihm, soweit es uns als krankhaft erscheint, einen äußeren Mechanismus, der in unser Bewusstsein eingedrungen ist. Diese Sicht beseitigt zwar die Erfahrung nicht, mindert aber ihre Bedeutung. Aus diesem Grund werden Verbot und Überschreitung, wenn überhaupt, nur als Objekte beschrieben, und zwar vom Historiker – oder vom Psychiater (bzw. dem Psychoanalytiker).

Die Erotik, die vom Verstand wie ein Ding betrachtet wird, ist, ebenso wie die Religion, ein Ding, ein ungeheures Objekt.

Die Erotik und die Religion bleiben uns verschlossen, wenn wir sie nicht entschieden auf die Ebene der *inneren* Erfahrung stellen. Wir stellen sie auf die Ebene der *Dinge*, die wir nur von außen kennen, wenn wir, und wäre es unbewusst, dem Verbot nachgeben. Das Verbot, das anders als mit Schrecken beachtet wird, hat nicht mehr den Gegenwert des Begehrens, das seinen tiefen Sinn ausmacht. Das schlimmste ist, dass die Wissenschaft, deren Vorgehen eine objektive Behandlung verlangt, vom Verbot ausgeht, es aber zugleich ablehnt, weil es nicht vernünftig ist! Nur die Erfahrung von innen aus bietet eine Gesamtsicht des Verbots, die Sicht, die es letzten Endes rechtfertigt. Wenn wir wissenschaftlich arbeiten, betrachten wir die Objekte als etwas dem Subjekt, das wir selbst sind, äußerlich Gegenüberstehendes: Der Wissenschaftler selbst wird in der Wissenschaft zu einem Objekt, das dem Subjekt äußerlich ist, das allein wissenschaftlich arbeitet (was unmöglich wäre, wenn es sich nicht zuerst als Subjekt negiert hätte). Alles ist in Ordnung, wenn die Erotik verurteilt wird, wenn wir sie von vornherein zurückgewiesen haben, wenn wir von ihr befreit sind – aber wenn die Wissenschaft (wie sie es oft macht) die Religion (die moralische Religion) verurteilt, die sich gerade dadurch als Grundlage der Wissenschaft erweist, können wir uns nicht mehr rechtmäßig der Erotik gegenüberstellen. Wenn wir uns aber der Erotik nicht mehr *gegenüberstellen*, müssen wir aufhören, aus ihr ein Ding, ein uns äußerliches Objekt zu machen.[6] Wir müssen sie als Regung des Seins in uns selber betrachten.

Wenn das Verbot in vollem Maße wirkt, ist das schwierig. Das Verbot arbeitete der Wissenschaft vor: Es entfernte das Objekt, das es untersagte, aus unserem Bewusstsein, und es beraubte zugleich unser Bewusstsein – das klare Bewusstsein zumindest – des Schreckens, dessen Konsequenz das Verbot war. Aber die Verwerfung des verwirrenden Objekts, sowie der Verwirrung, war notwendig für die – durch nichts zu trübende – Klarheit der Welt der Aktivität, der objektiven Welt. Ohne das Verbot, ohne den Primat des Verbots hätte der Mensch nicht zum klaren und bestimmten Bewusstsein gelangen können, auf dem die Wissenschaft beruht. Das Verbot beseitigt die Gewalt, und unsere Regungen der Gewalt (darunter jene, die dem sexuellen Antrieb entsprechen) zerstören ins uns die ruhige Ordnung, ohne die das menschliche Bewusstsein undenkbar ist. Aber wenn das Bewusstsein sich gerade auf die wirren Regungen der Gewalt beziehen soll, so schließt das zunächst ein, dass es sich im Schutz der Verbote hat entwickeln können; das setzt weiter voraus, dass wir sein Licht auf diese Verbote selbst richten können, ohne die es nicht bestünde. Das Bewusstsein kann die Verbote also nicht als einen Irrtum betrachten, dessen Opfer wir wären, sondern als die Auswirkungen eines Grundgefühls, von dem die Menschlichkeit abhing. Die Wahrheit der Verbote ist der Schlüssel zu unserer menschlichen Haltung. Wir müssen, wir können zuverlässig wissen, dass uns die Verbote nicht von außen auferlegt wurden. Dieses Wissen gewinnen wir in der Angst, in dem Augenblick, da wir das Verbot *überschreiten*, und hauptsächlich im Moment der Schwebe, in dem es noch wirkt, aber wir trotzdem dem Antrieb nachgeben, dem es entgegenstand. Wenn wir das Verbot befolgen, wenn wir ihm unterworfen sind, haben wir kein Bewusstsein mehr davon. Aber im Augenblick des Überschreitens empfinden wir die Angst, ohne die es das Verbot nicht gäbe: Das ist die Erfahrung der Sünde. Die Erfahrung führt zur vollendeten Überschreitung, zur geglückten Überschreitung, die das Verbot aufrechterhält, um es zu genießen. *Die innere Erfahrung der Erotik verlangt von dem, der sie macht, eine nicht weniger große Sensibilität für die Angst, die das Verbot begründet, als für das Begehren, das zu seiner Übertretung führt.* Es ist die *religiöse* Sensibilität, die das Begehren und den Schrecken, die intensive Lust und die Angst stets eng miteinander verbindet.

Wer die Gefühle der Angst, des Ekels, des Schreckens – für die jungen Mädchen des vorigen Jahrhunderts alltägliche Gefühle – nicht kennt oder nur verstohlen empfindet, ist dazu nicht fähig, aber dasselbe gilt von denen, die diese Gefühle als Schranken ansehen. Diese Gefühle haben nichts Krankhaftes, sondern sie sind im Leben des Menschen das, was die Puppe für das vollendete Tier ist. Die *innere Erfahrung* des Menschen ergibt sich in dem Augenblick, in dem er, die Puppe durchbrechend, das Bewusstsein hat, sich selbst zu zerreißen, und nicht einen von außen entgegengesetzten Widerstand. Die Überwindung des objektiven Bewusstseins, das in der Puppenhülle eingeschlossen war, ist an diesen Umsturz gebunden.

II
DAS MIT DEM TOD VERBUNDENE TABU

Der Gegensatz der Welt der Arbeit oder der Vernunft zur Welt der Gewalt

In den folgenden Ausführungen, deren Gegenstand die glühende Erotik ist (der blendende Punkt, an dem sie ihre äußerste Intensität erreicht), untersuche ich auf systematische Weise die Entgegensetzung der beiden unvereinbaren Momente, von denen ich gesprochen habe, nämlich des Verbots und der Überschreitung.

Auf alle Fälle gehört der Mensch der einen *und* der andern der beiden Welten an, zwischen denen sein Leben, ob er will oder nicht, hin und her gerissen wird. Die Welt der Arbeit und der Vernunft ist die Grundlage unseres menschlichen Lebens; aber die Arbeit nimmt uns nicht gänzlich in Anspruch, und wenn die Vernunft befiehlt, hat unser Gehorsam immer eine Grenze. Durch seine Aktivität schuf der Mensch die vernünftige Welt, doch bleibt in ihm stets ein Grund von Gewalt erhalten. Die Natur selbst ist gewaltsam; und so vernünftig wir auch werden, immer wieder kann uns eine Gewalt beherrschen, nur dass diese jetzt keine bloß natürliche mehr ist, sondern die Gewalt eines Vernunftwesens, das zu gehorchen versuchte, aber einer Regung unterliegt, die es nicht auf seine Vernunft zurückführen kann.

Es gibt in der Natur und auch im Menschen eine Bewegung, die unablässig über die Grenzen *hinausdrängt* und immer nur teilweise eingedämmt werden kann. Über diese Regung können wir im Allgemeinen keine Rechenschaft ablegen. Sie ist sogar *per definitionem* etwas, von dem sich niemals Rechenschaft ablegen lässt, aber wir leben spürbar in ihrer Gewalt: Das Universum, das uns trägt, antwortet auf keine Zwecksetzung der begrenzenden Vernunft, und wenn wir versuchen, sie mit Gott gleichzusetzen, so tun wir nichts anderes, als den unendlichen Exzess, dem sich unsere Vernunft gegenübersieht, *unvernünftigerweise* mit dieser Vernunft selbst zu verbinden. Doch durch den Exzess, der in ihm ist, hört dieser Gott, aus dem wir einen fassbaren Begriff machen möchten, nicht auf, seinen Begriff übersteigend, über die Grenzen der Vernunft hinauszudrängen.

Im Bereich unseres Lebens äußert sich der Exzess, insofern die Gewalt sich gegen die Vernunft durchsetzt. Die Arbeit erfordert ein Verhalten, bei dem es beständig um die Berechnung des Aufwands im Verhältnis zum Ertrag geht. Sie erfordert ein vernünftiges Verhalten, in dem aufwühlende Regungen, wie sie beim Fest und im Allgemeinen beim Spiel freigesetzt werden, nicht angebracht sind. Wenn wir diese nicht hemmen könnten, wären wir zur Arbeit unfähig, aber die Arbeit liefert eben den Grund, sie zu hemmen. Diese Regungen gewähren denen, die ihnen nachgeben, eine unmittelbare Befriedigung: Im Gegensatz dazu verspricht die Arbeit denen, die sie beherrschen, einen späteren Nutzen, dessen Wert nicht bestritten werden kann, außer vom Gesichtspunkt des gegenwärtigen Augenblicks. Seit den frühesten Zeiten[7] brachte die Arbeit eine Entspannung mit sich, die es dem Menschen ermöglichte, nicht mehr dem unmittelbaren Antrieb nachkommen zu müssen, den die Gewalt des Begehrens steuerte. Zweifellos ist es willkürlich, jene der Arbeit zugrunde liegende Interesselosigkeit stets den aufwühlenden Regungen entgegenzusetzen, deren Notwendigkeit nicht beständig ist. Sobald die Arbeit angefangen hat, macht sie es jedoch unmöglich, jenen unmittelbaren Ansprüchen nachzukommen, die uns erwünschten Ergebnissen gegenüber, deren Nutzen erst eine spätere Zeit betrifft, gleichgültig machen können. Zumeist ist die Arbeit die Angelegenheit einer Gemeinschaft, und die Gemeinschaft muss sich in der für die Arbeit reservierten Zeit jenen exzessiven ansteckenden Regungen widersetzen, in denen es nur noch die unmittelbare Hingabe an den Exzess gibt. Das heißt an die Gewalt. Daher definiert sich die menschliche Gemeinschaft, die einen Teil ihrer Zeit der Arbeit widmet, durch die *Verbote*, ohne die sie nicht zu jener *Welt der Arbeit* geworden wäre, die sie wesentlich ist.

Das grundlegende Objekt der Verbote ist die Gewalt

Was uns hindert, diese entscheidende Ausprägung des menschlichen Lebens in ihrer Einfachheit zu erkennen, ist die Laune, die in der Aufstellung der Verbote herrschte und ihnen oft den Anschein von Belanglosigkeit verlieh. Wenn wir die Verbote in ihrer Gesamtheit betrachten und wenn wir im Besonderen die berücksichtigen, die wir noch immer gleichsam religiös befolgen, so lässt sich ihre Bedeutung auf eine einfache Grundgegebenheit zurückführen. Ohne sie sogleich nachweisen zu können (erst im weiteren Verlauf dieser willentlich systematischen Reflexion wird ihre Wohlbegründetheit zutage treten), will ich sie doch schon zur Sprache bringen: Was die Welt der Arbeit durch Verbote ausschließt, ist die Gewalt; auf dem Gebiet, auf das ich meine Untersuchung beziehe, handelt es sich zugleich um die geschlechtliche Fortpflanzung und um den Tod. Erst später werde ich die tiefe Einheit dieser augenscheinlichen Gegensätze, die Geburt und Tod sind, darlegen können. Jedenfalls wird ihr äußerer Zusammenhang bereits

Abbildung IV
Opferung eines Widders. Wodu-Kult.

»Durch den gewaltsamen Tod wird die Diskontinuität eines Wesens gebrochen: Das, was bleibt und was in der eintretenden Stille die angstvollen Seelen spüren, ist die *Kontinuität* des Seins, der das Opfer zurückgegeben wurde.« (S. 33f.)

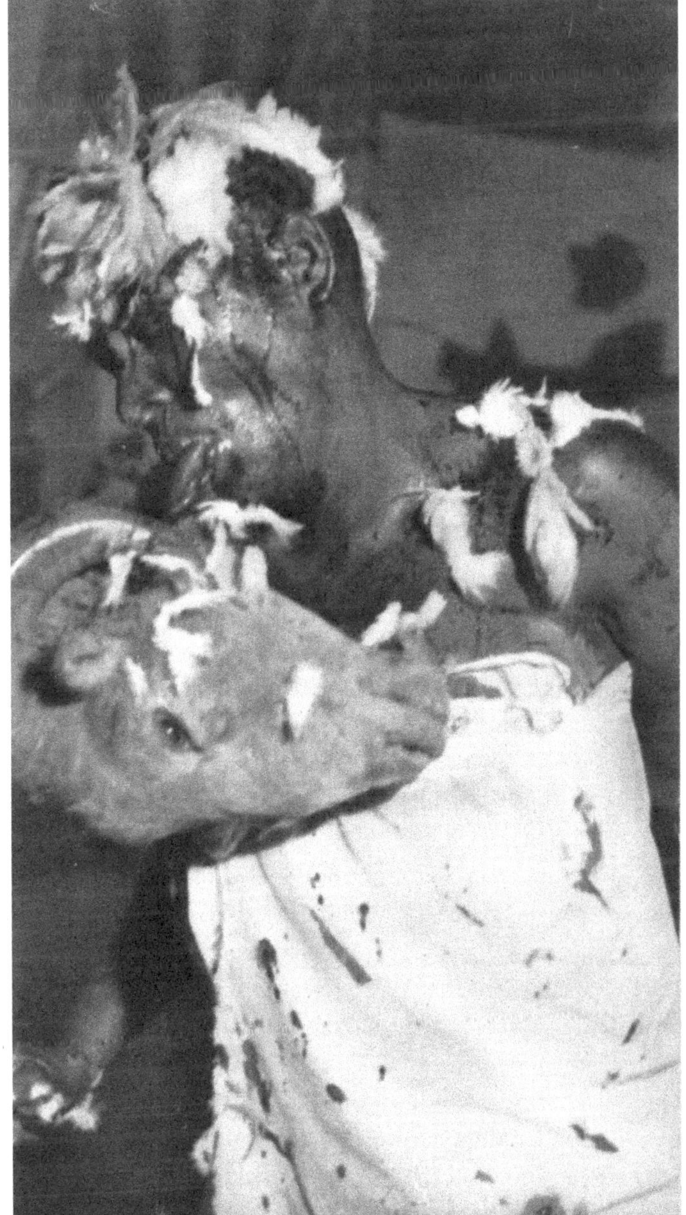

im *sadistischen Universum* offenbart, das sich jedem, der über die Erotik nachdenkt, zur Meditation darbietet. Sade – das, was er sagen wollte – flößt gewöhnlich selbst denen Schrecken ein, die ihn zu bewundern vorgeben und nicht von selbst die beängstigende Tatsache erkannt haben: dass nämlich die Regung der Liebe, bis zum Äußersten gesteigert, eine Regung des Todes ist. Diese Verbindung sollte nicht paradox erscheinen: Der Exzess, aus dem die Zeugung hervorgeht, und der Exzess des Todes können nur in ihrer Beziehung zueinander verstanden werden. Und es scheint von Anfang an, dass von den zwei ursprünglichen Verboten das eine den Tod, das andere die Sexualfunktion betrifft.

Die prähistorischen Gegebenheiten des Tötungsverbots

»Du sollst nicht töten.« »Du sollst nicht ehebrechen.« So lauten die zwei grundlegenden Gebote der Bibel, die wir im Wesentlichen noch immer einhalten.

Das erste dieser Verbote ist eine Folge der Haltung des Menschen den Toten gegenüber.

Ich komme auf die am weitesten zurückliegende Entwicklungsstufe unserer Gattung zurück, in der unser Schicksal entschieden wurde. Bevor der Mensch so aussah wie heute, stellte der *Neandertaler*, dem die Prähistoriker den Namen *Homo faber* gaben, verschiedenartige Werkzeuge aus Stein her, oft von sehr ausgefeilter Machart, mit deren Hilfe er den Stein oder das Holz bearbeitete. Diese Art Mensch, die hunderttausend Jahre vor uns lebte, ähnelte uns schon, aber sie ähnelte auch noch dem Menschenaffen. Obwohl er sich aufrecht hielt wie wir, waren seine Beine noch ein wenig geknickt: Beim Gehen stützte er sich weniger auf die Sohle als auf den äußeren Rand des

Fußes. Sein Hals war nicht so schlank wie der unsere (gewisse Menschen jedoch haben etwas von diesem affenähnlichen Aussehen behalten). Er hatte eine niedrige Stirn und einen vorstehenden Augenbrauenbogen. Wir kennen nur das Skelett dieses rudimentären Menschen, wir können nicht genau wissen, wie sein Gesicht aussah; und auch nicht, ob sein Ausdruck schon *menschlich* war. Wir wissen nur, dass er arbeitete und dass er sich von der Gewalt entfernte.

Wenn wir sein Leben als Ganzes betrachten, blieb er im Bereich der Gewalt. (Wir selbst haben ihn nicht ganz verlassen.) Aber teilweise entging er ihrer Macht. Er arbeitete. Den Beweis seiner technischen Geschicklichkeit besitzen wir in zahlreichen verschiedenen Steinwerkzeugen. Diese Geschicklichkeit war schon bemerkenswert, denn ohne eine überlegende Aufmerksamkeit, die den ersten Entwurf wieder aufnahm und verbesserte, hätte er nicht zu den Ergebnissen gelangen können, die nicht nur gleichmäßig waren, sondern allmählich auch vervollkommnet wurden. Übrigens sind seine Werkzeuge nicht die einzigen Beweise einer entstehenden Opposition zur Gewalt. Die *Gräber*, die der *Neandertaler* hinterlassen hat, bezeugen es ebenfalls.

Was dieser Mensch zugleich mit der Arbeit an Furchtbarem und Verwirrendem – und sogar Wunderbarem – erkannte, ist der Tod.

Die Zeit, die die Prähistorie dem *Neandertaler* zuweist, ist das mittlere Paläolithikum. Seit dem älteren Paläolithikum, das ihm anscheinend um Hunderte von Jahrtausenden voranging, existierten sehr ähnliche menschliche Wesen, die ebenso wie die Neandertaler Spuren ihrer Arbeit hinterließen: Schon die Gebeine, die uns von diesen Frühmenschen erhalten geblieben sind, nötigen uns zu dem Gedanken, dass der Tod sie zu verwirren begonnen hatte, denn wenigstens die Schädel mussten ihre Aufmerksamkeit erregt haben. Aber die Bestattung, so wie sie die ganze heutige Menschheit *religiös* praktiziert, erscheint erst gegen Ende des mittleren Paläolithikums: kurze Zeit vor dem Verschwinden des *Neandertalers* und dem Auftauchen eines uns völlig ähnlichen Menschen, den die Prähistoriker (da sie dem älteren Menschen den Namen *Homo faber* vorbehalten) als *Homo sapiens* bezeichnen.

Der Brauch der Bestattung ist das Zeugnis für ein *Verbot*, ähnlich dem unseren, das die Toten und den Tod betrifft. Wenigstens in einer vagen Form muss das Entstehen dieses Verbots logischerweise diesem Brauch vorausgehen. Wir können sogar annehmen, dass in einem gewissen Sinne, auf eine kaum wahrnehmbare Weise, sodass ein Zeugnis dafür nicht vorhanden sein kann und es zweifellos den dies Erlebenden entging, das Aufkommen des Verbots mit dem der Arbeit zusammenfiel. Im Wesentlichen handelt es sich darum, dass man einen Unterschied macht zwischen dem Leichnam eines Menschen und den anderen Gegenständen, etwa den Steinen. Noch heute charakterisiert diese Unterscheidung den Menschen im Verhältnis zum Tier: Was wir den Tod nennen, ist in erster Linie das Bewusstsein, das wir von ihm haben. Wir nehmen den Übergang wahr vom lebenden Zustand zu dem des Leichnams, das heißt zu dem beängstigenden Gegenstand, den für den Menschen der Leichnam eines anderen Menschen darstellt. Für jeden, den er fasziniert, ist der Leichnam das Bild seines Schicksals. Er bezeugt eine Gewalt, die nicht nur einen Menschen zerstört, sondern die alle Menschen zerstören wird. Das *Verbot*, das sich der anderen beim Anblick eines Leichnams bemächtigt, äußert sich im Zurückweichen, *durch das sie die Gewalt verwerfen, durch das sie sich von der Gewalt entfernen*. Die Vorstellung von der Gewalt, wie wir sie im Besonderen den primitiven Menschen zuschreiben müssen, muss notwendigerweise im Gegensatz zur Arbeit verstanden werden, die ein vernünftiges Verfahren regelt. Seit Langem ist der Irrtum

Lévy-Bruhls festgestellt, der den Primitiven die Form vernünftigen Denkens absprach und ihnen nur die gleitenden Übergänge und unklaren Vorstellungen der *Teilhabe* zugestand[8]: Die Arbeit ist augenscheinlich nicht weniger alt als der Mensch, und obwohl das Tier nicht immer der Arbeit fernsteht, ist die menschliche Arbeit, im Unterschied zu der des Tieres, niemals ohne Vernunft. Sie setzt voraus, dass die grundlegende Identität des bearbeiteten Gegenstands mit sich selbst und die aus der Arbeit sich ergebende Differenz zwischen dem Stoff und dem fertigen Werkzeug erkannt werden. Ebenso schließt sie ein Bewusstsein von der Nützlichkeit des Werkzeugs und von der Reihe der Ursachen und Wirkungen ein, in die es sich einschaltet. Die Gesetze, die die gemeisterten Verfahren bestimmen, aus denen die Werkzeuge entstehen oder für die sie dienen, sind von Anfang an Gesetze der Vernunft. Diese Gesetze regeln die Veränderungen, die sich die Arbeit vornimmt und verwirklicht. Zweifellos hätte sie ein Primitiver nicht in einer Sprache ausdrücken können, die ihm zwar das Bewusstsein der bezeichneten Gegenstände vermittelte, nicht aber das Bewusstsein des Bezeichnens, nicht das der Sprache selbst. Meistens wäre auch der moderne Arbeiter nicht imstande, sie zu formulieren: Nichtsdestoweniger beachtet er sie genau. Der Primitive konnte, in gewissen Fällen, denken, wie Lévy-Bruhl es darstellte, nämlich auf unvernünftige Weise: denken, dass eine Sache ist und zugleich nicht ist, oder dass sie zugleich das sein kann, was sie ist, und etwas anderes. Die Vernunft beherrschte nicht sein ganzes Denken, aber sie beherrschte es bei der Ausübung der Arbeit. So sehr, dass sich ein Primitiver, ohne sie zu formulieren, eine Welt der Arbeit oder der Vernunft vorstellen konnte, der eine Welt der Gewalt entgegenstand.[9] Gewiss unterscheidet sich der Tod als eine Unordnung von der geschaffenen Ordnung der Arbeit: Der Primitive konnte fühlen, dass es ihm zukam, durch Arbeit Ordnung zu schaffen, während die Unordnung des Todes ihn überstieg und seine Anstrengungen sinnlos machte. Die Aktivität der Arbeit, die Ausübung der Vernunft diente ihm, während die Unordnung, die Regung der Gewalt, das Dasein selbst zerstörte, das der Zweck der nützlichen Werke ist. Indem sich der Mensch mit der durch Arbeit hergestellten Ordnung identifizierte, entfernte er sich von der Gewalt, die in entgegengesetzter Richtung wirkte.

Der Schrecken vor dem Leichnam als Zeichen für Gewalt und als Ansteckungsgefahr durch Gewalt

Die Gewalt und der Tod, der Gewalt bedeutet, haben einen doppelten Sinn: Einerseits hält uns der Schrecken davon fern, verbunden mit der Anhänglichkeit, die uns das Leben eingibt; andererseits fasziniert uns ein feierliches und zugleich entsetzliches Element, das eine souveräne Verwirrung hervorruft. Ich werde auf diese Zweideutigkeit zurückkommen. Ich kann zunächst nur auf den wesentlichen Aspekt des Zurückweichens vor der Gewalt hinweisen, wie es sich im *Verbot* ausdrückt, das vor dem Tod aufgerichtet ist.

Der Tote musste für jene, deren Kamerad er zu Lebzeiten war, auch als Leiche immer noch ein Gegenstand des Interesses sein, und wir dürfen annehmen, dass seine Angehörigen ihn, der das Opfer von Gewalt wurde, vor neuerlicher Gewalt bewahren wollten. Die Bestattung bezeugt zweifellos von den frühesten Zeiten an den Wunsch, die Toten vor der Gefräßigkeit der Tiere zu schützen. Aber selbst wenn dieser Wunsch bestimmend gewesen ist für die Einführung des Brauchs, können wir darin doch nicht das Wichtigste sehen: Lange Zeit ist wahrscheinlich der Schrecken vor den Toten bei Weitem größer gewesen als die Gefühle, die eine mildere Zivilisation entwickelte. Der Tod war das Zeichen einer in die Welt gekommenen Gewalt, die sie zerstören konnte. So unbeweglich er war, der Tote hatte teil an der Gewalt, die ihn getroffen hatte: Was sich im Bereich der »Ansteckung« befand, war von der Zerstörung bedroht, der er unterlegen war. Der Tod trat aus einer für die alltägliche Welt so völlig fremden Sphäre hervor, dass ihm nur eine Denkweise angemessen war, die im Gegensatz zu der von der Arbeit geforderten stand. Nur das symbolische oder mythische Denken, das Lévy-Bruhl zu Unrecht primitiv nannte, entspricht einer Gewalt, deren Prinzip es ist, über das rationale Denken, wie es die Arbeit beinhaltet, hinauszugehen. Für diese Denkweise hört die Gewalt, die den Toten traf und damit den geregelten Lauf der Dinge unterbrach, nicht auf, gefährlich zu sein, weil der, den sie traf, nun tot ist. Sie bildet sogar eine magische Gefahr, die fähig ist, vom Leichnam aus durch »Ansteckung« zu wirken. Der Tote ist eine Gefahr für die Überlebenden: Wenn sie ihn vergraben müssen, dann weniger, um ihn zu schützen, als sich selbst vor dieser »Ansteckung«. Oft ist die Vorstellung der »Ansteckung« an die Zersetzung der Leiche gebunden, in der man eine grauenerregende, aggressive Kraft erblickt. Die Unordnung, die in biologischer Hinsicht die kommende Verwesung darstellt, die ebenso wie der frische Leichnam ein Bild des Schicksals ist, birgt in sich selbst eine Drohung. Wir glauben nicht mehr an die Magie der Ansteckung, aber wer von uns könnte behaupten, dass er beim Anblick einer Leiche voller Würmer nicht erbleichte? Die archaischen Völker sehen im Vertrocknen der Knochen den Beweis, dass die im Augenblick des Todes eingetretene Drohung der Gewalt beschwichtigt ist. Sehr oft wirkt der Tote selbst, der in die Macht der Gewalt geraten ist, in den Augen der Überlebenden an ihrer Unordnung mit, und die gebleichten Knochen sind schließlich Ausdruck seiner Beschwichtigung.

Im Fall des Leichnams erscheint das Verbot nicht immer verständlich. In *Totem und Tabu* nahm Freud aufgrund seiner oberflächlichen Kenntnis der heute übrigens weniger mangelhaften ethnografischen Gegebenheiten an, dass sich das Verbot (Tabu) im Allgemeinen dem Berührungswunsch entgegenstellte. Der *Wunsch*, die Toten zu berühren, war zweifellos zu anderen Zeiten nicht größer, als er es heute ist. Das Verbot beugt nicht notwendigerweise einem Wunsch vor: In Gegenwart des Leichnams ist der Schrecken unmittelbar, unfehlbar, und es ist sozusagen unmöglich, ihm zu widerstehen. Die Gewalt, von der der Tod erfüllt ist, führt nur in einer Richtung in Versuchung, nämlich wenn es sich darum handelt, sie in uns *gegen* einen Lebenden zu verkörpern; wenn uns der Wunsch ergreift, zu töten. Das Tötungsverbot ist ein besonderer Aspekt des umfassenden Verbots der Gewalt.

In den Augen des archaischen Menschen ist immer die Gewalt die Ursache des Todes: Sie kann auf magische Weise wirken, aber es gibt immer einen Verantwortlichen; es liegt stets Mord vor. Beide Aspekte des Verbots folgen auseinander. Wir sollen den Tod fliehen und uns vor den entfesselten Kräften schützen, die in ihm wohnen. Wir dürfen in uns nicht die Entfesselung anderer Kräfte zulassen, die denen verwandt sind, deren Opfer der Tote wurde und von denen er im Augenblick besessen ist.

Die durch die Arbeit gebildete Gemeinschaft glaubt grundsätzlich, in ihrem Wesen nichts mit der Gewalt zu tun zu haben, die der Tod eines der Ihren beinhaltet. Gegenüber diesem Tod hat das Kollektiv das Gefühl des Verbots. Das gilt aber nur für die Mitglieder der Gemeinschaft. Das Verbot ist nur im Inneren voll wirksam. Was die Fremden außerhalb betrifft, ist das Verbot noch spürbar. Aber es kann überschritten werden.

Die Gemeinschaft, die sich durch die Arbeit von der Gewalt entfernt, ist von ihr für die Dauer der Arbeit und denen gegenüber, die die gemeinsame Arbeit verbindet, tatsächlich getrennt. Außerhalb dieser bestimmten Zeit und außerhalb ihrer Grenzen kann die Gemeinschaft zur Gewalt zurückkehren, sie kann sich im Krieg, den sie mit einer anderen Gemeinschaft führt, dem Töten hingeben.

Unter gewissen Bedingungen und für eine begrenzte Zeit ist der Mord an Mitgliedern eines bestimmten Stammes erlaubt, sogar notwendig. Doch die wahnsinnigsten Blutbäder heben trotz der Leichtfertigkeit derer, die sich ihrer schuldig machen, nicht ganz den Fluch auf, der das Töten trifft. Wenn das Gebot der Bibel »Du sollst nicht töten« uns gelegentlich zum Lachen bringt – die Bedeutungslosigkeit, die wir ihm zuschreiben, ist trügerisch. Das beseitigte Hindernis, das geschmähte Verbot übersteht die Überschreitung. Selbst der blutigste Mörder kann nicht den Fluch ignorieren, der ihn trifft. Denn der Fluch ist die Bedingung seines Ruhms. Auch vielfache Überschreitungen können mit dem Verbot nicht fertig werden; es ist, *als ob das Verbot immer nur das Mittel gewesen wäre, das, was es verwirft, mit einem ruhmvollen Fluch zu belegen.*

In dem vorangehenden Satz liegt eine wesentliche Wahrheit: Das Verbot, das der Schrecken begründet, legt uns nicht nur nahe, es zu beachten. Das Gegenstück dazu fehlt nie. Ein Hindernis umzustoßen, ist schon an sich etwas Verlockendes; die verbotene Handlung bekommt einen Sinn, den sie nicht hatte, ehe uns ein Schrecken von ihr entfernte und sie mit einer Aura von Ruhm umgab. »Nichts«, schreibt Sade, »hält die Ausschweifung zurück, und die rechte Art, sein Begehren auszudehnen und zu vermehren, ist die, ihr Grenzen auferlegen zu wollen.«[10] Nichts hält die Ausschweifung zurück ... oder vielmehr, allgemein gesagt, ist die Gewalt durch nichts zu bezwingen.

III
DAS MIT DER FORTPFLANZUNG VERBUNDENE VERBOT

Ein allgemeines Verbot widersetzt sich in uns der animalischen Freiheit des sexuellen Lebens

Später werde ich auf die komplementäre Beziehung zurückkommen, die das Verbot, das die Gewalt verwirft, mit Überschreitungsbewegungen verbindet, die sie freisetzen. Diese Gegenbewegungen besitzen eine Art Einheit: Schon als ich von der Errichtung einer Schranke zum Moment ihrer Beseitigung übergehen wollte, sah ich mich veranlasst, eine Gruppe von Verboten einzubeziehen, die dem vom Tod hervorgerufenen verwandt sind. Erst in zweiter Linie konnte ich von den Verboten sprechen, die die Sexualität zum Gegenstand haben. Wir haben sehr alte Spuren von Bräuchen, die den Tod betreffen: Die prähistorischen Dokumente über die Sexualität sind viel jünger; darüber hinaus aber sind sie so beschaffen, dass wir nichts aus ihnen schließen können. Wir haben Gräber aus dem mittleren Paläolithikum; aber Zeugnisse von der sexuellen Aktivität der ersten Menschen reichen nicht über das jüngere Paläolithikum hinaus. Die Kunst (die Darstellung) erscheint noch nicht zur Zeit des Neandertalers[11], sie beginnt mit dem *Homo sapiens*; aber die Bilder, die er uns von sich selbst hinterlassen hat, sind selten. Diese Bilder sind im Allgemeinen ithyphallisch. Wir wissen also, dass das Interesse der Menschen für die sexuelle Aktivität, wie für den Tod, sehr früh einsetzte, aber wir können, anders als im Falle des Todes, von einem so vagen Anhaltspunkt kein deutliches Merkmal ableiten. Die ithyphallischen Bilder bezeugen natürlich eine verhältnismäßige Freiheit. Trotzdem können sie nicht beweisen, dass jene, die sie zeichneten, sich dabei auf dieser Ebene einer grenzenlosen Freiheit hingaben. Wir können nur sagen, dass die sexuelle Aktivität im Gegensatz zur Arbeit eine Gewalt ist, dass sie als unmittelbare Regung die Arbeit stören könnte: Eine arbeitsame Gemeinschaft darf ihr während der Arbeit nicht ausgeliefert bleiben. Wir dürfen daher begründeter Weise annehmen, dass der sexuellen Freiheit von Anfang an eine Grenze gezogen werden musste, die wir ein Verbot nennen dürfen, ohne aber sagen zu können, in welchen Fällen es zur Anwendung kam. Wir können allenfalls vermuten, dass anfänglich die Arbeitszeit diese Grenze bestimmt hat. Der einzige wirkliche Grund, den wir haben, auf das sehr frühe Vorhandensein eines solchen Verbots zu schließen, ist die Tatsache, dass zu allen Zeiten und an allen Orten, soweit wir informiert sind, der Mensch durch ein bestimmten Regeln, bestimmten Einschränkungen unterworfenes sexuelles Verhalten gekennzeichnet ist: Der Mensch ist ein Tier, das angesichts des Todes und angesichts der sexuellen Vereinigung »bestürzt« ist. Er ist es mal mehr, mal weniger, aber in dem einen wie im anderen Fall unterscheidet er sich in seiner Reaktion von den anderen Tieren.

Diese Einschränkungen unterliegen großen Veränderungen je nach Zeit und Ort. Nicht alle Völker verspüren auf die gleiche Weise die Notwendigkeit, die Sexualorgane zu bedecken; allgemein aber entziehen sie dem Anblick das männliche Organ in Erektion; und im Prinzip ziehen sich Mann und Frau im Augenblick der Vereinigung in die Einsamkeit zurück. In den abendländischen Zivilisationen ist die Nacktheit Gegenstand eines sehr gewichtigen, ganz allgemeinen Verbots geworden;

doch die Gegenwart stellt in Frage, was eine Grundlage schien. Die Erfahrung möglicher Veränderungen der Verbote belegt übrigens nicht deren Willkürlichkeit: Sie beweist im Gegenteil den tiefen Sinn, den sie trotz der oberflächlichen Veränderungen haben, die auf etwas abzielen, was an sich keine Bedeutung hatte. Wir kennen jetzt die Schwäche der Aspekte, die wir dem formlosen Verbot verliehen haben, aus dem die Notwendigkeit einer Unterwerfung der sexuellen Aktivität unter allgemein beachtete Einschränkungen hervorgeht. Aber wir haben bei dieser Gelegenheit die Gewissheit einer grundlegenden Regel gewonnen, die *unser aller* Unterwerfung unter *irgendwelche* Einschränkungen erfordert. Das Verbot, das sich in uns der sexuellen Freiheit entgegenstellt, ist allgemein, universell; die besonderen Verbote sind seine variierenden Aspekte.

Ich bin erstaunt, dass ich das als erster so deutlich ausspreche. Es ist nichtssagend, ein einzelnes »Verbot« herauszugreifen, etwa das Inzestverbot, das nur einen »Aspekt« darstellt, und seine Erklärung lediglich außerhalb der universellen Grundlage, nämlich des formlosen und allgemeinen Verbots, das die Sexualität zum Gegenstand hat, zu suchen. Roger Caillois immerhin stellt eine Ausnahme dar, wenn er schreibt, »dass Probleme, über die schon viel geschrieben wurde – wie zum Beispiel das Inzestverbot –, nur dann eine angemessene Lösung erfahren, wenn sie als einzelne Fälle innerhalb eines Systems betrachtet werden, das die *Gesamtheit* der religiösen Verbote in einer bestimmten Gesellschaft umfasst«.[12] In meinen Augen ist der Anfang der Formulierung von Caillois vollkommen; aber »bestimmte Gesellschaft« bedeutet wieder einen Einzelfall, einen Aspekt. Es wäre an der Zeit, die Gesamtheit der religiösen Verbote aller Zeiten und aller Himmelsstriche ins Auge zu fassen. Die Formulierung von Caillois nötigt mich, umgehend zu sagen, dass dieses formlose und universelle Verbot immer das gleiche ist. Wie seine Form, so wechselt sein Gegenstand: Doch gleich ob die Sexualität oder der Tod in Frage steht, immer ist die Gewalt gemeint, die Gewalt, die erschreckt, aber fasziniert.

Das Inzestverbot

Der »Einzelfall« des Inzestverbots zieht die meiste Aufmerksamkeit auf sich. So sehr, dass er in der allgemeinen Vorstellung das eigentliche Sexualverbot ersetzt. Alle Welt weiß, dass es ein formloses und ungreifbares Sexualverbot gibt: Die ganze Menschheit beachtet es; aber aus einer nach Zeit und Ort so verschiedenen Beachtung hat niemand die Formel gewonnen, die erlaubte, allgemein davon zu sprechen. Das Inzestverbot, das nicht weniger universell ist, stellt sich in genauen, immer sehr streng formulierten Bräuchen dar, aber ein einziges Wort, dessen förmlicher Sinn unbestreitbar ist, liefert seine allgemeine Definition. Das ist der Grund, warum der Inzest Gegenstand zahlreicher Studien war, während das Verbot, von dem er nur ein Einzelfall ist und von dem sich eine inkohärente Gesamtheit ableitet, keinen Platz im Geist jener hat, die zur Untersuchung der menschlichen Verhaltensweisen Gelegenheit haben. So sehr neigt die menschliche Intelligenz zur Betrachtung dessen, was einfach und bestimmbar ist, und zur Vernachlässigung des Unbestimmten, Ungreifbaren und Veränderlichen. Auf diese Weise ist das Sexualverbot bisher sogar der Neugier der Wissenschaftler entgangen, während ihnen die verschiedenen Formen des Inzests, die so genau bestimmt sind wie die Tierarten, das boten, was ihnen gefiel, nämlich Rätsel, zu deren Lösung sie ihren Scharfsinn betätigen konnten.

In den archaischen Gesellschaften sind die Einteilung der Personen nach ihrer verwandtschaftlichen Beziehung und die Festsetzung der verbotenen Heiraten manchmal zu einer wahren Wissenschaft geworden. Das große Verdienst von Claude Lévi-Strauss besteht darin, dass er in den unendlichen Mäandern archaischer Familienstrukturen den Ursprung von Besonderheiten aufgedeckt hat, die nicht nur von jenem unbestimmten grundlegenden Verbot herrühren können, das die Menschen im Allgemeinen dazu brachte, Gesetze zu befolgen, die der animalischen Freiheit entgegenstehen. Die Vorkehrungen, die den Inzest betreffen, entsprachen zunächst dem Bedürfnis, durch Regeln eine Gewalt zu zügeln, die, ungebunden, die von der Gemeinschaft sich bewusst auferlegte Ordnung hätte stören können. Aber unabhängig von dieser grundlegenden Bestimmung wurden gerechte Gesetze für die Aufteilung der Frauen unter den Männern notwendig; solche merkwürdigen und genauen Bestimmungen versteht man, wenn man das Interesse an einer regelmäßigen Verteilung ins Auge fasst. Das Verbot wirkte im Sinne jedweder Regel, doch die bestimmten Regeln konnten im Hinblick auf sekundäre Besorgnisse festgesetzt werden, die mit der sexuellen Gewalt und der Gefahr, die sie für die vernünftige Ordnung darstellte, nichts zu tun hatten. Wenn Lévi-Strauss nicht gezeigt hätte, welchen Ursprung ein bestimmter Aspekt der Heiratsregeln hatte, wäre kein Grund vorhanden, darin nicht den Sinn des Inzestverbots zu suchen; doch entsprach dieser Aspekt einfach der Sorge, das Problem einer Lösung zuzuführen, wie die Verteilung durch Schenkung der verfügbaren Frauen vor sich zu gehen hatte.

Wenn wir daran festhalten wollen, der allgemeinen Inzestregung, die die körperliche Vereinigung zwischen nahen Verwandten verbietet, einen Sinn zu geben, müssen wir zunächst an das starke Gefühl denken, das fortbesteht. Dieses Gefühl ist nicht grundlegend für das Verbot, aber die Vorteile, die über die Modalitäten des Verbots entschieden, waren es auch nicht. Auf den ersten Blick scheint es selbstverständlich, in anscheinend sehr alten Sitten nach einer Ursache zu suchen. Hat man aber die Untersuchung einmal weit genug geführt, erscheint das Gegenteil richtig. Die aufgedeckte Ursache konnte nicht für das Prinzip einer Beschränkung bestimmend sein, sondern nur das vorhandene Prinzip für gelegentliche Zwecke verwenden. Wir müssen den Einzelfall auf die »Gesamtheit der religiösen Verbote« beziehen, die wir kennen und denen wir immer noch unterworfen sind. Gibt es etwas Stärkeres in uns als den Horror vor dem Inzest? (Ich verbinde damit die Achtung vor den Toten, aber ich werde erst später die ursprüngliche Einheit nachweisen, in der alle Verbote miteinander verbunden erscheinen.) In unseren Augen ist es unmenschlich, sich körperlich mit seinem Vater, seiner Mutter zu vereinigen – wie mit seinem Bruder oder seiner Schwester. Die Bestimmung des Kreises derer, die wir sexuell nicht kennenlernen dürfen, variiert. Aber ohne dass die Regel je festgesetzt worden wäre, dürfen wir uns im Allgemeinen mit denen nicht vereinigen, die im Augenblick unserer Geburt in der Familie lebten; in dieser Hinsicht gibt es eine Beschränkung, die zweifellos deutlicher wäre, wenn sich nicht andere veränderliche und in den Augen derjenigen, die sie nicht befolgen, willkürliche Verbote damit vermischten. Im Zentrum ein sehr einfacher, sehr beständiger Kern, im Umkreis eine vielfältige, willkürliche Wandelbarkeit: Das charakterisiert dieses elementare Verbot; fast überall finden wir den festen Kern wieder, zugleich aber die gleitende Wandelbarkeit, die ihn umgibt. Diese Wandelbarkeit verbirgt den Sinn des Kerns. Auch der Kern ist nicht unantastbar, aber wenn wir ihn ins Auge fassen, erfassen wir den ursprünglichen Schrecken besser, dessen Rückwirkung manchmal dem Zufall, manchmal der Übereinstimmung mit dem Vorteil zuzuschreiben ist. Im Wesentlichen handelt es sich immer um eine Unvereinbarkeit jener Sphäre, in der das ruhige und vernünftige Handeln herrscht, mit der Gewalt des Sexualtriebs. Hätten die

Regeln, die im Lauf der Zeiten aus diesem Konflikt entsprangen, ohne einen veränderlichen und willkürlichen Formalismus aufgestellt werden können?[13]

Das Menstrualblut und das Blut der Gebärenden

Andere an die Sexualität gebundene Verbote scheinen uns nicht weniger als das des Inzests auf den formlosen Schrecken vor der Gewalt rückführbar; zum Beispiel das Verbot, welches das Menstrualblut, und jenes, welches das beim Gebären austretende Blut betrifft. Diese Flüssigkeiten werden für Äußerungen der inneren Gewalt gehalten. Das Blut ist an sich ein Zeichen der Gewalt. Die Menstrualflüssigkeit besitzt noch dazu die Bedeutung der Sexualität und der Befleckung, die daraus hervorgeht: Die Befleckung ist eine der Wirkungen der Gewalt. Die Niederkunft kann von einem solchen Komplex nicht getrennt werden: Ist sie nicht als solche ein Zerreißen, ein Exzess, der den geordneten Ablauf des Handelns sprengt? Bedeutet sie nicht jene Maßlosigkeit, ohne die kein Wesen aus dem Nichts in das Sein sowie aus dem Sein in das Nichts gelangen könnte? Diese Beurteilungen haben zweifellos etwas Willkürliches an sich. Daher sind diese Verbote, selbst wenn wir für das Entsetzen über jene Befleckungen noch empfänglich sind, in unseren Augen so gut wie unerheblich. Es handelt sich nicht um den beständigen Kern. Diese zweitrangigen Aspekte gehören zur Zahl der rückführbaren Elemente, die jenen schlecht definierten Kern umgeben.

IV
DIE VERWANDTSCHAFT VON FORTPFLANZUNG UND TOD

Der Tod, die Verwesung und die Erneuerung des Lebens

Es scheint, dass die Verbote von Anfang an der Notwendigkeit entsprachen, die Gewalt aus dem gewöhnlichen Lauf der Dinge zu verbannen. Eine genaue Definition der Gewalt konnte ich nicht auf Anhieb geben und hielt es auch nicht für nötig.[14] Die Einheit in der Bedeutung der Verbote sollte im Verlauf der Erörterung, die ihre verschiedenen Aspekte darstellt, zutage treten.

Wir stoßen auf eine erste Schwierigkeit: Die Verbote, die mir grundlegend erscheinen, bezogen sich auf zwei Bereiche, die in radikalem Gegensatz zueinander stehen. Tod und Fortpflanzung sind einander entgegengesetzt wie Verneinung und Bejahung.

Der Tod ist grundsätzlich das Gegenteil einer Funktion, deren Zweck die Geburt ist; aber der Gegensatz kann aufgehoben werden.

Der Tod des einen steht in Wechselbeziehung zur Geburt des anderen, die er ankündigt und deren Bedingung er ist. Das Leben geht immer aus der Zersetzung des Lebens hervor. Es ist in erster Linie dem Tod verpflichtet, der ihm Platz schafft; dann der Verwesung, die auf den Tod folgt und die für das ununterbrochene Auf-die-Weltkommen neuer Wesen notwendigen Substanzen in Umlauf bringt.

Dennoch ist das Leben eine Verneinung des Todes. Es verwirft ihn und schließt ihn aus. Diese Reaktion ist in der menschlichen Gattung am stärksten ausgebildet, und der Schrecken vor dem Tod hängt nicht nur mit der Vernichtung eines Lebens zusammen, sondern auch mit der Verwesung, welche die toten Körper in die allgemeine Gärung des Lebens zurückführt. In Wahrheit hat nur die tiefe, mit der feierlichen Vorstellung vom Tod verbundene Ehrfurcht der idealistischen Kultur einen radikalen Gegensatz entwickelt. Der unmittelbare Schrecken hielt – zumindest vage – ein Bewusstsein von der Identität des furchtbaren Aspekts des Todes wach, von seiner stinkenden Verwesung, und jener ekelerregenden elementaren Bedingung des Lebens. Für die archaischen Völker bleibt der Moment äußerster Angst mit der Phase der Auflösung verbunden: Die bleichen Knochen haben nicht mehr das unerträgliche Aussehen des verwesenden Fleisches, von dem sich das Gewürm nährt. Undeutlich sehen die Überlebenden in der von der Verwesung hervorgerufenen Angst den Ausdruck der grausamen Rachsucht und des Hasses, die der Tote gegen sie hegt und die durch die Trauerriten beschwichtigt werden sollen. Und sie glauben, dass die gebleichten Knochen die Besänftigung des Hasses anzeigen. Diese Knochen, die ihnen verehrungswürdig erscheinen, bringen einen ersten dezenten – feierlichen und erträglichen – Aspekt des Todes mit sich, einen Aspekt, der noch immer ängstigt, aber ohne die aktive, exzessive Virulenz der Verwesung.

Diese gebleichten Knochen setzen die Überlebenden nicht mehr der schleimigen Drohung aus, die den Ekel hervorruft. Sie machen Schluss mit der elementaren Nähe von Tod und Zerfall, aus der das wimmelnde Leben entspringt. Aber zu einer Zeit, die den ursprünglichen menschlichen Reaktionen näher war als die unsere, erschien diese Nähe so notwendig, dass noch Aristoteles behauptete, bestimmte Lebewesen, von denen er annahm, dass sie sich spontan in der Erde oder im Wasser bildeten, entstünden aus der Verwesung.[15] Die angebliche Zeugungskraft der Fäulnis ist ein naiver Glaube, der dem mit Anziehung gemischten Schrecken entspricht, den sie in uns weckt. Dieser Glaube liegt einer vergangenen Naturvorstellung zugrunde, der Vorstellung einer bösen Natur, einer Natur, *die Scham hervorruft*: Die Verwesung war das Resümee der Welt, aus der wir hervorgegangen sind und in die wir zurückkehren; in dieser Vorstellung verbanden sich Schrecken und Schande zugleich mit unserer Geburt und mit unserem Tod.

Die schlüpfrigen, übelriechenden und noch warmen Substanzen, deren Anblick abscheulich ist, in denen das Leben gärt, diese Substanzen, die von Eiern, Keimen und Würmern wimmeln, stehen am Ursprung jener entscheidenden Reaktionen, die wir *Ekel*, *Widerwille*, *Abscheu* nennen. Jenseits der kommenden Vernichtung, die sich vollständig auf das Wesen, das ich bin, herabsenken wird, ein Wesen, das noch erwartet, zu sein, dessen Sinn sogar, eher als zu sein, die Erwartung ist, zu sein (als wäre ich nicht die *Gegenwart*, die ich bin, sondern die Zukunft, die ich erwarte, die ich jedoch nicht bin), wird der Tod meine Rückkehr zum gärenden Leben anzeigen. So kann ich – in der Erwartung lebend – diese vielfache Gärung vorausfühlen, die durch Antizipation den Triumph des Ekels in mir feiert.

Der Ekel und sein Bereich

Beim Tod eines anderen, während wir, die wir am Leben bleiben, erwarteten, dass sich das Leben dessen, der neben uns un-

Abbildung V

Hans Baldung Grien, *Der Tod umarmt eine nackte Frau vor dem offenen Grab.*

»Der Tod ist grundsätzlich das Gegenteil einer Funktion, deren Zweck die Geburt ist; aber der Gegensatz kann aufgehoben werden.« (S. 77)

beweglich ruht, fortsetze, löst sich unsere Erwartung plötzlich in *nichts* auf. Ein Leichnam ist nicht *nichts*, aber dieses Objekt, dieser Leichnam trägt von Anfang an das Zeichen des *Nichts*. Für uns Überlebende entspricht dieser Leichnam selbst, dessen bevorstehende Zersetzung uns bedroht, keiner Erwartung, wie wir sie zu Lebzeiten dieses ausgestreckten Menschen hatten, sondern einer Furcht: So ist denn dieser Gegenstand weniger als *nichts*, schlimmer als *nichts*.

Da sie sich darauf bezieht, ist die Furcht, die den Abscheu begründet, nicht durch eine objektive Gefahr motiviert. Die Drohung, um die es sich handelt, ist objektiv nicht zu rechtfertigen. Es ist kein Grund vorhanden, im Leichnam eines Menschen etwas anderes zu sehen als in einem toten Tier, zum Beispiel in einem Stück Wild. Nicht einmal das erschrockene Zurückweichen, das die fortgeschrittene Verwesung auslöst, hat einen zwingenden Grund. In den gleichen Zusammenhang gehört ein ganzes Bündel künstlicher Verhaltensweisen. Der Schrecken, den wir vor Leichen haben, ist nahe verwandt mit dem, was wir vor Exkrementen menschlicher Herkunft empfinden. Dieser Vergleich ist umso sinnvoller, als wir einen analogen Schrecken verspüren vor jenen Aspekten der Sinnlichkeit, die wir obszön nennen. Die Sexualkanäle haben Ausscheidungen; wir bezeichnen sie als »Schamteile«, und wir verbinden sie mit dem Anus. Der heilige Augustinus hob in peinlicher Weise die Obszönität der Fortpflanzungsorgane und ihrer Funktion hervor. »*Inter faeces et urinam nascimur*«, sagte er: »Zwischen Kot und Urin werden wir geboren.« Unsere Fäkalien sind nicht Gegenstand eines durch gewissenhafte soziale Regeln zum Ausdruck gebrachten Verbots, analog den Regeln, die den Leichnam oder das Menstrualblut betrafen. Aber im Ganzen hat sich durch gleitende Übergänge ein Bereich des Unrats, der Verwesung und der Sexualität herausgebildet, in dem die Verknüpfungen sehr spürbar sind. Im Grunde bestimmte ein faktisches, von außen gegebenes Nebeneinander die Ausdehnung des Bereichs. Dennoch hat sein Vorhandensein einen subjektiven Charakter: Der Ekel variiert von Person zu Person, und seine objektive Berechtigung entzieht sich. Insofern er auf den lebenden Menschen folgt, ist der Leichnam nichts mehr: Ebenso erregt nichts Greifbares objektiv den Ekel, unser Gefühl ist das einer Leere, und wir verspüren es in der Ohnmacht.

Es ist für uns nicht einfach, von diesen Dingen zu sprechen, die an und für sich *nichts* sind. Dennoch äußern sie sich, und oft mit einer spürbaren Macht, über die leblose Gegenstände, von denen uns nur die objektiven Eigenschaften erreichen, nicht verfügen. Wie kann man behaupten, dass dieses stinkende Etwas *nichts* ist? Aber wir verwahren uns nur, weil wir, erniedrigt, uns weigern, zu sehen. Wir glauben, dass uns ein Exkrement wegen seines Gestanks anekelt. Aber würde es stinken, wenn es nicht zuerst Gegenstand unseres Ekels geworden wäre? Wir haben zu schnell die Mühe vergessen, die es uns kostete, die Aversionen, aus denen wir bestehen, die aus uns menschliche Wesen machten, auf unsere Kinder zu übertragen. Unsere Kinder teilen unsere Reaktionen nicht von selbst. Es kann sein, dass sie eine Nahrung, die sie ablehnen, nicht mögen. Aber wir müssen ihnen durch das Mienenspiel und, wenn nötig, mit Gewalt die merkwürdige Abweichung, die der Ekel ist, beibringen: die uns sogar bis zum Ohnmächtigwerden befällt und deren Ansteckung *von den ersten Menschen her* bis auf uns gekommen ist; über zahllose Generationen gescholtener Kinder hinweg.

Wir tun unrecht, wenn wir sakrale Lehren, die wir seit Jahrtausenden den Kindern weitergeben, die aber einst eine andere Form hatten, auf die leichte Schulter nehmen. Der gesamte Bereich des Abscheus und des Ekels ist eine Wirkung dieser Lehren.

Die Verschwendungssucht des Lebens und die Angst vor ihr

Wenn wir dies lesen, könnte sich eine Leere in uns auftun. Was ich gesagt habe, hat seinen Sinn nur in dieser Leere.

Aber diese Leere öffnet sich an einem bestimmten Punkt. Zum Beispiel ist es der Tod, der sie öffnet: die Leiche, in deren Inneres der Tod die Abwesenheit einführt; die Verwesung, die an diese Abwesenheit gebunden ist. Ich kann meinen Schrecken vor der Verwesung (die einem so gründlichen Verbot unterliegt, dass die Vorstellungskraft sie in mir erscheinen lässt und nicht die Erinnerung) mit dem Gefühl vergleichen, das ich gegenüber der Obszönität verspüre. Ich kann mir sagen, dass das Widerstreben, dass der Schrecken das Prinzip meines Begehrens ist; dass sein Objekt in dem Maße, wie es in mir eine Leere öffnet, die nicht weniger tief ist als der Tod, dieses Begehren erregt, das zunächst aus seinem Gegenteil besteht, nämlich dem Schrecken.

Beim ersten Versuch, diesen Gedanken zu denken, geht er über jedes Maß hinaus.

Es braucht viel Kraft, um den Zusammenhang zwischen der Lebensverheißung, die in der Erotik liegt, und dem verschwenderischen Aspekt des Todes wahrzunehmen. Dass der Tod für die Welt auch die Jugend bedeutet, das verkennt übereinstimmend die ganze Menschheit. Mit einer Binde über den Augen weigern wir uns zu erkennen, dass der Tod allein ein erneutes Hervorquellen sichert, ohne welches das Leben ein Ende nähme. Wir weigern uns zu sehen, dass das Leben eine dem Gleichgewicht gelegte Fußangel ist, dass es ganz und gar die Unbeständigkeit und Unausgewogenheit ist, in die es sich hineinstürzt. Es ist eine rauschende Bewegung, die unaufhörlich zur Explosion führt. Da aber die unaufhörliche Explosion es ebenso unaufhörlich erschöpft, kann es sich nur unter einer

Bedingung fortsetzen: nämlich dass die Wesen, die es erzeugte und deren Explosionskraft erschöpft ist, ihren Platz neuen Wesen überlassen, die mit frischer Kraft in den Reigen eintreten.[16]

Wir können uns kein kostspieligeres Verfahren vorstellen. In einem gewissen Sinne ist das Leben möglich, könnte es leicht in Erscheinung treten, ohne diese ungeheure Vergeudung erforderlich zu machen, diesen Luxus an Vernichtung, der die Einbildungskraft verblüfft. Verglichen mit dem der Infusorien ist der Organismus des Säugetiers ein Abgrund, in dem sich irrsinnige Energiemengen verlieren. Sie sind nicht zu *nichts* geworden, wenn sie die Entwicklung anderer Möglichkeiten gestatten. Aber wir müssen uns den höllischen Zyklus bis zum Ende vorstellen. Das Wachstum der Pflanzen setzt eine endlose Anhäufung zerfallener, vom Tod *zersetzter* Substanzen voraus. Die Pflanzenfresser verschlingen Massen an lebender Pflanzensubstanz, bevor sie selbst gefressen werden, bevor sie die Unersättlichkeit des Fleischfressers stillen. Nichts bleibt zum Schluss übrig außer diesem wilden Räuber oder seinem Balg, der seinerseits zur Beute der Hyänen und der Würmer wird. Von einem Standpunkt aus betrachtet, der dem Sinn dieser Bewegung entspräche, ist das Unternehmen umso erfolgreicher, je kostspieliger die Verfahren sind, die das Leben erzeugen, und je teurer die Erzeugung neuer Organismen zu stehen kommt! Kostengünstig zu produzieren, ist ein armseliger menschlicher Wunsch. In der Tat gilt in der Menschheit noch der enge Grundsatz des Kapitalisten, des Verwesers einer »Gesellschaft«, des isolierten Individuums, das in der Hoffnung verkauft, am Ende die angehäuften Gewinne zu verschlingen (denn verschlungen werden sie stets auf irgendeine Art). Fasst man das menschliche Leben im Ganzen ins Auge, so trachtet es bis zur Angst nach der Verschwendung, *bis zur Angst, bis zu der Grenze, an der die Angst nicht mehr erträglich ist*. Der Rest ist Moralistengeschwätz. Wie könnten wir es klaren

Blicks nicht sehen? Alles weist uns darauf hin! Eine fieberhafte Erregung in uns fordert den Tod heraus, dass er auf unsere Kosten seine Verwüstungen treibe.

Wir gehen diesen vielfachen Prüfungen auf halbem Weg entgegen, diesen fruchtlosen Neuanfängen, dieser Ausschweifung lebendiger Kräfte, vollbracht im Übergang alternder Wesen zu anderen, jüngeren. *Im Grunde wollen wir* die unannehmbare Situation, die daraus hervorgeht, nämlich die des vereinzelten Wesens, das dem Schmerz und dem Schrecken der Vernichtung geweiht ist: Und wäre nicht der Ekel mit dieser Situation verbunden, die so grauenhaft ist, dass die stumme Panik in uns oft das Gefühl des Unmöglichen erzeugt, so wären wir nicht befriedigt. Aber unsere Urteile bilden sich unter dem Einfluss unaufhörlicher Enttäuschungen und in der hartnäckigen Erwartung einer Besänftigung, die mit dieser Regung Hand in Hand gehen; unsere Fähigkeit, uns verständlich zu machen, steht im direkten Verhältnis zur Blindheit, in der wir entschlossen verharren. Denn auf dem Höhepunkt der Konvulsion, die uns Gestalt gibt, kann die eigensinnige Naivität, die das Ende der Erschütterung erhofft, die Angst nur vergrößern, in der das ganz und gar zu nutzlosem Treiben verurteilte Leben den Luxus einer geliebten Marter zur Fatalität hinzufügt. Denn wenn es für den Menschen unvermeidlich ist, ein Luxus zu sein, was soll man dann erst von dem Luxus sagen, der die Angst ist?

Das »Nein« des Menschen gegenüber der Natur

Die menschlichen Reaktionen beschleunigen letztlich die Bewegung: Die Angst beschleunigt die Bewegung und macht sie zugleich spürbarer. Die grundsätzliche Haltung des Menschen ist die Verweigerung. Der Mensch hat sich gegen die Bewegung, die ihn mitriss, aufgebäumt, um ihr nicht mehr folgen zu müssen; aber er erreichte dadurch nur ihre Beschleunigung, sodass sich die Geschwindigkeit ins Schwindelerregende steigerte.

Wenn wir in den wesentlichen Verboten die Verweigerung erblicken, die das Menschenwesen der Natur als einer Ausschweifung heftiger Energie und einer Vernichtungsorgie entgegensetzt, können wir keinen Unterschied mehr machen zwischen Tod und Sexualität. Sexualität und Tod sind nur die Höhepunkte eines Festes, das die Natur mit der unerschöpflichen Vielzahl der Wesen feiert: Beide bedeuten eine grenzenlose Vergeudung, die sich die Natur gegen den tiefen Wunsch jedes Wesens nach eigener Fortdauer leistet.

Die Fortpflanzung verlangt über kurz oder lang den Tod jener, die zeugen, die immer nur zeugen, um die Vernichtung zu erweitern (ebenso wie der Tod einer Generation eine neue Generation verlangt). Die Analogie, die sich in der menschlichen Vorstellung zwischen dem Verwesen und den verschiedenen Aspekten sexueller Aktivität bildet, vermischt vollends beide Arten von Ekel, mit denen wir ihnen gegenüberstehen. Es ist möglich, dass die Verbote, in denen eine einzige Reaktion mit doppeltem Zweck Form annahm, zeitlich aufeinanderfolgten; ja es ist sogar ein langer Abstand zwischen dem Verbot, das der Tod hervorrief, und dem, dessen Gegenstand die Fortpflanzung ist, denkbar (oft erhalten die vollkommensten Dinge nur tastend ihre Form, in aufeinanderfolgenden Annäherungen). Doch ist für uns ihre Einheit deshalb nicht weniger spürbar: Für uns handelt es sich um einen unteilbaren Komplex. Als ob der Mensch unbewusst mit einem Male begriffen hätte, was die Natur (das, was uns *gegeben* ist) Unmögliches an sich hat, wenn sie von den Wesen, die sie ins Leben ruft, verlangt, an der Zerstörungswut, die sie belebt und die nichts stillen kann, teilzunehmen. Die Natur verlangte, dass sie nachgeben, und nicht nur das, sie verlangte, dass sie sich hineinstürzen: Der Mensch wurde erst in dem Augenblick möglich, in dem ein Wesen, von unüberwindlichem Schwindel erfasst, mit aller Kraft versuchte, *Nein* zu sagen.

Versuchte es dies mit aller Kraft? In Wirklichkeit setzten die Menschen der Gewalt (dem Exzess, um den es sich handelt) niemals ein endgültiges *Nein* entgegen. In Momenten der Ohnmacht verschlossen sie sich der Bewegung der Natur: Aber es handelte sich um ein *zeitweiliges* Innehalten, nicht um endgültige Bewegungslosigkeit.

Wir müssen jetzt über das Verbot hinaus die Überschreitung ins Auge fassen.

V
DIE ÜBERSCHREITUNG

Die Überschreitung ist nicht die Negation des Verbots, sondern sie geht über das Verbot hinaus und vervollständigt es

Es ist schwierig, über das Verbot zu sprechen, nicht nur weil die betroffenen Gegenstände wechseln, sondern wegen seines unlogischen Charakters. Denn es gibt keinen Gegenstand, dem gegenüber nicht eine gegenteilige Einstellung möglich wäre. Es gibt kein Verbot, das nicht überschritten werden kann. Oft ist die Überschreitung erlaubt, oft sogar ist sie vorgeschrieben.

Wir sind versucht zu lachen, wenn wir an das feierliche Gebot denken: »Du sollst nicht töten«, dem sich die Segnung der Armeen und das »Te Deum« der Siegesfeier anschließen. Auf das Verbot folgt ohne Umstände die Mittäterschaft am Töten! Gewiss verrät die Gewalt der Kriege den Gott des Neuen Testaments, aber sie steht keineswegs im gleichen Gegensatz zum Gott der Heerscharen des Alten Testaments. Läge das Verbot innerhalb der Grenzen der Vernunft, dann bedeutete es die Verurteilung der Kriege und stellte uns vor die Wahl: entweder es befolgen und alles tun, um das militärische Töten aus der Welt zu schaffen, oder kämpfen und das Gesetz für einen Betrug halten. Aber dass die Welt der Vernunft auf den Verboten beruht, heißt nicht, dass diese selbst vernünftig sind. Am Anfang hätte eine ruhige Opposition gegen die Gewalt nicht genügt, um die beiden Welten zu scheiden: Wenn die Opposition nicht selbst irgendwie an der Gewalt teilgehabt hätte, wenn nicht ein heftiges negatives Gefühl allen die Anwendung von Gewalt abscheulich erschienen lassen hätte, so hätte die Vernunft allein nicht genügend Autorität besessen, die Grenzen der Verschiebung zu bestimmen. Nur unüberlegtes Grauen und Entsetzen konnten angesichts maßloser Entfesselungen Bestand haben. Das ist die Natur des *Tabus*; es ermöglicht eine Welt der Ruhe und der Vernunft, ist aber selbst, seiner Anlage nach, ein Schaudern, das sich nicht dem Verstand, sondern der *Empfindung* aufdrängt, wie es auch die Gewalt tut (die menschliche Gewalt ist im Wesentlichen nicht die Wirkung einer Berechnung, sondern die Wirkung von Empfindungszuständen: des Zorns, der Furcht, des Begehrens ...). Wir müssen einen irrationalen Charakter der Verbote berücksichtigen, wenn wir die Indifferenz gegenüber der Logik, die stets mit ihnen verbunden ist, verstehen wollen. In dem irrationalen Bereich, in den unsere Erwägungen uns führen, müssen wir sagen: »Wenn hin und wieder ein unantastbares Verbot verletzt wird, bedeutet das nicht, dass es aufgehört hat, unantastbar zu sein.« Wir können sogar bis zu der absurden Formulierung gehen: »Das Verbot ist da, um verletzt zu werden.« Diese Formulierung ist nicht, wie es zunächst scheint, eine Verstiegenheit, sondern der korrekte Ausdruck für die unvermeidliche Beziehung zwischen einander entgegengesetzten Gefühlen. Unter dem Druck des negativen Gefühls müssen wir dem Verbot gehorchen. Wir verletzen es, wenn das Gefühl positiv ist. Die vollzogene Verletzung ist nicht imstande, die Möglichkeit und den Sinn des widerstreitenden Gefühls zu unterdrücken: Sie ist sogar seine Rechtfertigung und seine Quelle. Die Gewalt würde uns nicht so in Schrecken versetzen, wenn wir nicht wüssten, wenn wir uns nicht wenigstens dunkel dessen bewusst wären, dass sie uns selbst zum Schlimmsten führen kann.

Der Satz »Das Verbot ist da, um verletzt zu werden« soll die Tatsache verständlich machen, dass das Verbot zu töten, obwohl allgemeingültig, nirgends dem Krieg im Wege gewesen ist. Ich bin sogar überzeugt, dass der Krieg ohne das Verbot unmöglich, unvorstellbar ist!

Die Tiere, die keine Verbote kennen, sind über ihre Kämpfe hinaus nicht zu organisierten Unternehmungen gekommen, wie es der Krieg ist. In einem gewissen Sinne ist der Krieg nichts als die kollektive Organisation von Aggressionsregungen. Er ist kollektiv organisiert wie die Arbeit; wie die Arbeit, setzt er sich ein Ziel, er entspricht dem durchdachten Projekt derer, die ihn führen. Trotzdem können wir nicht sagen, dass der Krieg und die Gewalt einander entgegengesetzt sind. Aber der Krieg ist eine organisierte Gewalt. Die Überschreitung des Verbots ist nicht mit der animalischen Gewalt gleichzusetzen. Es ist noch Gewalt, aber ausgeübt von einem der Vernunft fähigen Wesen (das bei Gelegenheit die Klugheit in den Dienst der Gewalt stellt). Zumindest ist das Verbot die Schwelle, jenseits derer das Töten erst möglich ist; und der kollektiv geführte Krieg bedeutet, dass die Schwelle überschritten wurde.

Hätte die eigentliche Überschreitung, die sich im Gegensatz zur Unkenntnis des Verbots weiß, nicht diesen begrenzten Charakter, so wäre sie die Rückkehr zur Gewalt – zur animalischen Gewalt. In Wirklichkeit ist das nicht der Fall. Die organisierte Überschreitung bildet mit dem Verbot ein Ganzes, und dieses Ganze bestimmt das soziale Leben. Nicht einmal die Häufigkeit – und die Regelmäßigkeit – der Überschreitung schwächt die unantastbare Beständigkeit des Verbots, dessen erwartete Ergänzung sie bleibt, wie die Bewegung der Diastole die der Systole ergänzt, oder wie eine Explosion von einem Druck hervorgerufen wird, der ihr vorangeht. Der Druck weicht nicht etwa der Explosion, sondern er verleiht ihr erst die Kraft. Diese Wahrheit scheint neu, obwohl sie auf uralter Erfahrung beruht. Doch steht sie im Widerspruch zur Welt des Diskurses, aus der die Wissenschaft stammt. Deshalb finden wir sie erst spät ausgesprochen. Marcel Mauss, vielleicht der bedeutendste Interpret der Religionsgeschichte, war sich ihrer bewusst, und in seiner mündlichen Lehrtätigkeit hat er sie formuliert. Aber in einem gedruckten Werk tritt diese wesentliche Sicht nur in wenigen bedeutungsvollen Sätzen hervor. Roger Caillois, der die Lehre und die Ratschläge von Mauss befolgte, blieb es vorbehalten, in seiner »Theorie des Festes« erstmals die Überschreitung ausführlich zu behandeln.[17]

Die unbegrenzte Überschreitung

Oft ist die Überschreitung des Verbots nicht weniger an Regeln gebunden als das Verbot selbst. Es handelt sich nicht um Freiheit: *In diesem Augenblick und bis hierher ist das und das möglich* – das ist die Bedeutung der Überschreitung. Aber eine erste begrenzte Zügellosigkeit kann einen grenzenlosen Drang zur Gewalt entfesseln: Die Schranken sind nicht einfach aufgehoben, es kann sogar notwendig sein, im Augenblick der Überschreitung ihre Macht zu betonen. Die Sorge um eine Regel ist manchmal in der Überschreitung am größten: Denn es ist schwieriger, einen einmal entfesselten Tumult einzudämmen.

Immerhin ist die grenzenlose Überschreitung als Ausnahme vorstellbar.

Ich werde ein Beispiel geben, das der Beachtung wert ist.

Es kommt vor, dass die Gewalt gewissermaßen das Verbot hinwegschwemmt. Es scheint – es kann scheinen –, dass kein Widerstand die Gewalt mehr eindämmen kann, wenn das Gesetz ohnmächtig wird. Zunächst ist es der Tod, der sich über das einer Gewalt, die theoretisch seine Ursache ist, entgegengestellte Verbot hinwegsetzt: Das aus ihm folgende Gefühl eines Bruchs führt gewöhnlich zu einer geringen Störung, die von den Begräbnisfeierlichkeiten, die die unordentlichen Antriebe rituell ordnen und begrenzen, aufgefangen werden kann. Aber wenn der Tod über ein souveränes Wesen, das seiner Natur nach über ihn zu triumphieren schien, die Oberhand gewinnt, dann siegt dieses Gefühl des Bruchs, und die Unordnung ist grenzenlos.

Caillois hat folgendes Bild vom Verhalten gewisser ozeanischer Völker gegeben:

»Konzentriert sich das Leben der Gesellschaft und der Natur in der sakralen Person eines Königs, dann wird die Stunde seines Todes zum kritischen Augenblick und löst rituelle Freizügigkeiten aus. Ihre Formen entsprechen strikt der eingetretenen Katastrophe. Das Sakrileg gehört zur Sozialordnung. Es wird auf Kosten der Majestät, der Hierarchie und der Macht begangen ... Dem Toben des Volkes wird nicht im geringsten Einhalt geboten. Es gilt als genauso notwendig wie der dem verstorbenen Monarchen bisher geleistete Gehorsam. Auf den Hawaii-Inseln werden von der Menge, die vom Tode des Herrschers erfährt, lauter Taten begangen, die normalerweise als verbrecherisch betrachtet würden: Es wird gebrandschatzt, geplündert, getötet, und die Frauen sind gehalten, sich öffentlich der Prostitution hinzugeben ... Auf den Fidschi-Inseln sind die Tatsachen noch eindeutiger: Der Tod des Häuptlings ist das Signal zur Plünderung; die unterworfenen Stämme strömen in die Hauptsiedlung und begehen Raubzüge und Verwüstungen jeglicher Art.«

»Diese Überschreitungen sind indessen nach wie vor Sakrilege. Sie stellen die Regeln in Frage, die noch am Vorabend die sakralsten und unverletzlichsten waren und es tags darauf auch wieder sein werden. Im Grunde haben sie die Funktion kapitaler Sakrilege.«[18]

Die Unordnung findet bezeichnenderweise statt in »der

kritischen Periode der Ansteckung und Verunreinigung, die der Tod in seiner vollen, sichtbaren, höchst aktiven und ansteckenden Virulenz darstellt«. Sie endet »erst nach Beseitigung aller verweslichen Elemente des königlichen Leichnams, erst wenn von der sterblichen Hülle lediglich ein hartes, sauberes, unzerstörbares Skelett übrigbleibt«.[19]

Der Mechanismus der Überschreitung tritt in dieser Entfesselung der Gewalt zutage. Der Mensch wollte die Natur zügeln und hat geglaubt, dass es ihm gelänge, wenn er ihr generell die Weigerung des Verbots entgegenstellte. Indem er in sich selbst den Hang zur Gewalt beschränkte, glaubte er, ihn zugleich in der äußeren Wirklichkeit zu beschränken. Wenn er aber die Unwirksamkeit der Schranken bemerkte, die er gegen die Gewalt errichtete, verloren die Beschränkungen, deren Beachtung er sich selbst auferlegt hatte, den Sinn, den sie für ihn hatten: Seine gezügelten Antriebe entfesselten sich, von nun an tötete er ungehindert, er hörte auf, seine sexuelle Exuberanz zu mäßigen, und fürchtete nicht mehr, öffentlich und hemmungslos zu tun, was er bisher im Geheimen getan hatte. Solange der Körper des Königs der Bereich einer aggressiven Zersetzung war, stand die ganze Gesellschaft im Bann der Gewalt. Eine Schranke, die es nicht vermochte, das Leben des Königs vor der Virulenz des Todes zu schützen, hätte sich auch den Exzessen, die unaufhörlich die soziale Ordnung bedrohen, nicht wirksam entgegenstellen können.

Keine genau bestimmte Grenze regelt diese »kapitalen Sakrilege«, denen der Tod des Königs freien Lauf gewährt. Immerhin, der Verstorbene kehrt zur Reinheit des Skeletts zurück, und das setzt dem unförmigen Ausbruch der Ausschweifung ein zeitliches Ende. Sogar in diesem ungünstigen Fall hat die Überschreitung nichts mit der ursprünglichen Freiheit des animalischen Lebens zu tun: Sie öffnet einen Zugang zu dem, was jenseits der gewöhnlich beachteten Grenzen liegt, aber sie bewahrt diese Grenzen. Die Überschreitung geht über eine *profane* Welt, deren Ergänzung sie ist, hinaus, ohne sie zu zerstören. Die menschliche Gesellschaft besteht nicht nur aus der Welt der Arbeit. Sie setzt sich gleichzeitig – oder nacheinander – aus der *profanen* Welt und aus der *sakralen* Welt zusammen, die ihre beiden sich ergänzenden Formen sind. Die *profane* Welt ist die der Verbote. Die *sakrale* Welt steht begrenzten Überschreitungen offen. Sie ist die Welt des Festes, der Herrscher und der Götter.

Diese Sichtweise birgt Schwierigkeiten in sich, insofern das *Sakrale* die beiden entgegengesetzten Momente zugleich bezeichnet. Grundsätzlich ist *sakral*, was Gegenstand eines Verbots ist. Das Verbot, das die sakrale Sache negativ bestimmt, hat nicht nur die Macht, in uns – auf der Ebene der Religion – ein Gefühl von Furcht und Zittern zu erzeugen. Dieses Gefühl wandelt sich an der Grenze in Verehrung; es wird zur Anbetung. Die Götter, die das *Sakrale* verkörpern, lassen diejenigen erzittern, von denen sie verehrt werden – aber diese verehren sie darum nicht weniger. Die Menschen sind gleichzeitig zwei Regungen unterworfen: dem Schrecken, der sie zurückscheucht, und der Anziehung, die sie fasziniert und Ehrfurcht erzwingt. Das Verbot und die Überschreitung entsprechen diesen beiden gegensätzlichen Regungen: Das Verbot schreckt ab, aber die Faszination verleitet zur Überschreitung. Das Verbot, das Tabu steht in einem gewissen Sinne nicht im Gegensatz zum Göttlichen, sondern das Göttliche ist der faszinierende Aspekt des Verbots: Es ist das verklärte Verbot. Die Mythologie entwickelt ihre Themen – und verwickelt sie zuweilen auch miteinander – von diesen Gegebenheiten aus.

Nur der ökonomische Aspekt dieser Gegensätze gestattet uns, eine klare und verständliche Unterscheidung der beiden Seiten vorzunehmen. Das Verbot wirkt sich auf die Arbeit aus, die Arbeit auf die Produktion; in der *profanen* Zeit der Arbeit akkumuliert die Gesellschaft die Ressourcen, und der Verbrauch wird auf die für die Produktion notwendige Quantität beschränkt. Die *sakrale* Zeit ist recht eigentlich das Fest. Das Fest bedeutet nicht notwendigerweise, wie das auf den Tod des Königs folgende, von dem ich gesprochen habe, die massive Aufhebung der Verbote; aber das, was gewöhnlich verboten ist, kann zur Festzeit erlaubt, manchmal sogar geboten sein. Im Übergang vom Alltag zum Fest findet eine Umkehrung der Werte statt, deren Sinn Caillois hervorgehoben hat.[20] In ökonomischer Hinsicht verbraucht das Fest in seiner maßlosen Verschwendungssucht die Ressourcen, die während der Zeit der Arbeit akkumuliert wurden. Hier handelt es sich um einen einschneidenden Gegensatz. Wir können nicht ohne weiteres behaupten, dass die Überschreitung und nicht so sehr das Verbot die Grundlage der Religion ist. Aber dem Fest liegt die Verschwendung zugrunde, und das Fest ist der Höhepunkt des religiösen Tuns. Akkumulieren und Verausgaben sind die beiden Phasen, aus denen diese Aktivität besteht: Aus diesem Blickwinkel betrachtet führt die Religion eine Tanzbewegung aus, bei der das Zurückweichen eine Kehrtwende hervorruft.

Für den Menschen ist es wesentlich, die Gewalt des natürlichen Antriebs zurückzuweisen, aber die Zurückweisung bedeutet keinen Bruch, sondern sie kündigt im Gegenteil eine tiefere Zustimmung an. Diese Zustimmung bewahrt im Hintergrund das Gefühl, das die Nichtzustimmung begründet hatte. Und dieses Gefühl behauptet sich so gut, dass die Regung, in der die Zustimmung sich durchsetzt, immer schwindelerregend ist. Der Ekel, dann die Überwindung des Ekels, auf die der Taumel folgt, das sind die Phasen des paradoxen Tanzes, wie ihn die religiösen Haltungen vorschreiben.

Trotz der Komplexität des Vorgangs erscheint der Sinn des

Ganzen in vollem Licht: Die Religion fordert ihrem Wesen nach die Überschreitung der Verbote.

Aber die Verwirrung kommt auf und wird aufrechterhalten durch die Gefühle des Schreckens, ohne die der Gehalt der Religion unverständlich wäre. Jederzeit wird das Zurückweichen, das der Sprung nach sich zieht, für das Wesen der Religion ausgegeben. Diese Sichtweise ist natürlich unvollständig, und es wäre leicht, das Missverständnis zu beenden, wenn die tiefgehende Verkehrung, die immer mit den Absichten der vernünftigen und praktischen Welt übereinstimmt, nicht die Grundlage für eine innere Kehrtwende bildete, die irreführend ist. In den Weltreligionen von der Art des Christentums und des Buddhismus sind der Schrecken und der Ekel die Präludien zu den Abschweifungen eines glühenden spirituellen Lebens. Aber dieses spirituelle Leben, das auf der Verstärkung der ursprünglichen Verbote beruht, hat die Bedeutung des Festes; es ist Überschreitung, nicht Befolgung des Gesetzes. Im Christentum und im Buddhismus gründet die Ekstase auf der Überwindung des Schreckens. Die Zustimmung zum Exzess, der alles mit sich fortreißt, ist manchmal sogar noch ausgeprägter in Religionen, in denen Schrecken und Ekel das Gemüt tiefer angegriffen haben. Es gibt nichts, was gewaltiger den Überschwang hervortriebe als das Gefühl des Nichts. Doch ist der Überschwang nicht im geringsten Vernichtung; er ist die Überwindung des Niedergeschmettertseins, ist Überschreitung.

Um zu präzisieren, was die Überschreitung bezeichnet, würde ich es vorziehen, nicht die weniger komplexen Beispiele, sondern den christlichen oder buddhistischen Überschwang an die Spitze zu stellen, die ihre Vollendung bezeichnen. Aber ich muss zuerst über die weniger komplexen Formen der Überschreitung sprechen. Über den Krieg und über das Opfer. Und dann über die Erotik der Körper.

VI
TÖTUNG, JAGD UND KRIEG

Der Kannibalismus

Diesseits jener unbegrenzten Überschreitung, die außergewöhnlich ist, werden die Verbote auf banale Weise verletzt, nach Regeln, wie Riten oder zumindest Bräuche sie vorsehen und ausbilden.

Das Wechselspiel von Verbot und Überschreitung tritt am deutlichsten in der Erotik zutage. Ohne das Beispiel der Erotik wäre es schwierig, ein genaues Gefühl für dieses Spiel zu bekommen. Umgekehrt wäre es unmöglich, eine kohärente Auffassung von der Erotik zu gewinnen, ohne von dem Wechselspiel auszugehen, das für den ganzen religiösen Bereich charakteristisch ist. Doch zunächst werde ich mich mit dem befassen, was mit dem Tod in Verbindung steht.

Eines ist merkwürdig: Dem Verbot, das die Toten betrifft, entspricht kein Verlangen, das dem Schrecken entgegensteht. Die Sexualobjekte, man sieht es auf den ersten Blick, verursachen einen fortwährenden Wechsel von Widerstreben und Anziehung und infolgedessen von Geltung und Aufhebung des Verbots. Freud hat seine Interpretation des Verbots damit begründet, dass man ursprünglich gegenüber dem exzessiven Verlangen, das sich auf augenscheinlich schwache Objekte bezog, eine schützende Schranke aufrichten musste. Wenn er auf das Verbot zu sprechen kommt, das die Berührung der Leiche untersagt, muss er es als ein Tabu darstellen, das den Toten vor dem Verlangen schützte, ihn zu verzehren. Es handelt sich um ein Verlangen, das uns nicht mehr geläufig ist: Wir erfahren es nie an uns. Aber das Leben archaischer Gesellschaften weist in der Tat das Wechselspiel zwischen dem Verbot des Kannibalismus und seiner Aufhebung auf. Der Mensch, der niemals für ein Schlachttier galt, wurde häufig nach religiösen Vorschriften verzehrt. Wer Menschenfleisch verzehrt, handelt nicht in Unkenntnis des Verbots, das dieses Mahl untersagt. Aber er verletzt das Verbot, das er für grundlegend hält, auf religiöse Weise. Das bezeichnende Beispiel liegt uns im Kommunionsmahl vor, das auf das Opfer folgt. Das verzehrte Menschenfleisch wird dafür als sakral erachtet: Wir sind weit entfernt von einer Rückkehr zur animalischen Unkenntnis der Verbote. Das Verlangen bezieht sich nicht mehr auf den Gegenstand, auf den das gleichgültige Tier begierig gewesen wäre: Der Gegenstand ist »verboten«, er ist sakral, und gerade das Verbot, mit dem er belegt ist, hat ihn dem Verlangen angezeigt. Der sakrale Kannibalismus ist das Elementarbeispiel jenes Verbots, das ein Verlangen erzeugt: Das Verbot erzeugt nicht den Wohlgeschmack des Fleisches, gibt aber den Anlass dazu, dass der »fromme« Kannibale es verzehrt. Wir werden in der Erotik diese paradoxe Erzeugung des Reizwerts durch das Verbot wiederfinden.

Das Duell, die Blutrache und der Krieg

Ist uns auch der Wunsch, Menschen zu essen, zutiefst fremd, so gilt nicht das gleiche vom Wunsch zu töten. Nicht jeder von uns empfindet ihn; aber wer würde es wagen, anzunehmen, dass er in der Menge nicht vorhanden ist, ebenso wirklich, wenn nicht sogar ebenso unerbittlich wie der Sexualhunger?

Abbildung VI
Niklaus Manuel Deutsch, *Der Tod als Landsknecht umarmt eine junge Frau.*

»Ich kann mir sagen, dass das Widerstreben, dass der Schrecken das Prinzip meines Begehrens ist.« (S. 84)

Die Häufigkeit unnützer Massenmorde in der Geschichte verdeutlicht die Tatsache, dass in jedem Menschen ein potentieller Mörder lebt. Das Verlangen, zu töten, verhält sich zum Verbot der Tötung wie das Verlangen nach irgendwelcher sexuellen Betätigung zum Komplex der sie beschränkenden Verbote. Die Sexualbetätigung ist nur in bestimmten Fällen verboten, aber dasselbe gilt von der Tötung: Wenn auch das ihr entgegenstehende Verbot gewichtiger und allgemeiner formuliert ist als die Sexualverbote, so beschränkt es sich doch genau wie diese darauf, die Möglichkeit des Tötens auf bestimmte Situationen zu begrenzen. Es wird mit einer massiven Einfachheit ausgesprochen: »Du sollst nicht töten.« Und es ist richtig, dass dies allgemein zu verstehen ist; aber offenbar gilt der Vorbehalt: »außer im Fall des Krieges und anderer vom Sozialkörper mehr oder weniger vorgesehenen Umstände«. Sodass es die fast vollkommene Parallele zum Sexualverbot darstellt, das lautet: »Du sollst die fleischliche Vereinigung allein in der Ehe vollziehen«, woran sich offenbar anschließt: »oder in gewissen vom Brauch vorgesehenen Fällen«.

Die Tötung ist zulässig im Duell, in der Blutrache und im Krieg.

Sie ist verbrecherisch im Mord. Der Mord beruht auf Unkenntnis oder Vernachlässigung des Verbots. Das Duell, die Blutrache und der Krieg verletzen das bekannte Verbot, aber in Übereinstimmung mit einer Regel. Das moderne und gekünstelte Duell – in dem schließlich das Verbot tatsächlich die Überschreitung ausschaltet – hat wenig zu tun mit der ursprünglichen Menschheit, die eine Verletzung des Verbots nur auf religiöse Weise in Betracht zog. Ursprünglich hatte das Duell nicht den individuellen Aspekt, den es im Mittelalter erhielt. Das Duell war eine Form des Krieges, in der sich die feindlichen Stämme, nach einer den Regeln entsprechenden Herausforderung, auf die Tapferkeit ihrer besten Krieger verließen, die sich im Einzelkampf maßen. Der Einzelkampf wurde vor den Augen der feindlichen Scharen ausgetragen, die beabsichtigten, sich gegenseitig zu töten.

Die Blutrache hat ihre Regeln wie das Duell. In der Hauptsache ist sie ein Krieg, dessen feindliche Lager nicht durch das Bewohnen eines Gebiets, sondern durch die Zugehörigkeit zu einem Clan bestimmt werden. Die Blutrache ist ebenso wie das Duell oder der Krieg peinlich genauen Regeln unterworfen.

Die Jagd und die Sühne für die Tiertötung

Im Duell und in der Blutrache – und im Krieg, von dem wir später sprechen werden – handelt es sich um den Tod eines Menschen. Aber das Gesetz, das zu töten verbietet, bestand schon, ehe der Mensch zwischen sich und den Tieren großen Wuchses unterschied. Tatsächlich tritt diese Unterscheidung erst spät auf. Am Anfang hat sich der Mensch im Verhältnis zum Tier für gleichartig gehalten; diese Ansicht ist heute noch die der Jägervölker, deren Bräuche archaisch sind. Die archaische oder primitive Jagd war unter diesen Umständen nicht weniger eine Form von Überschreitung als das Duell, die Blutrache oder der Krieg.

Immerhin besteht ein tiefgreifender Unterschied: Die Tötung von seinesgleichen kam anscheinend bei dem allerersten Menschen, der dem Tier am nächsten stand, nicht vor.[21]

Die Jagd auf die anderen Tiere hingegen muss zu dieser Zeit üblich gewesen sein. Wir könnten uns sagen, dass die Jagd das Ergebnis der Arbeit ist, dass sie erst durch die Herstellung von Werkzeugen und Waffen aus Stein möglich wurde. Aber auch wenn das Verbot im Allgemeinen die Folge der Arbeit war, so konnte diese Folge doch nicht so umgehend eintreten, dass wir nicht eine lange Zeit voraussetzen müssten, in der sich die Jagd entwickelte, ohne dass das Verbot der Tiertötung das menschliche Gewissen belastet hätte. Wie dem auch sei, an eine Herrschaft des Verbots können wir erst denken, wenn infolge einer entschlossenen Überschreitung eine Rückkehr zur Jagd erfolgt wäre. Der Charakter des Verbots, wie er im Verbot der Jagd in Erscheinung tritt, ist übrigens ein allgemeiner, der allen Verboten eigen ist. Ich unterstreiche die Tatsache, dass es ein Verbot sexueller Aktivität von globalem Umfang gibt. Man kann davon nur eine verständliche Auffassung gewinnen, wenn man das Verbot, dessen Gegenstand die Jagd ist, bei den Jägervölkern betrachtet. Das Verbot bedeutet nicht zwangsläufig Enthaltung, sondern die Praxis in der Form der Überschreitung. Weder die Jagd noch die sexuelle Aktivität konnten in Wirklichkeit verboten werden. Das Verbot kann die zum Leben notwendigen Aktivitäten nicht unterdrücken, aber es kann ihnen den Sinn der religiösen Überschreitung verleihen. Es unterwirft sie gewissen Grenzen, es regelt ihre Formen. Es kann dem, der sich dabei *schuldig* macht, eine Sühne auferlegen. Die Tötung bewirkte, dass der Jäger und der Krieger *sakralisiert* wurden. Sie mussten sich von dieser Beschmutzung reinigen, um in die profane Gesellschaft zurückzukehren, sie mussten sich einer Läuterung unterziehen. Die Sühne-Riten hatten den Zweck, den Jäger oder den Krieger zu reinigen. In den archaischen Gesellschaften finden wir zahlreiche Beispiele für diese Riten.

Die Prähistoriker deuten die Höhlenmalerei im Allgemeinen als magische Handlung. Man habe die Tiere, welche die Jäger begehrten, in der Hoffnung dargestellt, dass das Bild des Wunsches ihn verwirkliche. Ich bin dessen nicht sicher. Sollte die geheimnisvolle, religiöse Atmosphäre der Höhlen nicht dem religiösen Charakter der Überschreitung entsprechen, den die Jagd sicherlich annahm? Dem Spiel der Überschreitung hätte das Spiel der Darstellung geantwortet. Es wäre schwierig, das zu beweisen. Wenn sich aber die Prähistoriker in die Perspektive versetzten, die durch die Wechselbeziehung von Verbot und Überschreitung gegeben ist, wenn sie den sakralen Charakter der todgeweihten Tiere klar erfassten, würde sich, glaube ich, anstelle der etwas ärmlichen Hypothese der magischen Darstellung, die sie vielleicht selbst unbefriedigt lässt, eine Ansicht herausbilden, die der Bedeutung der Religion innerhalb der menschlichen Entwicklung gerechter würde. Und in dieser Sicht hätten die Höhlenmalereien die Aufgabe gehabt, den Augenblick darzustellen, in dem die notwendige und zugleich verwerfliche Tötung des auftauchenden Tieres die religiöse Zweideutigkeit des Lebens offenbart: jenes Lebens, das der geängstigte Mensch ablehnt und das er dennoch lebt, indem er auf wunderbare Weise über seine Ablehnung hinausgeht. Diese Hypothese beruht auf der Tatsache, dass die Sühne, die auf die Tötung des Tieres folgt, bei jenen Völkern, deren Leben zweifellos dem der Höhlenmaler ähnelt, die Regel ist. Sie hat den Vorzug, eine kohärente Interpretation der Malerei im Schacht von Lascaux zu unterbreiten, in der ein sterbender Bison den Menschen angreift, der ihn vielleicht getötet hat und dem der Maler das Aussehen eines Toten gab. Der Gegenstand dieser berühmten Malerei, die zahlreiche widersprüchliche und fragwürdige Erklärungsversuche hervorrief, wäre *die Tötung und die Sühne*.[22]

Diese Sichtweise hat zumindest den Vorteil, die magische (dem Nützlichkeitsprinzip folgende), offenkundig dürftige Interpretation der Höhlenbilder durch eine religiöse zu ersetzen, die sich in größerer Übereinstimmung mit jener Art von höchstem Spiel befindet, das im Allgemeinen die Kunst ausmacht und dem der Anblick dieser erstaunlichen, vom Grund der Zeiten auf uns gekommenen Malereien entspricht.

Das älteste Zeugnis des Krieges

Auf jeden Fall müssen wir in der Jagd eine dem Krieg offenbar vorausgehende Form ursprünglicher Überschreitung sehen, denn die Menschen der »franko-kantabrischen« Höhlenmalerei, deren Existenz sich durch das ganze jüngere Paläolithikum hindurch verfolgen lässt, scheinen den Krieg nicht gekannt zu haben. Zumindest hatte der Krieg für diese Menschen, die als erste wirklich unseresgleichen waren, nicht die vorrangige Bedeutung, die er in der Folgezeit gewann: Diese ersten Menschen erinnern vielmehr an die Eskimos, die in der Mehrzahl bis in die Gegenwart in Unkenntnis des Krieges gelebt haben.

Die ersten Menschen, die den Krieg darstellten, sind die der Felsmalereien in der spanischen Levante. Offenbar stammen ihre Malereien teils aus dem ausgehenden jüngeren Paläolithikum, teils aus den darauffolgenden Epochen. Gegen Ende des jüngeren Paläolithikums, also fünfzehn- oder zehntausend Jahre vor uns, begann der Krieg, die Überschreitung des Verbots zu regeln, das in seinem Prinzip die Tötung der Tiere verbot, die man als dem Menschen gleichgestellt erachtete, und so auch die Tötung des Menschen selbst.

Wie die mit dem Tod verbundenen Verbote hat auch ihre Überschreitung, wie wir sehen, sehr frühe Spuren hinterlassen: Wir haben schon gesagt, dass die Sexualverbote und ihre Überschreitung erst in geschichtlicher Zeit klar erkennbar werden. Es gibt mehrere Gründe, in einer Arbeit, die der Erotik gewidmet ist, an erster Stelle von der Überschreitung im Allgemeinen zu sprechen und im Besonderen von der des Tötungsverbots. Ohne uns auf das Ganze zu beziehen, könnten wir den Sinn der erotischen Regungen nicht begreifen: Diese Regungen verwirren, und wir könnten sie nicht aufspüren, hätten wir ihre widersprüchlichen Wirkungen nicht zuerst auf einem Gebiet festgestellt, wo sie klarer und früher zutage treten.

Die Malereien der spanischen Levante beweisen übrigens nur den frühen Zeitpunkt, zu dem ein Krieg den Kampf zweier Gruppen gegeneinander organisierte. Überhaupt besitzen wir über den Krieg eine Fülle von Daten aus archaischer Zeit. Allein der Kampf zweier Gruppen erfordert ein Minimum an Regeln. Die erste Regel betrifft offenbar die Begrenzung der feindlichen Gruppen und die vorausgehende Erklärung der Feindseligkeiten. Wir kennen explizit die Regeln der »Kriegserklärung« archaischer Völkerschaften. Die interne Entscheidung des Angreifers konnte genügen: Der Gegner wurde dann vom Angriff überrascht. Meistens aber erschien es als dem Geist der Überschreitung angemessener, ihn auf rituelle Weise zu benachrichtigen. Der darauffolgende Krieg konnte selbst wiederum nach Regeln ablaufen. Der Charakter des archaischen Krieges erinnert an den des Festes. Selbst der moderne Krieg ist von diesem Paradox nie weit entfernt. Das Gefallen am prächtigen und auffallenden Kriegsgewand ist archaisch. Ursprünglich scheint der Krieg sehr wohl ein Luxus zu sein. Er ist kein Mittel, durch Eroberung den Reichtum eines Herrschers oder eines Volks zu vermehren, sondern ein aggressiver Überschwang, der die Großzügigkeit desselben beibehält.

Der Gegensatz zwischen der rituellen Form des Krieges und seiner berechneten Form

In den Militäruniformen überdauerte diese Tradition bis in unsere Zeit, in der sich das Bemühen durchsetzt, die Kämpfer als Ziel für den Feind unkenntlich zu machen. Doch ist diese Bemühung, die Verluste auf ein Minimum zu reduzieren, dem ursprünglichen Geist des Krieges fremd. Im Allgemeinen wurde die Überschreitung des Verbots als Zweck betrachtet; sie konnte auch subsidiär Mittel für einen anderen Zweck sein: Aber zunächst war sie Selbstzweck. Man kann begründeterweise annehmen, dass der Krieg, der deshalb nicht weniger grausam war, in erster Linie ähnlichen Regungen diente, wie sie im Vollzug der Riten zutage treten. Die Entwicklung des Krieges zur Feudalzeit Chinas, die vor unserer Ära liegt, wird auf folgende Weise dargestellt: »Der Krieg zwischen zwei Grafschaften beginnt mit einer Herausforderung. Tapfere Krieger, die von ihrem Herren entsandt worden sind, begehen einen heldenhaften Selbstmord vor den Augen des rivalisierenden Grafen, oder aber ein Kriegsgespann rast herbei, um die Tore der gegnerischen Stadt zu schänden. Es kommt dann zu einem Gemenge der Gespanne, bei dem die Herren, bevor sie sich gegenseitig töten, ihre edle Ritterlichkeit zur Schau stellen [...]«.[23] Die archaischen Aspekte der Homerischen Kriege sind von universaler Geltung. Es handelte sich um ein wirkliches Spiel, aber die Folgen waren so schwer, dass sich schnell die Berechnung gegen die Beachtung der Spielregeln durchsetzte. Die Geschichte Chinas zeigt dies: »Doch je weiter wir in der Zeit voranrücken, desto mehr verlieren sich diese ritterlichen Sitten. Der altertümliche Krieg des Rittertums artet zu einer erbarmungslosen Schlacht aus, bei der Massen aufeinanderstoßen und die gesamte Bevölkerung einer Gegend gegen die Nachbarvölker ins Feld geführt wurde.«

Tatsächlich hat der Krieg immer zwischen dem Primat der Beachtung jener Regeln, die dem Bemühen um den Selbstzweck zuzuordnen sind, und dem Primat eines erhofften politischen Ergebnisses geschwankt. Bis zum heutigen Tag stehen sich unter den Fachleuten zwei Schulen gegenüber. Clausewitz widersprach den Militärs der ritterlichen Tradition und hob die Notwendigkeit der gnadenlosen Zerstörung der gegnerischen Kräfte hervor: »Der Krieg«, schrieb er, »ist ein Akt der Gewalt, und es gibt in der Anwendung derselben keine Grenzen.«[24] Es ist gewiss, dass diese Tendenz sich im Großen und Ganzen ausgehend von einer rituellen Vergangenheit, welche die alte Schule unaufhörlich faszinierte, durchgesetzt und in der modernen Welt langsam die Oberhand gewonnen hat. Denn wir dürfen die Humanisierung des Krieges nicht mit seiner grundlegenden Tradition verwechseln. Bis zu einem gewissen Punkt haben die Erfordernisse des Krieges Platz gelassen für die Entwicklung der Völkerrechte. Der Geist der traditionellen Regeln konnte diese Entwicklung begünstigen, aber diese Regeln entsprachen nicht der modernen Bemühung, die Kampfverluste oder die Leiden der Kämpfer in Grenzen zu halten. Die Überschreitung des Verbots war wohl begrenzt, aber nur formal. Der Aggressionstrieb tobte sich nicht ungehemmt aus, es mussten erst bestimmte Bedingungen eintreten und die Regeln gewissenhaft beachtet werden; war sie aber einmal entfesselt, verschaffte sich die Raserei freien Lauf.

Die mit dem organisierten Charakter des Krieges verbundene Grausamkeit

Der Krieg, der sich von der animalischen Gewalt unterschied, entwickelte eine Grausamkeit, derer die Tiere nicht fähig sind. Der Kampf, auf den die Niedermetzelung der Gegner folgte, war oft nur ein Vorspiel für die Marter der Gefangenen. Die Grausamkeit ist der spezifisch menschliche Aspekt des Krieges. Ich entlehne Maurice Davie die folgenden entsetzlichen Zeilen:

»In Afrika foltert oder tötet man die Kriegsgefangenen oft, oder man lässt sie Hungers sterben. Bei den Völkern der Sprache Tschi werden die Gefangenen mit schockierender Unmenschlichkeit behandelt. Männer, Frauen und Kinder – die Mütter mit ihren Kleinsten auf dem Rücken und anderen Kindern, die kaum gehen können – werden entkleidet und mit Stricken um den Hals zu zehn oder fünfzehn zusammengebunden; darüber hinaus wird jeder Gefangene mit seinen Händen an einen schweren Holzblock gebunden, den er auf dem Kopf tragen muss. Derart gefesselt und so ungenügend ernährt, dass sie zu Skeletten abgemagert sind, werden sie Monat für Monat hinter der siegreichen Armee hergetrieben; ihre brutalen Wachen behandeln sie mit äußerster Grausamkeit; und wenn die Sieger einen Rückschlag erleiden, werden sie sofort ohne Unterschied niedergemetzelt, aus Angst, sie könnten die Freiheit wiedererlangen. Ramseyer und Kühne erwähnen den Fall eines Gefangenen – eines Eingeborenen von Accra –, der ›auf den Klotz gelegt wurde‹, das heißt, man befestigte ihn an einem gefällten Baumstamm mittels einer um seine Brust gezogenen Eisenklammer: Er wurde während vier Monaten kaum ernährt und starb an dieser Misshandlung. Ein anderes Mal sahen dieselben Forscher unter den Gefangenen ein elendes, krankes Kind, das, als man es aufstehen hieß, sich mühsam erhob und einen hinfälligen Körper zeigte, aus dem alle Knochen hervortraten. Die meisten der bei dieser Gelegenheit beobachteten Gefangenen waren nur noch wandelnde Skelette. Ein Knabe war durch die Entbehrungen so ausgezehrt, dass sein Hals das Gewicht des Kopfes nicht mehr zu tragen vermochte; wenn er saß, hing der Kopf fast bis zu den Knien hinunter; ein anderer, ebenso abgemagert, hatte einen Husten, der wie das Röcheln in der Agonie klang; ein jüngeres Kind war aus Nahrungsmangel so schwach, dass es sich nicht aufrecht halten konnte. Die Aschantis waren überrascht, als sie sahen, dass die Missionare durch dieses Schauspiel erschüttert waren; als diese einmal versuchten, ein paar ausgehungerten Kindern Nahrung zu geben, wurden sie von den Wachen brutal weggejagt. In Dahomey […] verweigert man den verwundeten Gefangenen jede Hilfe, und alle Gefangenen, die nicht für die Sklaverei bestimmt sind, werden in halbem Erschöpfungszustand gehalten, in dem sie sofort zu Skeletten abmagern [...] Der Unterkiefer ist eine hochbegehrte Trophäe [...] und oft reißt man ihn den verwundeten und noch lebenden Feinden aus [...] Die Szenen, die auf die Plünderung einer Festung auf den Fidschi-Inseln folgten, sind zu entsetzlich, um im Einzelnen beschrieben werden zu können. Zu dem am wenigsten Furchtbaren gehörte es noch, dass man weder auf Alter noch Geschlecht Rücksicht nahm. Bei den zahllosen Verstümmelungen, oft an lebenden Opfern vorgenommen, bei den Grausamkeiten, unter die sich sexuelle Leidenschaften mischten, war der Selbstmord der Gefangenschaft vorzuziehen. Mit dem im melanesischen Charakter liegenden Fatalismus versuchten viele Besiegte nicht einmal zu fliehen, sondern hielten, ohne sich zu wehren, ihren Kopf zum Keulenschlag hin. Hatten sie das Unglück, lebend gefangen zu werden, war ihr Los trostlos. Sie wurden in den Hauptort verschleppt, wo man sie jungen Burschen von hohem Rang übergab, die sie erfinderisch folterten oder auch, durch einen Keulenschlag betäubt, in überheizte Öfen schoben: Wenn in der Hitze ihr Schmerzbewusstsein wieder erwachte, brachen die Zuschauer beim Anblick ihrer rasenden Zuckungen in Gelächter aus [...].[25]«

Die Gewalt, die an sich nicht grausam ist, wird in der Überschreitung zur Sache eines Wesens, das sie *organisiert*. Die Grausamkeit ist eine der Formen der organisierten Gewalt. Sie ist nicht notwendigerweise erotisch, aber sie kann übergehen in andere, von der Überschreitung organisierte Formen der Gewalt. Grausamkeit und Erotik sind vorsätzlich. Grausamkeit und Erotik formieren sich im Geist, der vom Entschluss beherrscht ist, über die Grenzen des Verbots hinauszugehen. Dieser Entschluss ist zwar nicht die Regel, aber es ist immer möglich, von einem Bereich zum anderen hinüberzugleiten: Es handelt sich um benachbarte Bereiche, die beide aus dem Rausch hervorgehen, entschlossen die Macht des Verbots zu brechen. Der Entschluss ist umso wirksamer, als die Rückkehr zur Stabilität, ohne die das Spiel unmöglich wäre, vorgesehen ist: Mit der Überschwemmung ist schon ein Wissen um das Sinken der Flut vorausgesetzt. Der Übergang von einem Bereich zum anderen ist zulässig, sofern er den grundlegenden Rahmen nicht gefährdet.

Die Grausamkeit kann der Erotik entgegentreiben, und ebenso kann gegebenenfalls die Niedermetzelung der Gefangenen den Kannibalismus zum Zweck haben. Aber die Rückkehr zur Animalität, das endgültige Vergessen der Grenzen, ist unvorstellbar im Krieg. Es bleibt immer etwas bestehen, was den menschlichen Charakter auch der hemmungslosen Gewalt betont. Obwohl sie blutgierig sind, schlachten sich die rasenden Krieger doch nicht gegenseitig ab. Diese Regel ist die Basis für die Ordnung der Raserei, und sie ist unantastbar. Ebenso wird meistens das Verbot des Kannibalismus trotz der Entfesselung der unmenschlichsten Leidenschaften aufrechterhalten.

Wir müssen bemerken, dass die schlimmsten Formen nicht unbedingt mit der ursprünglichen Wildheit verbunden sind. Die Organisation, die die wirksamen militärischen Operationen auf Disziplin gründet, die schließlich die Masse der Kämpfer vom Glück, Schranken durchbrechen zu können, ausschließt, verwickelt den Krieg in einen Mechanismus, der seinen genuinen Antrieben fremd ist: Der moderne Krieg hat nur noch sehr entfernt etwas mit dem Krieg zu tun, von dem ich sprach: Er ist die traurigste Verirrung, deren Sinn der politische Einsatz ist. Schon der ursprüngliche Krieg ist kaum zu verteidigen: Von Anfang an trug er in seinen unvermeidbaren Entwicklungen den Keim zum modernen Krieg in sich; er kündigte ihn an. Aber erst die gegenwärtige Organisation, die weit über die ursprüngliche, an die Überschreitung gebundene hinausgeht, könnte dem Menschengeschlecht jeden Ausweg versperren.[26]

VII
TÖTUNG UND OPFER

Die religiöse Aufhebung des Tötungsverbots, das Opfer und die Welt der göttlichen Tierheit

Die vollständige Entfesselung des Verlangens zu töten, die der Krieg ist, geht im Ganzen über den Bereich der Religion hinaus. Das Opfer, das wie der Krieg eine Aufhebung des Tötungsverbots darstellt, ist im Gegenteil die religiöse Handlung par excellence. Es ist richtig, dass das Opfer vor allem für eine Opfergabe gehalten wird. Es kann ihm der blutige Charakter abgehen. Erinnern wir daran, dass das Blutopfer meistens an Tieren vollzogen wird. Oft wurden die Tiere zu Ersatzopfern: Bei fortschreitender Zivilisierung erschien die Opferung eines Menschen abscheulich. Aber am Ursprung des Tieropfers steht nicht in erster Linie dieser Ersatz: Das Menschenopfer ist jünger, die ältesten Opfer, die wir kennen, waren Tieropfer. Der Abgrund, der in unseren Augen das Tier vom Menschen trennt, öffnet sich offenbar nach der Domestizierung, die in der Zeit des Neolithikums aufkommt. Die Verbote hatten die Tendenz, das Tier vom Menschen zu trennen: Nur der Mensch beachtet sie ja. Aber für die erste Menschheit unterschieden sich die Tiere nicht von den Menschen. Zunächst hatten die Tiere sogar eine *sakralere* Natur, eine göttlichere, als sie der Mensch besaß: eben weil sie die Verbote nicht achten.

Die meisten der ältesten Götter waren Tiergötter; sie hatten nichts zu tun mit den Verboten, die die Souveränität eines Menschen grundlegend einschränken. Die Tötung des Tiers weckte vielleicht vor allem ein starkes Gefühl des Frevels. Das gemeinsam getötete Opfer nahm die Bedeutung einer Gottheit an. Die Opferung weihte es, vergöttlichte es.

Das Opfertier war von vornherein sakral, eben weil es ein Tier war. Der sakrale Charakter drückt den mit der Gewalt zusammenhängenden Fluch aus, und das Tier trennt sich nie von der Gewalt, von der es ohne Hintergedanken animiert ist. Für die Vorstellung der ersten Menschheit war es unmöglich, dass das Tier ein grundlegendes Gesetz nicht kannte; es konnte nicht in Unkenntnis davon sein, dass schon sein Umtrieb selbst, diese Gewalt, die Verletzung des Gesetzes bedeutet: Es verstieß seinem Wesen nach gegen dieses Gesetz, und zwar bewusst und souverän. Durch den Tod aber, den Gipfel der Gewalt, wurde im Tier die Gewalt vollends entfesselt, sie beherrschte es nun ganz und gar. Eine so göttlich-gewaltige Gewalt erhebt das Opfer über die seichte Welt, in der die Menschen ihr Leben der Berechnung führen. Im Unterschied zu diesem berechneten Leben sind Tod und Gewalt das reine Delirium, da sie nicht haltmachen vor dem Gesetz und der Achtung, die das menschliche Zusammenleben regeln. Im naiven Bewusstsein kann der Tod nur einer Beleidigung, einer Verfehlung entstammen. Ich wiederhole: Der Tod kehrt die gesetzliche Ordnung gewaltsam um.

Der Tod vollendet die Art der Überschreitung, die dem Tier eigen ist. Er dringt in die Tiefe des Tierseins ein, und der blutige Ritus ist die Offenbarung dieser Tiefe.

Kommen wir nun auf das Thema der Einführung zurück: nämlich, dass »für uns, die wir diskontinuierliche Wesen sind, der Tod den Sinn der Kontinuität des Seins hat«.

Bezüglich des Opfers schrieb ich: »Das Opfer stirbt, und die Anwesenden haben an einem Element teil, das sein Tod offenbart. Dieses Element ist das, was man, mit den Religionshistorikern, das *Sakrale* nennen kann. Das Sakrale ist eben die Kontinuität des Seins, die denen offenbart wird, die ihre Aufmerksamkeit in einem feierlichen Ritus auf den Tod eines diskontinuierlichen Wesens richten. Durch den gewaltsamen Tod wird die Diskontinuität eines Wesens gebrochen: Was bleibt und was in der eintretenden Stille die angstvollen Seelen spüren, ist die *Kontinuität* des Seins, der das Opfer zurückgegeben wurde. Nur eine spektakuläre Tötung, die unter Bedingungen vollzogen wird, die der Feierlichkeit und Gemeinschaftlichkeit der Religion entsprechen, ist geeignet zu offenbaren, was gewöhnlich der Aufmerksamkeit entgeht. Übrigens könnten wir uns nicht vorstellen, was sich im geheimsten Innern der Teilnehmer bekundet, wenn wir uns nicht auf religiöse Erfahrungen beziehen könnten, die wir persönlich gemacht haben, und sei es in unserer Kindheit. Alles bestätigt die Annahme, dass das *Sakrale* der primitiven Opfer im Wesentlichen dem *Göttlichen* der gegenwärtigen Religionen entspricht.«[27]

Im abgesteckten Rahmen meiner Ausführungen heißt dies: Die göttliche Kontinuität ist gebunden an die Überschreitung des Gesetzes, das die Ordnung der diskontinuierlichen Wesen begründet. Als diskontinuierliche Wesen, die sie sind, bemühen sich die Menschen, in der Diskontinuität zu verharren. Aber der Tod, oder wenigstens die Betrachtung des Todes, führt sie zur Erfahrung der Kontinuität zurück.

Dies ist wesentlich.

Auf dem Weg der Verbote trennte sich der Mensch vom Tier. Er versuchte, dem exzessiven Spiel des Todes und der Fortpflanzung (der Gewalt), in deren Macht das Tier sich ganz und gar befindet, zu entrinnen.

Doch auf dem sekundären Weg der Überschreitung näherte sich der Mensch dem Tier wieder. Er erblickte im Tier, was der Verbotsregel entgeht und für die Gewalt (den Exzess), von der die Welt des Todes und der Fortpflanzung beherrscht wird, offenbleibt. Anscheinend entsprach die sekundäre Übereinstimmung des Menschen mit dem Tier, diese Kehrtwende, der Menschheit der Höhlenmalereien, also dem vollendeten, uns ähnlichen Menschen, der an die Stelle des *Neandertalers* trat, des Verwandten der Menschenaffen. Dieser Mensch hinterließ vom Tier die wunderbaren Bilder, die uns heute vertraut sind. Aber sich selbst hat er nur sehr selten dargestellt: Wenn er es tat, verkleidete er sich, verbarg er sich sozusagen hinter den Zügen irgendeines Tiers, dessen Maske er auf dem Gesicht trug. Zumindest haben die am wenigsten unförmigen Bilder des Menschen ein solch merkwürdiges Aussehen. Die Menschheit muss sich damals ihrer selbst geschämt haben, und nicht, wie wir, ihres animalischen Ursprungs. Sie hat die grundlegenden Entscheidungen, die ihr eine erste Regung eingab, nicht widerrufen: Der Mensch des jüngeren Paläolithikums hatte das mit dem Tod verbundene Verbot aufrechterhalten, er begrub weiterhin die Leichen seiner Nächsten; andererseits haben wir keinen Grund anzunehmen, dass er von einem Sexualverbot nichts wusste, das der *Neandertaler* zweifellos gekannt hat (dieses Verbot, das den Inzest und den Abscheu vor dem Menstrualblut betrifft, ist die Grundlage aller unserer Sitten). Aber die Übereinstimmung mit dem Tierwesen schloss die einseitige Beachtung des Verbots aus; es wäre schwierig, zwischen dem mittleren Paläolithikum, der Epoche des *Neandertalers*, und dem jüngeren Paläolithikum (in dem wahrscheinlich jene Formen der Überschreitung eingeführt wurden, die wir zugleich aus den Bräuchen archaischer Völker und den Dokumenten des Altertums kennen) einen genauen Strukturunterschied festzustellen. Wir befinden uns im Bereich der Hypothese. Aber wir dürfen aus dem Zusammenhang schließen, dass die Jäger der bemalten Höhlen, wenn sie, wie man annimmt, die sympathetische Magie ausübten, gleichzeit auch ein Gefühl für die Göttlichkeit des Tiers hatten. Die Göttlichkeit des Tiers schließt eine Beachtung der ältesten Verbote ein, die Hand in Hand geht mit einer begrenzten Überschreitung dieser Verbote, analog jener, die sich später zeigt. Von dem Augenblick an, in dem die Menschen in einem gewissen Sinne mit dem Tier übereinstimmen, betreten wir die Welt der Überschreitung, die bei Aufrechterhaltung des Verbots eine Synthese des Tierwesens und des Menschen bildet, betreten wir die *göttliche* Welt (die *sakrale* Welt). Wir kennen die Formen nicht, die diesen Wandel ausdrückten, wir wissen nicht, ob Opferhandlungen ausgeführt wurden[28], wir wissen wenig über das erotische Leben dieser fernen Zeiten (wir müssen uns darauf beschränken, die häufigen ithyphallischen Darstellungen zu erwähnen); aber wir wissen von dieser werdenden Welt, dass sie die der göttlichen Tierheit war und dass sie sicher von Anfang an vom Geist der Überschreitung in Aufruhr gehalten wurde. Der Geist der Überschreitung ist der des sterbenden Tiergottes, der Geist des Gottes, dessen Tod die Gewalt animiert und der von den die Menschheit prägenden Verboten nicht eingeschränkt wird. Die Verbote betreffen in der Tat weder die wirkliche Tierwelt noch den Bereich der mythischen Animalität; sie betreffen nicht den souveränen Menschen, der sein Menschsein mit der Maske des Tiers verkleidet. Der Geist dieser werdenden Welt ist zunächst unverständlich: Es ist die mit dem Göttlichen vermischte natürliche Welt; dennoch ist sie leicht zu begreifen für den, dessen Denken auf der Höhe des Prozesses ist[29]: *Es ist die menschliche Welt, die, in der Negation der Animalität oder der Natur geformt*[30], *sich selbst negiert und in dieser zweiten Negation über sich hinausgeht, ohne jedoch zu dem zurückzukehren, was sie ursprünglich negiert hatte.*

Die so dargestellte Welt entspricht nicht mit Sicherheit der des jüngeren Paläolithikums. Wenn wir glauben, dass sie schon die Welt des Menschen war, von dem die Höhlenmalereien stammen, dann sind diese Epoche und ihre Werke leicht zu verstehen. Doch ihre Existenz ist erst für eine spätere Zeit verbürgt, nämlich die der ältesten Geschichte. Im Übrigen wird diese Welt durch die Ethnografie bestätigt, durch die Beobachtungen, die die moderne Wissenschaft bei den archaischen Völkern machen konnte. Der geschichtlichen Menschheit Ägyptens oder Griechenlands gab das Tier das Gefühl einer souveränen Existenz, das erste Bild ihrer Götter, das durch den Tod im Opfer verherrlicht wurde.

Führt man die Schilderung, die ich zuerst von der Welt der primitiven Jäger versucht habe, weiter, kann man dieses Bild einordnen. Ich musste an erster Stelle von der Welt der primitiven Jagd sprechen, für die die Tierwelt sozusagen die Kathedrale war, in der sich die menschliche Gewalt barg, um sich zu verdichten. Die Tierwelt der Höhlenmalereien und der Bereich des Tieropfers können tatsächlich nicht unabhängig voneinander verstanden werden. Was wir vom Tieropfer wissen, eröffnet das Verständnis für die Höhlenmalereien. Die Malereien der Höhlen eröffnen das Verständnis für das Opfer.

Die Überwindung der Angst

Das von der Angst bestimmte Verhalten, das die Verbote begründete, setzte dem blinden Lebensdrang die Weigerung – das Zurückweichen – der ersten Menschen entgegen. Die ersten Menschen, deren Bewusstsein durch die Arbeit erwacht war, fühlten sich durch das schwindelerregende Vorwärtsstürzen beunruhigt: die unaufhörliche Erneuerung, die unaufhörlich Tod erforderte. Als Ganzes gesehen, ist das Leben ein ungeheurer Kreislauf, den Fortpflanzung und Tod in Bewegung halten. Das Leben hört nicht auf hervorzubringen, aber nur, um wieder zu vernichten, was es hervorbringt. Die ersten Menschen hatten dies verworren im Gefühl. Sie stellten dem Tod und dem Taumel der Fortpflanzung als Weigerung die Verbote entgegen. Nie aber schlossen sie sich in dieser Weigerung ein; oder vielmehr, sie schlossen sich in ihr nur ein, um so schnell wie möglich aus ihr auszubrechen, und ihr Austritt war wie ihr Eintritt: brüsk und resolut. Es scheint, dass die Angst das Menschsein begründet: Aber es ist nicht die Angst allein, sondern die überwundene Angst, die Überwindung der Angst. Das Leben ist seinem Wesen nach ein Exzess, es ist die Verschwendung des Lebens. Grenzenlos schöpft es seine Kräfte und Ressourcen aus; grenzenlos vernichtet es, was es geschaffen hat. Die Vielzahl der lebenden Wesen bleibt passiv in diesem Treiben. Im Äußersten jedoch sind wir entschlossen zu bejahen, was unser Leben in Gefahr bringt.

Nicht immer haben wir die Kraft, das zu wollen; unsere Quellen erschöpfen sich, und manchmal ist das Begehren ohnmächtig. Wenn die Gefahr zu groß wird, wenn der Tod unvermeidlich ist, wird das Begehren im Allgemeinen gehemmt. Aber wenn uns das Glück gewogen ist, kann uns das Objekt, das wir am glühendsten begehren, zu wahnsinnigen Verausgabungen verführen und uns zugrunde richten. Die verschiedenen Individuen ertragen nicht in gleicher Weise große Verluste an Energie oder an Geld – oder ernsthafte Todesdrohungen. In dem Maße, wie sie es können (es ist eine – quantitative – Frage der Kraft), nehmen die Menschen die größten Verluste und die größten Gefahren auf sich. Wir glauben gern das Gegenteil, weil sie meistens wenig Kraft besitzen. Aber wenn ihnen Kraft zuwächst, sind sie sofort bereit, sich zu verausgaben und sich der Gefahr auszusetzen. Wer Kraft und Mittel hat, verausgabt sich ununterbrochen und setzt sich fortwährend Gefahren aus.

Abbildung VII

Bison mit aufgeschlitztem Bauch vor einem Menschen mit Vogelkopf, der möglicherweise tot ist. Wandmalerei im Schacht der Höhle von Lascaux (Dordogne). Jung-Paläolithikum.

»Malerei [...] in der ein sterbender Bison den Menschen angreift, der ihn vielleicht getötet hat und dem der Maler das Aussehen eines Toten gab. Der Gegenstand dieser berühmten Malerei, die zahlreiche widersprüchliche und fragwürdige Erklärungsversuche hervorrief, wäre *die Tötung und die Sühne.*« (S. 105)

Um diese Behauptungen, die allgemeingültig sind, zu illustrieren, werde ich mich für den Augenblick nicht mehr auf sehr frühe Zeiten oder auf archaische Sitten beziehen. Ich führe eine bekannte Tatsache an, die zur Erfahrung der Masse gehört, in deren Mitte wir leben. Ich stütze mich auf die am meisten verbreitete Literatur, auf so populäre Werke wie die Kriminalromane. Diese Bücher bestehen gewöhnlich aus den Unglücksfällen eines Helden und den Drohungen, die auf ihm lasten. Ohne seine Schwierigkeiten, ohne seine Angst hätte sein Leben nichts Anziehendes, was fesseln und dazu verleiten könnte, es mitzuerleben, indem man seine Abenteuer liest. Der willkürliche Charakter der Romane und die Tatsache, dass der Leser vor aller Gefahr geschützt ist, verdecken gewöhnlich, worum es geht – nämlich, dass wir *durch Stellvertretung* erleben, was wir selbst zu leben nicht die Kraft haben. Es handelt sich darum, indem wir es ohne allzu große Angst ertragen, das Gefühl des Verlusts oder das Gefühl, in Gefahr zu sein, das uns das Abenteuer eines anderen verschafft, zu *genießen*. Verfügten wir über unerschöpfliche seelische Ressourcen, würden wir selbst gerne so leben. Wer hat nicht geträumt, der Held eines Romans zu sein? Freilich ist dieser Wunsch weniger stark als die Vorsicht – oder die Feigheit; aber wenn wir von dem tiefen Wollen sprechen, dessen Erfüllung nur Schwäche verhindert: Die Geschichten, die wir leidenschaftlich lesen, verraten seinen Sinn.

Die Literatur kommt in der Tat nach den Religionen, deren Erbin sie ist. Das Opfer ist ein Roman, ist ein Märchen, auf blutige Weise illustriert. Oder vielmehr ist es, in rudimentärem Zustand, eine Theatervorstellung, ein auf die Schlussepisode reduziertes Drama, in dem das geopferte Tier oder der geopferte Mensch allein, aber bis zum Tode spielt. Der Ritus ist die zum festgesetzten Zeitpunkt wiederaufgenommene Darstellung eines Mythos, das heißt, im Wesentlichen, das Bild vom Tode eines Gottes. Nichts sollte uns hierbei überraschen. In symbolischer Form handelt es sich beim täglichen Messopfer um dasselbe.

Das Spiel der Angst ist immer dasselbe: Die Menschen begehren die größte Angst, die Angst bis zum Tode, damit sie am Ende, jenseits des Todes und des Untergangs, die Überwindung der Angst finden. Aber die Überwindung der Angst ist nur unter einer Bedingung möglich: dass die Angst dem Grad der Sinnlichkeit entspricht, von der sie hervorgerufen wird.

Bis an die Grenzen des Möglichen ist die Angst im Opfer gewollt. Sind diese Grenzen aber erreicht, ist das Zurückweichen unvermeidlich.[31] Oft ersetzt das Menschenopfer das Tieropfer, zweifellos in dem Maße, wie der Mensch sich vom Tier entfernte und der Tod des Tiers teilweise seine angsterregende Wirkung verlor. Umgekehrt wurden später, als sich die Zivilisation behauptete, die Menschen zuweilen durch Tiere ersetzt, denn die Opferung des Menschen erschien barbarisch. Erst sehr spät haben die Blutopfer der Israeliten Widerwillen erregt. Die Christen kannten seit jeher nur das symbolische Opfer. Man musste zur Übereinstimmung mit einem Überschwang gelangen, dessen Ziel die Fülle des Todes ist, aber man musste auch die Kraft dazu haben. Sonst siegte der Ekel und stärkte die Macht der Verbote.

VIII
VOM RELIGIÖSEN OPFER ZUR EROTIK

Das Christentum und die Verkennung des heiligen Charakters der Überschreitung

Ich habe in der Einführung davon gesprochen, dass die Alten den Liebesakt mit dem Opfer verglichen haben. Sie hatten in höherem Maße als wir ein unmittelbares Gefühl für das Opfer. Wir sind seiner Praxis sehr fern. Das Messopfer ist eine Reminiszenz, aber nur selten kann es die Sinnlichkeit lebhaft genug ansprechen. Wie quälend auch das Bild des Gekreuzigten sei, die Vorstellung eines Blutopfers ist mit der Messe nicht leicht zu vereinen.

Die Hauptschwierigkeit liegt im Widerwillen, den das Christentum ganz allgemein gegen die Überschreitung des Gesetzes hegt. Zwar ermuntert das Evangelium zur Aufhebung formaler, nur dem Buchstaben nach befolgter Verbote, deren Sinn nicht mehr gegeben ist. Daher handelt es sich darum, ein Gesetz nicht trotz des Bewusstseins von seinem Wert zu überschreiten, sondern indem man diesen Wert bestreitet. Wesentlich ist, dass der Charakter der Überschreitung in der Idee des Kreuzesopfers entstellt ist. Allerdings ist dieses Opfer ein Mord, es ist blutig. Es ist eine Überschreitung, insofern diese Tötung eine Sünde ist: Sie ist sogar von allen Sünden die schwerste. Aber in der Überschreitung, von der ich gesprochen habe, sind Sünde und Buße, wenn sie hier statthaben, die Folge eines entschlossenen Aktes, der sogar noch fortfährt, seine Absichtlichkeit zu bekräftigen. Diese Übereinstimmung mit dem Willen macht in unseren Tagen die archaische Haltung unverständlich: Das ist der Skandal des Denkens. Wir können uns nicht ohne Unbehagen die willentliche Überschreitung eines Gesetzes vorstellen, das heilig scheint. Aber die Sünde der Kreuzigung wird vom Priester, der das Messopfer feiert, nicht anerkannt. Die Schuld hängt an der *Verblendung* ihrer Urheber, von denen wir annehmen müssen, dass sie sie nicht auf sich geladen hätten, *wenn sie klarsichtig gewesen wären. Felix culpa!* singt die Kirche, und so ist es: die glückliche Schuld! Es gibt also einen Gesichtspunkt, von dem aus sich die Notwendigkeit, sie auf sich zu laden, offenbart. Das Echo der Liturgie stimmt mit dem tiefen Denken, das die erste Menschheit beseelte, überein. Aber es passt nicht zur Logik des christlichen Gefühls. Die Verkennung des heiligen Charakters der Überschreitung ist für das Christentum grundlegend. Selbst wenn auf seiner höchsten Stufe die Mönche zu empörenden und erlösenden Paradoxien gelangen, die über die Schranken hinausgehen.

Der antike Vergleich des Opfers mit der erotischen Vereinigung

So viel ist sicher, dass diese Verkennung der Überschreitung den Vergleich der Alten sinnlos machte. Ist die Überschreitung nicht grundlegend, haben Opfer und Liebesakt nichts miteinander gemein. Stellt das Opfer eine absichtliche Überschreitung dar, dann ist es eine überlegte Handlung mit dem Zweck einer plötzlichen Verwandlung des Wesens, das geopfert wird. Dieses Wesen wird getötet. Vor seiner Tötung war es in seiner individuellen Partikularität eingeschlossen. Wie ich in der Einführung gesagt habe[32], ist seine Existenz eine diskontinuierliche. Im Tod wird dieses Wesen zur Kontinuität des Seins zurückgeführt, zur Absenz von Partikularität. Diese gewaltsame Handlung, die das Opfer seiner Begrenzung beraubt und ihm die Unbegrenztheit und Unendlichkeit verleiht, die der Sphäre des Sakralen eigen ist, ist in ihrer tiefen Konsequenz beabsichtigt. Sie ist gewollt wie die Handlung desjenigen, der das Opfer, das er begehrt und in das er eindringen will, entblößt. Der Liebende löst die geliebte Frau nicht weniger auf als der blutige Opferpriester den Menschen oder das Tier, das er schlachtet. Die Frau ist in den Händen dessen, der über sie herfällt, ihres eigenen Wesens beraubt. Mit dem Schamgefühl verliert sie jene sichere Schranke, die sie von den anderen trennte, die sie undurchdringlich machte: Plötzlich öffnet sie sich der Gewalt des sexuellen Spiels, das in den Fortpflanzungsorganen entfesselt wird, sie öffnet sich der unpersönlichen Gewalt, die sie von außen überströmt.

Es ist zu bezweifeln, dass die Alten imstande gewesen wären, im Einzelnen eine Analyse durchzuführen, die einzig durch die Vertrautheit mit einer ungeheuren Dialektik möglich wurde. Das initiale Vorkommen und das Abwandeln zahlreicher Motive waren notwendig, um die Ähnlichkeiten zweier tiefer Erfahrungen in der Genauigkeit ihrer Abläufe zu begreifen. Die tiefsten Aspekte entzogen sich, und das Ganze entging dem Bewusstsein. Doch konnte die *innere Erfahrung* der Opferfrömmigkeit und die der entfesselten Erotik mit etwas Glück ein und derselben Person zuteilwerden. Damit war, wenn auch nicht die Genauigkeit des Vergleichs, so doch ein Gefühl von der Ähnlichkeit dieser Erfahrungen möglich. Diese Möglichkeit verschwand mit dem Christentum, dessen Frömmigkeit sich von dem Willen abkehrte, dem Geheimnis des Seins durch die Gewalt nahezukommen.

Was die äußere Gewalt der Opferhandlung aufdeckte, war die innere Gewalt des Seins, die zutage trat im Ausströmen des Bluts und im Hervorquellen der Organe. Dieses Blut, diese Organe voller Leben waren nicht das, was die Anatomie in ihnen sieht: Nur eine innere Erfahrung, nicht die Wissenschaft könnte uns das Gefühl der Alten zurückrufen. Wir dürfen annehmen, dass damals die Plethora der blutgeschwellten Organe, die unpersönliche Blutfülle des Lebens in Erscheinung trat. Auf das individuelle, diskontinuierliche Sein des Tiers war mit dem Tod des Tiers die organische Kontinuität des Lebens gefolgt, die mit dem sakralen Opfermahl in das gemeinschaftliche Leben der Teilnehmer überging. Ein Beigeschmack von Bestialität haftete diesem Verschlingen an, das mit dem Hervorquellen fleischlichen Lebens und mit der Stille des Todes verbunden war. Heute verzehren wir nur zubereitetes, totes Fleisch, abgelöst vom organischen Gewimmel, in dem es zuerst erschien. Das Opfer verband den Vorgang des Essens mit der Wahrheit des im Tod offenbarten Lebens.

Es ist überhaupt die Sache des Opfers, Leben und Tod in Übereinstimmung zu bringen: Dem Tod verleiht es ein Aufquellen des Lebens und dem Leben die Schwere, den Taumel und das Öffnende des Todes. Es ist das Leben vermischt mit dem Tod, aber im selben Augenblick ist der Tod ein Zeichen des Lebens, Öffnung zum Unbegrenzten. Heute steht das Opfer außerhalb unserer Erfahrung: Wir müssen die Praxis durch die Vorstellung ersetzen. Aber auch wenn uns das Opfer selbst und seine religiöse Bedeutung entgehen, können wir doch die Reaktion erkennen, die mit den Momenten des gebotenen Schauspiels verbunden war: nämlich den Ekel. Wir müssen uns das Opfer als eine Überwindung des Ekels vorstellen. Aber seine einzelnen Aspekte können für sich ohne die sakrale Verklärung, im Grenzfall Ekel verursachen. Im Allgemeinen ekeln sich die Menschen heute vor dem Schlachten und Ausnehmen des Tieres: In den angerichteten Speisen darf nichts daran erinnern. So kann man sagen, dass die zeitgenössische Erfahrung das fromme Verhalten beim Opfer *umkehrt*.

Diese Umkehrung ist von großer Bedeutung, wenn wir die Ähnlichkeit des Liebesakts mit dem Opfer ins Auge fassen. Der Liebesakt und das Opfer offenbaren beide dasselbe: *das Fleisch*. Das Opfer lässt an die Stelle der geordneten Lebensfunktionen des Tiers das blinde Zucken der Organe treten. Dasselbe gilt für die erotische Konvulsion: Sie befreit die blutgefüllten Organe, deren blindes Spiel sich über das überlegte Wollen der Liebenden hinaus fortsetzt. Auf das überlegte Wollen folgen die animalischen Bewegungen der vom Blut geschwellten Organe. Eine Gewalt, die von der Vernunft nicht mehr überwacht wird, animiert diese Organe, spannt sie bis zum Platzen, und plötzlich wird es zu einer Freude der Herzen, dem Überschwang dieses Sturms nachzugeben. Die Bewegung des *Fleisches* überschreitet eine Grenze, während der Wille abwesend ist. *Das Fleisch* ist jener Exzess in uns, der sich dem Gesetz des Anstands widersetzt. Das Fleisch ist der geborene Feind derer, die das christliche Verbot quält; wenn es aber, wie ich glaube, ein vages und umfassendes Verbot gibt, das sich in verschiedenen, von Zeit und Ort abhängigen Formen der sexuellen Freiheit entgegenstellt[33], so ist *das Fleisch* Ausdruck für die Rückkehr dieser bedrohlichen Freiheit.

Das Fleisch, der Anstand und das Verbot der sexuellen Freiheit

Als ich zuerst von diesem umfassenden Verbot sprach, wich ich einer Definition aus, denn ich konnte – oder wollte – es nicht definieren. Genau genommen kann es gar nicht so definiert werden, dass man jemals leicht darüber sprechen könnte. Der Anstand beruht auf Zufälligkeiten und ändert sich ständig. Er ist sogar individuell verschieden. Sodass ich bisher von greifbaren Verboten sprechen musste, dem des Inzests oder des Menstrualbluts, und es auf später verschob, auf eine allgemeinere Verdammung der Sexualität einzugehen. Auch jetzt werde ich noch nicht davon sprechen, ich werde sogar zuerst die Überschreitungen dieses vagen Verbots betrachten, bevor ich es selbst zu definieren versuche.

Zunächst möchte ich noch weiter zurückgehen.

Wenn es ein Verbot gibt, so betrifft es in meinen Augen eine elementare Gewalt. Und diese Gewalt steckt *im Fleisch*: im Fleisch, worunter wir das Spiel der Fortpflanzungsorgane verstehen.

Ich werde versuchen, über die Objektivität dieses Spiels der Organe zum grundlegenden inneren Ausdruck zu gelangen, in dem das Hinausgehen über das Fleisch gegeben ist.

Ich möchte die *innere Erfahrung* der *Plethora*, von der ich sagte, dass das Opfer sie im getöteten Tier offenbarte, in ihrem Fundament freilegen. Die Grundlage der Erotik ist für uns die Erfahrung einer Sprengung, einer Gewalt im Augenblick der Explosion.

IX
DIE SEXUELLE PLETHORA UND DER TOD

Die Fortpflanzungstätigkeit als Form des Wachstums

Die Erotik als Ganzes stellt einen Verstoß gegen die Regel der Verbote dar: Sie ist eine menschliche Aktivität. Aber obwohl sie dort beginnt, wo das Tier aufhört, ist das Animalische nicht weniger ihre Grundlage. Die Menschheit wendet sich voller Schrecken von dieser Grundlage ab, hält aber gleichzeitig an ihr fest. Das Animalische erhält sich sogar so stark in der Erotik, dass der Begriff des Animalischen, des Viehischen stets mit ihr verbunden bleibt. Es zeugt zwar von Missverstand, dass die Überschreitung des Verbots die Bedeutung einer Rückkehr zur Natur angenommen hat, deren Ausdruck das Tier ist. Doch ist die Aktivität, der sich das Verbot entgegenstellt, der Aktivität der Tiere ähnlich. Die physische Sexualität, die stets mit der Erotik verbunden ist, verhält sich zu ihr wie das Gehirn zum Gedanken: nämlich insofern die Physiologie die objektive Grundlage des Denkens bleibt. Wir müssen die Sexualfunktion des Tiers den anderen Gegebenheiten hinzufügen, wenn wir die innere Erfahrung, die wir von der Erotik haben, im Rahmen der objektiven Relativität erfassen wollen. Wir müssen sie sogar in erster Linie beachten. Denn in der Sexualfunktion des Tiers gibt es Aspekte, deren Betrachtung uns der inneren Erfahrung näherbringt.

Wir werden also, um zur inneren Erfahrung zu gelangen, jetzt von den physischen Bedingungen sprechen.

Auf der Ebene der objektiven Wirklichkeit bringt das Leben immer, außer in der Erschöpfung, einen Überschuss an Energie auf, den es verausgaben muss; und diesen Überschuss verausgabt es in der Tat, sei es im Wachstum der gegebenen Einheit, sei es im schlichten Verlust.[34] In dieser Hinsicht ist der Aspekt der Sexualität grundsätzlich zweideutig: Selbst eine vom Zeugungszweck unabhängige sexuelle Betätigung ist in ihrem Prinzip nicht weniger eine Aktivität des Wachstums. Die Gonaden vergrößern sich, insgesamt gesehen. Um uns davon ein klares Bild zu machen, müssen wir uns auf die Fortpflanzung durch Teilung stützen, die einfachste Fortpflanzungsart. Es gibt ein Wachstum eines solchen Organismus; aber wenn das Wachstum abgeschlossen ist, bilden sich aus dem einen Organismus eines Tages zwei. Angenommen, das Aufgusstierchen *a* wird zu *a' + a"*, so ist der Übergang vom ersten zum zweiten Zustand nicht unabhängig vom Wachstum von *a*, da *a' + a"* im Vergleich zu dem älteren Zustand, den *a* darstellt, eben das Wachstum des letzteren bedeutet.

Man muss dabei hervorheben, dass *a'*, das anders ist als *a"*, ebenso wie a" nichts anderes als *a* ist. Denn etwas von *a* bleibt in *a'* und etwas von a bleibt in *a"* erhalten. Ich werde auf diesen verwirrenden Charakter eines Wachstums, das die Einheit des wachsenden Organismus in Frage stellt, zurückkommen. Zunächst halte ich fest: Die Fortpflanzung ist nur eine Form des Wachstums. Das geht im Allgemeinen aus der Vermehrung der Individuen hervor, dem deutlichsten Ergebnis der sexuellen Aktivität. Aber die Vermehrung der Art in der geschlechtlichen Fortpflanzung ist nur ein Aspekt der Vermehrung in der ursprünglichen Fortpflanzung durch Teilung, also im Bereich der ungeschlechtlichen Fortpflanzung. Wie der Zellverband des individuellen Organismus insgesamt, so vergrößern sich die geschlechtlichen Gonaden selbst durch Teilung. Im Grunde vergrößert sich jede lebende Einheit. Wenn sie in dieser Vergrößerung den plethorischen Zustand erreicht, kann sie sich teilen, aber das Wachstum (die Plethora) ist die Bedingung für die Teilung, die wir in der Welt der Lebewesen Fortpflanzung nennen.

Das Wachstum des Ganzen und die Gabe der Individuen

Wenn wir uns vereinigen, ist, objektiv gesehen, die Fortpflanzung im Spiel.

Wie aus dem Vorherigen folgt, heißt das also: das Wachstum. Aber dieses Wachstum ist nicht *unser* Wachstum. Weder die sexuelle Aktivität noch die Fortpflanzung durch Teilung gewährleisten das Wachstum des Wesens selbst, das sich fortpflanzt, ob es sich nun paart oder ob es sich einfach teilt. In der Fortpflanzung geht es um das unpersönliche Wachstum.

Der grundlegende Gegensatz zwischen Verlust und Wachstum, den ich anfangs aufgestellt habe, lässt sich also in diesem Fall auf eine andere Unterscheidung zurückführen, bei der das unpersönliche Wachstum, und nicht einfach der Verlust, dem persönlichen Wachstum gegenübersteht. Der grundlegende egoistische Aspekt des Wachstums liegt nur vor, wenn das Individuum wächst, ohne dass eine Veränderung eintritt. Wenn das Wachstum zugunsten eines Wesens oder einer Gesamtheit, die über uns hinausgeht, stattfindet, ist es kein Wachstum mehr, sondern eine *Gabe*. Für den, der gibt, ist die Gabe ein *Verlust* seiner Habe. Wer gibt, findet sich darin wieder, aber zuallererst muss er mehr oder weniger vollständig auf das verzichten, was für die Gesamtheit, die es in Besitz nimmt, die Bedeutung des Zuwachses hat.

Der Tod und die Kontinuität in der ungeschlechtlichen und geschlechtlichen Fortpflanzung

Wir müssen zunächst die Situation während der Teilung näher betrachten.

Es gab Kontinuität *im Inneren* des ungeschlechtlichen Organismus *a*.

Als *a'* und *a"* erschienen, wurde die Kontinuität nicht sofort aufgehoben. Es ist nicht wichtig zu wissen, ob sie am Anfang oder am Ende der Krise aufhörte, aber sie war einen Augenblick in der Schwebe.

In diesem Augenblick stand das, was noch nicht *a'* war, mit *a"* in Kontinuität, aber die Plethora setzte die Kontinuität aufs Spiel. Die Plethora leitet ein Hinübergleiten ein, in dem sich das Wesen teilt; aber es teilt sich im Augenblick selbst des Hinübergleitens, im kritischen Augenblick, in dem diese Wesen, die gleich einander gegenüberstehen werden, noch nicht getrennt sind. Die Krise der Trennung entsteht durch die Plethora, die noch nicht die Trennung ist, sondern die Zweideutigkeit. In der Plethora geht das Wesen von der ungestörten Ruhe in den Zustand gewaltiger Unruhe über: Dieses Ungestüm, diese Unruhe erschüttert das ganze Wesen, erschüttert es in seiner Kontinuität. Aber die Gewalt der Unruhe, die sich zunächst im Schoß der Kontinuität erhebt, ruft die Gewalt der Trennung herbei, aus der die Diskontinuität hervorgeht. Bei vollendeter Trennung, sobald es zwei verschiedene Wesen gibt, tritt wieder Ruhe ein.

Die Plethora der Zelle, die unter diesen Bedingungen die Krise herbeiführt, die ein oder zwei neue Wesen erschafft, ist im Vergleich zur Plethora der männlichen und weiblichen Organe, die zur Krise der sexuellen Fortpflanzung führt, rudimentär.

Aber beide Krisen haben wesentliche Aspekte gemein. Die Überfülle steht in beiden Fällen am Anfang. Das gleiche gilt vom Wachstum, wenn wir es in der Gesamtheit der hervorbringenden und der hervorgebrachten Wesen betrachten. Schließlich ist ihnen auch das individuelle Verschwinden gemein.

Denn man hat den Zellen, die sich teilen, zu Unrecht die Unsterblichkeit zugeschrieben. Die Zelle *a* lebt weder in *a'* noch in *a"* weiter, *a'* ist etwas anderes als *a*, etwas anderes als *a"*; in Wirklichkeit hört *a* in der Teilung auf zu sein, *a* verschwindet, *a* stirbt. Es hinterlässt keine Spur, keine Leiche, aber es stirbt. Die Plethora der Zelle endet im schöpferischen Tod, am Ausgang der Krise, in der die Kontinuität neuer Lebewesen (*a'* und *a"*) in Erscheinung getreten ist, die ja ursprünglich nur eines sind, aber in der endgültigen Teilung nichts von sich zurücklassen.

Die Bedeutung dieses letzten Aspekts, den die beiden Fortpflanzungsarten gemeinsam haben, ist von entscheidender Wichtigkeit.

In beiden Fällen wird an der Grenze die umfassende Kontinuität der Lebewesen aufgedeckt. (Objektiv wird diese Kontinuität von einem Lebewesen an das andere und von jedem Lebewesen an die Gesamtheit aller anderen Lebewesen in den *Übergängen* der Fortpflanzung weitergegeben.) Aber jedes Mal, wenn sich in der Tiefe die Kontinuität offenbart, tritt der Tod in Erscheinung, der die individuelle Diskontinuität stets auslöscht. Die ungeschlechtliche Fortpflanzung verhüllt und verkörpert ihn gleichzeitig: In ihr verschwindet das Tote im Tod, der Tod verflüchtigt sich. In diesem Sinn ist die ungeschlechtliche Fortpflanzung die letzte Wahrheit des Todes: Der Tod zeigt die grundsätzliche Diskontinuität der Wesen (und des Seins) an. Das diskontinuierliche Wesen allein stirbt, und der Tod offenbart die Lüge der Diskontinuität.

Die Arten der geschlechtlichen Fortpflanzung greifen die Diskontinuität der Wesen weniger an. Das diskontinuierliche Wesen verschwindet nicht vollständig, wenn es tot ist, es hinterlässt eine Spur, die sogar unendlich dauerhaft sein kann. Ein Skelett kann Millionen Jahre hindurch erhalten bleiben. Auf höchster Stufe ist das geschlechtliche Lebewesen versucht, sogar verpflichtet, an die Unsterblichkeit eines diskontinuierlichen Prinzips in sich selbst zu glauben. Es betrachtet seine »Seele«, seine Diskontinuität, als seine tiefe Wahrheit, getäuscht vom Überleben des körperlichen Wesens, obwohl dieses Überleben auf den, wie immer unvollkommenen, Zerfall der Elemente hinausläuft, aus denen es bestand. Ausgehend von der Dauerhaftigkeit der Gebeine stellte es sich sogar die »Auferstehung des Fleisches« vor. Die Gebeine sollten sich beim »Jüngsten Gericht« zusammenfügen, und die auferstandenen Körper sollten die Seelen zu ihrer ursprünglichen Wirklichkeit zurückführen. In dieser Hypertrophie einer äußeren Bedingung wird die Kontinuität vernachlässigt, die der geschlechtlichen Fortpflanzung genauso zugrunde liegt: Die Fortpflanzungszellen teilen sich, und es ist möglich, im Übergang von der einen zur anderen die anfängliche Einheit objektiv zu erfassen. Im Übergang von einer Zellteilung zur anderen ist die zugrunde liegende Kontinuität immer unverkennbar.

Auf der Ebene der Diskontinuität und Kontinuität der Wesen ist das einzige neue Faktum, das in der geschlechtlichen Fortpflanzung auftritt, die Verschmelzung zweier winziger Zellwesen, nämlich der männlichen und weiblichen Gameten. Aber diese Verschmelzung deckt vollends die grundlegende Kontinuität auf: Sie zeigt deutlich, dass die verlorene Kontinuität wiedergefunden werden kann. Aus der Diskontinuität der geschlechtlichen Wesen geht eine schwere, verschlossene

Welt hervor; die individuelle Trennung gründet sich auf das Furchtbarste, was es gibt; Todesangst und Schmerz haben dieser Trennwand die Festigkeit, Traurigkeit und Feindseligkeit einer Gefängnismauer verliehen. Innerhalb dieser traurigen Welt jedoch wird die verspielte Kontinuität in dem privilegierten Fall der Befruchtung wiedergefunden: Die Befruchtung – die Verschmelzung – wäre unvorstellbar, wenn die augenscheinliche Diskontinuität der einfachsten Lebewesen nicht ein Trug wäre.

Nur die Diskontinuität der komplexen Wesen scheint zunächst unantastbar. Wir können die Rückführung ihrer Diskontinuität zur Einheit oder ihre Entzweiung (ihre »Infragestellung«) sozusagen gar nicht begreifen. Die plethorischen Augenblicke, in denen die Tiere ihrem sexuellen Fieber preisgegeben sind, stellen Krisenmomente ihrer Vereinzelung dar. In diesen Momenten gehen sie über die Furcht vor dem Tod und vor dem Schmerz hinaus. In diesen Augenblicken wird plötzlich das Gefühl einer relativen Kontinuität zwischen Tieren derselben Art wieder gestärkt, ein Gefühl, das im Hintergrund zwar ununterbrochen, aber ohne wirkliche Folgen einen Widerspruch zur Illusion der Diskontinuität aufrechterhält. Merkwürdig, dass dies gewöhnlich nicht unter den Bedingungen einer vollkommenen Ähnlichkeit zwischen Individuen desselben Geschlechts geschieht: Es scheint, dass grundsätzlich eine sekundäre Differenz allein die Macht hat, eine auf die Dauer gleichgültig gewordene tiefe Identität fühlbar werden zu lassen. Ebenso fühlt man zuweilen das, was man verliert, intensiver im Augenblick seines Entschwindens. Offenbar belebt der Geschlechtsunterschied das von der Artgleichheit aufrechterhaltene vage Kontinuitätsgefühl, indem er es enttäuscht, es unangenehm macht. Es ist anfechtbar, nach dieser Prüfung der objektiven Gegebenheiten die Reaktion der Tiere mit der inneren Erfahrung des Menschen zu vergleichen. Die

Ansicht der Wissenschaft ist einfach: Die Reaktion der Tiere wird von den physiologischen Tatsachen bestimmt. Genau genommen ist die Gleichheit der Art für den Beobachter eine physiologische Tatsache. Der Geschlechtsunterschied ist eine andere. Aber der Gedanke, dass ein Unterschied die Gleichheit fühlbarer macht, beruht auf innerer Erfahrung. Ich kann den Wechsel der Ebene nur unterstreichen. Er ist für diese Arbeit charakteristisch. Ich glaube, dass eine Studie, die den Menschen zum Gegenstand hat, stellenweise zu diesem Wechsel der Ebene gezwungen ist. Aber eine Studie, die wissenschaftlich sein will, reduziert den Anteil der subjektiven Erfahrung, während ich, aus Methode, im Gegenteil den Anteil der objektiven Erkenntnis reduziere. Tatsächlich habe ich die wissenschaftlichen Angaben über die Fortpflanzung nur mit dem Hintergedanken vorgetragen, sie zu transponieren. Ich weiß, ich kann nicht die innere Erfahrung der Tiere haben, noch weniger die der mikroskopisch kleinen Lebewesen. Ich kann sie auch nicht mutmaßen. Aber die winzigen Tierchen haben genau wie die komplexen Tiere eine Erfahrung des Inneren: Ich kann den Übergang von der Existenz *an sich* zur Existenz *für sich* nicht an die Komplexität, oder an das Menschsein, als Voraussetzung binden. Ich schreibe sogar dem leblosen Teilchen, noch unter dem winzigsten Lebewesen, diese Existenz *für sich* zu, die ich lieber Erfahrung des Inneren nenne, innere Erfahrung, und für die die Begriffe, die sie bezeichnen, nie wirklich befriedigend sind. Doch kann ich wissen, dass die innere Erfahrung, die ich weder haben noch mir hypothetisch vorstellen kann, zwangsläufig und grundsätzlich ein *Selbstgefühl* einschließt. Dieses elementare Gefühl ist nicht das *Selbstbewusstsein*. Das Selbstbewusstsein ergibt sich aus dem Gegenstandsbewusstsein, das erst in der Menschheit deutlich vorhanden ist. Aber das Selbstgefühl ändert sich notwendigerweise mit dem Grad der Isolierung in der Diskontinuität. Diese Isolierung ist mehr oder weniger stark, je nach den Möglichkeiten, die sich der objektiven Diskontinuität bieten, und nimmt im umgekehrten Verhältnis zu den Möglichkeiten der Kontinuität ab. Es handelt sich um die Festigkeit, um die Beharrlichkeit einer denkbaren Grenze, aber das Selbstgefühl verändert sich nach dem Grad der Isolierung. Die sexuelle Aktivität ist ein Krisenmoment in der Isolierung. Diese Aktivität ist uns nur von außen bekannt, aber wir wissen, dass sie das Selbstgefühl schwächt, dass sie es in Frage stellt. Wir sprechen von Krise: Es ist die innere Wirkung eines objektiv bekannten Ereignisses. Die Krise ist objektiv bekannt, erzeugt aber nicht weniger ein grundlegendes inneres Phänomen.

Die allgemeinen objektiven Tatsachen der geschlechtlichen Fortpflanzung

Die objektive Ursache der Krise ist die Plethora. Im Bereich der ungeschlechtlichen Wesen ist dieser Aspekt von Anfang an sichtbar. Es tritt Wachstum auf: Das Wachstum bestimmt die Fortpflanzung und damit die Teilung; es bestimmt den Tod des plethorischen Individuums. Dieser Aspekt ist bei den geschlechtlichen Wesen weniger deutlich. Aber die Überfülle der Energie ist bei ihnen nicht weniger die Ursache für die Aktivierung der Sexualorgane. Und diese Überfülle erfordert wie bei den einfacheren Wesen den Tod.

Sie erfordert ihn nicht direkt. Das geschlechtliche Individuum überlebt im Allgemeinen die Überfülle und sogar die Exzesse, zu denen sie es verleitet. Der Tod beschließt die sexuelle Krise nur in seltenen Fällen, die allerdings, das muss man zugeben, von schlagender Bedeutung sind. So schlagend für unsere Einbildungskraft, dass die auf den abschließenden Höhepunkt folgende Erschlaffung für einen »kleinen Tod« gehalten wird. Der Tod ist, *menschlich* gesehen, immer das Symbol für das Absinken der Flut nach einem gewaltigen Sturm; aber er stellt sich nicht nur als fernes Äquivalent dar. Wir dürfen nie vergessen, dass die Vermehrung der Wesen Hand in Hand mit dem Tod geht. Die Zeugenden überleben die Geburt derer, die sie zeugen, aber ihr Überleben ist nur ein Aufschub. Eine Frist wird gewährt, in Wirklichkeit zum Teil vorgesehen für die Hilfeleistung gegenüber den Neugeborenen; aber das Erscheinen dieser Neuankömmlinge bürgt für das Verschwinden der Vorgänger. Wenn die Fortpflanzung der geschlechtlichen Wesen nicht den unmittelbaren Tod herbeiführt, so führt sie ihn doch auf lange Sicht herbei.

Die Überfülle hat den Tod zur unausbleiblichen Folge; nur eine Stagnation erlaubt den Wesen die Aufrechterhaltung ihrer Diskontinuität (ihrer Isolierung). Diese Diskontinuität ist eine Herausforderung gegenüber dem Drang, der die Schranken zwischen den verschiedenen Individuen unvermeidlich zerstören wird. Das Leben – die Bewegung des Lebens – erfordert vielleicht einen Augenblick lang diese Schranken, ohne die eine komplexe, eine wirksame Organisation nicht möglich wäre. Aber das Leben ist Bewegung, und in der Bewegung ist nichts vor der Bewegung geschützt. Die ungeschlechtlichen Wesen sterben an ihrer eigenen Entwicklung, an ihrer eigenen Bewegung. Die geschlechtlichen Wesen setzen der Bewegung ihrer eigenen Überfülle – wie der allgemeinen Erregung – nur einen vorläufigen Widerstand entgegen. Es ist richtig, dass sie manchmal nur dem Verfall ihrer eigenen Kräfte erliegen, dem Zusammenbruch ihrer Organisation. Aber wir können uns nicht täuschen. Nur unzähliger Tod verschafft diesen sich vermehrenden Wesen einen Ausweg. Die Vorstellung von einer Welt, in der das Menschenleben durch künstliche Organisation verlängert würde, beschwört einen Albtraum, ohne mehr als eine leichte Verzögerung in Aussicht zu stellen. Am Ende steht der Tod, den die Vermehrung nach sich zieht, den die Überfülle des Lebens erfordert.

Der Vergleich der beiden elementaren Aspekte vom inneren und vom äußeren Gesichtspunkt aus

Diese Aspekte des Lebens, in denen die Fortpflanzung an den Tod gebunden ist, haben unleugbar einen objektiven Charakter; aber wie ich schon sagte, sogar das elementare Leben eines Wesens stellt sicherlich eine innere Erfahrung dar. Wir können sogar von dieser rudimentären Erfahrung sprechen, obwohl wir zugeben, dass wir sie nicht mitteilen können. Sie besteht in der Krise, in der sich das Lebewesen befindet: Das Lebewesen hat die innere Erfahrung, eine Krise durchzumachen, in der es auf die Probe gestellt wird; sie besteht darin, dass das Lebewesen in einem Übergang von der Kontinuität zur Diskontinuität, oder von der Diskontinuität zur Kontinuität, aufs Spiel gesetzt wird. Wir nehmen an, dass das einfachste Wesen ein Gefühl seiner selbst hat, ein Gefühl für seine Grenzen. Wenn sich diese Grenzen verändern, ist es in seinem Grundgefühl gestört, und diese Störung ist die Krise des Lebewesens, das ein Selbstgefühl hat.

In der geschlechtlichen Fortpflanzung, sagte ich, waren die objektiven Aspekte am Schluss dieselben wie bei der Teilung. Sobald wir aber zur menschlichen Erfahrung kommen, wie wir sie in der Erotik machen, entfernen wir uns anscheinend von den grundlegenden, objektiv gegebenen Aspekten. Im Besonderen ist in der Erotik das Gefühl, das die Plethora auslöst, nicht an das Zeugungsbewusstsein gebunden. Es gilt sogar grundsätzlich: Je vollkommener der erotische Genuss ist, desto weniger kümmern wir uns um die Kinder, die daraus hervorgehen können. Andererseits kann die auf den finalen

Spasmus folgende Traurigkeit einen Vorgeschmack des Todes geben; doch Todesangst und Tod sind das Gegenteil der Lust. Wenn ein Vergleich der objektiven Aspekte der Fortpflanzung mit der inneren Erfahrung in der Erotik möglich ist, beruht er auf etwas anderem. Es liegt hier ein grundlegendes Moment vor: Die objektive Tatsache der Fortpflanzung setzt auf der inneren Ebene das Selbstgefühl, das ein isoliertes Wesen von sich und von seinen Grenzen hat, aufs Spiel. Sie setzt die Diskontinuität, an die das Selbstgefühl notwendig gebunden ist, weil sie seine Grenzen bestimmt, aufs Spiel: Das Selbstgefühl, und sei es noch so vage, ist das Gefühl eines diskontinuierlichen Wesens. Aber die Diskontinuität ist nie vollkommen. Besonders in der Sexualität führt das Gefühl *für die anderen*, jenseits des *Selbst*gefühls, zwischen zweien oder mehreren die Möglichkeit einer Kontinuität ein, die der ursprünglichen Diskontinuität entgegengesetzt ist. Die *anderen* gewähren in der Sexualität ununterbrochen die Möglichkeit einer Kontinuität; die *anderen* stellen eine ununterbrochene Drohung dar, weil sie beabsichtigen, das nahtlose Kleid der individuellen Diskontinuität zu zerreißen. Durch die Wechselfälle des animalischen Lebens hindurch treten die *anderen* der gleichen Art hinter den Kulissen in Erscheinung: ein Hintergrund neutraler Gestalten, der zweifellos elementar ist, in dem aber in der Zeit sexueller Aktivität eine *kritische* Veränderung einsetzt. Zu diesem Zeitpunkt erscheint der *andere* noch nicht positiv, sondern negativ mit der gewaltigen Unruhe der Plethora verbunden. Jedes Lebewesen trägt zu der Negation bei, die der *andere* gegen sich selbst richtet; aber diese Negation führt keineswegs zur Anerkennung des Gegenübers. Für die Annäherung scheint weniger die Ähnlichkeit ausschlaggebend zu sein als die *Plethora* des *anderen*. Die Gewalt des einen bietet sich der Gewalt des *anderen* an: Es handelt sich auf jeder Seite um eine innere Bewegung, die dazu zwingt, *außer sich* zu sein (außerhalb der in-

Abbildung VIII
Kämpfende Bogenschützen. Felsmalerei der spanischen Levante, Morelia la Velia (Castellón). Nach F. Benitez.

»Die ersten Menschen, die den Krieg darstellten, sind die der Felsmalereien in der spanischen Levante. Offenbar stammen ihre Malereien teils aus dem ausgehenden jüngeren Paläolithikum, teils aus den darauffolgenden Epochen. Gegen Ende des jüngeren Paläolithikums, also fünfzehn- oder zehntausend Jahre vor uns, begann der Krieg, die Überschreitung des Verbots zu regeln, das in seinem Prinzip die Tötung der Tiere verbot, die man als dem Menschen gleichgestellt erachtete, und so auch die Tötung des Menschen selbst.« (S. 106)

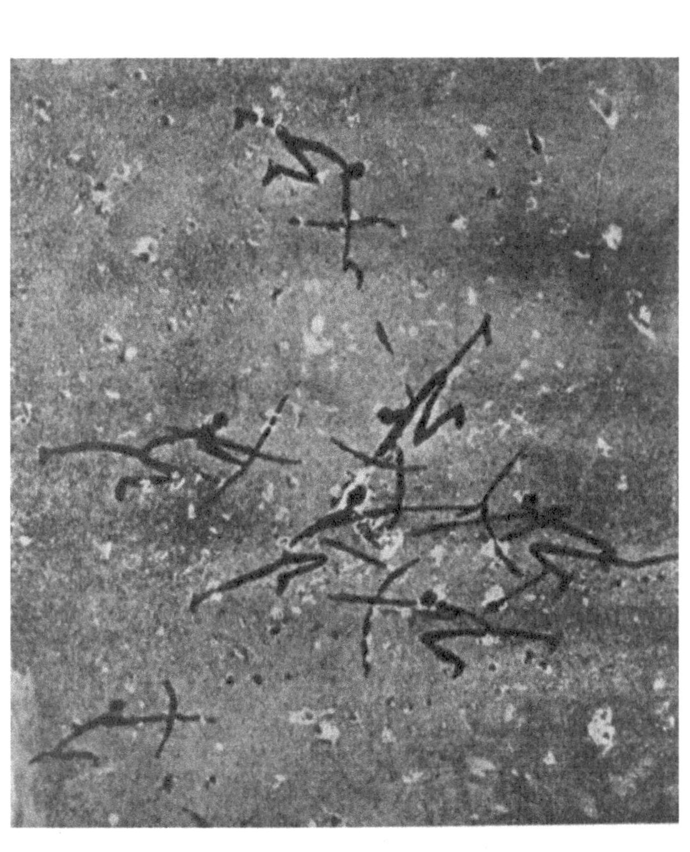

dividuellen Diskontinuität). Die Begegnung findet zwischen zwei Lebewesen statt, die – langsamer das weibliche, manchmal blitzartig das männliche – von der sexuellen Plethora *aus sich* herausgeschleudert werden. Das Tier-Paar wird im Augenblick der Vereinigung nicht aus zwei diskontinuierlichen Lebewesen gebildet, die durch einen plötzlichen Strom von Kontinuität einander näherkommen, verschmelzen: Es gibt genau genommen keine Vereinigung; zwei von der Gewalt beherrschte Individuen, zusammengeschlossen durch die geregelten Reflexe der Paarung, teilen einen Krisenzustand, in dem das eine wie das andere außer sich ist. Die beiden Lebewesen sind zur gleichen Zeit offen für die Kontinuität. Aber nichts bleibt im vagen Bewusstsein davon bestehen: Nach der Krise ist die Diskontinuität jedes der beiden Lebewesen intakt. Es ist die intensivste und zugleich bedeutungsloseste Krise.

Die grundlegenden Momente der inneren erotischen Erfahrung

In dieser Erörterung über die animalische Erfahrung der Sexualität entfernte ich mich von den objektiven Gegebenheiten der geschlechtlichen Fortpflanzung, die ich weiter oben vortrug. Ich versuchte einen Weg zu finden, der durch die animalische innere Erfahrung führt, ausgehend von den wenigen Gegebenheiten aus dem Leben der kleinsten Wesen. Ich wurde von unserer menschlichen inneren Erfahrung geleitet und zwangsläufig davon, dass mir bewusst ist, was der animalischen Erfahrung fehlt. Doch bin ich tatsächlich kaum von dem abgewichen, was die Notwendigkeit, eine Grundlage ins Auge zu fassen, vorzubringen erlaubt. Eine einzigartige Evidenz unterstützt übrigens meine Behauptungen.

Aber ich habe das Inventar der objektiven Gegebenheiten geschlechtlicher Fortpflanzung nicht überprüft, um nicht darauf zurückzukommen.

Im Schnittpunkt der Erotik findet sich alles wieder.

Mit dem Leben des Menschen erreichen wir die eigentliche Ebene der inneren Erfahrung. Die äußeren Momente, die wir konstatieren, werden zuletzt auf ihre Innerlichkeit zurückgeführt. Was, meiner Meinung nach, den Übergängen von der Diskontinuität zur Kontinuität in der Erotik ihre Besonderheit verleiht, ist das Wissen um den Tod: ein Wissen, das von Anfang an im Geist des Menschen den Bruch der Diskontinuität – und das darauffolgende Hinübergleiten in eine mögliche Kontinuität – mit dem Tod verknüpft. Wir konstatieren diese Momente von außen, hätten wir aber von ihnen nicht zuerst eine Erfahrung im Inneren, würde ihre Bedeutung uns entgehen. Man macht übrigens einen Sprung, wenn man von einer objektiven Gegebenheit, die uns die Notwendigkeit des an die Überfülle gebundenen Todes vor Augen führt, zu jener schwindelerregenden Verwirrung gelangt, die die innere Todesgewissheit im Menschen hervorruft. Diese mit der Plethora der sexuellen Aktivität verbundene Verwirrung bedingt einen tiefgehenden Zusammenbruch. Wie hätte ich, wäre mir nicht von außen die Identität gegenwärtig geworden, in der paradoxen Erfahrung der Verknüpfung von Plethora und Zusammenbruch jenes Spiel erkannt, mit dem das Lebewesen die – für immer vorläufige – individuelle Diskontinuität des Lebens im Tod überwindet?

Was von Anfang an in der Erotik spürbar ist, ist die durch einen plethorischen Aufruhr hervorgerufene Erschütterung einer Ordnung, die Ausdruck einer knauserigen Wirklichkeit, einer geschlossenen Wirklichkeit ist. Die Sexualität des Tiers setzt denselben plethorischen Aufruhr frei, aber ihm steht kein

Widerstand, keine Schranke entgegen. Der ungebundene Aufruhr des Tiers stürzt in einer unbegrenzten Gewalt zusammen. Der Bruch wird vollzogen, eine stürmische Welle verliert sich, und die Einsamkeit des diskontinuierlichen Wesens schließt sich wieder. Die einzige Modifizierung der individuellen Diskontinuität, zu der das Tier fähig ist, ist der Tod. Das Tier stirbt; andernfalls bleibt die intakte Diskontinuität zurück, wenn der Aufruhr vorbei ist. Im Gegensatz dazu öffnet die sexuelle Gewalt im menschlichen Leben eine Wunde. Selten schließt sich die Wunde von selbst. Sie muss geschlossen werden. Sie kann sogar ohne beständige Beachtung, die von der Angst angeregt wird, nicht geschlossen bleiben. Die elementare Angst, verbunden mit dem sexuellen Aufruhr, kündigt den Tod an. Die Gewalt dieses Aufruhrs öffnet in dem Wesen, das ihn erlebt, wenn es um den Tod weiß, wieder den Abgrund, den der Tod ihm enthüllte. Die Verknüpfung der Gewalt des Todes mit der sexuellen Gewalt hat diesen doppelten Sinn. Einerseits beschleunigt sich die Konvulsion des Fleisches, je näher sie dem Zusammenbruch ist, andererseits begünstigt der Zusammenbruch, wenn er dazu Zeit lässt, die Wollust. Die tödliche Angst neigt nicht unbedingt zur Wollust, aber die Wollust ist tiefer in der tödlichen Angst.

Die erotische Aktivität zeigt nicht immer offen diesen unheilvollen Aspekt, sie ist nicht immer dieser *Riss*; aber zutiefst und insgeheim ist dieser Riss, als das Eigentümliche der menschlichen Sinnlichkeit, die Spannkraft der Lust. Was uns in der Todesfurcht den Atem raubt, muss uns auch irgendwie im höchsten Augenblick den Atem rauben.

Das eigentliche Prinzip der Erotik scheint diesem paradoxen Schrecken zunächst entgegenzustehen. Es ist die Plethora der Geschlechtsorgane, eine animalische Erregung in uns, die der Ursprung der Krise ist. Aber die Trance der Organe ist nicht *frei*. Sie kann nicht ihren Lauf nehmen ohne die Zustimmung des Willens. Die Trance der Organe stört eine Ordnung, ein System, auf dem Effizienz und Prestige beruhen. In Wirklichkeit teilt sich das Lebewesen, seine Einheit zerbricht schon im ersten Augenblick der sexuellen Krise. Im selben Augenblick stößt das plethorische Leben des Fleisches auf den Widerstand des Geistes. Sogar die augenscheinliche Zustimmung genügt nicht: Die Konvulsion des Fleisches fordert, über die Zustimmung hinaus, das Schweigen, sie fordert die Abwesenheit des Geistes. Die fleischliche Regung ist dem menschlichen Leben merkwürdig fremd: Sie entfesselt sich außerhalb von ihm, unter der Bedingung, dass es schweigt, unter der Bedingung, dass es fernbleibt. Wer sich dieser Regung überlässt, ist nicht mehr menschlich, er gehorcht nach Art der Tiere einer blinden Gewalt, die nur noch Enthemmung ist, die es genießt, blind zu sein und vergessen zu haben. Ein vages und allgemeines Verbot steht dem Freiwerden dieser Gewalt entgegen, die wir weniger durch eine von außen gegebene Information kennen als vielmehr unmittelbar aus der inneren Erfahrung, die uns sagt, dass ihr Charakter mit unserer fundamentalen Menschlichkeit unvereinbar ist. Das allgemeine Verbot ist nicht formuliert. Im Rahmen des Anstands zeigen sich von ihm nur schwankende Aspekte, die je nach den Situationen und Personen wechseln, von den verschiedenen Zeiten und Gegenden gar nicht zu sprechen. Was die christliche Theologie über die Fleischessünde sagt, bezeichnet ebenso durch die Ohnmacht der festgesetzten Untersagung wie durch die Überspitztheit der vielfältigen Kommentare (ich denke an das England der viktorianischen Epoche) die Zufälligkeit, die Inkonsistenz, und, indem sie der Gewalt mit Gewalt begegnet, zugleich die Reaktion der Verweigerung. Nur die Erfahrung der Zustände, in denen wir uns gewöhnlich während der sexuellen Aktivität befinden, ihres Missverhältnisses zum gesellschaftlich gebilligten Verhalten, versetzt uns in die Lage, einen *unmenschlichen* Aspekt dieser Aktivität zu erkennen. Die Plethora der Organe ruft die Entfesselung von Mechanismen hervor, die den allgemeinen Regeln menschlichen Verhaltens widersprechen. Ein Anschwellen des Bluts verkehrt das Gleichgewicht, auf dem sich das Leben aufbaute. Plötzlich bemächtigt sich eines Lebewesens die Raserei. Diese Raserei ist uns vertraut; aber wir können uns leicht die Überraschung dessen vorstellen, der sie nicht kennt und durch eine Machination ungesehen Zeuge der Wollust einer Frau wird, deren Vornehmheit ihn beeindruckt hatte. Er sähe darin eine Krankheit, etwas Ähnliches wie die Tollwut der Hunde. Als wäre irgendeine wütend gewordene Hündin an die Stelle jener Persönlichkeit getreten, die ihn so würdig empfing ... Es ist sogar zu wenig, von Krankheit zu sprechen. Für den Augenblick ist die Persönlichkeit *tot*. Ihr *Tod* macht für den Augenblick der Hündin Platz, die das Schweigen ausnutzt, die *Abwesenheit der Toten*. Die Hündin *genießt* – genießt schreiend – dieses Schweigen und diese Abwesenheit. Die Rückkehr der Persönlichkeit ließe sie erstarren, setzte der Wollust, in der sie sich verlor, ein Ende. Die Entfesselung ist nicht immer so gewaltig, wie ich sie darstelle. Aber meine Darstellung ist deshalb nicht weniger ein Bild der Grundgegensätze.

Es handelt sich zuerst um einen Drang der Natur, aber dieser Drang kann sich nur frei bewegen, wenn er eine Schranke durchbricht. Und dies so sehr, dass der Lauf der Natur und die beseitigte Schranke in der Vorstellung verschmelzen. Der natürliche Lauf bedeutet die beseitigte Schranke und umgekehrt. Die beseitigte Schranke ist nicht der Tod. Aber ebenso wie die Gewalt des Todes gänzlich – und endgültig – das Lebensgebäude umstürzt, stürzt die sexuelle Gewalt an einer Stelle und für eine gewisse Zeit die Struktur dieses Gebäudes um. In der Tat vergleicht die christliche Theologie den auf die Fleischessünde folgenden moralischen Zusammenbruch mit dem Tod. Unfehlbar ist mit dem Augenblick der Wollust ein kleinerer Bruch verbunden, der an den Tod erinnert, wie umgekehrt der Gedanke an den Tod schon beim Einsetzen wollüstiger Schauer mitspielen kann. Meistens kommt es nur zum Gefühl einer für die allgemeine Beständigkeit und die Erhaltung des Lebens gefährlichen Überschreitung – ohne die die Freiheit der Entfesselung unmöglich wäre. Aber nicht nur faktisch ist die Überschreitung für diese Freiheit notwendig. Wenn die Überschreitung nicht deutlich ist, kann es vorkommen, dass auch das Gefühl der Freiheit ausbleibt, das für die Fülle sexuellen Genusses erforderlich ist. Sodass der übersättigte Geist manchmal eine anstößige Situation braucht, damit der Reflex der finalen Wollust ausgelöst wird (oder wenigstens die Vorstellung einer solchen Situation, der er, während der Dauer der Vereinigung, wie in einem Wachtraum folgt). Diese Situation muss nicht unbedingt schreckenerregend sein: Viele Frauen kommen nicht zum Höhepunkt, ohne sich eine Geschichte vorzustellen, in der sie vergewaltigt werden. Aber eine unbegrenzte Gewalt erhält sich in der Tiefe des bedeutsamen Bruchs.[35]

Das Paradox des allgemeinen Verbots, wenn nicht der Sexualität, so doch der sexuellen Freiheit

Bemerkenswert am Sexualverbot ist, dass es sich erst in der Überschreitung ganz zu erkennen gibt. Die Erziehung enthüllt einen Aspekt, aber er wird nie ausdrücklich formuliert. Die Erziehung geht nicht weniger durch Verschweigen als durch leise Warnungen vonstatten. Aber nur unmittelbar, durch verstohlene – und zunächst teilweise – Entdeckung des verbotenen Bereichs gibt sich uns das Verbot zu erkennen. Zuerst ist nichts geheimnisvoller als dies. Wir sind zur Erfahrung einer Lust zugelassen, in der der Begriff der Lust vermischt ist mit dem Geheimnis als Ausdruck des Verbots, von dem die Lust geformt und zu gleicher Zeit verurteilt wird. Die in der Überschreitung gewährte Offenbarung bleibt im Verlauf der Zeit gewiss nicht dieselbe; vor fünfzig Jahren war dieser paradoxe Aspekt der Erziehung fühlbarer. Aber überall – und zweifellos seit den ältesten Zeiten – ist unsere sexuelle Aktivität mit dem Geheimnis verbunden; überall, wenn auch in verschiedenem Grade, scheint sie unserer Würde zu widersprechen: sodass wir in der unentwirrbaren Verflechtung der sexuellen Lust mit dem Verbot das Wesen der Erotik erblicken müssen. Niemals taucht für den Menschen das Verbot auf, ohne dass sich die Lust offenbart, und nie die Lust ohne das Gefühl des Verbots. Ein natürlicher Drang bildet die Grundlage, und in der Kindheit ist der natürliche Drang allein da. Aber die Lust ergibt sich in jener Zeit, an die wir uns nie erinnern, noch nicht auf *menschliche* Weise. Ich sehe Einwände voraus – und Ausnahmen: Aber sie können eine derart gesicherte Position nicht erschüttern.

In der menschlichen Sphäre löst sich die sexuelle Aktivität von der animalischen Einfachheit. Sie ist wesentlich Überschreitung. Nach dem Verbot ist das keine Rückkehr zur ursprünglichen Freiheit. Die Überschreitung gehört zu einer Menschheit, die von der Arbeit organisiert wird. Auch die Überschreitung wird organisiert. Die Erotik ist im Ganzen eine organisierte Aktivität; insofern sie organisiert wird, verändert sie sich im Lauf der Zeit. Ich werde versuchen, ein Bild der Erotik in ihrer Vielfalt und in ihren Veränderungen zu geben. Die Erotik erscheint zunächst in der Überschreitung ersten Grades, die die Ehe trotz allem ist. Aber in echter Weise manifestiert sie sich erst in komplexeren Formen, die den Überschreitungscharakter von Grad zu Grad verschärfen.

Den Überschreitungscharakter: den Sündencharakter.

X
DIE ÜBERSCHREITUNG IN DER EHE UND IN DER ORGIE

Die Ehe als Überschreitung und das Recht der ersten Nacht

Von der Ehe wird zumeist angenommen, dass sie wenig mit der Erotik zu tun habe.

Wir sprechen immer dann von Erotik, wenn ein Mensch sich auf eine Weise verhält, die zu den gewöhnlichen Sitten und Meinungen in betontem Gegensatz steht. Die Erotik zeigt die Kehrseite einer Fassade, deren einwandfreies Äußeres nie in Abrede gestellt wird: Auf der Kehrseite enthüllen sich Gefühle, Körperteile und Gewohnheiten, deren wir uns gewöhnlich *schämen*. Sagen wir es mit Nachdruck: Dieser Aspekt, der der Ehe fremd zu sein scheint, ist stets in ihr gespürt worden.

Die Ehe ist vor allem der Rahmen der erlaubten Sexualität. »Du sollst die fleischliche Vereinigung – nur in der Ehe vollziehen.« Nicht einmal in den puritanischsten Gesellschaften wird die Ehe in Frage gestellt. Doch ich spreche vom Überschreitungscharakter, der in der Ehe grundsätzlich bestehen bleibt. Das scheint zunächst ein Widerspruch zu sein; aber wir müssen an andere Fälle der Überschreitung denken, die in voller Übereinstimmung stehen mit dem allgemeinen Sinn des überschrittenen Gesetzes. Besonders an das Opfer, das, wie wir gesagt haben, die rituelle Verletzung eines Verbots ist: Die

Religion ist ganz und gar mit dem Paradox einer Regel verbunden, deren regelmäßige Aufhebung in bestimmten Fällen zugelassen ist. So ist zwar die Überschreitung, die meiner Ansicht nach die Ehe darstellt, zweifellos ein Paradox; aber das Paradox ist dem Gesetz inhärent, das die Übertretung vorsieht und sie für gesetzlich hält: Ebenso wie die Tötung beim Opfer verboten und zugleich rituell ist, stellt der erste Sexualakt, der die Ehe vollzieht, eine sanktionierte Verletzung dar.

Wenn die Angehörigen über ihre Schwestern oder über ihre Töchter ein ausschließliches Besitzrecht hatten, verfügten sie vielleicht über dieses Recht zugunsten Fremder, die, weil sie von außen kamen, die Macht der Regelwidrigkeit besaßen und dadurch zur Überschreitung berufen waren, die der erste eheliche Sexualakt darstellte. Das ist nur eine Hypothese; aber wenn wir den Platz der Ehe in der Erotik bestimmen wollen, ist dieser Aspekt vielleicht nicht zu vernachlässigen. Wie dem auch sei, ein dauerhafter Überschreitungscharakter, der mit der Ehe verbunden wäre, wird durch die alltägliche Erfahrung zunichte, wie es allein schon die Volkshochzeiten verdeutlichen. Der Sexualakt besitzt immer den Wert eines Vergehens, in der Ehe und außerhalb der Ehe, hauptsächlich aber dann, wenn es sich um eine Jungfrau handelt: also immer ein wenig beim *ersten Mal*. In diesem Sinne glaubte ich, dass es möglich sei, von einer Überschreitungsmacht zu sprechen, die vielleicht der Fremde besaß, nicht aber jener, der, denselben Regeln unterworfen, am selben Ort wohnte.

Man scheint es allgemein für günstig gehalten zu haben, zu einer Überschreitungsmacht, die nicht dem Erstbesten gegeben war, Zuflucht zu nehmen, wenn es sich um eine folgenschwere Tat handelte, wie die das *erste Mal* an einer Frau verübte Verletzung jenes vagen Verbots, das der Paarung das Mal der Schande verleiht. Oft wurde der Vollzug denen übertragen, die im Allgemeinen das besaßen, was dem Verlobten abging, nämlich die Macht, ein Verbot zu überschreiten. Diese mussten in irgendeiner Weise souverän sein, was sie von dem Verbot, das dem Menschengeschlecht durchgehend auferlegt war, ausnahm. Das Priesteramt bezeichnete im Prinzip jene, die die Braut das erste Mal besitzen durften. Aber in der christlichen Welt wurde es undenkbar, auf die Diener Gottes zurückzugreifen, und es entstand der Brauch, den Grundherrn für die Entjungferung in Anspruch zu nehmen.[36] Die sexuelle Aktivität, die einen ersten Kontakt herstellen sollte, wurde offenbar für verboten und gefährlich gehalten; und nur mit der Kraft, die der Souverän oder der Priester besaß, konnte ohne allzu große Gefahr an die sakralen Dinge gerührt werden.

Die Wiederholung

Der erotische Charakter, oder einfacher: der Überschreitungscharakter der Ehe entgeht uns meistens; wir vergessen den Übergang und haben nur den Stand der Ehe im Auge. Seit Langem übrigens hat der wirtschaftliche Wert der Frau diesem Stand die größte Bedeutung verliehen: Für den Ehestand sind Berechnungen, Erwartung und Gewinn von Interesse, nicht die Momente der Intensität, die nur im Augenblick selbst gelten. Diese Momente kommen nicht in Betracht im Verhältnis zur Gewinnerwartung, dem Heim, den Kindern und den Arbeiten, die diese erfordern.

Das Schwerwiegendste ist, dass die Gewohnheit oft die Intensität abschwächt und dass die Ehe die Gewohnheit mit sich bringt. Es besteht ein bemerkenswerter Zusammenhang zwischen der Unschuld und der Gefahrlosigkeit, die der wiederholte Sexualakt gewährt (nur die erste Berührung wird von der Furcht beherrscht), und der Belanglosigkeit auf der Ebene der Lust, die man gewöhnlich der Wiederholung zur Last legt.

Dieser Zusammenhang ist nicht unwesentlich: Er betrifft das Wesen der Erotik selbst. Aber die Entfaltung des sexuellen Lebens ist auch nicht unwesentlich. Ohne ein geheimes Verstehen der Körper, das sich nur mit der Zeit einstellt, ist die Umarmung flüchtig und oberflächlich, kann sie sich nicht *organisieren*, ist sie in ihrer Bewegung fast animalisch, zu schnell, und oft entzieht sich die erwartete Lust. Der Geschmack an der Abwechslung ist zweifellos krankhaft und führt nur zu wiederholter Enttäuschung. Im Gegensatz dazu hat die Gewohnheit die Kraft, zu vertiefen, was die Ungeduld verkennt.

Was die Wiederholung betrifft, ergänzen sich die zwei entgegengesetzten Gesichtspunkte. Wir können nicht daran zweifeln, dass die Aspekte, die Symbole und die Zeichen, die den Reichtum der Erotik ausmachen, im Grunde aus anstößigen Regungen entstanden sind. Das fleischliche Leben wäre arm, es wäre dem Stampfen der Tiere verwandt, wenn es sich nicht genügend frei, im Eingehen auf launische Explosionen, ausgebildet hätte. Wenn es wahr ist, dass die Gewohnheit zur Entfaltung bringt, können wir sagen, dass ein glückliches Leben verlängert, was die Verwirrung entstehen ließ und die Anstößigkeit aufdeckte. Die Gewohnheit selbst ist angewiesen auf die intensivere Entfaltung, die vom Aufruhr und von der Übertretung abhängt. Wäre also die tiefe Liebe, die durch die Ehe in keiner Weise gelähmt wird, erreichbar ohne die Ansteckung verbotener Liebschaften, die allein die Macht hatten, der *Liebe* das zu geben, was an ihr stärker ist als das Gesetz?

Die rituelle Orgie

Auf jeden Fall stellte der geregelte Rahmen der Ehe nur einen begrenzten Ausweg dar, der eng an die gezügelte Gewalt gebunden war.

Über die Ehe hinaus gewährleisteten die Feste die Möglichkeit der Übertretung; und sie gewährleisteten damit zugleich die Möglichkeit des normalen Lebens, das der geordneten Tätigkeit gewidmet ist.

Sogar das »Fest zum Tode des Königs«, von dem ich sprach, sah trotz seiner Formlosigkeit und seiner Länge eine zeitliche Begrenzung der Unordnung vor, die zunächst unbegrenzt schien. Sobald die königliche Leiche zum Skelett geworden war, gingen Unordnung und Ausschreitungen zurück, und die Verbote wurden wieder wirksam.

Die rituellen Orgien, oft mit weniger unmäßigen Festen verbunden, sahen nur eine flüchtige Unterbrechung des Verbots vor, mit dem die Freiheit des Sexualtriebs belegt war. Manchmal beschränkte sich die Freizügigkeit auf die Mitglieder einer Bruderschaft, wie bei den Dionysosfesten, sie konnte auch, über die Erotik hinaus, einen deutlicher religiösen Sinn haben. Wir haben nur eine ungefähre Kenntnis der Tatsachen; und wir können uns zwar vorstellen, dass Vulgarität und Schwerfälligkeit leicht die Oberhand gewannen über die Raserei. Doch es wäre vergeblich, die Möglichkeit einer Exaltation zu leugnen, in der die gewöhnlich mit der Orgie verbundene Trunkenheit, die erotische Ekstase und die religiöse Ekstase ein Ganzes bildeten.

Das Fest wird in der Orgie zu jener überschäumenden Kraft, die in der Regel jede Grenze verleugnet. Das Fest ist an sich eine Verneinung der Schranken des Arbeitslebens, aber die Orgie ist das Zeichen für einen völligen Umsturz. Es ist kein Zufall, dass bei den Orgien der Saturnalien auch die soziale Ordnung umgekehrt wurde, der Herr den Sklaven bediente, der Sklave sich auf dem Bett des Herrn ausstreckte. Diese Zügellosigkeiten bezogen ihren höchsten Sinn aus dem archaischen Einklang von sinnlicher Wollust und religiöser Entzückung. Im Hinblick darauf stellte die Orgie bei aller Unordnung, die sie hervorrief, eine Organisationsform der Erotik dar, die über die animalische Sexualität hinausführte.

Nichts Derartiges gab es in der rudimentären Erotik der Ehe. Es handelte sich immer noch um Überschreitung, ob gewaltig oder nicht, aber die Überschreitung der Ehe blieb folgenlos; sie war unabhängig von anderen Entwicklungen, die zweifellos möglich waren, die aber von den Sitten nicht gefordert, sondern sogar missbilligt wurden. In unseren Tagen ist allenfalls die *Zote* ein populärer Aspekt der Ehe; aber die Zote bedeutet gehemmte Erotik, umgewandelt in verstohlene Entladungen, in scherzende Verstellungen, in Anspielungen. Dagegen ist die sexuelle Raserei, die den sakralen Charakter betont, die Eigenart der Orgie. In der Orgie tritt ein archaischer Aspekt der Erotik hervor. Die orgiastische Erotik ist in ihrem Wesen gefährlicher Exzess. Ihre explosive Ansteckung bedroht unterschiedslos alle Möglichkeiten des Lebens. Der ursprüngliche Ritus verlangte, dass die Mänaden in einem Anfall von Grausamkeit ihre kleinen Kinder lebendig verschlangen. Später erinnerte die blutige Omophagie von Zicklein, die die Mänaden gesäugt hatten, an diese Gräuel.

Die Orgie richtet sich nicht nach der *heilbringenden* Religion, die aus der fundamentalen Gewalt einen *majestätischen*, ruhigen und mit der profanen Ordnung zu vereinbarenden Charakter gewinnt: Ihre Wirksamkeit liegt auf der *unheilvollen* Seite, sie verlangt nach Phrenesie, Taumel und Verlust des Bewusstseins. Es geht darum, das Lebewesen in Gänze zu einem blinden Gleiten in den Verlust zu veranlassen, was der entscheidende Augenblick der Religiosität ist. Diese Bewegung ergibt sich aus der Zustimmung, die die Menschheit andererseits dem unermesslichen Gewimmel des Lebens entgegenbrachte. Die in den Verboten implizierte Verweigerung führte zur geizigen Isolierung des Wesens, im Gegensatz zu jenem ungeheuren Trubel ineinander verlorener Individuen, deren eigene Gewalt sie für die Gewalt des Todes öffnete. Im Gegensatz dazu setzte ein Zurückweichen der Verbote die Sturzwelle des Überschwangs frei und gewährte die unbegrenzte Verschmelzung der Wesen in der Orgie. Diese Verschmelzung konnte in keiner Weise bei jener haltmachen, die durch die Plethora der Zeugungsorgane herbeigeführt wurde. Sie war von Anfang an religiöse Ergießung: ihrem Grundsatz nach die Verwirrung des Lebewesens, das sich verliert und dem bestürzenden Gewimmel des Lebens nichts mehr entgegensetzt. Diese ungeheure Entfesselung erschien göttlich: So sehr erhob sie den Menschen über den Zustand, zu dem er sich selbst verurteilt hatte. Durcheinander von Schreien, Durcheinander gewaltiger Gesten und Tänze, Durcheinander von Umarmungen, Durcheinander schließlich der von einer maßlosen Konvulsion beseelten Gefühle. Die Perspektiven des Verlusts nötigten zu dieser Flucht in die Unterschiedslosigkeit, in der die Konstanten der menschlichen Aktivität verschwanden, in der es nichts mehr gab, was nicht den Halt verlor.

Die Orgie als Fruchtbarkeitsritus

Die Orgien der archaischen Völker finden gewöhnlich Interpretationen, aus denen nichts von dem hervorgeht, was ich deutlich machen wollte. Ich muss also, ehe ich fortfahre, über die herkömmliche Deutung sprechen, die versucht, sie auf Riten der Übertragungsmagie zurückzuführen. Die sie anordneten, glaubten tatsächlich, dass sie die Fruchtbarkeit der Felder sicherten. Niemand bestreitet diese Verknüpfung. Aber man hat nicht alles gesagt, wenn man eine Praxis auf einen Fruchtbarkeitsritus zurückführt, über den sie offensichtlich hinausgeht. Selbst wenn die Orgie überall und immer diesen

Sinn gehabt hätte, müsste man sich noch fragen, ob es ihr einziger Sinn gewesen ist. Wenn es auch von gewissem Interesse ist, den agrarischen Charakter einer Sitte festzustellen, insofern sie geschichtlich somit auf den Ackerbau bezogen ist, bleibt es doch naiv, in dem Glauben an ihre Wirksamkeit eine hinreichende Erklärung der Vorgänge zu erblicken. Gewiss bestimmten die Arbeit und der materielle Nutzen das Verhalten der noch kaum zivilisierten Völker, oder bedingten es wenigstens, das religiöse Verhalten ebenso wie das profane. Aber das muss nicht heißen, dass ein extravaganter Brauch sich *im Wesentlichen* auf die Sorge, die Pflanzungen fruchtbar zu machen, bezieht. Die Arbeit hat den Gegensatz zwischen der sakralen und der profanen Welt bestimmt. Sie ist der Ursprung der Verbote, die der Mensch als seine Weigerung der Natur entgegensetzte. Andererseits bestimmte die Grenze, die um die Arbeitswelt gezogen wurde, die die Verbote festigten und im Kampf gegen die Natur aufrecht hielten, die sakrale Welt als ihr Gegenteil. Die sakrale Welt ist in einem gewissen Sinne nur die natürliche Welt, die insofern weiterbesteht, als sie nicht ganz auf die von der Arbeit bedingte Ordnung, das heißt auf die profane Ordnung reduziert werden kann. Aber die sakrale Welt ist nur in einem Sinn die natürliche Welt. In einem anderen Sinn *geht sie über die Welt hinaus*, wie sie vor dem gekoppelten Eingriff der Arbeit und der Verbote bestand. Die sakrale Welt ist in dieser Hinsicht eine Negation der profanen Welt, aber sie wird auch durch das bestimmt, was sie negiert. Die sakrale Welt ist auch das Ergebnis der Arbeit, insofern sie zum Ursprung und Daseinsgrund nicht das unmittelbare Vorhandensein der Dinge hat, die die Natur hervorgebracht hat, sondern die Geburt einer neuen Ordnung der Dinge, die als Rückwirkung durch die Opposition der Welt nützlicher Aktivität gegen die Natur hervorgerufen wurde. Die sakrale Welt ist von der Natur durch die Arbeit getrennt; sie wäre für uns

Abbildung IX

Mensch mit Bisonkopf. Felsgravierung. Höhle Trois-Frères (Ariège). Nach der Aufnahme Abbé Breuils, in: *Quatre cents siècles d'Art pariétal*, Abb. 139.

»Wir dürfen [...] schließen, dass die Jäger der bemalten Höhlen, wenn sie, wie man annimmt, die sympathetische Magie ausübten, gleichzeitig auch ein Gefühl für die Göttlichkeit des Tiers hatten. [...] Die Verbote betreffen in der Tat weder die wirkliche Tierwelt noch den Bereich der mythischen Animalität; sie betreffen nicht den souveränen Menschen, der sein Menschsein mit der Maske des Tiers verkleidet.« (S. 117)

unverständlich, würden wir nicht sehen, in welchem Maße die Arbeit sie bestimmte.

Der menschliche Geist, den die Arbeit geformt hat, schrieb dem Handeln im Allgemeinen eine der Arbeit analoge Wirkkraft zu. In der sakralen Welt hatte ein Ausbruch der Gewalt, die das Verbot verworfen hatte, nicht nur den Sinn eines Ausbruchs, sondern auch den einer Handlung, der man eine Wirkkraft zuschrieb. Anfänglich waren die Ausbrüche der durch die Verbote verdrängten Gewalt, wie der Krieg oder das Opfer – oder die Orgie –, keine berechneten Ausbrüche. Insofern sie von Menschen praktizierte Überschreitungen darstellten, waren sie jedoch organisierte Ausbrüche, waren sie Taten, deren mögliche Wirkkraft zwar erst in zweiter Linie, aber unbestritten in Erscheinung trat.

Die Wirkung der Handlung, die der Krieg darstellte, gehörte zur gleichen Kategorie wie die Wirkung der Arbeit. Beim Opfer wurde eine Kraft ausgespielt, der willkürlich Folgen zugeschrieben wurden, als handelte es sich um die Kraft eines Werkzeugs, das ein Mensch handhabt. Die der Orgie zuerkannte Wirkung ist von anderer Ordnung. In der menschlichen Sphäre wirkt das Beispiel ansteckend. Ein Mensch tritt in den Tanz ein, weil ihn der Tanz selbst nötigt zu tanzen. Eine ansteckende, in diesem Fall wirkliche Handlung galt als fähig, nicht nur Menschen, sondern auch die Natur mit sich zu ziehen. So glaubte man von der sexuellen Aktivität, von der ich gesagt habe, dass sie als Ganzes ein Wachstum ist, sie könne die Vegetation in das Wachstum einbeziehen.

Aber die Überschreitung ist erst in zweiter Linie eine im Hinblick auf ihre Wirksamkeit unternommene Handlung. Im Krieg oder im Opfer – oder in der Orgie – organisierte der menschliche Geist eine explosive Konvulsion und rechnete mit der faktischen oder imaginären Wirkung. Weder ist der Krieg in seinen Anfangsgründen ein politisches Unternehmen noch das Opfer eine magische Handlung. Ebenso wenig ist der Ursprung der Orgie das Verlangen nach reicher Ernte. Der Ursprung der Orgie, des Krieges und des Opfers ist ein und derselbe: Er liegt in der Existenz von Verboten, die sich der Freiheit der tötenden oder der sexuellen Gewalt widersetzten. Diese Verbote bestimmten unvermeidlich die explosive Bewegung der Überschreitung. Das heißt nicht, dass man zur Orgie – zum Krieg oder zum Opfer – niemals Zuflucht genommen hätte mit Blick auf die Wirkungen, die man ihnen zu Recht oder zu Unrecht zuschrieb. Aber dies war bereits der – sekundäre und unvermeidliche – Einbruch einer bestürzenden Gewalt in das Räderwerk der menschlichen, von der Arbeit organisierten Welt.

Die Gewalt hatte unter diesen Bedingungen nicht mehr einen bloß animalischen Sinn wie in der Natur: Der Ausbruch, dem die Angst vorausgegangen war, nahm über die unmittelbare Befriedigung hinaus einen göttlichen Sinn an. Er war religiös geworden. Aber er nahm auf demselben Wege einen *menschlichen* Sinn an: Er fügte sich in die Ordnung von Ursache und Wirkung ein, die auf dem Prinzip der Arbeit die Gemeinschaft der Werke errichtet hatte.

XI
DAS CHRISTENTUM

Die Ausschweifung und die Entstehung der christlichen Welt

Auf alle Fälle muss man eine moderne Interpretation der Orgie ausschließen: dass sie ein Fehlen der Scham voraussetzen würde, oder eine nur geringe Scham jener, die sich ihr hingeben. Diese Ansicht ist oberflächlich, impliziert eine relative Animalität der Menschen archaischer Kulturen. In gewissen Beziehungen scheinen uns diese Menschen tatsächlich dem Tier oft näher als wir, und es ist sicher, dass manche von ihnen sich den Tieren verwandt fühlten. Aber unsere Urteile sind an die Vorstellung gebunden, dass unsere eigene Lebensweise den Unterschied zwischen Mensch und Tier am besten betont. Die archaischen Menschen hoben sich von der Tierwelt nicht auf dieselbe Weise ab; aber selbst wenn sie in den Tieren Brüder sahen, sind die Reaktionen, die sie zu Menschen machten, nicht weniger streng gewesen als die unseren. Die Tiere, die sie jagten, lebten freilich unter materiellen Bedingungen, die den ihren sehr verwandt waren, und von daher erkannten sie den Tieren irrtümlicherweise menschliche Gefühle zu. Auf jeden Fall ist die primitive (oder archaische) Scham nicht immer schwächer als unsere. Sie ist nur sehr verschieden: Sie ist formalistischer, sie ist nicht wie bei uns zu einem unbewussten Automatismus geworden; doch ist sie deshalb nicht weniger lebhaft; sie entspringt Glaubensvorstellungen, die ein Hintergrund von Angst lebendig erhält. Wir haben daher keinen Anlass, in der Orgie ganz allgemein eine Praxis der Lockerung zu sehen, sondern im Gegenteil ein Moment der Intensität, der Unordnung zwar, aber zugleich des religiösen Fiebers. In der verkehrten Welt des Festes ist die Orgie der Augenblick, in dem die Wahrheit der Kehrseite ihre umstürzende Kraft offenbart. Diese Wahrheit hat den Sinn einer unbegrenzten Verschmelzung. Die bacchantische Gewalt ist das Maß der entstehenden Erotik, deren Bereich ursprünglich der Bereich der Religion ist.

Aber die Wahrheit der Orgie kam über die christliche Welt auf uns, in der die Werte noch einmal umgekehrt wurden. Die ursprüngliche Religiosität hatte aus den Verboten den Geist der Überschreitung gewonnen. Die christliche Religiosität stellte sich als Ganzes gesehen dem Geist der Überschreitung entgegen. Die Tendenz, von der aus innerhalb des Christentums eine religiöse Entwicklung möglich war, ist an diese relative Opposition gebunden.

Es ist wesentlich, das Ausmaß dieser Opposition zu bestimmen. Hätte das Christentum dem grundlegenden Drang, von dem der Geist der Überschreitung ausging, den Rücken gekehrt, besäße es, meine ich, nichts Religiöses mehr. Im Gegenteil aber bewahrte der religiöse Geist im Christentum das Wesentliche, das er vor allem in der Kontinuität erblickte. Die Kontinuität ist uns in der Erfahrung des Sakralen gegeben. Das Göttliche ist das Wesen der Kontinuität. Die christliche Entschlossenheit überließ in der Stärke ihres Drangs alles der Kontinuität. Bis zur Vernachlässigung der Wege dieser Kontinuität, der Wege, die eine genaue Tradition geregelt hatte, ohne ihren Ursprung immer spürbar zu erhalten. Die Sehnsucht (das Begehren), die diese Wege bahnte, konnte sich teilweise in Einzelheiten verlieren – und in Berechnungen –, in denen die traditionelle Frömmigkeit sich oft gefiel.

Aber es gab im Christentum eine doppelte Bewegung. Es wollte sich im Grunde den Möglichkeiten einer Liebe öffnen, die mit nichts mehr rechnete. Die verlorene, in Gott wiedergefundene Kontinuität verlangte ihm zufolge jenseits der geregelten Gewalten ritueller Delirien nach der leidenschaftlichen Liebe ohne Berechnung des Gläubigen. Die Menschen, die die göttliche Kontinuität verklärte, waren in Gott zu wechselseitiger Liebe erhoben. Das Christentum gab niemals die Hoffnung auf, diese Welt der egoistischen Diskontinuität letztlich zum Reich der Kontinuität, das die Liebe entzündet, zurückzuführen. Die anfängliche Bewegung der Überschreitung wurde so im Christentum umgelenkt auf die Vision einer Überwindung aller Gewalt, die in ihr Gegenteil verwandelt wird.

Es lag etwas Erhabenes und Faszinierendes in diesem Traum. Allerdings hatte er seinen Preis: Die Welt des Sakralen, die Welt der Kontinuität wurde auf das Maß der fortdauernden Welt der Diskontinuität gebracht. Die göttliche Welt musste in eine Welt der Dinge eintauchen. Dieses verschiedenartige Aussehen ist paradox. Der entschlossene Wille, alles der Kontinuität zukommen zu lassen, tat seine Wirkung; aber diese erste Wirkung musste sich mit einer gleichzeitigen Wirkung in die andere Richtung abfinden. Der christliche Gott ist die äußerste Konstruktion auf der Grundlage des destruktivsten Gefühls, des Gefühls der Kontinuität. Die Kontinuität besteht im Überwinden der Schranken. Aber es ist die konstanteste Wirkung der Bewegung, der ich die Bezeichnung Überschreitung gegeben habe, das, was seinem Wesen nach Unordnung ist, zu organisieren. Weil sie die Überwindung in eine organisierte Welt einführt, ist die Überschreitung das Prinzip einer organisierten Unordnung. Ihren organisierten Charakter erhält sie aufgrund der Organisation, zu der jene gelangt waren, die sie praktizieren. Diese Organisation gründet sich auf die Arbeit und zugleich auf die Diskontinuität des Seins. Die organisierte Welt der Arbeit und die Welt der Diskontinuität sind ein und dieselbe Welt. Werkzeuge und Produkte der Arbeit sind diskontinuierliche *Dinge*; wer sich des Werkzeugs bedient und Produkte herstellt, ist selbst ein diskontinuierliches Wesen, und das Bewusstsein seiner Diskontinuität vertieft sich bei der Verwendung oder Herstellung diskontinuierlicher Gegenstände. Der Tod offenbart sich in Beziehung zur diskontinuierlichen Welt der Arbeit: Für Wesen, deren Arbeit ihre Diskontinuität anzeigte, ist der Tod die elementare Katastrophe, die die Nichtigkeit des diskontinuierlichen Wesens klarstellt.

Angesichts der unsicheren Diskontinuität des personalen Wesens reagierte der menschliche Geist auf zwei Arten, die sich im Christentum vereinigen. Die erste entspricht dem Verlangen, die verlorene Kontinuität wiederzufinden, die unserem unauslöschlichen Gefühl nach das Wesen des Seins ist. In einer zweiten Bewegung versucht die Menschheit, der Begrenzung der personalen Diskontinuität, die der Tod ist, zu entgehen; sie stellt sich also eine Diskontinuität vor, die der Tod nicht heimsucht, *sie stellt sich die Unsterblichkeit diskontinuierlicher Wesen vor.*

In seiner ersten Bewegung überließ das Christentum alles der Kontinuität, aber in seiner zweiten erlangte es die Fähigkeit, das, was es in seiner Großzügigkeit ohne Berechnung hingegeben hatte, zurückzunehmen. So wie die Überschreitung die aus der Gewalt entsprungene Kontinuität organisierte, ließ das Christentum diese Kontinuität, der es alles zusprechen wollte, in den Rahmen der Diskontinuität eintreten. Es trieb zwar eine ohnehin schon starke Tendenz auf die Spitze. Aber es vollendete, was vor ihm nur angelegt war. Es beschränkte das Sakrale, das Göttliche auf die diskontinuierliche Person eines Schöpfer-Gottes. Mehr noch, es machte durchgängig aus dem Jenseits dieser wirklichen Welt ein Fortdauern aller diskontinuierlichen Seelen. Es bevölkerte den Himmel und die Hölle mit Massen, die gleich Gott zur ewigen Diskontinuität des Einzelwesens verurteilt waren. Auserwählte und Verdammte, Engel und Dämonen wurden zu unvergänglichen, für immer geteilten, willkürlich unterschiedenen Fragmenten, willkürlich losgelöst von jener Totalität des Seins, auf die sie dennoch bezogen werden müssen.

Die Menge der Zufallsgeschöpfe und der individuelle Schöpfer negierten ihre Einsamkeit in der Liebe zwischen Gott und den Erwählten – oder bejahten sie im Hass auf die Verdammten. Aber selbst die Liebe hob die endgültige Isolierung nicht auf. Was in dieser atomisierten Gesamtheit verschwand, war der Weg, der von der Isolierung zur Verschmelzung, vom Diskontinuierlichen zum Kontinuierlichen führt, der Weg der Gewalt, den die Überschreitung vorgezeichnet hatte. Der Moment des Sich-Losreißens, des Umstürzens, trat, auch wenn die Erinnerung an die erste Grausamkeit fortdauerte, hinter ein Streben nach Übereinstimmung, nach Versöhnung in Liebe und Unterwerfung zurück. Ich habe weiter oben von der christlichen Entwicklung des Opfers gesprochen.[37] Ich werde jetzt versuchen, allgemein einen Überblick über die Veränderungen zu geben, die das Christentum in der Sphäre des Sakralen vornahm.

Die ursprüngliche Zweideutigkeit des Sakralen und seine christliche Beschränkung auf den gebenedeiten Aspekt; der christliche Verweis des verfemten Sakralen in den Bereich des Profanen

Beim christlichen Opfer liegt die Verantwortlichkeit für das Opfer nicht im Willen des Gläubigen. Der Gläubige trägt zum

Kreuzesopfer nur durch seine Verfehlungen, seine Sünden bei. Deshalb ist die Einheit der Sphäre des Sakralen zerbrochen. Im heidnischen Stadium der Religion begründete die Überschreitung das Sakrale, dessen unreine Aspekte nicht weniger sakral waren als die gegensätzlichen. Die Gesamtheit der Sphäre des Sakralen setzte sich aus dem Reinen und dem Unreinen zusammen.[38] Das Christentum verwarf die Unreinheit. Es verwarf die Schuld, ohne die das Sakrale nicht vorstellbar ist, denn nur die Verletzung des Verbots öffnet den Zugang zu ihm.

Das reine (oder segensreiche) Sakrale herrschte von der heidnischen Antike an vor. Aber das unreine (oder verhängnisreiche) Sakrale war die Grundlage, selbst wenn es sich auf das Vorspiel zu einer Überwindung beschränkte. Das Christentum konnte die Unreinheit nicht ganz verwerfen, es konnte die Beschmutzung nicht zurückweisen. Aber es definierte auf seine Weise die Grenzen der sakralen Welt: In dieser neuen Definition wurden Unreinheit, Beschmutzung, Schuld aus ihrem Bereich entfernt. Das unreine Sakrale war seitdem in die profane Welt verwiesen. In der sakralen Welt des Christentums konnte nichts bestehen, was offensichtlich den Grundcharakter der Sünde, der Überschreitung besaß. Der Teufel – der Engel oder Gott der Überschreitung (der Widersetzlichkeit und der Revolte) – wurde aus der göttlichen Welt verjagt. Er war göttlichen Ursprungs, aber in der christlichen Ordnung (welche die jüdische Mythologie fortsetzte) begründete die Überschreitung nicht mehr seine Göttlichkeit, sondern seinen Niedergang. Der Teufel hatte sein göttliches Vorrecht verloren; er hatte es nur besessen, um es zu verlieren. Er war nicht eigentlich profan geworden: Er behielt von der Welt des Sakralen, aus der er hervorgegangen war, den übernatürlichen Charakter. Aber man tat alles, um ihn der Folgen seiner religiösen Natur zu berauben. Der Kult, den man ihm zweifellos immer weihte, eine Fortdauer des Kults der unreinen Gottheiten, wurde aus der Welt geschafft. Jedem, der sich zu gehorchen weigerte und aus der Sünde die Macht und das Gefühl des Sakralen bezog, wurde der Tod in den Flammen angedroht. Nichts konnte bewirken, dass Satan seine Göttlichkeit verlor; aber diese dauerhafte Wahrheit wurde durch die Strenge der Strafen negiert. In einem Kult, der sich zweifellos Aspekte der Religion bewahrt hatte, sah man nur mehr die verbrecherische Verspottung der Religion. Gerade insofern, als er sakral schien, sah man in ihm eine Profanierung.

Das Prinzip der Profanierung ist der profane Gebrauch des Sakralen. Die Beschmutzung konnte selbst im Heidentum aus einer unreinen Berührung hervorgehen. Aber erst im Christentum wurde die Existenz einer unreinen Welt an sich zur Profanierung: Profanierung durch die bloße Tatsache, *dass diese Welt bestand*, auch wenn die reinen Dinge selbst nicht beschmutzt wurden. Der ursprüngliche Gegensatz zwischen der profanen und der sakralen Welt trat im Christentum in den Hintergrund.

Eine Seite des Profanen verband sich mit der reinen Hälfte, eine andere mit der unreinen Hälfte des Sakralen. Das Böse, das es in der profanen Welt gibt, vereinigte sich mit dem diabolischen Teil des Sakralen, und das Gute vereinigte sich mit dem göttlichen Teil. Das Gute, gleichgültig, welche Bedeutung es als praktische Tat besaß, empfing das Licht der Heiligkeit. Das Wort *Heiligkeit* bezeichnete ursprünglich das Sakrale, aber es verband sich mit einem dem Guten – dem Guten und zugleich Gott – geweihten Leben.[39]

Die Profanierung gewann die ursprüngliche Bedeutung der profanen Berührung wieder, die sie im Heidentum gehabt hatte. Aber sie hatte eine andere Tragweite. Im Heidentum war die Profanierung wesentlich ein Unglück und wurde in jeder Hinsicht beklagt. Nur die Überschreitung besaß, trotz ihres gefährlichen Charakters, die Macht, einen Zugang zur

Welt des Sakralen zu öffnen. Im Christentum war die Profanierung weder die ursprüngliche Überschreitung, der sie nahekam, noch die antike Profanierung. Sie stand vor allem der Überschreitung nahe. Auf eine paradoxe Weise verschaffte die christliche Profanierung als Berührung mit dem Unreinen Zugang zum wesentlich Sakralen, zum verbotenen Bereich. Aber dieses Sakrale in der Tiefe war für die Kirche zugleich das Profane und das Diabolische. Trotz alledem besaß die Haltung der Kirche eine förmliche Logik. Was sie selbst für sakral hielt, trennten genaue Grenzen, förmliche und traditionell gewordene Grenzen, von der profanen Welt. Das Erotische oder das Unreine oder das Diabolische waren nicht auf dieselbe Weise von der profanen Welt getrennt: Es fehlte ihnen ein förmlicher Charakter, eine leicht fassbare Grenze.

Im Bereich der ursprünglichen Überschreitung hatte das Unreine selbst genau bestimmte Grenzen, da es feste Formen besaß, die von traditionellen Riten betont wurden. Was das Heidentum für unrein hielt, wurde zugleich und förmlich für sakral gehalten. Was das verurteilte Heidentum, oder das Christentum, für unrein hielt, war nicht mehr (oder wurde nicht) Gegenstand einer förmlichen Haltung. Wenn es eine Förmlichkeit der Sabbate gegeben hat, so besaß sie doch niemals die feste Bestimmtheit, die ihr Geltung verschafft hätte. Aus der Förmlichkeit des Sakralen ausgeschlossen, war das Unreine dazu verurteilt, profan zu werden.

Die Vermischung des unreinen Sakralen mit dem Profanen schien lange dem Gefühl zu widersprechen, das die Erinnerung von der intimen Natur des Sakralen bewahrt hatte, aber die umgekehrte religiöse Struktur des Christentums erforderte sie. Diese Vermischung ist insofern vollkommen, als sich das Gefühl des Sakralen innerhalb einer Förmlichkeit, die zum Teil veraltet scheint, fortwährend abschwächt. Eines der Zeichen für diesen Niedergang ist die geringe Aufmerksamkeit, die man in unseren Tagen der Existenz des Teufels schenkt: Man glaubt immer weniger an ihn, ich möchte sagen, gar nicht mehr. Das bedeutet, dass das schwarze Sakrale, schlechter definiert denn je, auf Dauer keinen Sinn mehr hat. Der Bereich des Sakralen beschränkt sich auf den des Gottes des Guten, seine Grenze fällt mit der des Lichts zusammen: Es gibt nichts mehr in diesem Bereich, was verfemt wäre.

Diese Entwicklung hatte Folgen auf dem Gebiet der Wissenschaft (die am Sakralen vom profanen Gesichtspunkt aus interessiert ist, aber ich muss nebenbei bemerken, dass meine persönliche Haltung nicht die der Wissenschaft ist: Ohne mich auf einen Formalismus einzulassen, betrachte ich, betrachtet mein Buch das *Sakrale* vom Gesichtspunkt des Sakralen aus). Die Übereinstimmung des Guten und des Sakralen erscheint in einer recht bemerkenswerten Arbeit eines Schülers von Durkheim. Robert Hertz besteht mit Recht auf der menschlich bedeutungsvollen Unterscheidung der »Seiten« rechts und links.[40] Ein allgemeiner Glaube verbindet das *Segensreiche* mit der rechten Seite, das *Verhängnisreiche* mit der linken Seite, und dementsprechend das Rechte mit dem Reinen, das Linke mit dem Unreinen. Trotz des vorzeitigen Todes[41] des Autors ist die Studie berühmt geblieben: Sie ging anderen Arbeiten über eine Frage, die bis dahin selten gestellt wurde, voraus. Hertz identifizierte das Reine mit dem Sakralen, das Unreine mit dem Profanen. Seine Arbeit folgte auf die von Henri Hubert und Marcel Mauss über die Magie[42], aus der die Komplexität des religiösen Bereichs schon klar hervorging, aber die vielfältige Kohärenz der Zeugnisse über die »Zweideutigkeit des Sakralen« erlangte erst viel später allgemeine Anerkennung.

Die Erotik fiel in den profanen Bereich und wurde zugleich das Objekt einer radikalen Verurteilung. Die Entwicklung der Erotik verläuft parallel zu der des Unreinen. Die Gleichstellung mit dem Bösen geht Hand in Hand mit der Verkennung ihres sakralen Charakters. Solange dieser Charakter allgemein fühlbar war, konnte die Gewalt der Erotik zwar ängstigen, sogar Ekel erregen, aber sie war nicht dem profanen Bösen gleichgestellt, der Verletzung von Regeln, die auf vernünftige und rationale Weise die Erhaltung von Gütern und Personen garantierten. Diese Regeln, die ein Gefühl für Verbotenes sanktioniert, unterscheiden sich von den aus der blinden Bewegung eines Verbots hervorgegangenen, insofern sie sich je nach einem vernünftigen Zweck richten. Im Fall der Erotik spielte die Erhaltung der Familie eine Rolle und damit verbunden die Erniedrigung der Frauen mit schlechtem Lebenswandel, die aus dem Familienleben ausgestoßen wurden. Aber der ganze Zusammenhang bildete sich erst innerhalb des Christentums aus, wo der ursprüngliche Charakter, der sakrale Charakter der Erotik verschwand und sich zugleich die Erfordernisse der Selbsterhaltung behaupteten.

Die Orgie, in der sich die über die individuelle Lust hinausgehende sakrale Bedeutung der Erotik erhielt, musste Gegenstand besonderer Beachtung von Seiten der Kirche werden. Die Kirche widersetzte sich ganz allgemein der Erotik. Aber die Opposition gründete sich auf den profanen Charakter des Bösen, den die sexuelle Aktivität außerhalb der Ehe annahm. Es musste zunächst um jeden Preis das Gefühl, das die Überschreitung des Verbots erschloss, beseitigt werden.

Der Kampf, den die Kirche führte, ist der Beweis für tiefgreifende Schwierigkeiten. Die religiöse Welt, aus der das Unreine entfernt war, in der die namenlosen und maßlosen Gewalten streng verurteilt werden mussten, setzte sich zunächst nicht durch.

Aber wir wissen nichts oder nur wenig von den nächtlichen Festen des Mittelalters – oder zu Beginn der Neuzeit. Teilweise liegt dies an der Grausamkeit der Repression, der sie unterworfen waren. Die Geständnisse der Unglücklichen, die die Richter in der Folter erpressten, sind unsere einzigen Informationsquellen. Die Folter bewirkte, dass die Opfer wiederholten, was ihnen die Einbildungskraft der Richter schilderte. Wir können nur annehmen, dass trotz der christlichen Wachsamkeit heidnische Feste wenigstens in verlassenen Gegenden fortlebten. Man darf sich eine halb christliche Mythologie vorstellen, die theologischen Anregungen entsprach und in der die von den mittelalterlichen Bauern verehrten Gottheiten durch Satan ersetzt wurden. Strenggenommen ist es nicht absurd, im Teufel einen *Dionysos redivinus* zu erblicken.

Gewisse Autoren haben die Existenz der Sabbate bezweifelt. Ebenso zweifelte man in unseren Tagen am Vorhandensein eines *Wodu*-Kults. Der Wodu-Kult existiert trotzdem; auch wenn er heute manchmal für die Touristen abgehalten wird. Alles berechtigt zu der Annahme, dass der Satanskult, mit dem der *Wodu* Ähnlichkeiten aufweist, zwar seltener war als im Kopf der Richter, aber gleichwohl existiert hat.

Das Folgende geht aus leicht zugänglichen Daten hervor.

Die Sabbate, in den verlassenen Nächten dem geheimen Kult jenes Gottes geweiht, der die *Kehrseite* Gottes war, konnten nur die Züge eines Ritus vertiefen, der aus der Umkehrung des Festes hervorging. Die Richter in den Hexenprozessen konnten ihre Opfer zweifellos dazu bringen, sich einer Parodie der christlichen Riten zu bezichtigen. Aber die Hexenmeister können sich diese Praktiken ebenso gut ausgedacht haben, wie die Richter sie suggeriert haben können. Wir können von einem isolierten Zug nicht wissen, ob er aus der Einbildungskraft der Richter oder aus dem wirklichen Kult stammt. Aber zumindest können wir annehmen, dass das *Sakrileg* das Prinzip seiner Erfindung war. Der Begriff der *schwarzen Messe*, der gegen Ende des Mittelalters auftaucht, kann im Allgemeinen der Intention des Höllenfestes entsprechen. Die schwarze Messe, der Huysmans beiwohnte und die er in *Là-bas*[43] beschreibt, besitzt unbestreitbare Glaubwürdigkeit. Von den bezeugten Riten des 17. und 19. Jahrhunderts anzunehmen, dass sie in den Folterungen des Mittelalters ihren Ursprung haben, scheint mir übertrieben. Diese Praktiken konnten eine Anziehung ausüben, bevor die Verhöre der Richter die Versuchung dazu lieferten.

Übrigens entsprachen die Sabbate, ob sie nun imaginär waren oder nicht, einer Form, die sich irgendwie der christlichen Vorstellungskraft aufdrängte. Sie beschrieben die Entfesselung von Leidenschaften, die zum Christentum gehörten, die das Christentum enthielt: Imaginär oder nicht, charakterisierten sie die christliche Situation. In der religiösen Orgie vor dem Christentum war die Überschreitung gewissermaßen erlaubt: Die Frömmigkeit erforderte sie. Gegen die Überschreitung richtete sich das Verbot, aber dessen Aufhebung blieb möglich, unter der Bedingung, dass man die Grenzen beachtete. In der christlichen Welt wurde das Verbot absolut. Die Überschreitung hätte aufgedeckt, was das Christentum verschleierte: dass das Sakrale und das Verbot verschmelzen, dass der Zugang zum Sakralen in der Gewalt eines Verstoßes liegt. Wie ich schon sagte, behauptete das Christentum auf der religiösen Ebene folgendes Paradox: *Der Zugang zum Sakralen ist das Böse*; zugleich *ist das Böse profan*. Aber die Tatsache, im Bösen zu sein und frei zu sein, frei im Bösen zu sein (da die profane Welt den Zwängen des Sakralen entgeht), bedeutete nicht nur die Verurteilung, sondern auch die Belohnung des Schuldigen. Die exzessive Wollust des Zügellosen entsprach dem Schrecken des Gläubigen. Für den Gläubigen war die Zügellosigkeit die Verurteilung des Zügellosen, sie bewies seine Verderbtheit. Doch die Verderbtheit, das Böse und Satan wurden für den Sünder Objekte der Anbetung, die der Sünder oder die Sünderin liebte. Die Wollust versank im Bösen. Sie war ihrem Wesen nach Überschreitung, Überwindung des Schreckens, und je größer der Schrecken, desto tiefer war die Freude. Imaginär oder nicht, die Sabbatberichte haben einen Sinn: den des Traums von einer ungeheuerlichen Freude. Die Bücher Sades führen sie fort, sie gehen viel weiter, aber in dieselbe Richtung. Es handelt sich immer darum, den Zugang zum Gegenspiel des Verbots zu erlangen. War die rituelle Aufhebung des Verbots verworfen, öffnete sich eine ungeheure Möglichkeit im Sinne der profanen Freiheit: die Möglichkeit zu profanieren. Die Überschreitung war organisiert und begrenzt. Die Profanierung brachte, selbst wenn sie der Versuchung eines rituellen Vorgehens nachgab, die Erschließung eines grenzenlosen Möglichen mit sich, bald den Reichtum des Unbegrenzten, bald sein Elend offenbarend: die rasche Erschöpfung und den sicheren Tod.

Die Wollust und die Gewissheit, das Böse zu tun

So wie das einfache Verbot mit der organisierten Gewalt der Überschreitungen die ursprüngliche Erotik hervorbrachte, erhöhte das Christentum durch ein Verbot der organisierten Überschreitung den Grad des sinnlichen Aufruhrs.

Was sich an Ungeheuerlichem in den – imaginierten oder wirklichen – Nächten der Sabbate ausbildete, wie in der Einsamkeit des Gefängnisses, in der Sade *Die 120 Tage* schrieb, hatte einen allgemeinen Rahmen. Baudelaire verkündete eine für alle gültige Wahrheit, als er schrieb: »Ich aber sage: Die einzige und höchste Wollust der Liebe ruht in der Gewissheit, das *Böse* zu tun. Und Mann und Frau wissen von Geburt an, dass sich im Bösen alle Wollust findet.«[44] Ich sagte zuerst, dass die Lust an die Überschreitung gebunden war. Aber das Böse ist nicht die Überschreitung, es ist die verurteilte Überschreitung. Das Böse ist exakt die Sünde. Auf die Sünde weist Baudelaire hin. Auch die Sabbatberichte entsprechen dem Trachten nach der Sünde. Sade leugnete das Böse und die Sünde. Aber er musste die Idee der Regelwidrigkeit zu Hilfe nehmen, um die Auslösung der Wollustkrise darzustellen. Er nahm sogar fortwährend zur Blasphemie Zuflucht. Er fühlte die Nichtigkeit der Profanierung, wenn der Gotteslästerer den sakralen Charakter des Guten leugnete, das die Blasphemie beschmutzen wollte. Dennoch ließ er nicht ab von seinen Blasphemien. Notwendigkeit und Ohnmacht von Sades Blasphemien sind übrigens bezeichnend. Die Kirche hatte zuerst den sakralen Charakter der erotischen Aktivität, als Überschreitung betrachtet, geleugnet. Als Reaktion leugneten die »Freigeister«, was die Kirche allgemein für göttlich hielt. Durch ihre Verneinung verlor die Kirche schließlich zum Teil die religiöse Macht, die Gegenwart des Sakralen zu beschwören: Sie verlor sie hauptsächlich, insofern der Teufel, das Unreine, keine tiefe Unruhe mehr erzeugte. Zur gleichen Zeit hörten die Freigeister auf, an das Böse zu glauben. Sie steuerten damit auf eine Situation zu, in der die Erotik, da sie keine Sünde mehr ist und sich von nun an nicht mehr »in der Gewissheit, das Böse zu tun«, befinden kann, letztlich unmöglich wird. In einer ganz und gar profanen Welt gäbe es nur mehr den animalischen Mechanismus. Zweifellos könnte sich die Erinnerung an die Sünde erhalten, sie verbände sich mit dem Bewusstsein eines Köders!

Das Hinausgehen über eine Situation bedeutet niemals

eine Rückkehr zum Ausgangspunkt. In der Freiheit gibt es die Ohnmacht der Freiheit: Freiheit heißt deshalb nicht weniger Verfügung über sich selbst. Das Spiel der Körper konnte sich trotz der Verarmung klarsichtig der bewussten Erinnerung an eine endlose Verwandlung öffnen, deren Aspekte immer verfügbar sein würden. Aber wir werden zum einen sehen, dass sich die schwarze Erotik auf einem Umweg wieder einstellt. Und schließlich gewänne die Erotik der Herzen – letzten Endes die glühendste Erotik –, was die Erotik der Körper zum Teil verloren hätte.[45]

XII
DAS OBJEKT DES BEGEHRENS: DIE PROSTITUTION

Das erotische Objekt

Ich habe von der christlichen Situation gesprochen, ausgehend von der sakralen Erotik, der Orgie. Schließlich musste ich im Rahmen des Christentums eine Endsituation aufzeigen, in der die Erotik, zur Sünde geworden, die Freiheit einer Welt nur schlecht übersteht, die die Sünde nicht mehr kennt.

Ich muss noch einmal zurückgreifen. Die Orgie ist nicht der Abschluss, den die Erotik im Rahmen der heidnischen Welt fand. Die Orgie ist der sakrale Aspekt der Erotik; in ihr erreicht die Kontinuität der Lebewesen, jenseits der Einsamkeit, ihren fühlbarsten Ausdruck. Aber nur in einem Sinne. Die Kontinuität in der Orgie ist ungreifbar; die Lebewesen verlieren sich allenfalls in einer wirren Gesamtheit. Die Orgie ist notwendig enttäuschend. Sie ist im Prinzip die vollendete Negation des individuellen Aspekts. Die Orgie setzt die Gleichwertigkeit der an ihr Teilnehmenden voraus, sie fordert sie. Nicht nur die eigene Individualität geht im Tumult der Orgie unter, sondern jeder Teilnehmer negiert auch die Individualität der anderen. Dies bedeutet augenscheinlich die Aufhebung aller Grenzen; doch ist es unmöglich, dass überhaupt nichts von der Verschiedenheit der Lebewesen übrigbleibt, denn von ihr hängt andererseits die sexuelle Anziehung ab.

Der letzte Sinn der Erotik ist die Verschmelzung, die Aufhebung der Grenze. In ihrem ersten Drang aber ist die Erotik die Setzung eines *Objekts des Begehrens*.

Dieses Objekt tritt in der Orgie nicht hervor: Die sexuelle Erregung bekundet sich in der Orgie als rasende Bewegung, im Gegensatz zur üblichen Zurückhaltung. Diese Bewegung ist jedoch die Bewegung aller. Sie ist objektiv, aber sie wird nicht als Objekt erfasst: Wer sie erfasst, wird zugleich von ihr mitgerissen. Im Gegensatz dazu wird die Erregung außerhalb des orgiastischen Tumultes durch ein Element der Verschiedenheit, durch ein objektives Element hervorgerufen. In der Tierwelt ist es oft der Geruch des Weibchens, der das Männchen auf seine Fährte lockt. Das Singen und der Prunk der Vögel aktivieren andere Wahrnehmungen, die dem Weibchen die Anwesenheit des Männchens und den bevorstehenden sexuellen Schock anzeigen. Der Geruchssinn, das Gehör, der Gesichtssinn, sogar der Geschmack nehmen die objektiven Zeichen wahr, die eine andere Aktivität auslösen. Diese Zeichen kündigen die Krise an. Im menschlichen Bereich haben diese Vorzeichen einen intensiven erotischen Wert. Ein schönes entblößtes Mädchen kann das *Sinnbild* der Erotik sein. Das Objekt des Begehrens ist etwas anderes als die Erotik, es ist nicht die ganze Erotik; aber die Erotik führt über das Objekt.

Schon in der Tierwelt veranschaulichen diese Vorzeichen den Unterschied der Lebewesen. In unserem Bereich lassen sie diesen Unterschied außerhalb der Orgie hervortreten, und da die Individuen ungleichmäßig darüber verfügen, je nach ihren Gaben, ihrem Geisteszustand und ihrem Reichtum, vertiefen sie ihn noch. Die Entwicklung der Zeichen hat dies zur Folge: Die Erotik, die Verschmelzung bedeutet, die das Interesse in Richtung auf eine Überwindung des personalen Lebewesens und jedweder Abgrenzung verschiebt, findet dennoch ihren Ausdruck in einem Objekt. Wir befinden uns vor folgendem

Paradox: nämlich vor einem Objekt, das die Negation der Begrenzung jedes Objekts bedeutet: vor einem *erotischen Objekt*.

Die Frauen, bevorzugte Objekte des Begehrens

Im Prinzip kann ein Mann ebenso gut Objekt des Begehrens einer Frau wie eine Frau Objekt des Begehrens eines Mannes sein. Doch ist der erste Schritt im sexuellen Leben meistens das Suchen eines Mannes nach einer Frau. Da die Männer die Initiative haben, besitzen die Frauen die Macht, das Begehren der Männer zu provozieren. Es wäre ungerecht zu behaupten, dass die Frauen schöner oder auch nur begehrenswerter seien als die Männer. Aber in ihrer passiven Haltung versuchen sie durch Erregung des Begehrens die Vereinigung herbeizuführen, während die Männer sie erreichen, indem sie ihnen nachstellen. Sie sind nicht begehrenswerter, aber sie bieten sich dem Begehren an.

Sie bieten sich wie Objekte dem aggressiven Begehren des Mannes dar.

Nicht jede Frau ist potentiell eine Prostituierte, aber die Prostitution ist die Folge der weiblichen Haltung. Eine Frau ist je nach dem Grad ihrer Reize die Zielscheibe des männlichen Begehrens. Wenn sie sich nicht gänzlich entzieht, indem sie sich für die Keuschheit entscheidet, ist die Frage grundsätzlich nur, um welchen Preis, unter welchen Bedingungen sie nachgeben wird. Aber wenn die Bedingungen erfüllt sind, gibt sie sich immer wie ein Objekt. Die eigentliche Prostitution führt nur die Praxis der Käuflichkeit ein. Die Sorgfalt, die sie dafür aufwendet, sich zu schmücken, die Sorge um ihre Schönheit, die der Schmuck hervortreten lässt, zeigen, dass sich die Frau selbst für ein Objekt hält, das sie ununterbrochen der Aufmerksamkeit der Männer anbietet. Ebenso ent-

Abbildung X
Grünewald, *Christus am Kreuz*.

»Die Sünde der Kreuzigung wird von dem Priester, der das Messopfer feiert, nicht anerkannt. Schuld daran ist die *Verblendung ihrer Urheber*, von denen wir annehmen müssen, dass sie sie nicht auf sich geladen hätten, wenn sie klarsichtig gewesen wären. *Felix culpa* sagt allerdings der heilige Augustinus. Es gibt also einen Gesichtspunkt, von dem aus sich die Notwendigkeit, sie auf sich zu laden, offenbart. Die katholische Liturgie übernimmt den Ausdruck des heiligen Augustinus: Das Echo der Liturgie brachte sich somit zur Übereinstimmung mit dem tiefen Denken, das die alte Menschheit beseelte.« (S. 125 [mit Varianten])

I·N·R·I

hüllt sie, wenn sie sich entkleidet, das Objekt des männlichen Begehrens, ein besonderes, der individuellen Wertschätzung angebotenes Objekt.

Die Nacktheit hat als dem normalen entgegengesetzten Zustand gewiss die Bedeutung einer Negation. Die nackte Frau ist dem Moment der Verschmelzung nah, den sie verheißt. Aber das Objekt, das sie ist, bleibt, obwohl Zeichen für das Gegenteil, nämlich die Negation des Objekts, immer noch Objekt. Es ist die Nacktheit eines begrenzten Lebewesens, selbst wenn sie den Augenblick ankündigt, in dem ihr Stolz auf die unterschiedslose Bahn der erotischen Konvulsion gerät. Zunächst aber zeigen sich die mögliche Schönheit und der individuelle Zauber dieser Nacktheit – kurz, der objektive Unterschied, der Wert eines mit anderen vergleichbaren Objekts.

Die religiöse Prostitution

Meistens entzieht sich das dem männlichen Suchen angebotene Objekt. Dass es sich entzieht, bedeutet nicht, dass die Anbietung nicht stattgefunden hat, sondern dass die erforderlichen Bedingungen nicht gegeben sind. Auch wenn sie übrigens gegeben sind, unterstreicht die erstmalige Weigerung, eine scheinbare Negation der Anbietung, seinen Wert. Was täuscht, ist die Bescheidenheit, die logisch mit der Weigerung verbunden ist. Das Objekt des Begehrens hätte der männlichen Erwartung nicht entsprochen, es hätte die Verfolgung und vor allem die Bevorzugung nicht provozieren können, wenn es sich nicht, weit entfernt davon, sich zu entziehen, durch den Ausdruck oder den Schmuck kenntlich gemacht hätte. Sich anzubieten, ist die weibliche Grundhaltung; aber auf die erste Regung – die Anbietung – folgt die Vortäuschung ihrer Negation. Die förmliche Prostitution ist eine Anbietung, die nicht von der Vortäuschung des Gegenteils begleitet wird. Allein die Prostitution hat einen Schmuck, der den erotischen Wert des Objekts betont, möglich gemacht. Genaugenommen steht ein solcher Schmuck zur zweiten Regung, dem Zurückweichen der Frau vor dem Angriff, im Gegensatz. Das Spiel besteht in der Verwendung eines Schmucks, der die Bedeutung der Prostitution hat: Die darauffolgende Weigerung reizt das Begehren, manchmal auch nur die Vortäuschung einer Weigerung. Von Anfang an ist die Prostitution mit im Spiel. Das weibliche Verhalten setzt sich aus komplementären Gegensätzen zusammen. Die Prostitution der einen bestimmt die Weigerung der anderen und umgekehrt. Aber das Elend fälscht das Spiel. Insofern das Elend allein die Regung des Zurückweichens aufhält, ist die Prostitution eine Wunde.

Es ist richtig, dass bestimmte Frauen die Reaktion des Zurückweichens nicht kennen: Sie bieten sich vorbehaltlos an; sie akzeptieren oder beanspruchen sogar die Geschenke, ohne die es schwierig für sie wäre, die männliche Werbung auf sich aufmerksam zu machen. Die Prostitution ist zuerst nur eine Weihung. Gewisse Frauen wurden Objekte in der Ehe, sie waren Werkzeuge für die Hausarbeit, im Besonderen für die Landwirtschaft. Die Prostitution machte aus ihnen Objekte des männlichen Begehrens: Wenigstens diese Objekte verhießen den Augenblick, in dem während der Umarmung alles versank und nichts bestehen blieb außer der konvulsivischen Kontinuität. Der Primat der Gewinnsucht in der späten oder modernen Prostitution ließ diesen Aspekt in den Schatten treten. Anfangs erhielt die Prostituierte jedoch Geldsummen oder Wertgegenstände als *Gabe*: Sie verwendete diese *Gaben*, die sie empfing, für Luxus und Schmuck, die sie noch begehrenswerter machten. Auf diese Weise vermehrte sie die Macht, die sie von Anfang an besaß, die Gaben der reichsten Männer an sich zu ziehen. Das Gesetz dieses *Gabentauschs* war nicht die

Transaktion des Handels. Was das Mädchen außerhalb der Ehe gibt, stellt nicht die Möglichkeit einer produktiven Verwendung in Aussicht. Dasselbe gilt von den Gaben, die es dem luxuriösen Leben der Erotik weihen. Diese Art Tausch öffnete sich eher der Maßlosigkeit als dem kommerziellen Gleichmaß. Die Provokation des Begehrens entflammte: Sie konnte den Reichtum bis zum letzten verzehren, sie konnte das Leben desjenigen verzehren, dessen Begehren erregt war.

Anscheinend war die Prostitution zuerst nur eine Komplementärform der Ehe. Als Übergangsphase mündete die Überschreitung der Ehe in die Organisation des regelmäßigen Lebens, und von da aus war die Arbeitsteilung zwischen Mann und Frau möglich. Eine solche Überschreitung konnte keine Weihung für ein erotisches Leben sein. Die sexuellen Beziehungen wurden einfach fortgesetzt, ohne dass die Überschreitung, die sie einleitete, nach dem ersten Kontakt betont worden wäre. In der Prostitution bekundete sich eine Weihung der Prostituierten für die Überschreitung. In der Prostituierten manifestierte sich fortwährend der sakrale Aspekt, der verbotene Aspekt der sexuellen Betätigung: Ihr ganzes Leben war der Verletzung des Verbots gewidmet. Wir müssen den Zusammenhang zwischen den Tatsachen und den Worten, die diese Berufung bezeichnen, finden: In diesem Licht müssen wir die archaische Einrichtung der sakralen Prostitution sehen. Jedenfalls konnte in einer Welt vor dem Christentum – oder außerhalb des Christentums – die Religion, weit davon entfernt, die Prostitution abzulehnen, ihre Modalitäten regeln, wie sie es auch mit anderen Formen der Überschreitung machte. Die Prostituierten, die Kontakt mit dem Sakralen hatten und an Orten lebten, die selbst geweiht waren, hatten einen sakralen Charakter, der dem der Priester analog war.

Verglichen mit der modernen Prostitution scheint es uns, dass die religiöse Prostitution die Scham nicht kannte. Aber der Unterschied ist zweideutig. Entging die Kurtisane eines Tempels nicht dadurch der Erniedrigung unserer Straßenprostituierten, dass sie sich, wenn schon nicht das Gefühl, so doch das Benehmen der Scham bewahrt hatte? Die moderne Prostituierte rühmt sich der Scham, in der sie versunken ist, zynisch liefert sie sich ihr aus. Sie kennt nicht die Angst, ohne die Scham nicht empfunden wird. Die Kurtisane wahrte eine gewisse Zurückhaltung; sie war nicht der Verachtung ausgesetzt und unterschied sich wenig von den anderen Frauen. Die Schamhaftigkeit in ihr musste sich abstumpfen; aber sie hielt das Prinzip der ersten Berührung aufrecht, das verlangt, dass eine Frau Angst davor hat, sich hinzugeben, und dass der Mann die Reaktion des Zurückweichens bei einer Frau verlangt.

In der Orgie vernichteten Verschmelzung und Entfesselung die Scham. Die Scham tauchte wieder auf im Vollzug der Ehe; aber sie verschwand im Bereich des Gewohnten. In der sakralen Prostitution konnte sie rituell und zum Zeichen der Überschreitung werden. Gewöhnlich kann ein Mann für sich allein nicht das Gefühl haben, dass ein Gesetz verletzt wird, und deshalb erwartet er die Verwirrung der Frau, und wenn sie gespielt wäre, denn ohne sie hätte er nicht das Bewusstsein einer Übertretung. Durch die Scham, ob gespielt oder nicht, stimmt eine Frau mit dem Verbot überein, das in ihr die Menschlichkeit begründet. Es kommt der Augenblick, darüber hinwegzugehen; aber dann handelt es sich darum, durch die Scham zu zeigen, dass das Verbot nicht vergessen ist, dass man trotz des Verbots darüber hinweggeht, im Bewusstsein des Verbots. Die Scham verschwindet vollständig nur in der niederen Prostitution.

Wir dürfen jedoch niemals vergessen, dass außerhalb des Christentums der religiöse Charakter, der sakrale Charakter der Erotik im hellen Licht erscheinen konnte, indem das Gefühl des Sakralen über die Scham dominierte. Die Tempel Indiens zeigen noch zur Genüge in Stein gehauene erotische Darstellungen, in denen sich die Erotik als das zeigt, was sie grundsätzlich ist, nämlich als göttlich. Zahlreiche Tempel Indiens erinnern uns feierlich an die in der Tiefe unseres Herzens verborgene Obszönität.[46]

Die niedere Prostitution

Die Erniedrigung der Prostituierten gründet nicht etwa in der Bezahlung. Eine Bezahlung konnte in den Zyklus zeremonieller Tauschakte eingehen, die nicht die dem Handel eigene Entwürdigung nach sich zogen. In den archaischen Gesellschaften kann die Gabe, die die verheiratete Frau mit ihrem Körper dem Gatten machte (die Leistung des sexuellen Dienstes), selbst Objekt einer Gegenleistung sein. Nur weil sie das Verbot nicht mehr kennt, ohne das wir keine menschlichen Wesen wären, sinkt die Prostituierte niederer Art auf die Stufe der Tiere: Sie erregt allgemein Abscheu, ähnlich jenem, den die meisten Kulturen gegenüber den Schweinen zeigen.

Das Entstehen der niederen Prostitution ist augenscheinlich mit dem Entstehen der Elendsklassen verbunden, die ihre unglückliche Lage der peinlichen Beachtung der Verbote enthob. Ich denke nicht an das gegenwärtige Proletariat, sondern an das Marx'sche *Lumpenproletariat*. Das äußerste Elend löst die Menschen von den Verboten, die in ihnen das Menschsein begründen: Es löst sie nicht in dem Sinne, wie es die Überschreitung täte, sondern eine Art zweifellos unvollständigen Verfalls lässt dem animalischen Trieb freien Lauf. Auch der Verfall stellt keine Rückkehr zur Animalität dar. Die Welt der Überschreitung, die die Gesamtheit der Menschen umschloss, unterschied sich grundsätzlich von der Animalität: Dasselbe gilt von der begrenzteren Welt des Verfalls. Jene, die auf gleicher Stufe mit dem Verbotenen – dem Sakralen – leben, das sie nicht aus der profanen Welt verweisen, in der sie versunken sind, haben nichts vom Tier, auch wenn die anderen ihnen oft das Menschsein absprechen (sie stehen sogar unter der Würde des Tieres). Die verschiedenen Verbotsobjekte flößen ihnen keinen oder zu wenig Schrecken oder Ekel ein. Aber sie kennen die Reaktionen der anderen, ohne sie selbst intensiv zu fühlen. Wer von einem Sterbenden sagt, dass er »krepiert«, sieht den Tod eines Menschen wie den eines Hundes an, aber er ermisst die Erniedrigung, den Verfall, den die unflätige Sprache bewirkt, der er sich bedient. Die gemeinen Wörter, die die sexuellen Organe, Ausscheidungen oder Handlungen bezeichnen, ziehen den gleichen Verfall nach sich. Diese Wörter sind *verboten*; es ist im Allgemeinen verboten, diese Organe zu nennen. Wenn man sie auf eine schamlose Weise nennt, geht man von der Überschreitung zur Gleichgültigkeit über, die das Profane und das Sakralste auf dieselbe Stufe stellt.

Die Prostituierte der Unterschicht befindet sich auf der letzten Stufe des Verfalls. Sie könnte den Verboten nicht weniger gleichgültig gegenüberstehen als das Tier, aber unfähig, die vollkommene Gleichgültigkeit zu erreichen, weiß sie von den Verboten, dass andere sie beachten: Und sie ist nicht nur erniedrigt, sondern sie hat die Möglichkeit, ihre Erniedrigung auch zu erkennen. Sie weiß, dass sie ein Mensch ist. Sogar ohne Scham zu kennen, kann sie das Bewusstsein haben, wie ein Schwein zu leben.

Andererseits ist der Zustand, den die niedere Prostitution kennzeichnet, komplementär zu dem vom Christentum geschaffenen.

Das Christentum entwickelte eine sakrale Welt, aus der es

die schrecklichen und unreinen Aspekte ausschloss. Die niedere Prostitution ihrerseits hatte die komplementäre profane Welt erschaffen, in der im Verfall das Schmutzige gleichgültig wird und aus der die klare Sauberkeit der Arbeitswelt ausgeschlossen ist.

Die Aktion des Christentums ist kaum zu unterscheiden von einer umfassenderen Bewegung, die sie kanalisiert und in eine kohärente Form gebracht hat.

Ich habe von der Welt der Überschreitung gesprochen und gesagt, dass einer ihrer auffälligsten Aspekte die Verwandtschaft mit dem Tier betreffe. Die Vermengung des Tierischen mit dem Menschlichen, des Tierischen mit dem Göttlichen ist das Kennzeichen der frühesten Menschheit (zumindest die Jägervölker halten daran fest); aber die Ersetzung der Tiergötter durch menschliche Gottheiten fand vor dem Christentum statt, zu dem eher ein langsames Fortschreiten als ein Umsturz führt. Als Ganzes betrachtet bietet das Problem des Übergangs von einem rein religiösen Zustand (den ich mit dem Prinzip der Überschreitung verknüpfe) zu einer sich stufenweise etablierenden Moral, die dann die Oberhand gewann, große Schwierigkeiten. Dieser Übergang hatte nicht in allen Gegenden der zivilisierten Welt dasselbe Gesicht, und nicht überall setzten sich die Moral und der Primat der Verbote so deutlich durch wie im Bereich des Christentums. Gleichwohl scheint mir, dass zwischen dem Einfluss der Moral und der Verachtung der Tiere eine merkliche Beziehung besteht: Diese Verachtung bedeutet, dass sich der Mensch in der Welt der Moral einen Wert beimaß, den die Tiere nicht hatten und der ihn weit über sie erhob. Den höchsten Wert gewann der Mensch im Gegensatz zu den niedriger stehenden Lebewesen dadurch, dass »Gott den Menschen nach seinem Bilde schuf«, dass die Gottheit also endgültig aus der Tierheit heraustrat. Nur der Teufel behielt die Tierheit als Attribut, die Tierheit, die der

Schwanz symbolisiert und die anfangs zwar der Überschreitung entspricht, aber vor allem ein Zeichen der Erniedrigung ist. Nun ist es der Verfall, der auf eine bevorzugte Weise der Durchsetzung des Guten und der Pflicht, der Notwendigkeit des Guten, Widerstand leistet. Zweifellos hat der Verfall die Macht, vollständiger und leichter die Reaktionen der Moral hervorzurufen. Der Verfall ist nicht zu verteidigen, die Überschreitung war es nicht in gleichem Maße. Jedenfalls konnte das Christentum, insofern es zuerst den Verfall befehdete, auf die Erotik in ihrer Gesamtheit das Licht des Bösen werfen. Der Teufel war zuerst der Engel der Rebellion; aber er verlor die leuchtenden Farben, die ihm die Rebellion verlieh: Die Erniedrigung war die Strafe für die Rebellion, und das hieß vor allem, dass der Aspekt der Überschreitung verblasste und der des Verfalls die Oberhand gewann. Die Überschreitung verhieß mitten in der Angst die Überwindung der Angst und die Freude; die Erniedrigung hatte keinen anderen Ausweg als eine noch tiefere Erniedrigung. Was sollte erniedrigten Lebewesen übrigbleiben? Sie konnten sich wie die Schweine in der Erniedrigung suhlen.

Ich sage bewusst: »wie die Schweine«. Die Tiere sind in dieser christlichen Welt – in der sich Moral und Verfall vereinigen – nur mehr Objekte des Abscheus. Ich sage: »diese christliche Welt«. Das Christentum ist in der Tat die vollendete Form der Moral, die einzige, in der sich ein Gleichgewicht zwischen den Möglichkeiten herausbildete.

Die Erotik, das Böse und die soziale Erniedrigung

Die soziale Grundlage für die niedere Prostitution ist dieselbe wie die für die Moral und das Christentum. Die Ungleichheit der Klassen und das Elend, die in Ägypten eine erste Revolution hervorriefen, schufen um das 6. Jahrhundert vor unserer Zeitrechnung in den zivilisierten Gegenden eine schwierige Lage, mit der man, unter anderen Bewegungen, den jüdischen Prophetismus in Verbindung bringen kann. Wenn wir die Dinge unter dem Aspekt der entwürdigten Prostitution betrachten, deren Entstehen wir für die griechisch-römische Welt in diese Epoche verlegen dürfen, ist das Zusammentreffen paradox. Die Klasse der Erniedrigten teilte kaum jene Bestrebungen um eine Erhebung der Unteren und die Absetzung der Mächtigen: Diese Klasse auf der untersten Stufe strebte nach nichts. Selbst die Moral erhob die Unteren nur, um sie noch mehr zu unterdrücken. Der Fluch der Kirche lastete am schwersten auf den Heruntergekommenen.

Eine größere Rolle spielte für die Kirche der sakrale Aspekt der Erotik. Er war der Hauptbeweggrund für ihr Wüten. Sie verbrannte die Hexen und ließ die niederen Prostituierten am Leben. Aber sie betonte die Erniedrigung der Prostitution, bediente sich ihrer, um den Sündencharakter zu unterstreichen.

Die gegenwärtige Situation ist das Resultat der doppelt ausgerichteten Haltung der Kirche, deren Folge die Haltung der Geister ist. Der Gleichsetzung des Sakralen mit dem Guten und der Verwerfung der sakralen Erotik entsprach die rationalistische Negation des Bösen. Daraus ging eine Welt hervor, in der die verurteilte Überschreitung keinen Sinn mehr hatte, in der selbst die Profanierung nur mehr eine geringe Kraft besaß. Blieb der Umweg des Verfalls. Die Erniedrigung war für ihre Opfer eine Sackgasse; aber der *erniedrigende* Aspekt der Erotik gewann eine Kraft der Verführung, die der diabolische Aspekt verloren hatte. Niemand glaubte mehr an den Teufel, und sogar die Verurteilung der Erotik als solcher wirkte nicht mehr. Die Erniedrigung konnte wenigstens der Bedeutung des Bösen nicht verlustig gehen. Aber sie war nicht mehr ein Böses, das andere anprangerten, deren Verurteilung verdächtig blieb.

Die Erniedrigung der Prostituierten beginnt mit der Zustimmung zu ihrer elenden Lage. Diese Zustimmung erfolgt vielleicht unfreiwillig, aber sie zeigt sich in der Zotensprache als bewusste Absage: Die Zotensprache bedeutet, dass die Menschenwürde verworfen wird. Da das Menschenleben das Gute ist, liegt in der akzeptierten Erniedrigung der Entschluss, auf das Gute, auf das menschliche Leben zu spucken.

Vor allem die Sexualorgane und -akte tragen Bezeichnungen, die aus dem Verfall stammen, aus der besonderen Sprache der Welt der Erniedrigung. Diese Organe und diese Akte haben andere Namen; aber die einen sind wissenschaftlich und die anderen, seltener verwendet und weniger dauerhaft, tragen den Stempel der Kinderei und Schamhaftigkeit von Verliebten. Die schmutzigen Namen für die Liebe sind für uns aber deshalb nicht weniger eng und unwiderruflich mit jenem geheimen Leben verbunden, das wir mit den erhabensten Gefühlen paaren. Mittels dieser unsäglichen Namen spricht sich schließlich in uns, die wir nicht zur erniedrigten Welt gehören, ein allgemeiner Abscheu aus. Jene Namen drücken diesen Abscheu in heftiger Weise aus. Und sie werden aus der anständigen Welt ebenso heftig verbannt. Zwischen den beiden Welten ist keine Diskussion vorstellbar.

Die erniedrigte Welt selbst kann sich der Wirkung nicht bedienen. Die Zotensprache drückt Hass aus. Aber sie verschafft den Liebenden in der anständigen Welt ein Gefühl, das dem verwandt ist, welches einst die Überschreitung und danach die Profanierung gewährte. Die anständige Frau, die zu dem, den sie umarmt, sagt: »Ich liebe deinen …«, könnte auch, mit Baudelaire, sagen: »Die einzige und höchste Lust der Liebe ruht in der Gewissheit, das Böse zu tun.« Aber sie weiß schon, dass die Erotik nicht an sich das Böse ist. Das Böse ist sie nur, insofern sie zur Gemeinheit der Unterwelt oder der niederen Prostitution führt. Diese Frau steht jener Welt fremd gegenüber, sie hasst ihre moralische Verworfenheit. Sie räumt ein, dass das bezeichnete Organ nicht an sich gemein ist. Aber sie leiht sich von denen, die sich in grässlicher Weise auf die Seite des Bösen stellen, das Wort, das ihr schließlich die Wahrheit aufdeckt: dass das Organ, das sie liebt, verfemt ist; dass sie es nur in dem Maße kennt, wie ihr der Schrecken, den es einflößt, fühlbar wird, in dem Augenblick nämlich, in dem sie dennoch über ihn hinausgeht. Sie möchte auf Seiten der Freidenker sein; aber eher nimmt sie ihre Zuflucht zur Gewalt jener, die jedes Verbot, jede Scham verneinen und an dieser Verneinung nur gewaltsam festhalten können, als dass sie den Sinn für das ursprüngliche Verbot aufgeben würde, ohne den es keine Erotik gibt.

XIII
DIE SCHÖNHEIT

Der Grundwiderspruch des Menschen

So findet sich der Gegensatz zwischen der Plethora des Lebewesens, das sich zerreißt und in der Kontinuität verliert, und dem Willen des isolierten Individuums zur Fortdauer in allen Verwandlungen wieder. Schwindet die Möglichkeit der Überschreitung, öffnet sich der Weg der Profanierung. Der Weg der Erniedrigung, der die Erotik auf die Straßen verbannt, ist der Neutralität einer vernunftkonformen sexuellen Aktivität vorzuziehen, die nichts mehr zerreißen würde. Wenn das Verbot nicht mehr wirkt, wenn wir nicht mehr an das Verbot glauben, ist die Überschreitung unmöglich; aber ein Gefühl der Überschreitung bleibt bestehen, und sei es in der Aberration. Dieses Gefühl beruht nicht auf einer greifbaren Realität. Wenn wir uns nicht das unvermeidliche Zerreißen des Lebewesens, das die Diskontinuität dem Tode weiht, vergegenwärtigten, wie könnten wir dann diese Wahrheit verstehen: dass uns nur die Gewalt, eine unsinnige Gewalt, die die Grenzen der auf die Vernunft reduzierbaren Welt durchbricht, die Kontinuität aufschließt?

Diese Grenzen bestimmen wir auf jeden Fall, wir setzen das Verbot, wir setzen Gott, oder eben die Erniedrigung. Und sind sie einmal bestimmt, lassen wir sie auch schon hinter uns. Zwei Dinge sind unvermeidlich: Wir können nicht vermeiden zu sterben, und wir können auch nicht vermeiden, die Grenzen hinter uns zu lassen. Sterben und die Grenzen hinter sich lassen ist übrigens ein und dasselbe.

Aber während wir die Grenzen hinter uns lassen oder sterben, versuchen wir, dem Schrecken zu entkommen, den uns der Tod einflößt und den uns auch die Vision einer Kontinuität jenseits dieser Grenzen einflößen kann.[47]

Wenn es darauf ankommt, erteilen wir der Entgrenzung die Gestalt eines Objekts. Wir bemühen uns, sie für ein Objekt zu halten. Nicht aus freien Stücken, nur gezwungen gehen wir bis ans Ende, in wiederholtem Aufbäumen gegen den Tod. Und immer wieder suchen wir uns zu täuschen, versuchen wir eine Aussicht auf die Kontinuität zu gewinnen, die voraussetzt, dass die Grenze überschritten ist, ohne die Grenzen des diskontinuierlichen Lebens zu verlassen. Wir wollen Zutritt erlangen zum *Jenseits*, ohne den Schritt zu wagen, vorsichtig im *Diesseits* bleibend. Nichts können wir begreifen, nichts können wir uns vorstellen, was nicht innerhalb der Grenzen unseres Lebens liegt; denn jenseits derselben scheint uns, dass alles erlischt. Jenseits des Todes beginnt tatsächlich das Unbegreifliche, und wir haben gewöhnlich nicht den Mut, ihm gegenüberzutreten. Doch ist dieses Unbegreifliche der Ausdruck unserer Ohnmacht: Wir wissen es, der Tod löscht nichts aus, er lässt die Gesamtheit des Seins intakt, aber von unserem Tod aus, vom Standpunkt dessen, was in uns stirbt, können wir die Kontinuität des Seins im Ganzen nicht begreifen. Wir akzeptieren nicht die Grenzen dieses Lebewesens, das in uns stirbt. Diese Grenzen wollen wir um jeden Preis überschreiten; aber wir hätten sie am liebsten zugleich aufgehoben und beibehalten.

In dem Augenblick, da wir den Schritt tun, wirft uns das Begehren aus uns heraus, können wir nicht mehr; die Bewegung, die uns mitreißt, würde unser Zerbrechen nach sich ziehen. Aber das Objekt des unmäßigen Begehrens vor uns bindet uns wieder an das Leben, über das das Begehren hinausgeht. Wie süß ist es, im Hinausdrängen des Begehrens zu verharren, ohne bis ans Ende zu gehen, ohne den Schritt zu tun. Wie süß ist es, lange vor dem Objekt dieses Begehrens auszuharren, uns lebend im Begehren zu erhalten, statt bis ans Ende zu gehen und zu sterben, dem Exzess des gewaltigen Begehrens nachzugeben. Wir wissen, dass der Besitz dieses Objekts, das uns glühend erregt, unmöglich ist. Wir müssen zwischen zwei Dingen wählen: Das Begehren wird uns verzehren, oder sein Objekt wird aufhören, uns zu erregen. Wir können es nur unter der einen Bedingung besitzen, dass nach und nach das Begehren, das es in uns weckt, zur Ruhe kommt. Aber lieber den Tod des Begehrens als unseren eigenen Tod! Wir begnügen uns mit einer Illusion. Ihr Objekt wird uns durch seinen Besitz, ohne dass wir sterben, das Gefühl verschaffen, bis ans Ende unseres Begehrens zu gehen. Wir verzichten nicht nur darauf zu sterben: Wir gliedern das Objekt in unser Begehren ein, das in Wahrheit ein Begehren des Todes war, wir gliedern es ein in unser dauerhaftes Leben. Wir bereichern unser Leben, statt es zu verlieren.

Im Besitz verschärft sich der objektive Aspekt dessen, was uns veranlasst hat, aus unseren Grenzen herauszutreten.[48] Das Objekt, das die Prostitution dem Begehren anzeigt (die Prostitution ist an sich nur der Akt, dem Begehren etwas zu bieten), das sie uns aber in der Erniedrigung entzieht (wenn die niedere Prostitution daraus eine Gemeinheit macht), bietet sich dem Besitz als ein schönes Objekt an. Die Schönheit ist sein Sinn. Sie macht seinen Wert aus. Denn die Schönheit ist das am Objekt, was es dem Begehren empfiehlt. Im Besonderen, wenn das Begehren im Objekt weniger die unmittelbare Befriedigung (die Möglichkeit, über unsere Grenzen hinauszugehen) als den langen und ruhigen Besitz anstrebt.

Der Gegensatz zwischen Reinheit und Beschmutzung in der Schönheit

Wenn ich von der Schönheit einer Frau spreche, werde ich vermeiden, allgemein von der Schönheit zu sprechen.[49] Ich will nur die Rolle, die der Schönheit in der Erotik zukommt, erfassen und begrenzen. Im äußersten Fall könnte man, als elementare Form, im sexuellen Leben der Vögel die Wirkung des vielfarbigen Gefieders und des Singens gelten lassen. Ich werde nicht davon sprechen, was die Schönheit dieses Gefieders und dieses Singens bedeutet. Ich will sie nicht bestreiten, und ebenso gebe ich zu, dass die Tiere mehr oder weniger schön sind, je nachdem, wie gut sie dem an die Art gebundenen Ideal der Formen entsprechen. Die Schönheit ist deshalb nicht weniger subjektiv: Sie wechselt je nach der Vorliebe derer, die sie schätzen. In gewissen Fällen könnten wir glauben, dass sich die Tiere an ihr erfreuen wie wir, doch ist diese Annahme gewagt. Ich halte nur fest, dass es auch in der Bewertung der menschlichen Schönheit eine Rolle spielen muss, inwieweit sie dem Ideal der Art entspricht. Dieses Ideal wechselt, aber es liegt in einem physischen Thema vor, das für Variationen geeignet ist (von denen einige recht unglücklich sind). Die persönliche Interpretationsbreite ist nicht so groß. Wie dem auch sei, ich musste ein möglichst einfaches Element finden, das bei der Bewertung tierischer Schönheit durch einen Menschen genauso wie bei der der menschlichen Schönheit eine Rolle spielt. (Die Jugend kommt im Allgemeinen zu diesem ersten Element hinzu.)

Damit gelange ich zum zweiten Element, das, obwohl weniger deutlich, trotzdem bei der Anerkennung der Schönheit eines Mannes oder einer Frau eine Rolle spielt. Ein Mann, eine Frau werden im Allgemeinen für schön gehalten, je weiter sich ihre Gestalt vom Animalischen entfernt.

Die Frage ist schwierig, und vieles mischt sich hinein. Ich verzichte darauf, sie im Einzelnen zu prüfen, und werde mich darauf beschränken, zu zeigen, dass sie sich stellt. Eine Abneigung gegen das, was bei einem menschlichen Wesen an animalische Formen erinnert, besteht mit Sicherheit. Im Besonderen ist die Ähnlichkeit mit dem Affen verhasst. Der erotische Wert der weiblichen Formen ist, scheint mir, an das Zurücktreten jener natürlichen Schwerfälligkeit gebunden, die an den materiellen Gebrauch der Glieder und an die Notwendigkeit eines Knochengerüsts erinnert: Je unwirklicher die Formen sind, je weniger deutlich sie der animalischen Wirklichkeit, der physiologischen Wirklichkeit des menschlichen Körpers angepasst sind, desto besser entsprechen sie dem ziemlich allgemein verbreiteten Bild der begehrenswerten Frau. Ich werde erst später über das Haar sprechen, das beim Menschen eine einzigartige Bedeutung besitzt.

Was ich gesagt habe, scheint mir eine unzweifelhafte Wahrheit zu enthalten. Aber die gegenteilige Wahrheit, die sich erst in zweiter Linie aufdrängt, ist nicht weniger gesichert. Das Bild der begehrenswerten Frau, auf das in erster Linie hingewiesen wurde, wäre fade, könnte das Begehren nicht provozieren – wenn es nicht zugleich einen verborgenen animalischen Aspekt verriete oder offenbarte, der bedeutend suggestiver wirkt. Die Schönheit der begehrenswerten Frau weist auf ihre Schamteile hin: Gerade die behaarten Partien, die animalischen Partien. Der Instinkt prägt uns das Begehren nach diesen Partien ein. Aber jenseits des Sexualinstinkts spricht das erotische Begehren auf andere Komponenten an. Die Schönheit, die das Animalische negiert und das Begehren weckt, mündet in der großen Erregung bei der Exaltation gerade der animalischen Partien!

Der letzte Sinn der Erotik ist der Tod

Das Streben nach der Schönheit bemüht sich, durch einen Bruch hindurch die Kontinuität zu erreichen, aber zugleich auch, ihr zu entgehen.

Diese zwiespältige Bemühung hört nie auf, zwiespältig zu sein.

Aber ihre Zwiespältigkeit resümiert die Bewegung der Erotik, nimmt sie in sich auf.

Die Vermehrung stört eine gewisse Einfachheit des Wesens; ein Exzess zerstört die Grenzen, führt auf irgendeine Weise zum Überströmen.

Es gibt immer eine Grenze, auf die sich das Lebewesen einstellt. Es identifiziert diese Grenze mit dem, was es ist. Entsetzen packt es bei dem Gedanken, dass diese Grenze zu existieren aufhören könnte. Aber wir täuschen uns, wenn wir die Grenze und das Einverständnis des Lebewesens mit ihr ernst nehmen. Die Grenze ist nur da, um aufgehoben zu werden. Die Angst (der Schrecken) zeigt nicht die wirkliche Entscheidung an. Sie regt vielmehr im Gegenzug dazu an, die Grenzen zu überschreiten.

Wenn wir Angst empfinden, wissen wir: Es handelt sich darum, dem in uns verwurzelten Willen zur Aufhebung von Grenzen zu folgen. Wir wollen sie aufheben, und der Schrecken, den wir verspüren, zeigt an, welchen Exzess wir dabei über uns bringen müssen, den wir jedenfalls ohne vorhergehenden Schrecken nicht über uns hätten bringen können.

Die Schönheit, die in ihrer Vollendung das Animalische ausschließt, wird so leidenschaftlich begehrt, weil gerade sie durch den Besitz in animalischer Weise beschmutzt wird. Man begehrt sie, um sie zu besudeln; nicht ihretwegen, sondern um jenes Geschmacks der Freude willen, der in der Gewissheit liegt, sie zu entweihen.

Bei der Opferung wurde das Opfer so ausgewählt, dass seine Vollkommenheit die Grausamkeit des Todes erst recht fühlbar machte. Die menschliche Schönheit bringt in die Vereinigung der Körper den Kontrast der reinsten Menschlichkeit und des abscheulich animalischen Charakters der Organe hinein. Das Paradox, dass in der Erotik die Hässlichkeit der Schönheit gegenübertritt, bringt ein Satz aus den *Tagebüchern* Leonardo da Vincis ergreifend zum Ausdruck: »Der Paarungsvorgang und die Glieder, deren er sich bedient, sind von solcher Hässlichkeit, dass die Natur, wäre nicht die Schönheit der Gesichter, der Schmuck der Partner und der zügellose Drang, das Menschengeschlecht einbüßen müsste.« Leonardo sieht nicht, dass das Anziehende eines schönen Gesichts oder eines schönen Kleids nur insoweit wirkt, als das schöne Gesicht ankündigt, was das Kleid verhüllt. Es handelt sich darum, dieses Gesicht und seine Schönheit zu profanieren: es zuerst zu profanieren, indem man die verborgenen Körperteile einer Frau aufdeckt, dann, indem man das männliche Organ an sie heranbringt. Niemand zweifelt an der Hässlichkeit des Sexualakts. Wie der Tod bei der Opferung versetzt uns die Hässlichkeit bei der Paarung in Furcht. Aber je größer die Furcht – die im Verhältnis zur Kraft der Partner steht –, desto mächtiger ist das Bewusstsein der Entgrenzung, das den Ausbruch der Freude bestimmt. Dass die Situationen nach Geschmack und Gewohnheiten wechseln, ändert nichts daran, dass im Allgemeinen die Schönheit (die Menschlichkeit) einer Frau dazu beiträgt, das Animalische des Sexualakts fühlbar – und anstößig – zu machen. Nichts ist für einen Mann deprimierender als die Hässlichkeit einer Frau, neben der die Hässlichkeit der Organe und des Geschlechtsakts nicht mehr hervortreten. Die Schönheit ist in erster Linie deshalb wichtig, weil die Hässlich-

Abbildung XI

Menschenopfer, Mexiko. Illuminierte Handschrift (*Codex Vaticanus* 3738, fol. 54 v), ausgeführt zu Beginn der spanischen Inbesitznahme von einem Azteken, der in seiner Jugend Augenzeuge gewesen sein muss.

»Es ist überhaupt die Sache des Opfers, Leben und Tod in Übereinstimmung zu bringen: Dem Tod verleiht es ein Aufquellen des Lebens, und dem Leben die Schwere, den Taumel und das Öffnende des Todes. Es ist das Leben vermischt mit dem Tod, aber im selben Augenblick ist der Tod ein Zeichen des Lebens, Öffnung zum Unbegrenzten.« (S. 127)

keit nicht beschmutzt werden kann und weil das Wesen der Erotik die Beschmutzung ist. Die Menschlichkeit, das Kennzeichen des Verbots, wird in der Erotik überschritten. Sie wird überschritten, entweiht, beschmutzt. Je größer die Schönheit, desto tiefer die Beschmutzung.

Die Möglichkeiten sind so zahlreich, so gleitend, dass das Bild der verschiedenen Aspekte enttäuschend bleibt. Wiederholungen und Widersprüche sind unvermeidlich. Aber die einmal erfasste Bewegung lässt nichts im Dunkeln. Stets handelt es sich um einen Gegensatz, der den Übergang von der Kompression zur Explosion ermöglicht. Die Wege ändern sich, die Gewalt, die zugleich Schrecken und Anziehung hervorruft, bleibt dieselbe. Die erniedrigte Menschlichkeit ist gleichbedeutend mit dem Animalischen, die Profanierung mit der Überschreitung.

Ich sprach von der Profanierung der Schönheit. Ebenso gut hätte ich von Überschreitung sprechen können, da das Animalische in Bezug auf uns eine Überschreitung bedeutet, denn das Tier kennt kein Verbot. Aber das Gefühl der Profanierung ist für uns unmittelbarer verständlich.

Ich habe, nicht ohne mir zu widersprechen und ohne mich zu wiederholen, eine Gesamtheit erotischer Situationen beschrieben; sie sind übrigens in Wirklichkeit näher miteinander verbunden, als man annehmen möchte, wenn man sie zu unterscheiden sucht. Ich musste die Unterschiede betonen, um zu verdeutlichen, was durch alle Veränderungen hindurch auf dem Spiel steht. Aber es gibt keine Form, in der nicht ein Aspekt der anderen auftauchen könnte. Die Ehe steht allen Formen der Erotik offen. Das Animalische vermischt sich mit der Erniedrigung, und das Objekt des Begehrens kann in der Orgie mit umwerfender Deutlichkeit hervortreten.

Desgleichen löscht die Notwendigkeit, die ursprüngliche Wahrheit fühlbar zu machen, eine andere Wahrheit aus, nämlich die der Versöhnung[30], ohne die es keine Erotik gäbe. Ich sah mich genötigt, die Verdrehung hervorzuheben, die der ursprünglichen Bewegung widerfährt. In ihren Wandlungen entfernt sich die Erotik anscheinend von ihrem Wesen, der Sehnsucht nach der verlorenen Kontinuität. Das Menschenleben kann der Regung, die es in den Tod zieht, nicht folgen, ohne zu zittern – ohne zu betrügen. Ich habe gezeigt, wie es betrügt – wie es Winkelzüge macht – auf den Wegen, von denen ich sprach.

ZWEITER TEIL
VERSCHIEDENE STUDIEN ZUR EROTIK

I
KINSEY, DIE UNTERWELT UND DIE ARBEIT

»Daher der Müßiggang, der die Tage verzehrt, denn das Übermaß in der Liebe bedarf sowohl des Ausruhens wie der stärkenden Mahlzeiten. Daher der Hass auf alle Arbeit, der diese Leute zwingt, mit raschen Mitteln Geld zu erwerben.«
Balzac, *Glanz und Elend der Kurtisanen*

Die Erotik ist eine Erfahrung, die wir nicht wie ein Ding von außen betrachten können

Ich kann das Studium der sexuellen Verhaltensweisen des Menschen mit dem Interesse eines Wissenschaftlers beginnen, der, in einer Art Abwesenheit, die Wirkung einer Lichtquelle auf den Flug der Wespe beobachtet. Es ist selbstverständlich, dass menschliche Verhaltensweisen ein Objekt der Wissenschaft werden können: Man betrachtet sie dann in keiner menschlicheren Perspektive, als wenn es sich um Insekten handelt. Der Mensch ist vor allem ein Tier; er kann seine eigenen Reaktionen untersuchen wie die der Tiere. Immerhin können bestimmte Reaktionen nicht ganz den Voraussetzungen der Wissenschaft angepasst werden. Und zwar sind dies jene Verhaltensweisen, durch die sich, dem gängigen Urteil nach, das menschliche Lebewesen manchmal zum Tier erniedrigt.

Es wäre sogar im Sinne dieses Urteils, sie zu verheimlichen, sie zu verschweigen, damit sie auf keinen Fall im Bewusstsein ihren berechtigten Platz einnehmen. Sollte man diese Verhaltensweisen, die wir mit dem Tier gemeinsam haben, gesondert betrachten?

Wie groß die Erniedrigung eines Menschen auch sei, es bleibt immer wahr, dass er nicht einfach ein Ding ist wie das Tier. Eine gewisse Würde erhält sich in ihm, ein grundlegender Adel und genau genommen eine sakrale Wahrheit, die ihn vor der Reduktion auf die Dienstbarkeit bewahrt sehen wollen (selbst dann noch, wenn eine solche Dienstbarkeit missbräuchlich praktiziert wird). Niemals kann ein Mensch ausschließlich für ein Mittel gehalten werden; geschieht es eine Zeitlang, bewahrt er trotzdem in einem gewissen Grad die souveräne Bedeutung eines Zwecks; er bleibt in sich unveräußerlich, sodass man ihn nicht ohne Entsetzen töten und noch weniger verzehren kann. Es ist immer möglich, einen Menschen zu töten; manchmal sogar, ihn zu essen. Aber äußerst selten sind diese Handlungen für einen anderen Menschen gleichgültig: Zumindest kann niemand, der bei Verstand ist, leugnen, dass sie für andere einen ernsten Sinn haben. Dieses *Tabu*, dieser sakrale Charakter des menschlichen Lebens ist allgemeingültig, genau wie es die Verbote sind, die die Sexualität betreffen (das Inzestverbot, das Tabu des Menstrualbluts und die verschiedenen, aber beständigen Vorschriften des Anstands).

Das Tier allein kann, in der gegenwärtigen Welt, auf ein Ding reduziert werden. Ein Mensch kann mit ihm machen, was er will, ohne Einschränkung, er muss dafür niemand Rechenschaft ablegen. Er kann wissen, dass das Tier, das er schlachtet, sich von ihm im Grunde nicht allzu sehr unterscheidet. Aber selbst wenn er die Ähnlichkeit ausdrücklich zugibt, findet dieses flüchtige Erkennen sofort eine grundlegende und stillschweigende Negation. Trotz entgegengesetzter Überzeugungen kann das Gefühl, das den Geist mit dem Menschen und den Körper mit dem Tier verbindet, nie wirklich widerlegt werden. Der Körper ist ein Ding, er ist hässlich, unterwürfig, dienstbar, genau wie ein Stein oder ein Stück Holz. Der Geist allein, dessen Wahrheit intim und subjektiv ist, kann nicht auf ein Ding reduziert werden. Er ist sakral, während er in einem profanen Körper wohnt, der seinerseits erst in dem Augenblick sakral wird, in dem der Tod den unvergleichlichen Wert des Geistes offenbart.

Dies alles ist schnell zu erkennen, was folgt, ist nicht so einfach und enthüllt sich erst mit der Zeit.

Wir sind auf jeden Fall Tiere. Zweifellos sind wir Menschen und Geistwesen: Doch können wir nicht verhindern, dass das Tierwesen in uns weiterlebt und uns oft überwältigt. Im Gegensatz zum geistigen Pol bedeutet unsere überschwängliche Sexualität die Fortdauer des tierischen Lebens. Daher kann unser sexuelles Verhalten, das zur körperlichen Seite gehört, in einem gewissen Sinne als Ding betrachtet werden: Das Geschlecht ist selbst ein Ding (ein Teil des Körpers, der wiederum ein Ding ist). Dieses Verhalten stellt die funktionelle Aktivität des Dings dar, das das Geschlecht ist. Das Geschlecht ist kurz und gut genauso ein Ding wie ein Fuß. (Höchstens eine Hand ist menschlich, und das Auge drückt das geistige Leben aus; aber Geschlecht und Füße haben wir genau wie die Tiere.) Wir sind übrigens der Überzeugung, dass uns der Sinnenrausch auf die Stufe der Tiere zurückversetzt.

Doch wenn wir daraus schließen, dass die sexuelle Tatsache ein Ding ist wie das Tier in der Pinzette des Vivisektors, und wenn wir meinen, dass sie sich der Kontrolle des menschlichen Geistes entzieht, stoßen wir auf eine ernste Schwierigkeit. Befinden wir uns einem Ding gegenüber, haben wir ein klares Bewusstsein. Die Inhalte des Bewusstseins sind für uns insofern leicht zu begreifen, als wir sie auf dem Umweg über die Dinge angehen, die sie vorstellen und ihnen den Aspekt des Äußeren verleihen. Jedes Mal aber, wenn uns diese Inhalte von innen erkennbar sind, ohne dass wir sie auf deutliche äußere Eindrücke beziehen können, die sie begleiten, können wir nur ganz vage davon sprechen.[51] Und gibt es etwas, was schwieriger von außen zu betrachten wäre als die sexuelle Tatsache?

Betrachten wir die Kinsey-Reports[52], in denen die sexuelle Aktivität in statistischer Form behandelt wird, wie eine äußere Gegebenheit. In Wirklichkeit haben ihre Autoren keine einzige der zahllosen Tatsachen, die sie berichten, von außen beobachtet. Die Tatsachen wurden *von innen* beobachtet, und zwar von jenen, die sie gelebt haben. Sie werden methodisch dargestellt, aber nur durch Vermittlung von Geständnissen und Erzählungen, denen die angeblichen Beobachter vertrauten. Man hielt es hin und wieder für nötig, die Resultate oder wenigstens ihre Allgemeingültigkeit anzuzweifeln, aber man machte es summarisch und oberflächlich. Die Autoren umgaben sich mit Vorsichtsmaßregeln, die nicht zu übersehen sind (Überprüfung, Wiederholung der Umfrage in großen Abständen, Gegenüberstellung der unter gleichen Umständen von verschiedenen Interviewern ermittelten Kurven usw.). Durch diese ausgedehnte Untersuchung sind uns die sexuellen Verhaltensweisen unserer Mitmenschen nicht mehr ganz so verborgen wie bisher. Aber gerade diese Anstrengung hat deutlich gemacht, dass die Tatsachen nicht wie die Dinge gegeben waren, bevor die Maschinerie ins Werk gesetzt wurde. Vor den Berichten hatte das sexuelle Leben in sehr geringem Ausmaß die klare und deutliche Wahrheit eines Dings. Jetzt ist diese Wahrheit, wenn nicht sehr deutlich, so doch deutlich genug. Endlich ist es möglich, von den sexuellen Verhaltensweisen wie von Dingen zu sprechen: Bis zu einem gewissen Grad ist das die Neuheit, die die Berichte mit sich bringen …

Die erste Regung ist, eine so merkwürdige Reduktion, deren Plumpheit oftmals töricht anmutet, anzufechten. Aber unsere intellektuellen Operationen richten sich nur auf das unmittelbare Ergebnis. Eine intellektuelle Operation ist schließlich nur eine Durchgangsstelle: Über das angestrebte Ergebnis hinaus hat sie Folgen, die sie nicht voraussah. Die Berichte gründeten sich auf die Annahme, dass die sexuellen Tatsachen Dinge seien – aber wenn sie nun am Ende klarstellten, *dass die sexuellen Tatsachen keine Dinge sind*? Vielleicht fordert das Bewusstsein ganz allgemein diese doppelte Operation: dass es die Inhalte, soweit es nur möglich ist, als Dinge betrachtet; aber dass diese Inhalte niemals besser aufgedeckt sind, niemals bewusster als in dem Moment, da der äußere Aspekt sich als ungenügend herausstellt und auf den intimen Aspekt verweist. Ich werde diese Verweisfunktion erhellen, zumal die sexuellen Ausschweifungen ihr die größte Tragweite verleihen werden.

Es sind nicht nur konventionelle Gründe, die sich der Beobachtung der geschlechtlichen Aktivität von außen entgegenstellen. Ihre *ansteckende* Natur schließt die Möglichkeit der Beobachtung aus. Dieser ansteckende Charakter hat nichts mit dem der Infektionskrankheiten zu tun. Die Ansteckung, um die es sich handelt, ist der des Gähnens oder des Lachens vergleichbar. Das Gähnen erzeugt Gähnen, großes Gelächter erweckt ohne weiteres Lachlust; wenn sich eine sexuelle Aktivität nicht unserem Blick entzieht, ist sie fähig, uns zu erregen. Sie kann auch Abscheu einflößen. Man kann sagen, dass die geschlechtliche Aktivität, auch wenn sich die Anzeichen auf eine kaum merkbare Verwirrung oder eine Unordnung in der Kleidung beschränken, den Zeugen leicht in einen Zustand der *Teilhabe* versetzt (zumindest wenn die Schönheit des Körpers dem unschicklichen Aspekt den Sinn des Spiels verleiht). Ein solcher Zustand verwirrt und schließt gewöhnlich die methodische wissenschaftliche Beobachtung aus: Wenn ich sehe, wenn ich höre, dass man lacht, habe *ich innerlich* an der Empfindung dessen teil, der lacht. Diese innere Empfindung lacht in mir, indem sie sich mir mitteilt. Was wir in der *Teilhabe* erfahren (in der Kommunikation), ist das, was wir *intimerweise* verspüren: Wir erkennen unmittelbar das Lachen des anderen, indem wir lachen, oder seine Erregung, indem wir sie teilen. Das gerade bewirkt, dass das Lachen oder die Erregung (sogar das Gähnen) keine Dinge sind: Wir können im Allgemeinen nicht an einem Stein, an einem Brett teilhaben, aber wir haben an der Nacktheit der Frau teil, die wir umarmen. Der »Primitive« Lévy-Bruhls konnte zwar am Stein teilhaben, doch war er für ihn auch kein Ding, in seinen Augen lebte der Stein wie er selbst. Zweifellos hatte Lévy-Bruhl unrecht, diese Denkweise auf die primitive Menschheit zu beschränken. Wir brauchen nur in der Poesie die Identität des Steins mit sich selbst zu vergessen und vom *Mondstein* zu sprechen: Schon hat er an meiner Intimität teil (indem ich davon spreche, gleite ich in die Intimität des *Mondsteins* hinüber). Wenn aber die Nacktheit und der Exzess der Wollust keine Dinge sind, wenn sie ungreifbar wie der *Mondstein* sind, so ergeben sich daraus bedeutende Konsequenzen.

Es ist sonderbar, den Beweis zu führen, dass die sexuelle Aktivität, die man gewöhnlich auf das Niveau des Fleisch-Essens stellt, dasselbe Vorrecht genießt wie die Poesie. Es ist wahr, dass die Poesie in unseren Tagen schockierend sein möchte und, wenn möglich, den Skandal sucht. Doch ist es nicht weniger merkwürdig zu sehen, dass der Körper in sexueller Hinsicht nicht notwendig mit der Servilität der Dinge verbunden ist, dass dieser Körper vielmehr in seiner Tiernatur poetisch, dass er *göttlich* ist. Dies machen der Umfang und die Seltsamkeit der in den Berichten verwendeten Methoden deutlich; sie demonstrieren die Ohnmacht, an ihr Objekt als Objekt heranzukommen (als Objekt, das objektiv betrachtet werden kann). Die *große Zahl* der unvermeidlichen Rückgriffe auf die Subjektivität macht zur Not einen der wissenschaftlichen Objektivität widersprechenden Charakter wett, der den Befragungen über das Sexualleben der beobachteten Personen eigen ist. Aber die ungeheure Anstrengung dieser Kompensation (die Zuflucht zur hohen Anzahl, die den subjektiven Aspekt der Beobachtungen zu annullieren scheint) lässt ein unauflösbares Element der sexuellen Aktivität hervortreten: nämlich das Intime (im Gegensatz zum Dinglichen), das in den Berichten jenseits der graphischen Darstellungen und Kurven in Erscheinung tritt. Dieses Element bleibt unfassbar für den Blick von außen, der nur Häufigkeit, Art und Weise, Alter, Beruf und Klasse feststellt: also das, was tatsächlich von außen zu sehen ist, während das Wesentliche entschlüpft. Wir müssen sogar direkt fragen: Sprechen diese Bücher überhaupt vom Sexualleben? Sprächen wir vom Menschen, wenn wir uns auf Zahlen, Messungen, Einteilungen nach Alter und Augenfarbe beschränkten? Was in unseren Augen den Menschen ausmacht, liegt zweifellos jenseits dieser Begriffe: Sie drängen sich der Aufmerksamkeit auf, aber sie fügen einer schon vorhandenen Erkenntnis nur unwesentliche Aspekte hinzu.[53] Ebenso kann die authentische Erkenntnis des menschlichen Sexuallebens nicht aus den Berichten gewonnen werden, und diese Statistiken, diese wöchentlichen Frequenzen, diese Mittelwerte haben nur einen Sinn, wenn wir zuvor den Exzess im Blick haben, um den es sich handelt. Oder wenn sie unsere Erkenntnis des Sexuallebens bereichern, dann in der von mir bezeichneten Richtung: Wenn wir während des Lesens das Gefühl von etwas Unauflöslichem erhalten. Zum Beispiel, wenn wir lachen (denn die Unschicklichkeit, die unmöglich schien, ist dennoch da), während wir unter einer Tabelle mit zehn Spalten folgenden Titel lesen: *Quellen des Orgasmus für die Bevölkerung der*

Vereinigten Staaten, und unter der Zahlenreihe folgende Wörter: *Masturbation, sexuelle Spiele, eheliche oder uneheliche Beziehungen, Sodomie, Homosexualität* … Es besteht eine tiefe Unvereinbarkeit zwischen diesen mechanischen Einteilungen, die gewöhnlich Dinge betreffen (etwa Tonnen Stahl oder Kupfer), und den intimen Wahrheiten. Einmal wenigstens sind sich die Autoren dessen bewusst: wenn sie anerkennen, dass die Umfragen, diese »sexuellen Geschichten«, die die Grundlage ihrer Analyse bilden, ihnen manchmal trotz allem im Licht der Intimität erscheinen; das war nicht ihre Aufgabe, aber von diesen »Geschichten« gestehen sie, »dass sie oft die Erinnerung an tiefe Verwundungen, an Frustrationen, an Schmerz, unbefriedigte Wünsche und Enttäuschungen, an tragische Situationen und an vollkommene Katastrophen enthielten«. Die unglückliche Beschaffenheit ist im Verhältnis zum intimen Sinn des Sexualakts eine äußerliche; aber immerhin verweist sie auf die Tiefe, in der sie entsteht, aus der wir sie nicht entfernen dürfen, ohne ihr die Wahrheit zu nehmen. Die Autoren haben daher selbst gewusst, über welchem Abgrund die Tatsachen schweben, die sie berichten. Aber obwohl sie ein Gefühl dafür hatten, hielten sie sich bei dieser Schwierigkeit nicht auf. Ihre Ausrichtung und ihre Schwäche werden vollends deutlich, wenn sie in ihrer Methode, die sich auf persönliche Erzählung statt auf direkte Beobachtung stützt, eine Ausnahme machen. Sie veröffentlichen über einen Punkt Gegebenheiten, die sie zwar nicht selbst beobachtet haben, die jedoch aus der objektiven Beobachtung Dritter herrühren. Man hat die – sehr kurzen – Zeiten studiert, die Kleinkinder (von sechs bis zwölf Monaten) bei der Masturbation brauchen, um zum Orgasmus zu kommen. Diese Zeiten, sagt man uns, wurden mit dem Sekundenzeiger oder mit der Stoppuhr festgestellt. Die Unvereinbarkeit zwischen der Beobachtung und dem, was beobachtet wird, zwischen einer für Dinge gültigen Methode und einem

Akt immer verwirrender Intimität, erreicht hier einen Grad, an dem das Lachen schwerfällt. Gewichtigere Hindernisse stellen sich der Beobachtung Erwachsener entgegen: Doch die Ohnmacht des Kindes und die grenzenlose Zärtlichkeit, die uns ihm gegenüber entwaffnet, lassen den Mechanismus der Uhr penibel erscheinen. Den Autoren zum Trotz dringt die Wahrheit durch: Es braucht ein offensichtliches Missverständnis, um mit der Armut des Dinglichen zu verwechseln, was einen *ganz anderen*, einen *sakralen* Charakter hat; nicht ohne Unbehagen sehen wir den großen Ernst, der in unseren Augen von der geheimen Gewalt des Menschen und des Kindes ausgeht, in die Vulgarität der profanen Sphäre (der Dingwelt) versetzt. Die Gewalt der menschlichen und dennoch animalischen Sexualität bleibt in unseren Augen entwaffnend; wir beobachten sie nie ohne *Verwirrung*.

Die Arbeit verbindet sich bei uns mit dem Bewusstsein und der Objektivität der Dinge und schränkt den sexuellen Überschwang ein; nur in der Unterwelt bleibt er erhalten

Ich komme auf die Tatsache zurück, dass es gerade das Animalische ist, das im Allgemeinen auf ein Ding reduziert werden kann. Darauf kann ich nicht genügend Nachdruck legen: Ich werde versuchen, das gestellte Problem zu erhellen, indem ich meine Analyse mit Hilfe der in den Berichten enthaltenen Materialien fortführe.

Diese überreichen Materialien sind bei Weitem nicht verarbeitet: Wir befinden uns vor einer umfangreichen Sammlung von Fakten in beachtenswerter Ausführung, deren Methoden, die an die des Gallup-Instituts erinnern, in bewundernswerter Weise auf die Thematik zugeschnitten worden sind (doch fällt es schwerer, die theoretischen Konzeptionen, aus denen sie hervorgehen, zu bewundern).

Die Sexualität ist für die Autoren »eine normale biologische Funktion, die zu akzeptieren ist, in welcher Form sie sich auch zeigen mag«[54]. Doch werden dieser natürlichen Aktivität religiöse Beschränkungen auferlegt.[55] Die interessanteste Serie numerischer Fakten im ersten Report gibt die wöchentliche Häufigkeit des Orgasmus an. Sie liegt, je nach Alter und sozialen Kategorien wechselnd, im Ganzen weit unterhalb von 7, von welcher Ziffer an man von hoher Häufigkeit spricht (*high rate*). Aber die normale Häufigkeit des Menschenaffen ist einmal pro Tag. Die normale Häufigkeit beim Menschen, versichern uns die Autoren, müsste nicht unterhalb der des großen Affen liegen, wenn dem nicht religiöse Hemmnisse entgegenstünden. Die Autoren stützen sich auf die Resultate ihrer Umfragen. Sie haben die Antworten der Gläubigen verschiedener Bekenntnisse so eingeteilt, dass sie den Ausübenden die Nichtausübenden gegenüberstellten. 7,4 % der frommen Protestanten gegenüber 11,7 % der indifferenten erreichen die wöchentliche Häufigkeitszahl 7 oder gehen über sie hinaus; auf die gleiche Weise stehen 8,1 % der frommen Katholiken 20,5 % der indifferenten gegenüber. Diese Zahlen sind bedeutsam: Die religiöse Praxis zügelt augenscheinlich die sexuelle Aktivität. Aber wir befinden uns unparteiischen und unermüdlichen Beobachtern gegenüber. Sie geben sich nicht damit zufrieden, die für ihr Prinzip günstigen Tatsachen festzustellen. Sie vervielfachen die Umfragen in allen Richtungen. Die Häufigkeitsstatistik wird in sozialen Kategorien dargestellt: Hilfsarbeiter, Arbeiter, Angestellte, einflussreiche Berufe. Im Ganzen liefert die arbeitende Bevölkerung einen Anteil von ungefähr 10 % mit hoher Häufigkeit. Nur die Unterwelt (*underworld*) erreicht 49,4 %. Diese numerischen Angaben sind die bemerkenswertesten. Der Faktor, den sie erkennen lassen, ist weniger ungewiss als die Frömmigkeit (erinnern wir uns der Kali- und Dionysos-Kulte, des Tantrismus und so vieler anderer erotischer Formen der Religion): Es ist die *Arbeit*, deren Wesen und Rolle unzweideutig sind. Durch die Arbeit beherrscht der Mensch die Welt der Dinge, durch sie wird er in dieser Welt zu einem Ding unter anderen Dingen; die Arbeit macht aus dem Arbeiter ein Mittel. Die menschliche Arbeit, die für den Menschen wesentlich ist, stellt sich unzweideutig der Animalität entgegen. Diese Zahlenangaben spezifizieren eine auf Dinge reduzierbare Welt der Arbeit und des Arbeiters, von der die ganz und gar intime und unreduzierbare Sexualität ausgeschlossen ist.

Der Gegensatz, den die Ziffern herausstellen, ist paradox. Er stellt unerwartete Beziehungen zwischen den verschiedenen Werten her. Diese Beziehungen kommen zu jenen hinzu, die ich eben hervorhob und die paradoxerweise die Unmöglichkeit betonen, den animalischen Überschwang auf ein Ding zu reduzieren. Das erfordert die größte Aufmerksamkeit.

Ich zeigte zuerst, dass der grundlegende Gegensatz zwischen dem Menschen und dem Ding nicht formuliert werden konnte, ohne die Identifikation des Tiers mit dem Ding einzubeziehen. Es gibt einerseits eine äußere Welt, die Welt der Dinge, von der die Tiere ein Teil sind. Andererseits eine Welt des Menschen, die wesentlich als eine innere anzusehen ist, als eine Welt des Geistes (des Subjekts). Aber auch wenn das Tier nur ein Ding ist, wenn das das Merkmal ist, das es vom Menschen trennt, so kommt ihm das nicht ebenso zu wie einem leblosen Gegenstand, einem Pflasterstein oder einem Spaten. Nur der leblose Gegenstand, vor allem wenn er hergestellt ist, wenn er das Produkt einer Arbeit darstellt, ist ein Ding, das bar jeden Geheimnisses ist und Zwecken untergeordnet, die ihm äußerlich sind. Ding ist, was für sich selbst nichts ist. In diesem Sinn sind die Tiere nicht an sich Dinge, sondern der

Mensch behandelt sie als solche: Sie sind insofern Dinge, als sie Gegenstand einer Arbeit (der Aufzucht) oder Arbeitswerkzeuge (als Last- oder Zugtiere) sind. Wenn es in den Kreis nützlicher Handlungen als Mittel, nicht als Zweck eintritt, wird das Tier auf ein Ding reduziert. Aber diese Reduktion ist die Verneinung dessen, was es trotz allem ist: Das Tier ist nur insofern ein Ding, als der Mensch die Macht hat, es zu negieren. Hätten wir diese Macht nicht mehr, wären wir nicht mehr imstande, das Tier als Ding zu behandeln (wenn uns etwa ein Tiger niederwürfe), dann wäre es auch an sich kein Ding: Es wäre kein bloßes Objekt, es wäre ein Subjekt, das eine intime Wahrheit für sich hat.

Ebenso könnte das im Menschen fortdauernde Animalische, sein sexueller Überschwang, nur dann als Ding betrachtet werden, wenn wir die Kraft hätten, es zu negieren, so zu leben, als gäbe es das nicht. Wir negieren es tatsächlich, aber vergeblich. Die als unrein, als tierisch ausgegebene Sexualität ist sogar das, was sich am stärksten der Reduktion des Menschen auf ein Ding widersetzt: Der intime Stolz eines Mannes ist mit seiner Männlichkeit verbunden. Sie entspricht in uns keineswegs dem, was das negierte Tier ist, sondern dem, was das Tier als Intimes und Unvergleichliches an sich hat. Gerade in ihr können wir nicht, wie Ochsen, zur Arbeitskraft, zum Werkzeug, zum Ding erniedrigt werden. Zweifellos gibt es im *Menschlichen* – in der Entgegensetzung zum *Animalischen* – ein Element, das nicht auf das Ding und die Arbeit reduziert werden kann: Zweifellos kann der Mensch letzten Endes nicht im selben Maße unterworfen, unterdrückt werden wie das Tier. Aber das ist nur in zweiter Linie deutlich: Der Mensch ist zunächst ein Tier, das arbeitet, das sich der Arbeit unterwirft und aus diesem Grund auf einen Teil seines Überschwangs verzichten muss. Es liegt nichts Willkürliches in den sexuellen Einschränkungen: Jeder Mensch verfügt über eine begrenzte

Summe an Energie, und wenn er einen Teil davon der Arbeit zuführt, fehlt er für die erotische Verzehrung, die um ebenso viel vermindert ist. Daher ist es unsere Menschlichkeit, die uns in der *menschlichen, anti-animalischen* Zeit der Arbeit auf Dinge reduziert, und die Animalität ist es nun, die in uns den Wert einer Subjektexistenz um ihrer selbst willen bewahrt.

Das ist es wert, genau formuliert zu werden.

Die »Animalität« oder der sexuelle Überschwang ist das in uns, durch das wir nicht auf Dinge reduziert werden können.

Die »Menschlichkeit« dagegen zielt darauf ab, für die Zeit der Arbeit, die ihr Spezifikum ist, Dinge aus uns zu machen, auf Kosten des sexuellen Überschwangs.

Die dem sexuellen Überschwang entgegengesetzte Arbeit ist die Voraussetzung des Dingbewusstseins

Diesen Hauptgrundsätzen entsprechen die Zahlen-Ergebnisse des ersten Kinsey-Reports mit bemerkenswerter Genauigkeit. Nur die Unterwelt, die nicht arbeitet und deren Verhalten im Ganzen einer Negierung der Menschlichkeit gleichkommt, liefert eine Proportion von 49,4 % mit hoher Häufigkeit. Im Durchschnitt entspricht diese Proportion nach Ansicht der Autoren der in der Natur – in der Tiernatur des Menschenaffen – vorliegenden normalen Häufigkeit. Aber sie steht in ihrer Einmaligkeit zur Gesamtheit der eigentlich menschlichen Verhaltensweisen im Widerspruch, die durch Proportionen hoher Häufigkeit gekennzeichnet sind, die je nach Gruppe zwischen 16,1 % und 8,9 % variieren. Die Indexziffern sind übrigens auch im Einzelnen beachtenswert. Der Index variiert im Ganzen je nach dem Grad der erreichten Kultivierung: Je kultivierter die Menschen sind, desto reduzierter ist die Exuberanz. Genauer: Der Prozentsatz hoher Häufigkeit ist

Abbildung XII
Mann und Frau in stehender Umarmung.
Relief des Tempels von Konarak, Indien,
Provinz Orissa, 13. Jh.

»Das Opfer lässt an die Stelle der geordneten Lebensfunktionen des Tiers das blinde Zucken der Organe treten. Dasselbe gilt für die erotische Konvulsion: Sie befreit die blutgefüllten Organe, deren blindes Spiel sich über das überlegte Wollen der Liebenden hinaus fortsetzt. Auf das überlegte Wollen folgen die animalischen Bewegungen der vom Blut geschwellten Organe. Eine Gewalt, die von der Vernunft nicht mehr überwacht wird, animiert diese Organe, spannt sie bis zum Platzen, und plötzlich wird es zu einer Freude der Herzen, dem Überschwang dieses Sturms nachzugeben.« (S. 128)

bei den Hilfsarbeitern 15,4 %, bei den halbqualifizierten Arbeitern 16,1 %, bei den qualifizierten 12,1 %, bei den einfachen Angestellten 10,7 %, bei den leitenden 8,9 %.

Gleichwohl gibt es eine einzige Ausnahme: Beim Übergang von den leitenden Angestellten zu den einflussreichen Berufen, die den herrschenden Klassen entsprechen, steigt der Index wieder um mehr als drei Einheiten und erreicht 12,4 %. Wenn man an die Bedingungen denkt, unter denen diese Ziffern zustande kamen, darf man keine allzu kleinen Differenzen berücksichtigen. Aber die Abnahme vom Hilfsarbeiter bis zum leitenden Angestellten ist ziemlich konstant, und die Differenz von 3,5 % zwischen diesem und dem einflussreichen Beruf stellt einen Zuwachs von circa 30 % dar: Die Quote erhöht sich etwa um zwei oder drei Orgasmen in der Woche. Die Bedeutung dieses Wiederanwachsens, wenn man zur herrschenden Klasse übergeht, ist von vornherein ersichtlich: Diese kennt, im Vergleich zu den vorangehenden Kategorien, ein Minimum an Muße, und der mittlere Reichtum, dessen sie sich erfreut, entspricht nicht immer einem außergewöhnlichen Arbeitspensum; sie verfügt offensichtlich über einen Überschuss an Energie, der größer ist als bei den arbeitenden Klassen. Dies gleicht die Tatsache aus, dass sie kultivierter ist als irgendeine andere.

Die Ausnahme der herrschenden Klasse hat übrigens noch eine präzisere Bedeutung. Als ich auf einen göttlichen Aspekt des Animalischen und auf einen unterwürfigen Aspekt des Menschlichen hinwies, musste ich einen Vorbehalt machen: Es müsse jedenfalls im Menschlichen ein Element geben, das nicht auf ein Ding oder auf die Arbeit reduziert werden kann, sodass der Mensch schließlich schwerer zu unterwerfen ist als das Tier. Dieses Element findet sich auf allen Stufen der Gesellschaft wieder, aber es ist vor allem ein Faktum der herrschenden Klasse. Es ist leicht zu bemerken, dass eine Reduktion auf das Ding immer nur einen relativen Wert hat: Ein Ding sein hat nur Sinn in Beziehung zu dem, der das Ding als Gegenstand besitzt: Ein lebloser Gegenstand, ein Tier, ein Mensch können Dinge sein, aber sie sind Dinge eines Menschen. Im Besonderen kann ein Mensch nur ein Ding sein unter der Bedingung, dass er das Ding eines Dritten ist und so weiter, aber nicht ohne Ende. Der Augenblick kommt, in dem die Menschheit, selbst wenn sie bis zu einem gewissen Grad den Sinn für die Reduktion zu erkennen gibt, sich vollenden muss; wenn ein Mensch von keinem anderen mehr abhängig ist, nimmt die allgemeine Unterordnung in demjenigen, zu dessen Gunsten sie stattfindet, einen Sinn an, der seinerseits nichts mehr untergeordnet sein kann. Diese Endfälligkeit kommt grundsätzlich auf die herrschende Klasse zu, die ganz allgemein die Aufgabe hat, in sich selbst die Menschlichkeit von ihrer Erniedrigung zum Ding zu befreien, in sich selbst den Menschen zu dem Augenblick hinaufzuführen, an dem er frei ist.

Gewöhnlich hat sich übrigens diese Klasse zu diesem Zweck von der Arbeit befreit und verfügte, wenn sexuelle Energie denn messbar ist, über diese grundsätzlich in einem Maße, das sie merklich der Unterwelt gleichstellte.[56] Die amerikanische Zivilisation hat sich von diesen Grundsätzen insofern entfernt, als die bürgerliche Klasse, die von Anfang an allein herrschend war, dort fast nie müßig ist: Nichtsdestoweniger hält sie einen Teil der Privilegien der oberen Klassen aufrecht. Der relativ schwache Index, der ihre sexuelle Kraft bestimmt, muss schließlich interpretiert werden.

Die Einteilung des Kinsey-Reports auf der Grundlage der Orgasmus-Häufigkeit ist eine Vereinfachung. Sie ist nicht sinnlos, aber sie vernachlässigt einen beachtenswerten Faktor. Sie stellt die Dauer des Sexualakts nicht in Rechnung. Doch die im Sexualakt verausgabte Energie beschränkt sich nicht auf die der Emission. Das einfache Spiel zehrt gleichfalls Energiemengen auf, die nicht unbeträchtlich sind. Die Energie, die der Menschenaffe verausgabt, der bis zum Orgasmus nur etwa zehn Sekunden braucht, ist augenscheinlich niedriger als die eines kultivierten Menschen, der das Spiel über Stunden ausdehnt. Aber die Kunst des Hinausziehens ist selbst wieder ungleich verteilt unter den verschiedenen Klassen. Der Report liefert über diesen Punkt nicht so genaue Angaben wie sonst. Trotzdem geht aus ihm hervor, dass die Verlängerung des Spiels die Mitgift der höheren Klassen ist. Die Männer benachteiligter Klassen beschränken sich auf eilige Kontakte, die, obwohl sie weniger kurz sind als die der Tiere, der Partnerin nicht immer erlauben, selbst zum Orgasmus zu kommen. Die Klasse, deren Index 12,4 beträgt, hat fast allein das Spiel der Einleitung und die Kunst des Hinausziehens aufs Äußerste entwickelt.

Ich habe keineswegs die Absicht, die sexuelle Ehre der »gut erzogenen« Männer zu verteidigen, aber diese Erwägungen erlauben, den Sinn der weiter oben dargelegten allgemeinen Gegebenheiten zu präzisieren und zu klären, was die intime Regung des Lebens erfordert.

Was wir die menschliche Welt nennen, ist notwendigerweise eine Welt der Arbeit, das heißt der Reduktion. Aber der Sinn der Arbeit ist nicht die Qual, nicht die Folterbank, als die die Etymologie sie hinstellt.[57] Die Arbeit ist auch der Weg zum *Bewusstsein*, auf dem der Mensch aus der Tierwelt hervorging. Durch die Arbeit wurde uns das klare und deutliche Bewusstsein von Gegenständen verliehen, und die Wissenschaft ist immer die Gefährtin der Technik geblieben. Im Gegensatz dazu entfernt der sexuelle Überschwang uns vom Bewusstsein: Er schwächt unsere Fähigkeit zur Unterscheidung: Eine frei überschäumende Sexualität verringert übrigens auch die Eignung zur Arbeit, ebenso wie anhaltende Arbeit den sexuellen Hunger vermindert. Es besteht also zwischen dem eng mit der Arbeit verbundenen Bewusstsein und dem sexuellen Leben eine Unvereinbarkeit, deren Schärfe nicht geleugnet werden kann. Insoweit der Mensch sich durch Arbeit und Bewusstsein definiert hat, musste er den sexuellen Exzess nicht allein mäßigen, sondern ihn auch verkennen und manchmal für sich selbst verfluchen. In einem gewissen Sinn hat dieses Verkennen den Menschen zwar nicht vom Objekt-Bewusstsein, wohl aber vom Bewusstsein seiner selbst abgelenkt. Es hat ihn zugleich zur Erkenntnis der Welt und zur Unkenntnis seiner selbst veranlasst. Aber wäre er nicht zuerst durch Arbeit zu Bewusstsein gekommen, hätte er überhaupt keine Erkenntnis: Es herrschte immer noch die Tiernacht in ihm.

Das Bewusstsein der Erotik, das dem Dingbewusstsein entgegengesetzt ist, offenbart sich in seinem verfemten Aspekt: Es eröffnet ein schweigendes Erwachen

Nur weil wir das sexuelle Leben verwünschen und dadurch verkennen, wird uns also das Bewusstsein geschenkt. Nicht allein die Erotik wird übrigens auf diesem Wege beiseitegeschoben: Alles, was an uns nicht auf die Einfachheit von Dingen (von festen Gegenständen) zurückzuführen ist, entzieht sich unserem unmittelbaren Bewusstsein. Das deutliche Bewusstsein ist zuerst ein Bewusstsein der Dinge; und was nicht die äußere Genauigkeit von Dingen hat, ist zunächst einmal nicht deutlich. Wir kommen erst spät, durch gedankliches Erfassen, zum Begreifen von Elementen, denen die Einfachheit des festen Gegenstands abgeht.

Die Erkenntnis solcher Elemente ergibt sich in erster Linie so, wie es im Kinsey-Report geschieht: Damit das, was in seiner Tiefe nicht auf die Grobheit des Dings zurückzuführen ist, klar erkannt werden kann, wird es gleichwohl für ein Ding gehalten. Das ist der Weg, auf dem die Wahrheiten des intimen Lebens zum unterscheidenden Bewusstsein gelangen. Wir müssen also generell bejahen, dass die Wahrheiten unserer inneren Erfahrung uns entgleiten. Wenn wir sie für das nehmen, was sie nicht sind, verkennen wir sie nur noch mehr. Wir kehren uns von einer Wahrheit ab, die unser erotisches Leben anzeigt, wenn wir darin nur eine natürliche Funktion sehen, wenn wir die Gesetze, die seine Hemmungslosigkeit verbieten, für absurd erklären, bevor wir ihren Sinn begriffen haben. Wenn wir von der schuldhaften Sexualität behaupten, sie sei auf die Unschuld materieller Dinge zurückzuführen, vernachlässigt das Bewusstsein, weit davon entfernt, das sexuelle Leben zu sehen, wie es ist, ganz und gar seine verwirrenden Aspekte, die mit Klarheit und Deutlichkeit unvereinbar sind. Klarheit und Deutlichkeit bilden tatsächlich das erste Erfordernis des Bewusstseins, aber gerade dadurch entschlüpft ihm die Wahrheit. Die Verwünschung hielt diese Aspekte im Halbschatten, wo sich der Schrecken oder wenigstens die Angst unser bemächtigte. Indem sie das sexuelle Leben für unschuldig erklärt, hört die Wissenschaft entschieden auf, es zu erkennen. Sie klärt das Bewusstsein, aber um den Preis der Verblendung. Mit der Genauigkeit, die sie fordert, erfasst sie die Komplexität eines Systems nicht, wenn sie eine kleine Zahl von Elementen auf den Grenzfall des Dings zurückführt, aber verwirft, was dunkel, was vage und was dennoch die Wahrheit des sexuellen Lebens ist.

Um die Intimität (das, was in unserer Tiefe ist) zu erreichen, können wir zweifellos und müssen wir sogar den Umweg über das Ding machen, für das sie sich halten lässt. In dem Augenblick, in dem die fragliche Erfahrung nicht ganz auf die Äußerlichkeit des Dings, auf den ärmsten Mechanismus reduzierbar scheint, enthüllt sich ihre intime Wahrheit: Sie enthüllt sich in diesem Augenblick insoweit, als ihre verfemte Gestalt hervortritt. Unsere geheime Erfahrung kann nicht direkt in den hellen Teil des Bewusstseins gelangen. Doch hat das deutliche Bewusstsein wenigstens die Kraft, die Regung zu erkennen, indem es beiseiteschiebt, was es verurteilt. In Gestalt der verfemten, verurteilten Möglichkeit – in Gestalt der »Sünde« also gelangt die intime Wahrheit zum Bewusstsein. Entsprechend hält es, und zwar ganz unvermeidlich, gegenüber dem sexuellen Leben an einer Regung von Schrecken und Abscheu fest, auch wenn es unter günstigen Umständen die untergeordnete Bedeutung dieses Schreckens erkennt. (Es handelt sich tatsächlich nicht darum, die Erklärung der »Sünde« als wahr anzuerkennen.) Diese so kostbare Luzidität der methodischen Erkenntnis, durch die der Mensch sich zum Herrn über die Dinge machen kann, diese Luzidität, die von der sexuellen Verwirrung unterdrückt wird (oder die ihrerseits, wenn sie die Oberhand gewinnt, die sexuelle Verwirrung unterdrückt), kann am Ende immerhin ihre Grenze eingestehen, wenn sie zu praktischen Zwecken einen Teil der Wahrheit verwerfen musste. Würde sie ihren Sinn erfüllen, ohne dass sie, wenn sie uns erleuchtet, einen Teil dessen, was ist, verhüllte? Sollte andererseits der, den das Begehren verwirrt, den vollen Sinn seiner eigenen Situation erfassen, wenn er nur unter der Bedingung begehren würde, dass er seine Verwirrung in der Nacht verbirgt, in der er erblindet? Doch im Aufruhr der Erschütterung können wir zumindest diesen Aufruhr wahrnehmen und dadurch, über die Dinge hinaus, auf die intime Wahrheit der Erschütterung aufmerksam werden.

Mit seinen immensen statistischen Arbeiten stützt der Kinsey-Report diese Anschauung, die mit seinem Prinzip nicht übereinstimmt und es sogar im Wesentlichen widerlegt. Der Kinsey-Report entspricht dem naiven, manchmal ergreifenden Protest, der sich gegen das Erbe einer Kultur richtet, die zunächst teilweise irrational war. Aber die Naivität ist seine Grenze, an die wir uns nicht halten wollen. Wir greifen im Gegenteil die endlose Bewegung auf, deren Windungen uns schließlich, im Schweigen, zum Bewusstsein der Intimität hinaufführen. Nachdem die verschiedenen Formen des menschlichen Lebens Schritt für Schritt über einander hinausgegangen sind, gewahren wir den Sinn des letzten Darüberhinausgehens. Was ein unvermeidlich diskretes Licht, nicht der helle Tag der Wissenschaft, uns nach und nach enthüllt, ist eine im Vergleich zur dinglichen schwierige Wahrheit: Sie eröffnet ein schweigendes Erwachen.

II
DER SOUVERÄNE MENSCH SADES

Die der Vernunft entgehen: die Unterwelt, die Könige

In der Welt, in der wir leben, gibt es keine Parallele zur launenhaften Erregung einer Menge, die den Gewaltimpulsen mit geschärfter Sensibilität nachgeht, ohne sich der Vernunft zu beugen.

Heute muss jeder über seine Handlungen Rechenschaft ablegen und in allen Dingen dem Gesetz der Vernunft gehorchen. Manches lebt aus der Vergangenheit weiter; eine Ausnahmestellung behauptet nur die Unterwelt, die dadurch, dass ihre hinterhältige Gewalt der Kontrolle entgeht, über stärkere Energien verfügt, die die Arbeit nicht verschlingt. Wenigstens verhält es sich in der Neuen Welt so, die sich der kalten Vernunft strenger unterworfen hat als die Alte. (Natürlich unterscheiden sich in der Neuen Welt Mittel- und Südamerika von den Vereinigten Staaten; und entsprechend hebt sich umgekehrt die sowjetische Sphäre von den kapitalistischen Ländern Europas ab – aber die Ergebnisse eines Kinsey-Reports für die gesamte Welt fehlen uns heute und werden uns noch lange fehlen: Sehen diejenigen, die diese Ergebnisse, so grob sie auch sein mögen, geringschätzen, nicht, von welchem Interesse ein sowjetischer Kinsey-Report wäre?)

Ehemals verzichtete das Individuum nicht in derselben

Weise zugunsten der Vernunft auf den Überschwang der Erotik. Es verlangte als das Mindeste, dass das Menschsein überhaupt in der Person eines Mitmenschen den Beschränkungen der Gesamtheit entginge. Es war der Wille aller, dass der *Souverän* das Privileg des Reichtums und der Muße besaß, und gewöhnlich waren ihm die jüngsten und schönsten Mädchen vorbehalten. Außerdem gewährten die Kriege den Siegern Möglichkeiten, die über die Arbeit hinausgingen. Die Sieger der Vergangenheit erlangten eine Vergünstigung, wie sie die amerikanische Unterwelt aufrechterhält (und diese Unterwelt ist selbst nur ein klägliches Überbleibsel). Im Übrigen verlängerte die *Sklaverei* die Wirkung der Kriege: Diese Wirkung hat zumindest bis zur russischen und chinesischen Revolution gedauert; aber die übrige Welt genießt sie oder leidet darunter, je nach Perspektive. Zweifellos stellt Nordamerika innerhalb der nichtkommunistischen Welt ein Milieu dar, in dem die fernen Auswirkungen der Sklaverei in Bezug auf die Ungleichheit der Menschen die geringste Bedeutung haben.

Auf jeden Fall beraubt uns heute das Verschwinden wirklicher Souveräne (die übriggebliebenen sind großenteils domestiziert und vernunftbeschränkt) des Anblicks, den die Menschheit einst im integralen Menschen genießen wollte, da sie sich einen für alle gleichen persönlichen Erfolg nicht vorstellen konnte. Der souveräne Überschwang der Könige, wie wir ihn aus den Berichten der Vergangenheit kennen, kann allein schon die relative Armut der Beispiele erweisen, die uns die amerikanische Unterwelt und die reichen Europäer noch liefern; ganz zu schweigen davon, dass diesen Beispielen der Pomp des Königtums mangelt. Damit beginnt das Erbärmlichste. Einst sollte das *Schauspiel* der königlichen Privilegien die Armut des Lebens wettmachen (wie das Schauspiel der Tragödie das satte Leben kompensierte). Das Beklemmendste an der Komödie, die die Alte Welt sich vorspielte, ist dabei die Auflösung im letzten Akt.

Die souveräne, absolute Freiheit wurde – in der Literatur – nach der revolutionären Negation des Königtums ins Auge gefasst

Das war in gewissem Sinne eine Feuerwerks-Garbe, aber so seltsam und blitzend, dass sie den geblendeten Augen entschwand. Das Schauspiel entsprach schon lange nicht mehr dem Wunsch der Massen. Überdruss? Oder individuelle Hoffnung jedes Einzelnen, die Befriedigung für sich selbst zu erreichen?

In Ägypten war schon im dritten Jahrtausend ein Zustand, den allein der Pharao rechtfertigte, nicht mehr erträglich: Die revoltierende Menge wollte ihren Anteil an den übermäßigen Privilegien; jeder beanspruchte für sich eine Unsterblichkeit, die bis dahin nur dem Souverän zugebilligt wurde. 1789 wollte die Masse des französischen Volkes für sich selbst leben. Das Ruhmesschauspiel der Großen, weit davon entfernt, sie zu befriedigen, steigerte ihren Groll und ihren Zorn. Ein isolierter Mensch, der Marquis de Sade, nutzte die Situation zur Entwicklung eines Systems, das er unter dem Vorwand der Herabsetzung bis zu seinen äußersten Konsequenzen trieb.

Tatsächlich ist das System des Marquis de Sade ebenso sehr Erfüllung wie Kritik einer Methode, die zur Entfaltung des integralen Individuums oberhalb einer faszinierten Masse führen soll. Zunächst versuchte Sade die Privilegien, die er aufgrund der Feudalherrschaft besaß, für seine Leidenschaften auszunutzen. Aber diese Herrschaftsform war damals (war übrigens fast immer) vernunftmäßig genug, um dem Missbrauch, den ein Feudalherr mit den Privilegien hätte treiben können,

Widerstand entgegenzusetzen. Augenscheinlich gingen diese Missbräuche nicht über die anderer Herren aus derselben Zeit hinaus; aber Sade war ungeschickt, unklug (und besaß zudem den Nachteil, eine sehr mächtige Schwiegermutter zu haben). Aus dem Privilegierten wurde im Turm von Vincennes und dann in der Bastille das Opfer der herrschenden Willkür. Als Feind des Ancien Régime bekämpfte er sie: Er unterstützte zwar nicht die Exzesse der Terrorherrschaft, wurde aber Jakobiner und Sekretär seiner Sektion. Er entwickelte seine Kritik an der Vergangenheit auf zwei voneinander unabhängigen und sehr verschiedenen Registern. Einerseits ergriff er Partei für die Revolution und kritisierte das Königtum; auf der anderen Seite aber nutzte er die unbegrenzten Möglichkeiten der Literatur: Er bot seinen Lesern ein Bild souveräner Menschen, die sich ihre Vorrechte nicht mehr von der Masse bestätigen ließen. Sade stellte sich im Vergleich zu dem, was Feudalherren und Königen zustand, übermäßige Privilegien vor: wie sie sich große Feudalherren und Könige, für die es in den Romanen Allmacht und Straflosigkeit gibt, in ihrer Niedertracht herausgenommen hätten. Die Willkür der Erfindung und ihr spektakulärer Wert übertrafen die Möglichkeit der Institutionen, die zu kraftlos waren, um dem Wunsch nach einer schrankenlosen Existenz wirklich zu entsprechen.

Die Einsamkeit des Gefängnisses und die schreckliche Wahrheit des Augenblicks eines imaginären Exzesses

Einst hatte das allgemeine Begehren dazu gedrängt, den erotischen Launen einer überschäumenden Persönlichkeit mit vollen Händen Genüge zu leisten. Aber in Maßen, die von der Einbildungskraft Sades gewaltig überboten wurden. Die souveräne Persönlichkeit Sades ist nicht mehr nur jene, die eine Masse zum Exzess trägt. Es ist nicht die sexuelle Befriedigung in Übereinstimmung mit dem Begehren aller, die sich Sade als Zweck seiner Traumgestalten wünschen kann. Die Sexualität, an die er denkt, widerspricht sogar dem Begehren der anderen (fast aller anderen), die nicht ihre Partner, sondern nur ihre Opfer sein können. Sade behauptet die *Einzigkeit* seiner Helden. Die Negation der Partner ist ihm zufolge die Grundlage des Systems. Die Erotik, die zur Übereinstimmung führt, dementiert in seinen Augen das Trachten nach Gewalt und Tod, das sie im Grunde ist. In der Tiefe ist die sexuelle Vereinigung kompromittiert, etwas Halbes zwischen Leben und Tod: Nur wenn sie die Gemeinsamkeit, von der sie begrenzt wird, zerbricht, offenbart die Erotik schließlich die Gewalt, die ihre Wahrheit ist und deren Ausübung allein dem souveränen Bild des Menschen entspricht. Nur die Fressgier eines grimmigen Hundes könnte der Raserei dessen entsprechen, dem nichts Einhalt gebietet.

Auf das tatsächliche Leben Sades bezogen, wirkt diese Behauptung, die Souveränität sei auf die Negation des anderen angewiesen, großsprecherisch. Aber gerade die Großsprecherei war zur Entwicklung eines von jeder menschlichen Schwäche freien Denkens notwendig. In seinem Leben nahm Sade Rücksicht auf andere; aber das Bild, das er von der Vollendung hatte und das er in der Einsamkeit des Kerkers unermüdlich wiederholte, verlangte, dass der andere nicht mehr zählte. Die Bastille, für ihn zur Wüste, und die Literatur, zum einzigen Ausweg seiner Leidenschaft geworden, bewirkten eine solche Übertreibung, dass die Grenzen des Möglichen zurückwichen, über die wahnsinnigsten Träume hinaus, die je ein Mensch haben konnte. Dank einer im Gefängnis kondensierten Literatur haben wir ein getreues Bild jenes Menschen erhalten, für den der andere nicht mehr zählt.

Die Moral Sades, sagt Maurice Blanchot, »gründet sich auf die Urtatsache der absoluten Einsamkeit. Sade hat es ausgesprochen und in allen Formen wiederholt: Die Natur lässt uns einzeln zur Welt kommen, es gibt keinerlei Beziehung zwischen einem Menschen und einem anderen. Die einzige Verhaltensmaßregel besteht also darin, dass ich alles vorziehe, was mir Glück bereitet, und dass ich alles für nichts erachte, was aus meiner Vorliebe an Schlechtem für andere hervorgehen kann. Der größte Schmerz der anderen zählt immer weniger als mein Vergnügen. Was macht es aus, wenn ich den schwächsten Genuss mit einer unerhörten Häufung von Untaten erkaufen muss; der Genuss ist mir angenehm, er ist in mir, aber die Wirkung des Verbrechens berührt mich nicht, sie ist außerhalb von mir.«[58]

Die Analyse Maurice Blanchots entspricht genau dem Grundgedanken Sades. Dieses Denken ist zweifellos künstlich. Es lässt die tatsächliche Struktur jedes wirklichen Menschen außer Acht, den wir uns ohne die Beziehungen, die andere zu ihm aufnahmen und die er selbst zu anderen herstellte, nicht vorstellen können. Die Unabhängigkeit eines Menschen blieb immer nur eine Grenze, die der gegenseitigen Abhängigkeit, ohne die es kein menschliches Leben gäbe, gesetzt wurde. Dies ist eine Prämisse. Aber das Denken Sades ist nicht so verrückt, wie man meinen könnte. Es ist zwar die Negation der Wirklichkeit, auf der es selbst beruht, aber es gibt in uns Momente des Exzesses, die die Grundlage unseres Lebens aufs Spiel setzen; es ist unumgänglich, dass wir zum Exzess gelangen, in dem wir die Kraft finden, unser Fundament aufs Spiel zu setzen. Leugneten wir hingegen solche Momente, würden wir verkennen, was wir sind.

Das ganze Denken Sades ist die Konsequenz dieser Augenblicke, die die Vernunft nicht kennt.

Der *Exzess* steht seinem Begriff nach außerhalb der Vernunft. Die Vernunft ist an die Arbeit gebunden, an die mühevolle Tätigkeit, als den Ausdruck ihrer Gesetze. Aber die Wollust setzt sich über die Arbeit hinweg, deren Ausübung der Intensität des wollüstigen Lebens abträglich war, wie wir gesehen haben. Wenn man das Verhältnis von nützlicher Verwendung und Verausgabung der Energie in Rechnung stellt, so ist die wollüstige Aktivität, selbst wenn sie für nützlich gehalten wird, wesentlich *exzessiv.* Und das umso mehr, als die Wollust im Allgemeinen keine Folgen kennt, als sie um ihrer selbst willen begehrt wird, im Begehren nach dem Exzess, der sie ausmacht. An diesem Punkt setzt Sade ein: Er formuliert diese Grundsätze nicht, aber er greift sie auf, wenn er behauptet, dass die Wollust stärker ist, wenn sie im Verbrechen gefunden wird, und dass, je schändlicher das Verbrechen, desto größer die Wollust ist. Man sieht, wie der wollüstige Exzess zu jener Negation der anderen führt, die für den, von dem sie ausgeht, die *exzessive* Negation des Prinzips bedeutet, auf dem sein Leben beruht.

Damit hatte Sade die Gewissheit, auf der Ebene der Erkenntnis eine entscheidende Entdeckung gemacht zu haben. Wenn das Verbrechen dem Menschen die größte Befriedigung der Wollust gewährt, die Stillung des stärksten Begehrens, war dann etwas wichtiger, als die Solidarität zu negieren, die sich dem Verbrechen widersetzt und verhindert, dass man es genießt? Ich stelle mir vor, dass ihm diese gewaltige Wahrheit in der Einsamkeit des Gefängnisses aufging. Von nun an ließ er alles beiseite, was ihm, sogar noch in ihm selbst, die Nichtigkeit des Systems vor Augen führen konnte. Hatte er nicht geliebt, ganz wie die anderen? Hatte die Flucht mit der Schwägerin nicht zu seiner Einkerkerung beigetragen, da sie den Zorn seiner Schwiegermutter erregte, die den verhängnisvollen königlichen Haftbefehl erwirkte? Musste er nicht danach eine politische Aktivität entfalten, die auf dem Interesse des Volkes fußte? War er nicht entsetzt, als er von seinem Fenster aus (in dem Gefängnis, in das ihn seine Opposition gegen die Methoden der Terrorherrschaft brachte) die Guillotine in Funktion sah? Hat er nicht schließlich »blutige Tränen« vergossen über den Verlust des Manuskripts, in dem er – *anderen Menschen* – die Wahrheit über die Bedeutungslosigkeit des Nächsten enthüllen wollte?[59] Vielleicht sagte er sich, dass die Wahrheit der sexuellen Anziehung trotz allem nicht in vollem Licht erscheint, wenn die Rücksicht auf den Nächsten die Leidenschaft hemmt. Er wollte sich an das halten, was ihn im endlosen Schweigen des Kerkers heimsuchte, in dem ihn nur noch die Visionen einer Welt der Einbildungskraft an das Leben banden.

Die tödliche Zerrüttung der Erotik und der »Apathie«

Der Exzess, in dem er seine Wahrheit vorbringt, macht es nicht eben leicht, sie zu akzeptieren. Aber wenn man von seinen Behauptungen ausgeht, kann man immerhin begreifen, dass die Zärtlichkeit an der Regel, die die Erotik an den Tod bindet, nichts ändert. Das erotische Verhalten steht zum normalen in demselben Gegensatz wie die Verausgabung zum Erwerb. Wenn wir uns vernünftig aufführen, versuchen wir, Güter aller Art zu erwerben; wir arbeiten mit dem Ziel, unsere Ressourcen zu vermehren – oder unsere Kenntnisse; mit allen Mitteln suchen wir uns zu bereichern und unseren Besitz zu vergrößern. Unsere soziale Stellung verdanken wir grundsätzlich derartigen Verhaltensweisen. Aber im Moment des sexuellen Fiebers verhalten wir uns auf entgegengesetzte Weise: Wir verausgaben unsere Kräfte, ohne Maß zu halten, und unter der Gewalt der Leidenschaft verschwenden wir manchmal ganz umsonst beträchtliche Ressourcen. Die Wollust steht der ruinösen Verschwendung so nahe, dass wir den Augenblick ihres Paroxysmus den »kleinen Tod« nennen. Infolgedessen stellt alles, was uns an den erotischen Exzess gemahnt, eine Zerrüttung dar. Die Nacktheit macht das anständige Aussehen zunichte, das wir uns in unseren Kleidern geben. Haben wir aber den Weg der wollüstigen Zerrüttung beschritten, geben wir uns nicht mit wenigem zufrieden. Zerstörung oder Verrat gehen manchmal Hand in Hand mit dem Ansteigen des sexuellen Exzesses. Die Nacktheit wird ergänzt durch das Befremdende halbbekleideter Körper, deren Zerrüttung durch die Kleider nur noch mehr unterstrichen wird, die sie noch zerrütteter, noch nackter erscheinen lassen. Misshandlung und Tötung verlängern diesen Zug zum Ruin. Ebenso tragen die Prostitution, das Zoten-Vokabular und alles, was die Erotik mit der Gemeinheit verbindet, dazu bei, die Welt der Wollust zu einer Welt der Verkommenheit und des Ruins zu machen. Das wirkliche Glück empfinden wir nur, wenn wir uns umsonst verausgaben, so als ob sich in uns eine Wunde öffnete: Wir wollen stets der Nutzlosigkeit unserer Verausgabung gewiss sein, manchmal auch ihrer Verderblichkeit. Wir wollen uns so weit wie möglich von jener Welt entfernt wissen, in der Vermehrung von Ressourcen die Regel ist. Aber »so weit wie möglich« sagt wenig: Wir wollen eine *umgestürzte* Welt, wir wollen, dass die Welt *kopfsteht*. Die Wahrheit der Erotik ist Verrat.

Das System Sades stellt die ruinöse Form der Erotik dar. Die moralische Isolierung bedeutet, dass es keine Zügel mehr gibt: Sie weist auf den tiefen Sinn der Verausgabung hin. Wer den Wert des Nächsten zugibt, setzt sich notwendigerweise Grenzen. Die Achtung vor dem Nächsten trübt ihm die Sicht und hindert ihn daran, die Tragweite des einzigen Bestrebens zu ermessen, das sich nicht dem Begehren nach Vermehrung geistiger oder materieller Ressourcen unterordnet. Dass die

Achtung uns blind macht, ist alltäglich: Gewöhnlich begnügen wir uns mit eiligen Streifzügen in die Welt der sexuellen Wahrheiten, und darauf folgt, für die übrige Zeit, das offene Leugnen dieser Wahrheiten. Die Solidarität mit allen anderen hindert den Menschen, eine souveräne Haltung einzunehmen. Die Achtung des Menschen vor dem Menschen mündet in einen Zyklus der Knechtschaft, in dem es für uns nur noch untergeordnete Augenblicke gibt; in dem wir es schließlich sogar an der Achtung, dem Beweggrund unserer Haltung, fehlen lassen, da wir den Menschen in der Regel seiner souveränen Augenblicke berauben.

»Das Zentrum der der Welt von Sade bildet« dagegen, wie Maurice Blanchot sagt, »die Forderung der Souveränität, die sich in einer unermesslichen Negation ausspricht.«[60] Eine zügellose Freiheit eröffnet die Leere, in der die Möglichkeit das stärkste Bestreben begünstigt und die sekundären Bestrebungen außer Acht lässt: Eine Art zynischer Heroismus entbindet uns von Rücksichten und Zärtlichkeiten, ohne die wir uns selbst gewöhnlich nicht ertragen können. Derartige Perspektiven entfernen uns ebenso weit von dem, was wir gewöhnlich sind, wie die Majestät des Gewitters von einer sonnigen Stunde oder der Langeweile eines bedeckten Himmels entfernt ist. In Wirklichkeit verfügen wir nicht über jene exzessive Kraft, die notwendig wäre, damit sich unsere Souveränität erfüllt. Die wirkliche Souveränität, so maßlos sie auch das Schweigen der Völker erträumte, steht noch in ihren schlimmsten Momenten weit unter der Entfesselung, die Sades Romane uns bieten. Sade selbst hatte zweifellos weder die Kraft noch die Kühnheit, das äußerste Moment, das er beschrieben hat, zu erreichen. Maurice Blanchot hat dieses Moment definiert, das alle anderen beherrscht und das Sade Apathie nennt.

»Die Apathie«, sagt Maurice Blanchot, »ist der Geist der Negation, der dem Menschen zuerkannt wird, der gewählt hat, souverän zu sein. Sie ist in gewisser Weise Ursache und Prinzip der Energie. Sade denkt, wie es scheint, ungefähr folgendermaßen. Das heutige Individuum repräsentiert ein bestimmtes Kraftquantum; die meiste Zeit verzettelt es seine Kräfte, indem es sie zugunsten jener Trugbilder veräußert, die da heißen: die anderen, Gott, das Ideal; durch diese Verzettelung begeht es den Fehler, seine Möglichkeiten zu vergeuden und so zu erschöpfen, aber darüber hinaus den noch größeren, sein Verhalten auf Schwäche zu gründen, denn es verausgabt sich für die anderen, weil es glaubt, sich auf sie stützen zu müssen. Fatales Versagen: Es schwächt sich, indem es seine Kräfte vergebens verausgabt, und es verausgabt seine Kräfte, weil es sich schwach glaubt. Aber der wahre Mensch weiß, dass er allein ist, und er akzeptiert es; alles, was sich in ihm, eine Erbschaft von siebzehn Jahrhunderten Feigheit, auf andere und nicht auf ihn selbst bezieht, negiert er; das Mitleid zum Beispiel, die Dankbarkeit, die Liebe, lauter Gefühle, die er zerstört; indem er sie zerstört, gewinnt er die ganze Kraft zurück, die er diesen entkräftenden Regungen hätte widmen müssen, und was noch wichtiger ist, er zieht aus dieser Arbeit der Zerstörung die Wurzel einer wirklichen Energie. – Es muss allerdings klar sein, dass die Apathie nicht nur darin besteht, die ›parasitären‹ Neigungen auszurotten, sondern ebenso sehr darin, der Spontaneität jedweder Leidenschaft Widerstand zu leisten. Der Lasterhafte, der sich unmittelbar seinem Laster hingibt, ist nur eine Fehlgeburt, die zugrunde geht. Selbst geniale Wüstlinge, vollkommen dazu begabt, Ungeheuer zu werden, können der Katastrophe nicht entgehen, wenn sie sich damit begnügen, ihren Neigungen zu folgen. Sade verlangt: Damit die Leidenschaft zur Energie wird, muss sie komprimiert werden, muss sie sich vermitteln, indem sie durch ein notwendiges Moment der Unempfindlichkeit hindurchgeht; dann wird sie die größtmögliche sein. In den Anfängen ihrer Laufbahn muss

Abbildung XIII
Erotischer Tanz. Ubangi-Schari: Mobaye Bubu Daga.

»Die Orgie ist das Zeichen für einen völligen Umsturz.« (S. 156)

Die Fotografie stellt allerdings nur ein Simulakrum dar, eine Abweichung. Die Szene ist aber darum nicht weniger bedeutsam für eine elementare Wahrheit. Die alte Frau im Vordergrund ist offenbar noch vertieft in eine Vergangenheit, die sie gekannt haben dürfte, während die jüngeren Teilnehmerinnen sie hinter sich gelassen haben.

Juliette ununterbrochen die Vorwürfe der Clairwil hören: Sie begeht das Verbrechen nur in der Begeisterung, sie entzündet die Fackel des Verbrechens nur an der Fackel der Leidenschaften, sie stellt die Unzucht, das Aufwallen der Lust über alles. Gefährliche Bequemlichkeiten. Das Verbrechen ist wichtiger als die Unzucht; das kaltblütige Verbrechen ist größer als das in der Glut der Gefühle verübte; aber das ›in der Verhärtung der empfindsamen Partie‹ begangene, das düstere und geheime Verbrechen ist bedeutender als alles, weil es die Tat einer Seele ist, die in sich alles zerstört und eine ungeheure Kraft akkumuliert hat, welche ganz in der Bewegung der Totalzerstörung aufgehen wird, die sie vorbereitet. All jene großen Freigeister, die einzig für die Lust leben, sind groß nur, weil sie in sich alle Fähigkeit zur Lust ausgelöscht haben. Deshalb greifen sie zu entsetzlichen Anomalien, wo ihnen sonst die Mittelmäßigkeit der normalen Wollust genügt hätte. Aber sie haben sich unempfindlich gemacht: Sie wollen ihre Unempfindlichkeit genießen, diese negierte, vernichtete Empfindung, und sie werden grausam. Grausamkeit ist nichts anderes als eine Selbstverneinung, die so weit getrieben ist, dass sie sich in eine zerstörerische Explosion verwandelt; die Unempfindlichkeit lässt das ganze Wesen vibrieren, sagt Sade: ›[Die Seele] geht in eine Art Apathie über, die sich bald in Lüste verwandelt, die tausendmal göttlicher sind als jene, die ihr die Schwächen gewährten‹.«[61]

Der Triumph des Todes und des Schmerzes

Ich wollte die Passage ganz zitieren: Sie wirft ein starkes Licht auf den Kernpunkt, an dem unser Sein mehr ist als einfache Anwesenheit. Die Anwesenheit ist manchmal ein Zusammensacken, der neutrale Moment, in dem unser Sein nichts ist als passive Gleichgültigkeit gegenüber dem Sein und sich schon im Übergang zur Bedeutungslosigkeit befindet. Das Sein ist aber auch Exzess des Seins, Aufstieg zum Unmöglichen. Der Exzess führt zum Augenblick, in dem die Wollust über sich hinausgeht und nicht mehr aufs sinnlich Gegebene beschränkt ist – in dem das sinnlich Gegebene unwesentlich ist und das Denken (das geistige Triebwerk), das die Wollust leitet, das ganze Lebewesen ergreift. Die Wollust ist ohne diese exzessive Negation flüchtig, verächtlich, und ohnmächtig, ihren wirklichen Platz zu behaupten, den höchsten Platz in der Entwicklung eines gesteigerten Bewusstseins: »Ich möchte«, sagt Clairwil, die Gefährtin Juliettes in der Ausschweifung, »ein Verbrechen finden, dessen Wirkung sich unaufhörlich fortzeugt, auch dann noch, wenn ich nicht mehr agiere, sodass es keinen Augenblick meines Lebens gäbe, nicht einmal wenn ich schliefe, in dem ich nicht die Ursache irgendeiner Zerrüttung wäre – einer Zerrüttung solchen Ausmaßes, dass sie eine allgemeine Verderbnis nach sich zöge oder eine so formale Verstörung, dass sich die Wirkung sogar noch über mein Leben hinaus fortsetzte.«[62] Der Zugang zu einem solchen Gipfel des Unmöglichen ist in der Tat nicht weniger furchterregend als die Besteigung des Mount Everest, auf den niemand gelangt ohne eine maßlose Anspannung von Energie. Aber die Spannung, die auf den Gipfel des Everest führt, gewährt nur eine begrenzte Erfüllung des Begehrens, unter den anderen hervorzuragen. Geht man von Sades Prinzip der Negation des Nächsten aus, so ist es eigenartig, dass die grenzenlose Negation des Nächsten auf ihrem Höhepunkt mit der Selbstnegation zusammenfällt. Ihrem Ursprung nach war die Negation des Nächsten als Selbstbejahung gedacht, aber es erhellt bald, dass die grenzenlose Negation, bis zum Extrem des Möglichen getrieben, über den persönlichen Genuss hinaus, in die Suche nach einer unbeugsamen Souveränität mündet. Die Sorge um die Macht zwang die wirkliche (die geschichtliche) Souveränität in die Knie. Die wirkliche Souveränität ist nicht das, was sie zu sein vorgibt, sie ist nie mehr als eine Anstrengung, die bezweckt, die menschliche Existenz vom Joch der Notwendigkeit zu befreien. Inmitten der anderen entging der geschichtliche *Souverän* den Anforderungen der Notwendigkeit. Er entging ihnen weitestgehend mit Hilfe der Macht, die ihm seine getreuen Untertanen übertrugen. Die wechselseitige Loyalität zwischen dem Souverän und den Untertanen beruhte auf der Unterordnung der Untertanen und auf dem Grundsatz, dass die Untertanen an der Souveränität des Souveräns mitwirkten. Der souveräne Mensch Sades aber besitzt keine wirkliche Souveränität, er ist eine Gestalt der Fiktion, seine Macht ist durch keine Verpflichtung begrenzt. Es gibt keine Loyalität mehr, zu der dieser souveräne Mensch denen gegenüber, die ihm die Macht verschaffen, verpflichtet wäre. Frei gegenüber den anderen, ist er nicht weniger das Opfer seiner eigenen Souveränität. Er ist nicht frei, eine Knechtschaft anzunehmen, was das Streben nach elender Wollust bedeuten würde; er ist nicht frei, sich zu *erniedrigen*! Bemerkenswert ist, dass Sade, der von einer vollkommenen Unverantwortlichkeit ausgeht, nichtsdestoweniger zur Strenge gelangt. Er will nur die intensivste Lust erreichen, aber diese Lust hat einen Wert: Sie bedeutet die Weigerung, sich geringerer Lust hinzugeben, sich zu erniedrigen! Sade hat für die anderen, die Leser, den Gipfel beschrieben, zu dem die Souveränität gelangen kann: Es gibt eine Bewegung der Überschreitung, die nicht eher zur Ruhe kommt, als bis der Gipfel der Überschreitung erreicht ist. Sade hat diese Bewegung nicht vermieden, er hat sie bis in ihre Konsequenzen verfolgt, die über das ursprüngliche Prinzip der Negation der anderen und der Selbstbejahung hinausgehen. Die Negation der anderen wird im Extrem zur Selbstnegation. In der Gewalt dieser Bewegung zählt die persönliche Lust nicht mehr, es zählt einzig das Verbrechen, und es spielt keine Rolle, wenn man ihm zum Opfer fällt: Wichtig ist nur, dass das Verbrechen den Gipfel des Verbrechens erreicht. Diese Forderung ist dem Individuum fremd, zumindest stellt sie die Bewegung über das Individuum, die es selbst in Gang gesetzt hat, die sich von ihm loslöst und es übersteigt. Sade kann nicht umhin, jenseits des persönlichen Egoismus einen gewissermaßen unpersönlichen Egoismus ins Spiel zu bringen. Wir haben nicht in die Welt der Möglichkeit zu übertragen, was ihm allein eine Fiktion zu konzipieren erlaubte. Aber wir erkennen, dass er, trotz seiner Prinzipien, mit dem Verbrechen und mit der Überschreitung notwendig ein Hinausgehen über das personale Wesen verbinden musste. Gibt es etwas Verwirrenderes als den Übergang vom Egoismus zur Entschlossenheit, seinerseits von der Glut verzehrt zu werden, die der Egoismus entfachte? Sade hat diesen äußersten Antrieb einer seiner vollkommensten Gestalten zugeschrieben.

»[Amélie] wohnt in Schweden, und eines Tages kommt sie mit Borchamps zusammen. [...] Dieser hat eben, in der Hoffnung auf eine Massenhinrichtung, dem König alle Mitglieder der Verschwörung [die er selbst angezettelt hat] ausgeliefert, und dieser Verrat hat die junge Frau begeistert. ›Ich liebe deine Härte‹, sagt sie zu ihm. ›Schwöre mir, dass auch ich eines Tages dein Opfer sein werde ... seit meinem fünfzehnten Lebensjahr entflammt mein Kopf bei dem Gedanken, als Opfer der grausamen Leidenschaften der Libertinage zu enden. Sicher, ich möchte nicht morgen sterben, so weit geht meine Überspanntheit nicht; aber ich möchte auf keine andere Weise sterben. Sterbend der Anlass zu einem Verbrechen zu werden, ist ein Gedanke, der mir den Kopf verdreht.‹ Seltsamer Kopf, würdig der folgenden Antwort: ›Ich liebe deinen Kopf bis zum Wahnsinn, und ich glaube, wir werden zusammen starke Dinge tun.‹

›Er ist verdorben und verkommen, ich gebe es zu!‹ So gibt es für den integralen Menschen, der das Ganze des Menschen in sich umfasst, kein mögliches Übel. Fügt er anderen Böses zu, welche Wollust! Fügen ihm die anderen Böses zu, welcher Genuss! Die Tugend bereitet ihm Lust, weil sie schwach ist und er sie zertritt, das Laster, weil er Genuss aus der Zerrüttung zieht, die es mit sich bringt, und sei es auf eigene Kosten. Solange er lebt, gibt es kein Ereignis seiner Existenz, das er nicht als glücklich empfinden könnte. Wenn er stirbt, findet er in seinem Tod ein noch größeres Glück, und im Bewusstsein seiner Zerstörung die Krönung eines Lebens, das einzig das Bedürfnis nach dem Zerstören rechtfertigt. So ist der Verneiner im Universum so etwas wie die äußerste Negation alles Übrigen, eine Negation, die ihn selbst nicht unberührt lassen kann. Sicher gewährt die Kraft der Verneinung, solange sie anhält, eine Sonderstellung; aber die negative Aktion, die sie ausübt, ist der einzige Schutz gegen die Intensität einer unermesslichen Verneinung.«[63]

Einer Negation, eines Verbrechens, die unpersönlich sind! Deren Sinn über den Tod hinaus auf die Kontinuität des Seins verweist!

Der souveräne Mensch Sades bietet unserem Elend keine Wirklichkeit an, die ihn transzendiert. Er hat sich aber in seiner Verirrung zumindest der Kontinuität des Verbrechens geöffnet! Diese Kontinuität transzendiert nichts: Sie geht nicht über das hinaus, was versinkt. Doch verbindet Sade in der Gestalt Amélies die unendliche Kontinuität mit der unendlichen Zerstörung.

III
SADE UND DER NORMALE MENSCH

Die Lust: ein Paradoxon

Jules Janin sagte von den Werken Sades[64]: »Nichts als blutige Leichen, aus den Armen ihrer Mütter gerissene Kinder, junge Frauen, die man am Ende einer Orgie erwürgt, Becher, angefüllt mit Blut und Wein, unerhörte Torturen. Man heizt Kessel, man errichtet Folterbänke, man schlägt Schädel ein, man zieht Menschen die rauchende Haut ab, man schreit, man flucht, man lästert, man reißt das Herz aus der Brust, und das auf jeder Seite, in jeder Zeile, ununterbrochen. Oh! welch unermüdlicher Wüstling! In seinem ersten Buch[65] zeigt er uns ein armes Mädchen in den verzweifeltsten Lagen, unrettbar verloren, zugrunde gerichtet, vom Unglück verfolgt; Ungeheuer schleppen sie von einem unterirdischen Gelass zum anderen, von Friedhof zu Friedhof, geschlagen, gebrochen, bis zum Tode missbraucht, geschändet, zerschmettert [...] Ist der Autor ans Ende der Verbrechen gelangt, keucht er, nach all den Inzesten und Ungeheuerlichkeiten, über den Leichen, die er erdolcht und geschändet hat, und gibt es keine Kirche mehr, die nicht entweiht ist, kein Kind, das nicht seiner Wut geopfert wurde, nicht einen moralischen Gedanken, den er nicht mit dem Schmutz seines Denkens und seiner Worte überhäuft hat, dann hält dieser Mensch plötzlich inne, blickt sich an, lächelt sich zu: Es graut ihn nicht vor ihm selbst. Im Gegenteil [...].«

Diese Ausführung erschöpft ihren Gegenstand keineswegs, doch beschreibt sie wenigstens in angemessenen Ausdrücken eine Rolle, die Sade gern übernahm: Bis zum Entsetzen und zur Naivität der Gefühle entspricht alles der beabsichtigten Provokation. Es steht uns frei, von dieser Sichtweise zu denken, was wir wollen, aber wir verkennen nicht die Menschen, ihre Lebensbedingungen und ihre Grenzen. Wir wissen es von vornherein: Im Allgemeinen können sie Sade und seine Schriften nur auf die gleiche Weise beurteilen. Es wäre unnütz, den Abscheu Jules Janins oder jener, die mit seinem Urteil übereinstimmen, ihrer Dummheit zuzuschreiben. Das Unverständnis Janins liegt in der Natur der Dinge: Es ist das allgemeine Unverständnis der Menschen, es entspricht ihrer geringen Kraft und ihrem Gefühl, bedroht zu sein. Die *Gestalt* Sades ist gewiss unvereinbar mit der Zustimmung derer, die nur von Not und Furcht getrieben werden. Die Sympathien und Ängste – man muss hinzufügen: auch die Feigheiten –, die das gewöhnliche Verhalten der Menschen bestimmen, sind den Leidenschaften diametral entgegengesetzt, die für die Souveränität wollüstiger Persönlichkeiten ausschlaggebend sind. Aber diese Souveränität erhält ihren Sinn durch unser Elend, und man würde sie falsch beurteilen, wenn man in den Reaktionen des ängstlichen – liebevollen und feigen – Menschen nicht den richtigen Ausdruck einer *unwandelbaren Notwendigkeit* sähe: Die Wollust selbst erfordert, dass die Angst recht hat. Worin bestünde in der Tat die Lust, wenn die Angst, die damit verbunden ist, nicht ihren paradoxen Aspekt bloßlegte, wenn sie nicht unerträglich wäre in den Augen dessen, der sie empfindet?

Ich musste gleich zu Anfang diese Wahrheit betonen: Die Urteile, die Sade bekämpfte, sind wohlbegründet. Sein Widerspruch galt weniger dem dummen und heuchlerischen als vielmehr dem anständigen Menschen, dem gewissermaßen normalen Menschen, dem, der wir alle sind. Er wollte weniger überzeugen als herausfordern. Und wir würden ihn missverstehen, sähen wir nicht, dass er in der Herausforderung bis an die Grenzen des Möglichen ging, so weit, dass er die Wahrheit umkehrte. Seine Herausforderung wäre sinnlos, hätte keinen Wert und keine Folgen, wäre sie nicht diese unbegrenzte Lüge, und wären die Positionen, die er angreift, nicht unerschütterlich. Der »souveräne Mensch«, den Sade imaginierte, lässt nicht nur das Mögliche hinter sich, auch sein Denken hat kaum länger als einen Augenblick den Schlaf des Gerechten gestört. Deshalb muss man über ihn von einem Standpunkt aus sprechen, der dem seinen entgegengesetzt ist, vom gesunden Menschenverstand aus, dem Gesichtspunkt Jules Janins: Ich wende mich an den ängstlichen Menschen, dessen erste Reaktion die ist, in Sade den möglichen Mörder seiner Tochter zu sehen.

Wenn wir Sade bewundern, nehmen wir seinem Denken die Schärfe

Über Sade überhaupt zu sprechen, ist in jedem Fall paradox. Es ist unwichtig, ob wir uns, verstohlen oder offen, zum Proselyten machen: Ist es weniger paradox, wenn wir den Verherrlicher des Verbrechens loben statt das Verbrechen selbst? Die Inkonsequenz nimmt im Fall der einfachen Bewunderung Sades noch zu: Sie sieht auf das Opfer herab und versetzt es aus einer Welt des sinnlichen Grauens in einen Zusammenhang verrückter, irrealer und lediglich blendender Ideen.

Manche Geister entzünden sich an dem Gedanken, die gesichertsten Werte – von Grund auf, versteht sich – umzustürzen. So ist es ihnen möglich, frohgemut zu behaupten, dass der subversivste Mensch, der je erschienen ist – der Marquis de Sade –, zugleich derjenige sei, der der Menschheit den größten Dienst geleistet habe. Ihrem Urteil nach ist nichts gewisser; wir zittern beim Gedanken an den Tod oder an den Schmerz (und sei es der Tod, der Schmerz anderer); das Tragische oder das Unreine schnüren uns das Herz zusammen; aber der Gegenstand unseres Entsetzens ist für uns wie die Sonne, die nicht weniger großartig ist, weil wir vor ihrem Glanz unsere schwachen Blicke abwenden müssen.

Die Gestalt Sades ist wenigstens insofern der Sonne vergleichbar, deren Anblick die Augen nicht ertragen können, als sie die Vorstellungskraft der Zeitgenossen zwar faszinierte, aber auch entsetzte: Hatte nicht schon der bloße Gedanke, dass dieses Ungeheuer lebte, etwas Empörendes? Sein moderner Apologet dagegen wird nie ernst genommen, niemand würde glauben, dass seine Ansicht auch nur die geringsten Folgen hätte. Die Feindseligsten sehen darin Großsprecherei oder einfach unverschämte Belustigung. In dem Maße, wie diese Apologeten selbst nicht von der herrschenden Moral abweichen, tragen ihre Lobeshymnen auf Sade sogar zu deren Stärkung bei: Sie wecken das dunkle Gefühl, dass es vergeblich ist, sie erschüttern zu wollen, dass sie widerstandsfähiger ist, als man geglaubt hätte. Das wäre gleichgültig, wenn das Denken Sades dabei nicht seinen grundsätzlichen Wert verlieren würde: nämlich seine Unvereinbarkeit mit dem Denken eines Vernunftwesens.

Sade widmete endlose Werke der Behauptung inakzeptabler Werte: das Leben ist, wenn man ihm glaubt, ein Streben nach Lust, und die Lust proportional zur Zerstörung des Lebens. Anders gesagt, das Leben sollte den höchsten Intensitätsgrad in einer ungeheuren Negation seines Prinzips erreichen.

Wer sieht nicht ein, dass eine so befremdende Behauptung

nicht allgemein angenommen, nicht einmal allgemein vorgebracht werden kann, ohne dass sie, ihrer Spitze beraubt, ihres Sinnes entleert, auf einen Skandal ohne Konsequenz reduziert würde? Wer sieht wirklich nicht, dass die Gesellschaft sie im Ernst nicht einen Augenblick akzeptieren könnte? In Wahrheit entsprachen jene, die in Sade einen Wüstling sahen, besser seinen Absichten als seine modernen Bewunderer; Sade fordert zu einem empörten Protest heraus, ohne den die *Paradoxie der Lust* einfach Poesie wäre. Ich wiederhole, ich möchte über ihn nur zu jenen sprechen, die er empört, und von ihrem Standpunkt aus.

In der vorangehenden Studie habe ich gezeigt, wie Sade dazu kam, dem Exzess seiner Einbildungskraft einen Wert zu verleihen, der sich, in seinen Augen, als *souverän* erwies, indem er die Realität der anderen Menschen negierte.

Ich muss jetzt den Sinn suchen, den dieser Wert, trotz allem, für jene anderen hat, die er negiert.

Das Göttliche ist nicht weniger paradox als das Laster

Der ängstliche Mensch, den die Äußerungen Sades empören, kann jedoch nicht ebenso leicht ein Prinzip ausschließen, das in dieselbe Richtung weist wie das mit der Gewalt der Zerstörung verbundene intensive Leben. Zu allen Zeiten, an allen Orten gab es ein Prinzip göttlicher Natur, das die Menschen faszinierte und überwältigte: Sie lernten unter dem Namen des Göttlichen, des Sakralen eine Art innere, geheime Belebung kennen, eine elementare Phrenesie, eine Gewalt, die sich eines Objekts bemächtigte, es verzehrte wie das Feuer und unverzüglich ins Verderben führte. Diese Belebung wurde für ansteckend gehalten; und von einem Objekt zum anderen übergehend trug sie allem, was von ihr erfasst wurde, das tödliche Miasma ein: Man kann sich keine größere Gefahr vorstellen, und wenn das Opfer das Objekt eines Kults ist, der es der Verehrung zuführen soll, muss man gleich hinzufügen, dass dieser Kult zweideutig ist. Die Religion bemüht sich zwar, das sakrale Objekt zu verherrlichen und aus einem Untergangsprinzip das Wesen der Macht und jedweder Wertsetzung abzuleiten, aber sie sorgt andererseits dafür, seine Wirkung auf einen bestimmten Kreis zu beschränken, der vom normalen Leben oder der profanen Welt durch eine unüberschreitbare Grenze getrennt ist.

Dieser gewaltsame und verderbliche Aspekt des *Göttlichen* manifestierte sich generell in den Opferriten. Diese Riten waren sogar oft von exzessiver Grausamkeit: Man übergab Kinder glühenden Metallmonstern, man legte Feuer an weidengeflochtene Kolosse, die mit Menschenopfern vollgestopft waren, Priester zogen lebenden Frauen die Haut ab und kleideten sich in die blutüberströmten Hüllen. Diese Schreckensproben waren selten, sie waren für das Opfern nicht notwendig, aber sie machten seinen Sinn deutlicher. Selbst das Kreuzesopfer bindet das christliche Bewusstsein, und sei es unbewusst, an diesen entsetzlichen Aspekt des Göttlichen: Das Göttliche gewährt erst Schutz, wenn sein oberstes Gesetz, verzehren und zerstören zu müssen, erfüllt wurde.

Es ist angemessen, diese Fakten hier vorzubringen. Sie haben den Träumen Sades gegenüber einen Vorzug: Niemand kann sie für annehmbar halten, aber jeder Vernunftbegabte muss anerkennen, dass sie einem bestimmten Verlangen der Menschheit entsprochen haben; wenn man die Vergangenheit betrachtet, kann man sogar schwerlich den universellen und souveränen Charakter dieses Verlangens leugnen; andererseits haben jene, die auf solche Weise grausamen Gottheiten dienten, nachdrücklich darauf bestanden, ihren Verheerungen Grenzen zu setzen: Sie verachteten niemals die Notwendigkeit noch die von ihr beherrschte Welt des geregelten Lebens.

Was die Zerstörungen des Opferkults anlangte, hatte also die doppelte Schwierigkeit, auf die ich im Zusammenhang mit Sade hinwies, ehemals eine Lösung gefunden. Das ängstliche Leben und das intensive Leben – die gezügelte und die entfesselte Aktivität – wurden aufgrund der religiösen Bräuche voreinander geschützt. Das Bestehen einer profanen Welt, deren Grundlage die nützliche Aktivität ist und ohne die es weder einen Lebensunterhalt noch Güter für den Zyklus des Verzehrs gäbe, wurde regelmäßig sichergestellt. Das gegenteilige Prinzip war darum aber nicht weniger gültig, ohne Abschwächung seiner ruinösen Wirkungen in den Schreckensreaktionen, die mit dem Gefühl der Gegenwart des Sakralen verbunden waren. Angst und Freude, Intensität und Tod wirkten in den Festen zusammen – die Furcht verlieh der Entfesselung Sinn, und der Verzehr blieb der Zweck des nützlichen Tuns. Aber es gab kein Ineinanderübergehen, keine Leichtfertigkeit, durch die zwei gegensätzliche und unvereinbare Prinzipien vermischt wurden.

Der normale Mensch hält das Paradox des Göttlichen oder der Erotik für krankhaft

Diese Betrachtungen religiöser Art haben jedoch ihre Grenzen. Es ist wahr, dass sie sich an den normalen Menschen wenden und dass es möglich ist, sie von seinem Gesichtspunkt aus anzustellen; aber sie bringen ein Element ins Spiel, das sich außerhalb seines Bewusstseins befindet. Die *sakrale* Welt ist für den modernen Menschen eine zweideutige Wirklichkeit: Ihre Existenz kann nicht geleugnet werden, man kann ihre Geschichte schreiben; aber sie ist keine greifbare Wirklichkeit. Diese Welt setzt menschliche Verhaltensweisen voraus, für die uns heute anscheinend die Bedingungen fehlen und deren Funktion uns nicht mehr bewusst ist. Diese Verhaltensweisen sind uns gut bekannt, und wir können weder an ihrer historischen Wahrheit noch an der Tatsache zweifeln, dass sie offenbar, wie ich sagte, einen souveränen und universellen Sinn hatten. Aber sicherlich wussten diejenigen, denen sie eigen waren, nichts von diesem Sinn, und wir können darüber zu keiner Klarheit gelangen: Es gibt keine Interpretation, die sich eindeutig durchgesetzt hätte. Nur eine bestimmte Wirklichkeit, der sie entsprochen hätten, könnte das Interesse des vernünftigen Menschen beanspruchen, den die Härte der Natur und seine Angst das Rechnen gelehrt haben. Aber wie könnte er dem genauen Sinn der religiösen Gräuel der Vergangenheit Rechnung tragen, solange er ihren Grund nicht begreift? Er kann sie nicht ebenso leicht abtun wie die Imaginationen Sades, aber er kann sie nicht auf die Ebene der Bedürfnisse stellen, die seine Aktivität vernünftigerweise bestimmen, wie Hunger und Kälte. Was mit dem Namen des *Göttlichen* bezeichnet wird, kann weder mit Nahrungsmitteln noch mit Wärme in Zusammenhang gebracht werden.

Kurz gesagt, da der vernünftige Mensch sich etwas zugutehält auf seine Bewusstheit, lässt er die Tatsachen religiöser Ordnung nur in ganz äußerlicher Weise auf sein Bewusstsein wirken; er gibt sie widerwillig zu, und auch wenn er ihnen für die Vergangenheit den Platz einräumen muss, den sie wirklich einnahmen, so gesteht er ihnen für die Gegenwart nicht den geringsten zu, wenigstens solange ihnen nicht der Schrecken entzogen ist. Ich muss sogar anfügen, dass Sades Erotik in gewisser Hinsicht leichter ins Bewusstsein dringt als die alten Ansprüche der Religion: Niemand kann heute leugnen, dass es Antriebe gibt, die die Sexualität mit dem Bedürfnis verknüpfen, Böses zu tun und zu töten. So geben die *sadistisch* genannten

Instinkte dem normalen Menschen die Möglichkeit, gewisse Grausamkeiten zu erklären, während die Religion immer nur die Tatsache der Verirrung belegt. Es scheint also, dass Sade durch seine meisterhafte Beschreibung dieser Instinkte zu dem Bewusstsein beitrug, das der Mensch langsam von sich selbst gewinnt, philosophisch gesprochen: zum *Selbstbewusstsein*. Die allgemeine Verwendung des Begriffs *sadistisch* ist allein schon ein deutlicher Beweis für diesen Beitrag. Insofern hat sich der Gesichtspunkt, den ich mit dem Namen Jules Janin charakterisierte, gewandelt: Es ist immer noch der des ängstlichen und vernünftigen Menschen, aber er schiebt nicht mehr so entschieden beiseite, was der Name Sade bezeichnet. Die Instinkte, die in *Justine* und *Juliette* beschrieben werden, haben jetzt ihren festen Platz; die Jules Janins unserer Zeit erkennen das an: Sie verhüllen sich nicht mehr das Haupt und schließen in ihrer Entrüstung nicht mehr die Möglichkeit aus, sie zu verstehen; aber die Existenz, die sie ihnen zugestehen, ist eine *pathologische*.

Die Religionsgeschichte hat daher dem Bewusstsein nur wenig geholfen, zu einer neuen Sicht des Sadismus zu gelangen. Dagegen wird es durch die Definition des Sadismus möglich, in den religiösen Tatsachen nicht nur etwas Unerklärliches und Absonderliches zu sehen: Die sexuellen Instinkte, denen Sade seinen Namen gegeben hat, erklären schließlich die Opfergräuel, indem der ganze Bereich in der Regel unter der Bezeichnung des Pathologischen der Perhorreszierung zugeschlagen wird.

Ich sagte es schon: Ich habe nicht die Absicht, diesem Standpunkt entgegenzutreten. Wenn man die paradoxe Kraft, das Unerträgliche zu ertragen, beiseitelässt, kann niemand vorgeben, dass die Grausamkeit der Helden in *Justine* und *Juliet-*

te nicht radikal verabscheut werden müsste. Es handelt sich um die Negation der Prinzipien, auf die sich die Menschheit gründet. Auf irgendeine Art müssen wir verwerfen, was zum Untergang unserer Werke führen würde. Wenn Instinkte uns antreiben, das, was wir errichten, zu zerstören, müssen wir diese Instinkte verurteilen – und uns gegen sie verteidigen.

Aber die Frage bleibt bestehen: Sollte es möglich sein, die Negation, die diese Instinkte bezwecken, ganz und gar zu vermeiden? Sollte diese Negation gewissermaßen von außen kommen, sollte sie von heilbaren, für den Menschen unwesentlichen Krankheiten ausgehen, oder auch von Individuen, Gemeinschaften, deren Unterdrückung grundsätzlich notwendig und möglich wäre, kurz, von Elementen, die aus der Menschengattung auszuschließen wären? Oder sollte der Mensch im Gegenteil in sich selbst die unerbittliche Negation dessen tragen, was unter den Begriffen von Vernunft, Nützlichkeit und Ordnung die Menschheit begründet hat? Sollte die Existenz fatalerweise zugleich die Bejahung und die Verneinung ihrer Grundlage sein?

Das Laster ist die tiefe Wahrheit und das Herz des Menschen[66]

Möglicherweise schleppen wir den Sadismus mit uns wie einen Auswuchs, der einst seine Bedeutung für den Menschen hatte, sie aber verloren hat und sich nun leicht und auf Wunsch beseitigen lässt, in uns selbst etwa durch Askese, in anderen durch Bestrafung. Der Chirurg verfährt so mit dem Blinddarm, der Geburtshelfer mit der Nachgeburt – das Volk mit seinen Königen. Oder handelt es sich im Gegenteil um einen souveränen und unbeugsamen Teil des Menschen, *der sich aber dem Bewusstsein entzieht*? Handelt es sich mit einem Wort um sein

Herz, das Herz nicht als physiologisches Organ, sondern als lebhaftes Gefühl, als intimer Quellgrund, den dieses Organ bezeichnet?

Im ersten Fall wäre der Vernunftmensch gerechtfertigt; der Mensch würde unbegrenzt Werkzeuge für den Wohlstand produzieren, die ganze Natur seinen Gesetzen unterwerfen, den Kriegen und der Gewalt ausweichen, ohne sich um einen fatalen Hang kümmern zu müssen, der ihn bisher hartnäckig an das Unglück kettete. Dieser Hang wäre nur eine schlechte Gewohnheit, man müsste sie ändern, was aber nicht schwierig wäre.

Im zweiten Fall scheint es, dass die Unterdrückung dieser Gewohnheit die Existenz des Menschen in ihrem Lebensnerv trifft.

Die Behauptung erfordert eine genaue Formulierung: Sie ist so schwerwiegend, dass sie nicht einen Augenblick in der Schwebe gelassen werden darf.

Sie setzt erstens voraus, dass dem Menschen ein unwiderstehlicher Exzess innewohnt, der ihn zur Zerstörung treibt und seine Zustimmung zum unaufhörlichen und unvermeidlichen Untergang all dessen beinhaltet, was geboren wird, aufwächst und dauern will.

Zweitens verleiht die Behauptung diesem Exzess und dieser Zustimmung eine gewissermaßen göttliche oder, genauer, sakrale Bedeutung: Es ist unser Begehren, zu verzehren und zu zerstören, unsere Ressourcen in einem Freudenfeuer auflodern zu lassen, es ist ganz allgemein das Glück, das uns der Verzehr, das Feuer, der Untergang gewähren, die uns als göttlich, als sakral erscheinen und allein über unsere *souveränen* Haltungen entscheiden, das heißt die unbegründeten, nutzlosen, die nur durch sich selbst, niemals durch spätere Resultate gerechtfertigt sind.

Drittens bedeutet diese Behauptung: Eine Menschheit, die mit diesen von der ersten Regung der Vernunft verworfenen

Haltungen nichts zu tun haben meint, würde verkümmern und zur Gänze in einen greisenähnlichen Zustand verfallen (dem sie, wenn auch in unseren Tagen noch nicht ganz und gar, entgegengeht), so sie sich nicht von Zeit zu Zeit auf eine ihren Grundsätzen vollständig entgegengesetzte Art verhält.

Viertens ist die Behauptung verknüpft mit der Notwendigkeit für den Menschen der Gegenwart – den normalen, versteht sich –, zum *Selbstbewusstsein* zu gelangen und zu erkennen, was es *souverän* verlangt, um verderbliche Auswirkungen einzuschränken: über diese Auswirkungen zu verfügen, wie es ihm passt, sie aber nicht über seine Intention hinaus zu reproduzieren und ihnen entschlossen Einhalt zu gebieten, soweit es sie nicht zu ertragen vermag.

Die beiden Extreme des menschlichen Lebens

Unsere Behauptung unterscheidet sich in Folgendem radikal von den Erklärungen Sades: Sie kann zwar nicht für das Denken des normalen Menschen gelten (der gewöhnlich das Gegenteil denkt und glaubt, die Gewalt lasse sich eliminieren), aber sie ist mit seinem Denken vereinbar; und wenn er sie akzeptierte, würde er nichts in ihr finden, was seinem Standpunkt widerspräche.

Wenn ich jetzt die auffallendste Wirkung der angeführten Prinzipien ins Auge fasse, erkenne ich notgedrungen, was dem Gesicht des Menschen zu allen Zeiten den Aspekt der Zwiespältigkeit verlieh. In dem einen Extrem zeigt sich die Existenz grundsätzlich anständig und ordentlich: Die Arbeit, die Sorge für die Kinder, das Wohlwollen und die Treue regeln die Beziehungen der Menschen untereinander; im entgegengesetzten Extrem wütet erbarmungslos die Gewalt: Dieselben Menschen plündern und legen Feuer, wenn die Bedingungen günstig sind, sie töten, vergewaltigen und quälen. Der Exzess widersetzt sich der Vernunft.

Diese Extreme umspannen den ganzen Gegensatz von Zivilisation und Barbarei – oder Wildheit. Aber der Gebrauch dieser Worte, verbunden mit der Vorstellung, dass es auf einer Seite Barbaren, auf der anderen Zivilisierte gäbe, ist trügerisch. In Wirklichkeit sprechen die Zivilisierten, während die Barbaren schweigen; und wer spricht, ist immer zivilisiert. Oder genauer: Da die Sprache ihrem Begriff nach der Ausdruck des zivilisierten Menschen ist, ist die Gewalt stumm. Diese Voreingenommenheit der Sprache hat viele Folgen: Nicht nur, dass die meiste Zeit zivilisiert »wir« bedeutet und barbarisch »die anderen«, sondern die Zivilisation und die Sprache stellten sich dar, als ob Gewalt nicht nur der Zivilisation, sondern dem Menschen überhaupt (da der Mensch dasselbe ist wie die Sprache) äußerlich, *fremd* wäre. Die Beobachtung zeigt übrigens, dass dieselben Völker und sehr oft dieselben Menschen sich abwechselnd als Barbaren und als Zivilisierte aufführen. Es gibt keine Wilden, die nicht sprechen und die im Sprechen nicht jene Übereinstimmung mit Rechtschaffenheit und Wohlwollen an den Tag legen, die das zivilisierte Leben begründen. Umgekehrt gibt es keine Zivilisierten, die nicht der Wildheit fähig wären: Die Lynchjustiz wird von Menschen verübt, die in unseren Tagen von sich behaupten, sie stünden auf dem Gipfel der Zivilisation. Wenn man die Sprache aus der Sackgasse, in die sie durch diese Schwierigkeit geriet, befreien will, muss man also zugeben, dass die Gewalt als eine Eigenschaft der ganzen Menschheit grundsätzlich ohne Stimme geblieben ist, dass somit die ganze Menschheit durch Verschweigen lügt und die Sprache selbst auf dieser Lüge basiert.

Abbildung XIV
Mänade, in einer Orgie mit einer ithyphallischen Person tanzend. Mazedonische Münze, sechsfach vergrößert, 5. Jh. v. Chr.

»Ein Zurückweichen der Verbote setzte die Sturzwelle des Überschwangs frei und gewährte die unbegrenzte Verschmelzung der Wesen in der Orgie. Diese Verschmelzung konnte in keiner Weise bei jener haltmachen, die durch die Plethora der Genitalien herbeigeführt wurde. Sie war von Anfang an religiöse Ergießung: grundsätzlich die Verwirrung des Wesens, das sich verliert und dem [...] Gewimmel des Lebens nichts mehr entgegensetzt. Diese ungeheure Entfesselung erschien göttlich: So sehr erhob sie den Menschen über den Zustand, zu dem er sich selbst verurteilt hatte. Durcheinander von Schreien, Durcheinander heftiger Gesten und Tänze, Durcheinander von Umarmungen, Durcheinander schließlich der Gefühle, die eine maßlose Konvulsion berauschte.«
(S. 158 [mit Varianten])

Die Gewalt ist stumm, und die Sprache Sades ist paradox

Die gewöhnliche Sprache verweigert sich dem Ausdruck der Gewalt; sie billigt ihr nur eine ungehörige und schuldhafte Existenz zu. Sie negiert sie, indem sie ihr jede Daseinsberechtigung und jede Entschuldigung entzieht. Wenn sie dennoch, wie es vorkommt, einmal auftaucht, muss irgendwo eine Verfehlung vorliegen; so wie die Menschen einer rückständigen Zivilisation denken, dass der Tod nicht eintreten kann, wenn nicht irgendjemand durch Magie oder auf andere Weise an ihm schuld ist. Die Gewalt in fortgeschrittenen und der Tod in rückständigen Gesellschaften sind nicht einfach *gegeben*, wie es ein Sturm oder das Anschwellen eines Flusses sind: Sie können nur durch eine Verfehlung bewirkt werden.

Aber das Schweigen unterdrückt nicht, was die Sprache nicht bejahen kann: Die Gewalt lässt sich so wenig aufheben wie der Tod, und wenn die Sprache betrügerisch die universelle Vernichtung verschleiert – das ruhige Werk der Zeit –, so leidet allein die Sprache darunter, die Sprache wird ärmer, nicht die Zeit, nicht die Gewalt.

Die rationale Negation der als unnütz und gefährlich angesehenen Gewalt kann nicht beseitigen, was sie ablehnt, ebenso wenig wie der Tod durch seine irrationale Negation aus der Welt geschafft wird. Aber der Ausdruck der Gewalt stößt sich, wie gesagt, an dem doppelten Widerstand der Vernunft, die sie negiert, und der Gewalt selbst, die sich auf die schweigende Verachtung der sie betreffenden Worte beschränkt.

Natürlich ist es schwierig, dieses Problem theoretisch ins Auge zu fassen. Ich werde ein konkretes Beispiel geben. Ich erinnere mich, eines Tages den Bericht eines Deportierten gelesen zu haben, der mich deprimierte. Aber ich stellte mir einen gegenläufigen Bericht vor, wie ihn der Henker hätte verfassen können, den der Zeuge zuschlagen sah. Ich stellte mir den Elenden schreibend vor und mich selber Folgendes lesend: »Ich stürzte mich auf ihn, während ich ihn beschimpfte; und da er, die Hände auf dem Rücken gefesselt, sich nicht wehren konnte, schlug ich ihm mit den Fäusten ins Gesicht, mit solcher Wucht, dass er zu Boden fiel, und meine Absätze vollendeten das Geschäft; angeekelt spuckte ich ihm ins geschwollene Gesicht. Ich konnte mich nicht enthalten, hellauf zu lachen: Ich hatte soeben einen Toten beleidigt!« Unglücklicherweise ist der übertriebene Aspekt dieser wenigen Zeilen nicht zur Unglaubwürdigkeit verurteilt … Aber es ist unwahrscheinlich, dass ein Henker je auf solche Weise schreibt.

In der Regel verwendet der Henker nicht die Sprache der Gewalt, die er im Namen der herrschenden Macht ausübt, sondern die Sprache der Macht selbst, die ihn scheinbar entschuldigt, die ihn rechtfertigt und ihm eine höhere Funktion verleiht. Zum Schweigen angehalten passt sich der Gewalttäter dem Betrug an. Umgekehrt öffnet der Geist des Betrugs das Tor zur Gewalttat. Insofern der Mensch begierig ist zu töten, stellt die Funktion des legalen Henkers eine Erleichterung dar: Der Henker spricht zu seinesgleichen, falls er es überhaupt tut, die Sprache des Staates. Wenn er aber der Leidenschaft unterliegt, gewährt ihm das heimtückische Schweigen, in dem er sich gefällt, die einzige Lust, die ihm gemäß ist.

Die Romangestalten Sades verhalten sich ein bisschen anders als der Henker, den ich willkürlich sprechen ließ. Diese Gestalten sprechen nicht, wie es die Literatur tut, und sei es mit der scheinbaren Diskretion eines Tagebuchs, zum Menschen im Allgemeinen. Wenn sie sprechen, so unter ihresgleichen: Die Folter-Wüstlinge Sades wenden sich einer an den anderen. Doch sie ergehen sich in langen Reden, in denen sie beweisen, dass sie recht haben. Am häufigsten glauben sie, dass sie der Natur folgen: Sie rühmen sich, als einzige mit ihren Gesetzen übereinzustimmen. Aber obwohl ihre Urteile dem Denken Sades entsprechen, sind sie untereinander nicht kohärent. Manchmal treibt sie der Hass auf die Natur. Auf alle Fälle behaupten sie den souveränen Wert der Gewalttaten, der Exzesse, der Verbrechen, der Hinrichtungen. Daher verstoßen sie gegen jenes tiefe Schweigen, das der Gewalt eigen ist, die nie sagt, dass sie existiert, die nie eine Existenzberechtigung behauptet, die immer existiert, ohne es zu sagen.

Genaugenommen sind diese Abhandlungen über die Gewalt, die immer wieder die Berichte grausamer Schandtaten unterbrechen, aus denen die Bücher Sades bestehen, nicht die Ausführungen der gewalttätigen Gestalten, denen sie in den Mund gelegt sind. Hätten solche Gestalten gelebt, so zweifellos schweigend. Es sind die Worte Sades selbst, der dieses Verfahren wählte, um sich an die *anderen* zu wenden (aber sich nie wirklich darum bemühte, ihnen die logische Kohärenz des Diskurses zu geben). Daher widerspricht die Haltung Sades der des Henkers, sie ist ihr vollkommener Gegensatz. Sade, der beim Schreiben den Betrug ablehnte, schrieb ihn Gestalten zu, die in Wirklichkeit nur hätten schweigen können; aber er bedient sich ihrer, um anderen Menschen eine paradoxe Rede zu halten.

Seinem Verhalten liegt eine Zweideutigkeit zugrunde. Sade spricht, aber er spricht im Namen des schweigenden Lebens, im Namen einer vollkommenen, unvermeidlich stummen Einsamkeit. Der Einsame, dessen Wortführer er ist, nimmt in keiner Weise Rücksicht auf seinesgleichen: Er ist in seiner Einsamkeit ein souveränes Wesen, das sich niemals erklärt, das niemandem Rechenschaft schuldet. Niemals hält er sich bei der Furcht auf, dass das Unrecht, das er anderen zufügt, auf ihn zurückfallen könnte: Er ist allein und tritt niemals in die Bande ein, die ein gemeinsames Gefühl der Schwäche zwischen ihm und den anderen knüpft. Das erfordert eine äußerste Energie, aber es handelt sich auch um äußerste Energie. In seiner Beschreibung der Implikationen dieser moralischen Einsamkeit zeigt Maurice Blanchot, wie sich der Einsame Schritt um Schritt der totalen Negation nähert: derjenigen der anderen zunächst, und in einer Art monströsen Logik auch der seiner selbst: In der äußersten Negation seiner selbst, als Opfer der Verbrechensflut, die er erregte, zugrunde gehend, genießt der Verbrecher noch den Triumph, den das in gewisser Weise vergöttlichte Verbrechen schließlich über den Verbrecher selbst feiert. Die Gewalt trägt eine zügellose Negation in sich, die jeder Möglichkeit der Rede ein Ende setzt.

Aber, wird man sagen, die Sprache Sades ist nicht die gewöhnliche Sprache. Er wendet sich nicht an den Erstbesten; Sade richtete sie an die seltenen Geister, die fähig sind, im Schoß des Menschengeschlechts eine unmenschliche Einsamkeit zu erreichen.

Wer spricht, und sei er noch so verblendet, verstößt immer gegen die Einsamkeit, zu der ihn die Negation der anderen verurteilte. Umgekehrt steht die Gewalt im Widerspruch zu jener Loyalität gegenüber den anderen, die Logik, Gesetz und Prinzip der Sprache ist.

Wie kann man schließlich das Paradox, das die monströse Sprache Sades darstellt, definieren?

Es ist eine Sprache, die die Beziehung dessen, der spricht, zu denen, an die er sich wendet, in Abrede stellt. In der wirklichen Einsamkeit kann nichts auch nur den Anschein von Loyalität haben. Es gibt keinen Platz für eine loyale Sprache, wie sie bis zu einem gewissen Grad die Sades ist. Die paradoxe Einsamkeit, in der Sade sie verwendet, ist nicht das, was sie scheint: Sie will abgeschnitten sein vom Menschengeschlecht, dessen

Negation sie sich widmet – *sie weiß sich also zu widmen*! Dem Betrug des Einsamen, zu dem Sade sein exzessives Leben – und seine endlose Gefangenschaft – machten, ist keine Grenze gesetzt, außer in einem Punkt. Wenn er nicht der Menschheit die Negation der Menschheit schuldete, so schuldete er sie zumindest sich selbst: Es fällt mir schwer, da einen Unterschied zu sehen.

Die Sprache Sades ist die eines Opfers

Dieser Aspekt ist frappierend: Im äußersten Gegensatz zur scheinheiligen Sprache des Henkers ist die Sprache Sades die des Opfers: Er erfand sie in der Bastille, als er *Die 120 Tage* schrieb. Seine Beziehungen zu den anderen Menschen waren damals solche, wie sie der, den eine grausame Züchtigung zu Boden wirft, zu jenen hat, die über die Züchtigung entschieden. Ich habe gesagt, dass die Gewalt stumm ist. Aber der seiner Meinung nach zu Unrecht bestrafte Mensch kann nicht schweigen. Schweigen würde eine Zustimmung zur Strafe bedeuten. In ihrer Ohnmacht begnügen sich viele mit einer hasserfüllten Verachtung. Der Marquis de Sade, den sein Gefängnis empörte, musste in sich die Empörung sprechen lassen: Er sprach; und das tut einzig die Gewalt nicht. Er musste sich empört verteidigen oder vielmehr zum Angriff übergehen, indem er den Kampf auf das Terrain des moralischen Menschen zu verlagern suchte, dem die Sprache angehört. Die Sprache begründet die Bestrafung, aber die Sprache allein bestreitet ihre Begründetheit. Die Briefe des eingekerkerten Sade zeigen ihn in erbitterter Verteidigung, indem er bald die geringe Schwere der »Fakten« darstellt, bald die Nutzlosigkeit der Bestrafung, von der man seine Besserung erwarte, die ihn aber im Gegenteil vollständig verderbe. Aber diese Proteste sind oberflächlich. In Wirklichkeit ging Sade sofort der Auseinandersetzung auf den Grund: Er führte, in Umkehrung seines eigenen, einen Prozess gegen die Menschen, die ihn verurteilt hatten, gegen Gott und ganz allgemein gegen die Schranken, die sich der Raserei der Wollust entgegenstellen. Er musste sich auf diesem Weg mit dem Universum anlegen, mit der Natur und mit allem, was sich der Souveränität seiner Passionen widersetzte.

Sade hat gesprochen, um sich in seinen eigenen Augen vor den anderen zu rechtfertigen

Auf diese Weise verfiel er, weil er sich weigerte zu betrügen, anlässlich der wider ihn ergriffenen grausamen Maßnahmen auf jenen unsinnigen Ausweg: Er lieh seine einsame Stimme der Gewalt. Er war eingemauert, aber er rechtfertigte sich vor sich selbst.

Daraus folgt aber nicht, dass der Ausdruck dieser Stimme besser den Erfordernissen der Gewalt als denen der Sprache angepasst war.

Einerseits konnte diese monströse Anomalie, so scheint es, nicht den Absichten dessen entsprechen, der, indem er sprach, die Einsamkeit vergaß, zu der er sich selbst entschiedener verurteilte, als es die anderen getan hatten: Kurz und gut, er verriet diese Einsamkeit. Andererseits konnte er vom normalen Menschen, der die platte Notwendigkeit vertritt, unmöglich verstanden werden. Dieses Plädoyer konnte keinen Sinn annehmen. Sodass ein ungeheures Werk, das die Einsamkeit lehrte, noch mehr *in der Einsamkeit* lehrte: Anderthalb Jahrhunderte vergingen, bevor seine Lehre sich ausbreitete, und immer noch kann sie nicht authentisch verstanden werden, wenn wir nicht ihre Absurdität erkennen! Verkennen und Ekel können allein die angemessene Wirkung der Ideen Sades sein, die sie bei der Menschheit hervorrufen. Aber dieses Verkennen lässt wenigstens das Wesentliche unangetastet; während die Bewunderung einer kleinen Zahl, die ihm heute entgegengebracht wird, weniger Bestätigung als Verleugnung ist, weil sie nicht zur Einsamkeit der Wollust verpflichtet. Es ist wahr, der Widerspruch der heutigen Bewunderer setzt nur den Widerspruch von Sade selber fort: Insoweit gelangen wir nicht aus der Sackgasse heraus. Wir können eine Stimme, die aus einer anderen Welt kommt – aus der *unzugänglichen* Einsamkeit –, nicht verstehen, wenn wir uns nicht dazu entschließen, im Bewusstsein der Sackgasse *das Rätsel zu erraten.*

Die Sprache Sades entfernt uns von der Gewalt

Wir machen uns zum Schluss eine letzte Schwierigkeit bewusst.

Die von Sade *ausgedrückte* Gewalt hatte die Gewalt in das verwandelt, was sie nicht ist, dem sie sogar notwendigerweise entgegengesetzt ist: in einen überlegten, rationalisierten Willen zur Gewalt.

Die philosophischen Erörterungen, die bei jeder Gelegenheit die Erzählung Sades unterbrechen, machen schließlich die Lektüre ermüdend. Man braucht Geduld, *Resignation*, um ihn zu lesen. Man muss sich sagen, dass eine Sprache, die von der der anderen, aller anderen so verschieden ist, die Mühe lohnt, bis zum Schluss zu lesen. Diese monotone Sprache ist übrigens zugleich von einer zwingenden Kraft. Wir stehen vor seinen Büchern, wie einst der verängstigte Wanderer vor schwindelerregenden, sich vor ihm auftürmenden Felsformationen gestanden haben mag: Eine Bewegung genügte, um uns davon abzuwenden, und dennoch! Dieser Gräuel beachtet uns nicht, aber hat er nicht, *da er ist*, einen Sinn, der uns angeboten wird?

Die Berge stellen etwas dar, was auf den Menschen nur über einen Umweg eine Anziehungskraft ausüben kann. Dasselbe gilt von den Büchern Sades. Und die Menschheit hat mit der Existenz der hohen Gipfel nichts zu schaffen. Dagegen ist sie ganz enthalten in einem Werk, das es ohne sie nicht gäbe. Die Menschheit verwirft, was dem Wahnsinn entstammt... Aber die Verwerfung des Wahnsinns ist nur eine bequeme Gepflogenheit, und die Reflexion muss darauf zurückkommen. Jedenfalls ist das Denken Sades nicht auf den Wahnsinn zurückzuführen. Es ist nur ein Exzess, ein schwindelerregender Exzess, doch ist es der exzessive Gipfel dessen, was wir sind. Wir können uns von diesem Gipfel nicht abwenden, ohne uns von uns selbst abzuwenden. Wenn wir uns diesem Gipfel nicht nähern, wenn wir uns nicht bemühen, wenigstens die Abhänge zu erklimmen, leben wir wie eingeschüchterte Schatten – und zittern vor uns selber.

Ich komme auf jene Abhandlungen zurück, die lang und breit die Erzählungen von kriminellen Wüstlingen unterbrechen – und überladen – und die unaufhörlich beweisen wollen, dass der kriminelle Wüstling recht hat, dass er allein recht hat. Diese Analysen und diese Überlegungen, diese gelehrten Erinnerungen an alte oder barbarische Sitten, diese Paradoxien einer aggressiven Philosophie entfernen uns, trotz einer nimmermüden Hartnäckigkeit und einer inkohärenten Ungezwungenheit, von der Gewalt. Denn die Gewalt ist eine Verirrung, und die Verirrung identifiziert sich mit dem wollüstigen Wüten, das uns die Gewalt verschafft. Wollen wir daraus eine Weisheit gewinnen, können wir von ihr nicht mehr jenes äußerste Delirium der Leidenschaft erwarten, in dem wir uns verlieren müssen. Die Gewalt ist die Seele der Erotik und sie stellt uns in Wahrheit vor das schwerwiegendste Problem.

Um einen geregelten Gang unserer Aktivität zu erreichen, haben wir sie uns bewusst gemacht: Jedes Ding, dessen wir uns bewusst sind, nimmt in der Verkettung den Platz ein, an dem es deutlich auszumachen, an dem seine Bedeutung einzusehen ist. Erst wenn wir diese Verkettung – mit Gewalt – zerbrechen, finden wir, in entgegengesetzter Richtung, die exzessive und unbegreifliche Ergießung der Erotik wieder. Daher das souveräne Aufblitzen in uns, das wir allgemein für das *Begehrenswerteste* halten und das sich dem klaren Bewusstsein entzieht, in dem uns das Ding gegeben ist. Sodass das Menschenleben aus zwei heterogenen Teilen besteht, die sich niemals vereinigen. Der eine ist vernünftig, und seine Bedeutung liegt in den nützlichen, folglich untergeordneten Zwecken: Dieser Teil erscheint dem Bewusstsein. Der andere ist souverän: Er entfaltet sich bei Gelegenheit aus einer Zerrüttung des ersten; er ist dunkel, oder vielmehr von blendender Helle, er entzieht sich also auf jede Weise dem Bewusstsein. Das Problem ist daher ein doppeltes. Das Bewusstsein möchte seine Herrschaft auf die Gewalt ausdehnen (es möchte, dass ihm ein so bedeutender Teil des Menschen nicht mehr entgehe). Auf der anderen Seite sucht die Gewalt jenseits ihrer selbst das Bewusstsein (damit die Lust, die sie erreicht, reflektiert und dadurch intensiver und entschiedener, tiefer werde). Aber wenn wir gewalttätig sind, entfernen wir uns vom Bewusstsein, und ebenso entfernen wir uns, wenn wir den Sinn unserer gewaltsamen Regungen deutlich zu erfassen suchen, von jenen Verirrungen und souveränen Entzückungen, die sie in Gang setzen.

Um des größeren Genusses willen sucht Sade die Gewalt mit dem Schweigen und der Ordnung des Bewusstseins zu durchdringen

In einer gewissenhaften Darstellung, die nichts im Unklaren lässt, spricht Simone de Beauvoir folgendes Urteil über Sade: »Was ihn besonders charakterisiert, ist die Willensanspannung, die darauf gerichtet ist, das Fleischliche zu realisieren, ohne sich in ihm zu verlieren.«[67] Wenn wir unter dem »Fleischlichen« das mit erotischem Wert aufgeladene Bild verstehen, ist das wahr und durchschlagend. Natürlich richtete Sade nicht allein seinen Willen auf dieses Ziel: Die Erotik unterscheidet sich von der animalischen Sexualität darin, dass in einem erotisch erregten Menschen Bilder aufsteigen, die die greifbare Deutlichkeit von Dingen haben; die Erotik ist die sexuelle Aktivität eines bewussten Wesens. Trotzdem entgeht sie ihrem Wesen nach unserem Bewusstsein. Simone de Beauvoir hat recht, wenn sie, um die verzweifelte Anstrengung Sades zu zeigen, das Bild, das ihn erregt, zu verdinglichen, sein Verhalten bei der einzigen Ausschweifung anführt, von der wir einen ins Detail gehenden Bericht haben (den der Zeugen vor Gericht): »In Marseille lässt er sich peitschen, aber von Zeit zu Zeit stürzt er zum Kamin und kratzt mit dem Messer die Zahl der Schläge ein, die er eben erhalten hat.«[68] Seine eigenen Erzählungen enthalten übrigens viele Messungen: Oft ist die Länge männlicher Glieder in Zoll und Linien angegeben; manchmal beliebt es einem Partner, während der Orgie Maß zu nehmen. Die langen Abhandlungen seiner Gestalten haben zweifellos den paradoxen Charakter, den ich aufzeigte, es sind Rechtfertigungen des bestraften Menschen: Etwas von der authentischen Gewalt geht ihnen verloren, aber um den Preis der Schwerfälligkeit und Langsamkeit gelingt es Sade nach und nach, die Gewalt mit dem *Bewusstsein* zu verbinden; dadurch kann er vom Gegenstand seines Deliriums so sprechen, als handele es sich um Dinge. Dieser Umweg verlangsamte den Ablauf und verschaffte ihm einen umso größeren Genuss: Der Höhepunkt der Wollust konnte nicht sofort eintreten, er wurde hinausgezögert, und die genau genommen angewiderte Unerschrockenheit des Bewusstseins fügte der Lust ein Gefühl dauerhaften Besitzes hinzu – die Illusion eines Besitzes *für alle Ewigkeit*.

Über den Umweg der Perversität Sades kommt die Gewalt schließlich zum Bewusstsein

Die Schriften Sades haben die Antinomie von Gewalt und Bewusstsein aufgedeckt; aber sie wollen auch, und das ist ihr besonderer Wert, ins Bewusstsein rücken, wovon sich die Menschen, unter dem Vorwand von Ausflüchten und provisorischen Negationen, fast abgewendet hatten.

Sie führen die Langsamkeit und das Gespür der Beobachtung, wie sie das Bewusstsein auszeichnen, in die Reflexion über die Gewalt ein.

Sie zielen logischerweise mit allem Nachdruck auf die Wirkung ab, das Unbegründete der Züchtigung, die Sade heimsuchte, zu beweisen.

Zumindest war das der ursprüngliche Beweggrund, der vor allem die erste Version der *Justine* hervorrief.

Wir gelangen auf diese Weise zu einer Gewalt, die die Ruhe der Vernunft hätte. Sobald die Gewalt danach verlangt, wird sie die vollkommene Unvernunft wiederfinden, ohne die der Ausbruch der Wollust nicht möglich wäre. Aber in der erzwungenen Untätigkeit des Gefängnisses wird sie nach Belieben über die Klarsicht und die freie Selbstbestimmung verfügen, die am Anfang von Erkenntnis und Bewusstsein stehen.

Sade erschloss sich in seinem Gefängnis eine doppelte Möglichkeit. Niemand trieb vielleicht den Geschmack an moralischer Ungeheuerlichkeit weiter als er. Zugleich war er einer der am meisten nach Erkenntnis dürstenden Menschen seiner Zeit.

Maurice Blanchot hat über *Justine* und *Juliette* gesagt: »Man kann zugeben, dass es in keiner Literatur und zu keiner Zeit ein derart skandalöses Werk gegeben hat [...].«[69]

Und tatsächlich, was Sade bewusst machen wollte, war genau das, was das Bewusstsein empörte. Das Empörendste war in seinen Augen das mächtigste Mittel, um die Lust hervorzurufen. Er machte auf diese Weise nicht nur die merkwürdigste Entdeckung, sondern legte von Anfang an dem Bewusstsein nahe, was es nicht ertragen konnte. Er beschränkte sich selbst darauf, von *Regelwidrigkeit* zu sprechen. Die Regeln, die wir befolgen, haben gewöhnlich die Erhaltung des Lebens im Auge; entsprechend führt die Regelwidrigkeit zur Zerstörung. Doch hat die Regelwidrigkeit nicht immer eine so verderbliche Bedeutung. Die Nacktheit ist grundsätzlich eine Art der Regelwidrigkeit, doch wirkt sie sich auf der Ebene der Lust nicht so aus, dass eine wirkliche Zerstörung eintritt (denken wir daran, dass die Nacktheit nicht wirkt, wenn sie *regelgemäß* auftritt: im Behandlungszimmer eines Arztes, in einem Nudistencamp). Das Werk Sades stellt im Allgemeinen skandalöse *Regelwidrigkeiten* dar. Es betont manchmal den *regelwidrigen* Charakter des einfachsten Elements erotischer Anziehung, zum Beispiel eine regelwidrige Entkleidung. Vor allem aber, wenn wir den grausamen Personen glauben, die er in Szene setzt, »erhitzt« nichts besser als die Regelwidrigkeit. Das wesentliche Verdienst Sades ist es, in der Exaltation der Wollust eine Funktion der *moralischen Regelwidrigkeit* entdeckt und ausdrücklich bewiesen zu haben. Durch diese Exaltation sollte im Prinzip der Weg zur sexuellen Aktivität eröffnet werden. Aber die Wirkung der Regelwidrigkeit, welcher auch immer, ist stärker als die unmittelbaren Handlungen. Für Sade ist es ebenso lustvoll, im Verlauf von Ausschweifungen zu töten oder zu quälen, wie eine Familie oder ein Land zugrunde zu richten, oder einfach zu stehlen.

Unabhängig von Sade ist den Beobachtern die sexuelle Erregung des Einbrechers nicht entgangen. Aber niemand vor ihm hat den allgemeinen Mechanismus begriffen, der die Reflexe der Erektion und der Ejakulation mit der *Überschreitung des Gesetzes* verbindet. Sade wusste nichts von der ursprünglichen Beziehung zwischen Verbot und Überschreitung, die einander entgegengesetzt sind und sich ergänzen. Aber er tat den ersten Schritt. Dieser allgemeine Mechanismus konnte erst gänzlich bewusst werden, als uns - sehr spät - die paradoxe Einsicht aufging, dass die Überschreitung das Verbot ergänzt. Sade legte seine Lehre von der *Regelwidrigkeit* auf eine solche Weise dar und vermischte sie derart mit Schauerlichkeiten, dass niemand darauf aufmerksam wurde. Er wollte das Bewusstsein empören; er hätte es auch gerne aufgeklärt, aber er konnte es nicht zugleich empören und aufklären. Heute erst verstehen wir, dass wir ohne die Grausamkeit Sades nicht so leicht dieses einst unzugängliche Gebiet hätten erörtern können, wo sich die quälendsten Wahrheiten verbargen. Es ist nicht so leicht, von der Erkenntnis der religiösen Seltsamkeiten des Menschengeschlechts (die heute an unser Wissen von Verboten und Überschreitungen gebunden ist) zu der seiner sexuellen Seltsamkeiten überzugehen. Die tiefe Einheit erscheint erst zum Schluss. Und wenn der normale Mensch heute ein tiefes Bewusstsein von dem erlangt, was *für ihn* die Überschreitung bedeutet, so, weil Sade den Weg bereitet hat. Jetzt weiß der normale Mensch, dass sich sein Bewusstsein dem öffnen musste, was es am heftigsten empört hatte: Was uns am heftigsten empört, ist in uns.

IV
DAS RÄTSEL DES INZESTS

Es ist das Problem des Inzests, das die umfangreiche Arbeit von Claude Lévi-Strauss mit dem etwas zurückhaltenden Titel *Les structures élémentaires de la parenté* zu lösen sucht.[70] Das Problem des Inzests stellt sich in der Tat im Rahmen der Familie: Es ist immer ein Grad, genauer, eine Form der Verwandtschaft, die über das Verbot der sexuellen Beziehungen oder der Ehe zwischen zwei Personen entscheidet. Umgekehrt hat die Bestimmung der Verwandtschaft den Sinn, die Stellung der Individuen zueinander im Hinblick auf sexuelle Beziehungen zu bestimmen: Die einen dürfen sich nicht vereinigen, die anderen können es, und schließlich stellt ein bestimmtes Band der Vetternschaft ein bevorzugtes Merkmal dar, das oft jede andere Ehe ausschließt.

Wenn wir den Inzest ins Auge fassen, sind wir sogleich überrascht vom universalen Charakter des Verbots. In irgendeiner Form kennt es die ganze Menschheit, doch seine Modalitäten wechseln. Zum Beispiel ist hier eine bestimmte Art von Verwandtschaft mit dem Verbot belegt, wie die Vetternschaft der Kinder, die einerseits vom Vater, andererseits von dessen Schwester abstammen; im Gegensatz dazu ist diese anderswo eine bevorzugte Bedingung der Eheschließung, während die Kinder zweier Brüder – oder zweier Schwestern sich nicht verbinden dürfen. Die zivilisiertesten Völker beschränken sich auf die Beziehungen zwischen Kindern und Eltern, zwischen Bruder und Schwester. Aber bei den archaischen Völkern ist es allgemeine Regel, dass die verschiedenen Einzelpersonen in wohlunterschiedene Kategorien eingeteilt sind, die für das Verbot oder Gebot von sexuellen Beziehungen bestimmend sind.

Wir müssen übrigens zwei verschiedene Situationen in Betracht ziehen. In der einen, die Lévi-Strauss unter dem Titel »Elementare Strukturen der Verwandtschaft« untersucht, liegt den Regeln, die zugleich Ungesetzlichkeit und Möglichkeit der Eheschließung festsetzen, die genaue Bestimmung der Blutsbande zugrunde. In der zweiten, die der Autor mit dem Begriff »komplexe Strukturen« bezeichnet (aber nicht in der publizierten Arbeit behandelt), wird die Bestimmung der Ehegatten »anderen, ökonomischen oder psychologischen, Mechanismen überlassen«.[71] Die Kategorien bleiben unverändert; aber auch wenn es immer noch verbotene Kategorien gibt, so entscheidet doch nicht mehr die Sitte darüber, aus welcher die Ehefrau gewählt werden muss (wenn nicht unbedingt, so doch wenigstens vorzugsweise). Davon haben wir keine Erfahrung mehr; aber Lévi-Strauss meint, dass die »Verbote« nicht für sich allein betrachtet werden dürfen, dass ihr Studium nicht getrennt werden kann von dem der »Privilegien«, die sie ergänzen. Das ist zweifellos der Grund, warum er im Titel seiner Arbeit den Begriff Inzest vermeidet und – wenn auch etwas undeutlich – auf das untrennbare System von Verboten und Privilegien, von Oppositionen und Vorschriften hinweist.

Die bisherigen Antworten auf das Rätsel des Inzests

Lévi-Strauss stellt dem Naturzustand den Zustand der Kultur gegenüber, fast in gleicher Weise, wie Tier und Mensch allgemein gegenübergestellt werden. Das führt ihn dazu, über das Inzestverbot (bei dem er natürlich zugleich an die Regeln der

Exogamie denkt, die es ergänzen) zu sagen: »Es ist der grundlegende Schritt, dank dem, durch den und vor allem in dem sich der Übergang von der Natur zur Kultur vollzieht.«[72] Es gäbe also im Abscheu vor dem Inzest ein Element, das uns als Menschen kennzeichnet, und das Problem, das daraus hervorgeht, wäre das des Menschen selbst, insofern er dem Animalischen hinzufügt, was er an Menschlichem besitzt. Alles, was wir sind, stünde folglich in der Entscheidung auf dem Spiel, mit der wir uns in Gegensatz zur vagen Freiheit der sexuellen Kontakte, zum natürlichen und unausdrücklichen Leben der »Tiere« setzen. Es kann sein, dass sich in der Formel die äußerste Ambition andeutet: die Erkenntnis mit dem Wunsch zu verbinden, den Menschen sich selbst zu offenbaren und derart für ein mögliches Universum einzustehen. Es kann selbst sein, dass Lévi-Strauss sich angesichts eines so weitreichenden Anspruchs für unzuständig erklärt und an die Bescheidenheit seines Vorhabens erinnert. Aber der Anspruch – oder der Antrieb –, der im geringsten Schritt des Menschen liegt, kann nicht immer begrenzt werden, und der Entschluss, die Rätsel des Inzests zu lösen, ist auf vorzügliche Weise anspruchsvoll: Er will offenbaren, was sich nur verstohlen bekundete. Wie sollte übrigens, wenn irgendein Schritt einst den »Übergang von der Natur zur Kultur« vollzog, der Schritt, der seine Bedeutung endlich offenbart, nicht selbst von außerordentlichem Interesse sein?

Es ist allerdings unumgänglich, dass wir uns geschwind den Gründen zur Demut zuwenden: Claude Lévi-Strauss ist genötigt, uns die Fehlschlüsse seiner Vorgänger darzulegen! Sie sind nicht ermutigend.

Die finalistische Theorie gibt dem Verbot den Sinn einer eugenischen Maßnahme: Es handele sich darum, die Spezies vor den Auswirkungen von Ehen unter Blutsverwandten zu schützen. Diese Ansicht hatte berühmte Verteidiger (wie Lewis H. Morgan). Ihre Ausbreitung ist jüngeren Datums; wie Lévi-Strauss sagt, »taucht sie vor dem 16. Jahrhundert nirgendwo auf«.[73] Aber sie ist immer noch häufig anzutreffen; nichts ist heute vorherrschender als der Glaube an die Degeneration der aus dem Inzest hervorgegangenen Kinder. Die Beobachtung hat in keiner Weise bestätigt, was ein vages Gefühl begründete; der Glaube ist trotzdem nicht weniger lebendig.

Für einige »ist das Inzestverbot nichts anderes als die Projektion oder der Widerschein von Gefühlen oder Trieben – für deren Erklärung die Natur des Menschen vollkommen ausreicht – auf die soziale Ebene«.[74] Ein instinktiver Widerwille, sagt man. Lévi-Strauss hat leichtes Spiel, das Gegenteil zu beweisen, was auch die Psychoanalyse demonstriert: nämlich die allgemeine Besessenheit (wie Träume oder Mythen sie anzeigen) von inzestuösen Beziehungen. Warum, wenn es nicht so wäre, würde das Verbot derart feierlich ausgedrückt? Aber Erklärungen dieser Art leiden an einem Mangel: Die Missbilligung, die beim Tier nicht bestand, ist eine historische Tatsache, das Ergebnis von Veränderungen, die das menschliche Leben begründeten; sie liegt nicht einfach in der Ordnung der Dinge.

Dieser Kritik entsprechen tatsächlich *historische* Erklärungen.

»McLennan und Spencer sahen in den exogamen Praktiken eine Fixierung der Traditionen von Kriegerstämmen, bei denen der Raub das normale Mittel war, Gattinnen zu erhalten.«[75] Durkheim erklärt das Heiratsverbot innerhalb des Clans durch das Bestehen eines Blut-Tabus, das sich folgerichtig auch auf das Menstrualblut der Frauen erstreckte, und damit das Fehlen eines Verbots, wenn es sich um Männer eines anderen Clans handelte. Derartige Interpretationen können logisch befriedigend sein, aber »ihre Schwäche liegt in der Tatsache, dass die hergestellten Verknüpfungen brüchig und willkürlich sind«.[76] Es wäre möglich, die soziologische Theorie Durkheims mit der psychoanalytischen Hypothese Freuds zu verbinden, die an den Ursprung des Übergangs vom Tier zum Menschen einen angeblichen Vatermord stellt, den die Brüder gemeinsam begehen: Nach Freud halten die untereinander eifersüchtigen Brüder einer gegen den anderen das väterliche Verbot aufrecht, an die Mutter oder an ihre Schwestern zu rühren, die sich der Vater vorbehalten hatte. Genau genommen führt der Mythos Freuds zu den fantastischsten Mutmaßungen, nichtsdestoweniger hat er gegenüber der Erklärung des Soziologen den Vorteil, ein Ausdruck lebendiger Ängste zu sein: Lévi-Strauss sagt es in treffenden Worten: »Freud trägt mit Erfolg nicht dem Beginn der Zivilisation, sondern ihrem gegenwärtigen Zustand Rechnung ... Der Wunsch nach der Mutter oder der Schwester, der Mord am Vater und die Reue der Söhne entsprechen gewiss keiner Tatsache oder Gesamtheit von Tatsachen, die in der Geschichte einen bestimmten Platz einnehmen. Aber vielleicht bringen sie symbolisch einen alten und hartnäckigen Traum zum Ausdruck. Und die Magie dieses Traums, seine Macht, das Denken der Menschen ohne ihr Wissen zu formen, kommen gerade daher, dass die Taten, die er beschwört, niemals begangen worden sind, weil die Kultur sich ihnen immer und überall widersetzt hat.«[77]

Die begrenzte Bedeutung der äußerlichen Unterscheidung zwischen verbotenen und erlaubten Ehen

Man muss diese schnellen Lösungen, die glänzenden und die platten, weit hinter sich lassen und langsam und hartnäckig

Abbildung XV
Besessene in Trance. Wodu-Kult.

»Gewisse Autoren haben die Existenz der Sabbate bezweifelt. Ebenso zweifelte man in unseren Tagen am Vorhandensein eines *Wodu*-Kults. [...] Alles berechtigt zu der Annahme, dass der Satanskult, mit dem der *Wodu* Ähnlichkeiten aufweist, zwar seltener war als im Kopf der Richter, aber gleichwohl existiert hat.« (S. 174)

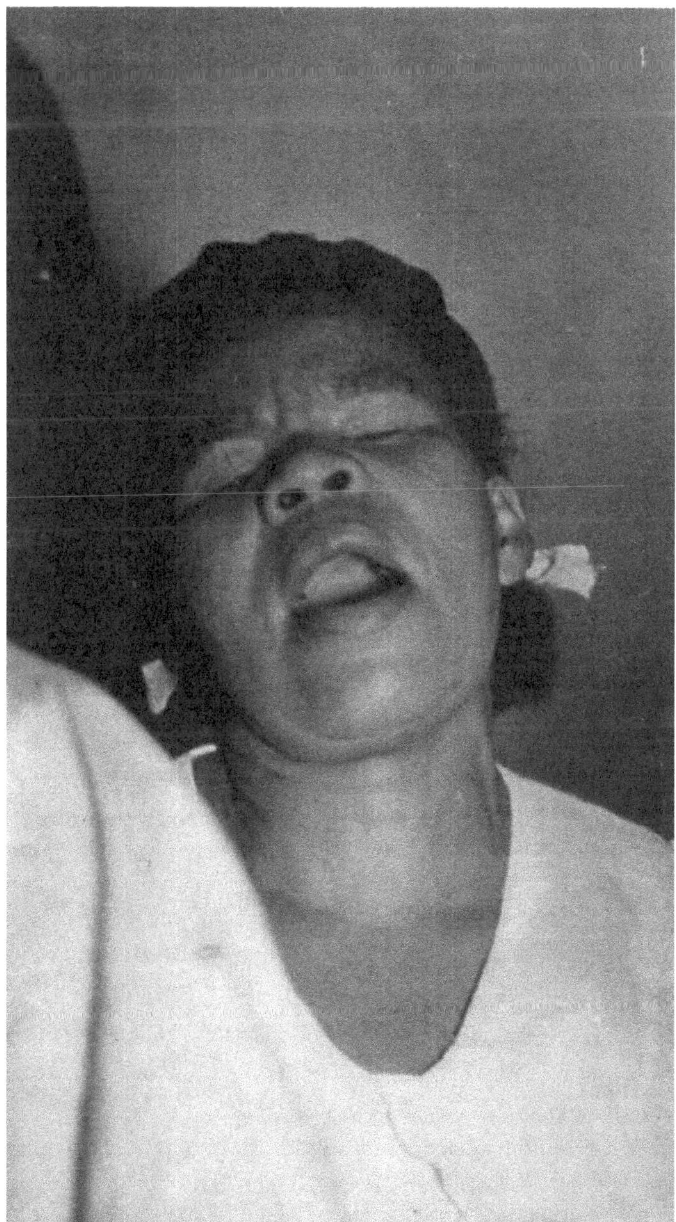

sein. Man darf sich nicht abstoßen lassen von unentwirrbaren Gegebenheiten, die zunächst ohne menschliche Bedeutung sind, nichts als eine »harte Nuss«.

Es ist gewiss ein ungeheures »Geduldspiel« und zweifellos eines der dunkelsten Rätsel, die man je aufhellen musste. Endlos und außerdem, es muss gesagt werden, von verzweifelter Langeweile: Ungefähr zwei Drittel des dicken Buchs von Lévi-Strauss sind der minutiösen Prüfung der vielfachen Kombinationen gewidmet, die die archaische Menschheit erfand, um ein einziges Problem zu lösen, nämlich das der Verteilung der Frauen; das ist es, was sich am Ende aus einem Wirrwarr herausschält, wie er absurder nicht sein könnte. Leider kann ich nicht vermeiden, hier in diesen Wirrwarr einzudringen: Es ist für die Erkenntnis der Erotik wichtig, eine Dunkelheit zu überwinden, die ihren Sinn so unergründlich gemacht hat.

»Auch die Mitglieder derselben Generation«, sagt Lévi-Strauss, »sind in zwei Gruppen geteilt: einerseits diejenigen Cousins (gleich welchen Grades), die [durch zwei kollaterale Verwandte desselben Geschlechts verwandt sind und] sich gegenseitig ›Brüder‹ und ›Schwestern‹ nennen (Parallelcousins), und andererseits diejenigen Cousins, die von kollateralen Verwandten verschiedenen Geschlechts (gleich welchen Grades) abstammen, sich mit besonderen Namen anreden und einander heiraten dürfen (Kreuzcousins).«[78] So sieht, für den Anfang, die Definition eines einfachen Typus aus, und er stellt sich als grundlegend heraus, aber seine zahlreichen Varianten führen zu zahllosen Fragen. Das in dieser Grundstruktur auftretende Motiv ist übrigens schon für sich allein ein Rätsel. »Weshalb eine Schranke errichten zwischen Cousins, die von kollateralen Verwandten desselben Geschlechts, und solchen, die von kollateralen Verwandten verschiedenen Geschlechts abstammen, wo doch in beiden Fällen dasselbe verwandtschaftliche

Verhältnis herrscht? Gleichwohl besteht im Übergang vom einen zum anderen der ganze Unterschied zwischen dem klaren Inzest (Parallelcousins werden Geschwistern gleichgestellt) und Verbindungen, die nicht nur möglich sind, sondern auch empfohlen werden (da Kreuzcousins den Namen von potentiellen Ehegatten tragen). Der Unterschied ist mit unserem biologischen Kriterium des Inzests unvereinbar.«[79]

Selbstverständlich komplizieren sich die Dinge in jeder Richtung, und es scheint oft, als handle es sich um eine willkürliche und bedeutungslose Option; immerhin gewinnt in der Menge der Varianten eine weitere Unterscheidung besonderes Gewicht. Es existiert nicht nur ein allgemeines Vorrecht des Kreuzcousins vor dem Parallelcousin, sondern noch dazu des matrilinearen Kreuzcousins vor dem patrilinearen. Ich mache es so einfach wie möglich klar: Die Tochter meines Onkels väterlicherseits ist meine Parallelcousine; in dieser Welt der »elementaren Strukturen«, in der wir uns bewegen, ist es fast sicher, dass ich sie weder heiraten noch mit ihr auf irgendeine erlaubte Weise in sexuelle Beziehung treten kann: Ich stelle sie meiner Schwester gleich und nenne sie Schwester. Aber die Tochter meiner Tante väterlicherseits (der Schwester meines Vaters), die meine Kreuzcousine ist, unterscheidet sich von der meines Onkels mütterlicherseits, die gleichfalls meine Kreuzcousine ist: Die erste nenne ich patrilinear, die zweite matrilinear. Ich habe offensichtlich Aussichten, die eine oder die andere in freier Wahl heiraten zu dürfen; das geschieht in vielen archaischen Gesellschaften. (Es kann in diesem Fall übrigens vorkommen, dass die erstere, von meiner Tante väterlicherseits geborene, zugleich die Tochter meines Onkels mütterlicherseits ist; dieser Onkel mütterlicherseits kann tatsächlich sehr gut meine Tante väterlicherseits geheiratet haben – in einer Gesellschaft, in der die Kreuzcousinenheirat nicht irgendeiner Nebenbestimmung unterworfen ist, ist das durchaus üblich –, dann sage ich von meiner Kreuzcousine, dass sie bilateral ist.) Aber es ist auch möglich, dass mir die Ehe mit einer bestimmten dieser Kreuzcousinen als blutschänderisch verboten ist. Gewisse Gesellschaften schreiben die Ehe mit der Tochter der Vaterschwester (patrilineare Seite) vor und verbieten sie mit der Tochter des Mutterbruders (matrilineare Seite), während anderswo das Gegenteil der Fall ist.[80] Aber die Situation meiner zwei Cousinen ist nicht gleichwertig; es besteht durchaus die Möglichkeit, dass zwischen die erste und mich ein Verbot tritt, was viel weniger wahrscheinlich ist, falls sich meine Absicht auf die Vereinigung mit der zweiten richtet. »Wenn man«, sagt Lévi-Strauss, »die Verteilung dieser beiden Formen der unilateralen Heirat betrachtet, stellt man fest, dass der zweite Typus sehr viel häufiger vorkommt.«[81]

Das sind also zunächst wesentliche Formen von Blutsverwandtschaft, die dem Verbot oder Gebot der Ehe zugrunde liegen.

Man sieht, dass der Nebel eher dichter geworden ist, während wir auf diese Weise die Einzelheiten genauer bestimmten. Nicht nur, dass diese Unterscheidungen zwischen verschiedenen Verwandtschaftsformen formal und sinnlos sind, nicht nur, dass wir weit entfernt von der klaren Sonderstellung sind, die unsere Eltern und Geschwister gegenüber den übrigen Menschen einnehmen, haben sie noch dazu an verschiedenen Orten entgegengesetzte Wirkungen! Im Allgemeinen sind wir geneigt, in der spezifischen Eigenschaft der in Frage stehenden Wesen – in ihrem jeweiligen Verhältnis zu den moralischen Verhaltensweisen: in ihren Beziehungen und in der Natur dieser Beziehungen – den Grund des Verbots, das sie betrifft, zu erblicken. Dies hier aber lädt uns ein, von jenem Wege abzuweichen. Claude Lévi-Strauss hat selbst gesagt, in welchem Grad eine so betonte Willkür für die Soziologen entwaffnend ist. »Sie verzeihen es der Kreuzcousinenheirat nur schweren Herzens, dass sie nach dem Rätsel des Unterschieds zwischen Kindern von kollateralen Verwandten desselben Geschlechts und Kindern von kollateralen Verwandten unterschiedlichen Geschlechts noch das zusätzliche Rätsel des Unterschieds zwischen der Tochter des Mutterbruders und der Tochter der Vaterschwester gestellt hat.«[82]

Aber der Autor zeigt in Wahrheit den unentwirrbaren Charakter des Rätsels nur, um es desto besser zu lösen.

Es handelt sich darum herauszufinden, auf welcher Ebene Unterscheidungen, die im Prinzip ohne Belang sind, dennoch Folgen haben. Wenn gewisse Wirkungen, je nach der einen oder der anderen bevorzugten Kategorie, verschieden sind, muss der Sinn der Unterscheidungen sichtbar werden. Lévi-Strauss hat in der archaischen Institution der Ehe die Rolle eines distributiven Tauschsystems aufgezeigt. Eine Frau erwerben hieß Reichtum erwerben, weshalb sie sogar einen sakralen Wert hatte: Die Verteilung der Reichtümer, welche die Frauen in ihrer Gesamtheit darstellten, warf lebenswichtige Probleme auf, die durch Regeln gelöst werden mussten. Eine Anarchie, wie sie in den modernen Gesellschaften herrscht, hätte diese Probleme augenscheinlich nicht lösen können. Nur Tauschzyklen, in denen die Rechte von vornherein bestimmt waren, konnten, manchmal nur schlecht, doch meistens sehr befriedigend zu einer ausgewogenen Verteilung der Frauen unter den zu versorgenden Männern führen.

Die Regeln der Exogamie, das Frauen-Geschenk und die Notwendigkeit einer Regel, um sie unter den Männern zu verteilen

Es fällt uns nicht leicht, der Logik der archaischen Situation gerecht zu werden. In der Entspannung, in der wir leben, in einer Welt zahlreicher und unbestimmter Möglichkeiten, können wir uns die Spannung nicht vorstellen, die mit dem Leben in engen, von Feindschaft auseinandergehaltenen Gruppen verbunden ist. Es ist eine Anstrengung notwendig, um sich die Unruhe deutlich zu machen, der eine Regelung abhelfen musste.

Daher müssen wir uns davor hüten, an Handelsmanöver von der Art zu denken, der die Reichtümer in unseren Tagen unterliegen. Selbst in den schlimmsten Fällen, etwa im Fall der »Kaufheirat«, ist die Vorstellung, die wir uns davon machen, sehr weit von einer primitiven Wirklichkeit entfernt, in der der Tausch nicht, wie in unseren Tagen, den Aspekt einer kleinlichen, nur am Gewinn orientierten Operation hatte.

Claude Lévi-Strauss hat die Struktur einer Institution wie der Ehe in die umfassende Tauschbewegung eingefügt, die die archaischen Völker beherrscht. Er bezieht sich auf die »Schlussfolgerungen des berühmten *Essai sur le don*«.[83] »In dieser klassisch gewordenen Untersuchung«, schreibt er, »hat Marcel Mauss zum einen gezeigt, dass sich der Austausch in primitiven Gesellschaften weniger in Form von Transaktionen als in der von gegenseitigen Gaben darstellt; zum anderen, dass diese gegenseitigen Gaben in diesen Gesellschaften einen sehr viel wichtigeren Platz einnehmen als in der unseren; und schließlich, dass diese primitive Form des Tauschs nicht ausschließlich und nicht in erster Linie einen wirtschaftlichen Charakter trägt, sondern uns mit etwas konfrontiert, das er treffend einen *fait social total* nennt, eine gesamtgesellschaftliche Tatsache, d. h. eine Tatsache, die eine sowohl gesellschaftliche wie religiöse, magische wie ökonomische, utilitäre wie sentimentale, juristische wie moralische Bedeutung hat.«[84]

Ein Prinzip der Großzügigkeit leitet diese Art Tausch, der immer einen zeremoniellen Charakter hat: Gewisse Güter können keinem privaten oder nützlichen Verbrauch zugeführt werden. Es sind im Allgemeinen Luxusgüter. Selbst in unseren Tagen dienen sie grundsätzlich dem zeremoniellen Leben. Sie sind für Geschenke, für Empfänge, für Feste reserviert; so ist es unter anderem mit dem Champagner. Der Champagner wird bei bestimmten Gelegenheiten getrunken, wo er herkömmlicherweise angeboten wird. Natürlich ist der ganze Champagner, der getrunken wird, Gegenstand eines Geschäfts: Die Flaschen werden dem Erzeuger bezahlt. Aber im Augenblick, da er getrunken wird, trinkt ihn nur zum Teil der, der ihn bezahlt hat; das ist wenigstens das Prinzip, das sich beim Verbrauch eines Guts auswirkt, dessen Natur die des Festes ist, dessen Gegenwart allein schon einen besonderen, von anderen verschiedenen, keineswegs beliebigen Augenblick bezeichnet – eines Guts übrigens, das, um einer tiefen Erwartung Genüge zu leisten, in Strömen fließen soll oder sollte, genauer gesagt: maßlos.

Die Auffassung von Lévi-Strauss ist von solchen Überlegungen angeregt: Der Vater, der seine Tochter, der Bruder, der seine Schwester heiraten würde, wären dem Besitzer von Champagner gleich, der niemals Freunde einlädt und »schweizerisch« allein in seinem Keller trinkt. Der Vater muss den Reichtum, den seine Tochter darstellt, der Bruder den, der seine Schwester ist, in den zeremoniellen Tauschzyklus einführen: Er muss sie zum Geschenk machen; aber der Zyklus setzt einen Komplex von Regeln voraus, die wie Spielregeln in einem bestimmten Milieu üblich sind.

Claude Lévi-Strauss hat die Prämissen der Regeln dieses

Tauschsystems formuliert, das zum Teil ohne eigentlichen Gewinn auskommt. »(Die) Geschenke«, schreibt er, »werden entweder unverzüglich gegen gleichwertige Güter ausgetauscht oder von den Nutznießern mit der Verpflichtung entgegengenommen, bei der nächsten Gelegenheit Gegengeschenke zu machen, deren Wert den der ersten oftmals übersteigt, die jedoch wiederum das Recht begründen, später neue Gaben zu empfangen, welche den Prunk der vorhergehenden abermals in den Schatten stellen.«[85] Wir müssen hauptsächlich die Tatsache im Auge behalten, dass der Zweck dieser Operationen offensichtlich nicht darin besteht, »einen Nutzen oder ökonomische Vorteile daraus zu ziehen«.[86] Manchmal geht die Zurschaustellung der Großzügigkeit bis zur Zerstörung der angebotenen Gegenstände. Die simple Zerstörung bringt natürlich großes Ansehen mit sich. Die Produktion von Luxusartikeln, deren wirklicher Sinn in der Ehre dessen liegt, der sie besitzt, sie empfängt oder verschenkt, stellt übrigens selbst eine Zerstörung nützlicher Arbeit dar (den Gegensatz zum Kapitalismus, der die Arbeitserträge für die Herstellung neuer Produkte akkumuliert): Die Überführung bestimmter Gegenstände in den zeremoniellen Tausch entzieht sie dem produktiven Konsum.

Man muss diesen dem Krämergeist – dem Aushandeln und der Gewinnkalkulation – entgegengesetzten Charakter unterstreichen, wenn man von Tauschheirat spricht. Selbst die Kaufheirat nimmt an diesem Prozess teil; wie Lévi-Strauss sagt, ist sie »nur eine Modalität jenes grundlegenden Systems, das Mauss analysiert hat [...].«[87] Diese Heiratsformen sind sicher weit entfernt von dem, was wir als humane Verbindung ansehen; wir verlangen auf beiden Seiten eine freie Wahl. Aber sie ziehen die Frauen auch nicht auf das Niveau von Handel und Berechnung herab. Sie stellen sie dem Fest zur Seite. Der Sinn einer zur Ehe gegebenen Frau ist trotz allem mit dem des

Champagners in unseren Sitten verwandt. In der Ehe, sagt Lévi-Strauss, sind die Frauen »nicht in erster Linie ein Zeichen für gesellschaftlichen Wert [...], sondern ein natürlicher Stimulus«.[88] »Malinowski hat gezeigt, dass auf den Trobriand-Inseln sogar noch nach der Hochzeit die Zahlung von *mapula* eine Gegenleistung des Mannes darstellt, um die von der Frau in Form von sexuellen Gunstbeweisen geleisteten Dienste zu vergüten.«[89]

Daher erscheinen die Frauen wesentlich für die *Kommunikation* bestimmt, im vollen Sinn des Wortes, im Sinn der Ergießung verstanden: Sie müssen folglich seitens ihrer Verwandten, die über sie verfügen, Objekte der Großzügigkeit sein. Diese müssen sie *vergeben*, aber in einer Welt, in der jede großzügige Handlung zum Zyklus der allgemeinen Großzügigkeit beiträgt. Wenn ich meine Tochter hergebe, werde ich eine andere Frau für meinen Sohn (oder meinen Neffen) erhalten. Es handelt sich somit innerhalb eines begrenzten Zusammenhangs, der von der Großzügigkeit gestiftet wird, um eine vorweg vereinbarte organische Kommunikation, die den vielfältigen Wendungen eines Tanzes oder einer Orchestrierung gleicht. Was im Inzestverbot *verneint* wird, ist die Konsequenz einer *Bejahung*. Der Bruder, der seine Schwester verschenkt, verneint weniger den Wert der sexuellen Vereinigung mit der, die ihm nahesteht, als dass er den größeren Wert der Ehen bejaht, die seine Schwester mit einem anderen Mann oder ihn selbst mit einer anderen Frau vereinigen. Der Tausch, der auf Großzügigkeit beruht, bringt eine intensivere, auf jeden Fall vielseitigere Kommunikation mit sich als die des unmittelbaren Genusses. Insbesondere kommt mit der Festivität die Bewegung ins Spiel, die Negation der Ichbezogenheit; der höchste Wert entgeht also der Berechnung des Geizigen, so logisch sie auch sein mag. Die sexuelle Beziehung ist selbst Kommunikation und Tumult, sie besitzt die Natur des Festes, und weil sie wesentlich Kommunikation ist, provoziert sie von Anfang an ein Aussichherausgehen.

Ebenso wie die gewaltige Bewegung der Sinne ihrem Höhepunkt zustrebt, erfordert sie ein Zurückweichen, einen Verzicht, denn ohne Zurückhaltung würde niemand weit mit ihr kommen. Aber das Zurückweichen erfordert selbst eine Regel, die den Reigen ordnet und den neuerlichen Ausbruch gewährleistet.

Der reale Vorteil gewisser Verwandtschaftsbeziehungen auf der Ebene des Gabentauschs

Allerdings hebt Lévi-Strauss diese Seite nicht hervor; er besteht im Gegenteil auf einem sehr unterschiedlichen Aspekt des Werts der Frauen, der sich vielleicht mit jenem vereinbaren lässt, ihm aber genau entgegengesetzt ist; nämlich auf dem ihrer materiellen Nützlichkeit. Es handelt sich meiner Meinung nach um einen sekundären Aspekt, wenn nicht in Bezug auf das Funktionieren des Systems, wo die Schwere oft das Übergewicht gewinnen muss, so doch wenigstens im Spiel der Leidenschaften, das die Bewegung auslöst. Ließe man ihn aber außer Acht, würde man nicht nur die Tragweite der Tauschvorgänge verkennen, sondern auch der Theorie von Lévi-Strauss nicht gerecht werden, da die praktischen Konsequenzen des Systems nicht voll zur Geltung kämen.

Bis jetzt ist diese Theorie nur eine glänzende Hypothese. Sie ist verführerisch. Es bleibt noch der Sinn jener Mosaiken aus Verbotsvarianten zu entdecken, der Sinn, den die Wahl unter Verwandtschaftsformen haben kann, deren Unterschiede augenscheinlich bedeutungslos sind. Die Wirkungen aufzuklären, die die verschiedenen Verwandtschaftsformen auf den Tausch haben, eben das hat Lévi-Strauss sich vorgenommen; er wollte auf diese Weise seiner Hypothese eine feste Grundlage geben. Zu diesem Zweck hat er es für richtig gehalten, sich auf den greifbarsten Aspekt der untersuchten Tauschprozesse zu stützen.

Dem *verführerischen* Aspekt des Werts der Frau, von dem ich in erster Linie gesprochen habe (von dem auch Lévi-Strauss spricht, doch eher beiläufig), stellt sich in der Tat der materielle Nutzen entgegen, den der Besitz einer Frau bedeutet und der in den dem Ehemann geleisteten Diensten berechnet werden kann.

Dieser Nutzen kann nicht geleugnet werden, und ich glaube wirklich nicht, dass man den Motiven des Frauentauschs folgen kann, ohne ihn zu berücksichtigen. Ich werde später versuchen, den offenkundigen Widerspruch zwischen den beiden Gesichtspunkten zu überbrücken. Die Auslegung, die ich vorschlage, ist mit der Interpretation von Lévi-Strauss nicht unvereinbar, im Gegenteil; aber ich muss zunächst auf einen Aspekt verweisen, den er selbst hervorhebt: »[...] wie schon oft bemerkt wurde, hat die Ehe in den meisten primitiven Gesellschaften (wie auch – obwohl in geringerem Maße in den bäuerlichen Schichten unserer eigenen Gesellschaft) [...] eine ökonomische Bedeutung. In unserer Gesellschaft liegt der Unterschied zwischen dem ökonomischen Status des Junggesellen und dem des verheirateten Mannes fast ausschließlich in der Tatsache, dass der Junggeselle seine Garderobe häufiger erneuern muss.[90] Ganz anders ist die Situation in Gruppen, wo die Befriedigung ökonomischer Bedürfnisse ausschließlich auf der Ehegemeinschaft und der Arbeitsteilung zwischen den Geschlechtern beruht. Mann und Frau haben nicht nur nicht dieselbe technische Spezialisierung, womit sie in Bezug auf die Herstellung der für die alltäglichen Aufgaben notwendigen Gegenstände voneinander abhängen, sondern sie produzieren auch verschiedene Arten von Nahrung. Eine ausgeglichene und vor allem regelmäßige Ernährung hängt demnach von dieser wahren ›Produktionskooperative‹ ab, die eine Ehegemeinschaft darstellt.«[91] Die ökonomische Notwendigkeit zu heiraten, der sich ein junger Mann gegenübersieht, erspart gewissermaßen eine Strafmaßnahme. Wenn eine Gesellschaft den Austausch der Frauen schlecht organisiert, entsteht daraus wirkliche Unordnung. Deshalb darf einerseits der Vorgang nicht dem Zufall überlassen bleiben, sondern muss Regeln unterworfen sein, die die Gegenseitigkeit sicherstellen; andererseits kann ein noch so vollkommenes Tauschsystem nicht allen Fällen gerecht werden, woraus sich Entgleisungen und häufige Entstellungen ergeben.

Grundsätzlich ist die Situation immer die gleiche, und sie bestimmt die Funktion, die das System überall sicherstellen soll.

Es versteht sich, »dass der negative Aspekt nur der oberflächliche Aspekt des Verbots ist«.[92] Überall ist es wichtig, eine Gesamtheit von Verpflichtungen zu definieren, die Gegenseitigkeit und Zirkulation in Bewegung setzen. »Eine Gruppe, innerhalb derer die Heirat verboten ist, evoziert augenblicklich den Begriff einer anderen Gruppe [...], in der die Ehe je nach den Fällen einfach möglich oder aber unvermeidbar ist; das Verbot des sexuellen Verkehrs mit der Tochter oder der Schwester zwingt dazu, die Tochter oder die Schwester einem anderen Mann zur Frau zu geben, und erzeugt zugleich ein Recht auf die Tochter oder die Schwester dieses anderen Mannes. Somit haben alle negativen Bestimmungen des Verbots ein positives Gegenstück [...] von dem Augenblick an, da ich mir die Verfügung über eine Frau untersage, die somit für einen anderen Mann verfügbar wird, gibt es irgendwo einen Mann, der auf eine Frau verzichtet, die infolgedessen für mich verfügbar wird.«[93]

Frazer hatte als erster bemerkt, dass »die Kreuzcousinenheirat ganz einfach und unmittelbar, dem natürlichen Gang der Dinge folgend, aus dem Schwesterntausch im Hinblick auf interfamiliäre Heiratsbeziehungen hervorgeht«.[94] Aber er konnte von da aus keine allgemeine Erklärung geben, und die Soziologen griffen eine nichtsdestoweniger befriedigende Konzeption nicht wieder auf. Während in der Ehe zwischen Parallelcousins die Gruppe weder verliert noch gewinnt, führt die Ehe zwischen Kreuzcousins zum Tausch zwischen einer Gruppe und der anderen: Unter geläufigen Bedingungen gehört die Cousine tatsächlich nicht zur selben Gruppe wie ihr Cousin. Auf diese Weise bildet sich »eine Struktur der Gegenseitigkeit« heraus, »der zufolge die Gruppe, die erworben hat, zurückgeben muss, und diejenige, die abgetreten hat, fordern kann. Damit haben wir festgestellt, dass [...] die Parallelcousins aus Familien hervorgegangen sind, die sich in derselben formalen Position befinden, die eine Position des statischen Gleichgewichts ist, während die Kreuzcousins aus Familien hervorgegangen sind, die sich in formal antagonistischen Positionen, d. h. in Bezug zueinander in einem dynamischen Ungleichgewicht befinden [...].«[95]

So löst sich das Geheimnis des Unterschieds zwischen Parallel- und Kreuzcousins auf im Unterschied zwischen einer für den Tausch günstigen Lösung und einer anderen, die Stagnation zur Folge hätte. Aber in dieser einfachen Opposition haben wir nur eine dualistische Organisation vor uns, und der Tausch ist *beschränkt*. Sind mehr als zwei Gruppen im Spiel, so gehen wir zum *verallgemeinerten Tausch* über.

Im *verallgemeinerten Tausch* heiratet ein Mann A eine Frau B; ein Mann B eine Frau C; ein Mann C eine Frau A. (Das System kann übrigens erweitert werden.) Ebenso wie die Kreuzung der Cousins sich als bevorzugte Tauschform ergab, eröffnet unter den abweichenden Bedingungen die Ehe zwischen matrilinearen Cousins aus Strukturgründen Möglichkeiten für unbegrenzte Verkettungen. »Es genügt«, sagt Lévi-Strauss, »dass eine menschliche Gruppe das Gesetz der Heirat mit der Tochter des Mutterbruders verkündet, damit sich zwischen allen Generationen und Lineages ein umfassender Zyklus der Gegenseitigkeit organisiert, der ebenso harmonisch und unausweichlich ist wie irgendein physikalisches oder biologisches Gesetz, wohingegen die Heirat mit der Tochter der Vaterschwester die Kette der ehelichen Transaktionen nicht ausdehnen kann; sie kann nicht auf lebendige Weise ein Ziel erreichen, das immer mit dem Tauschbedürfnis verbunden ist, die Ausbreitung der Bündnisse und der Macht.«[96]

Der sekundäre Sinn des ökonomischen Aspekts in der Theorie von Lévi-Strauss

Wir dürfen uns über den zweideutigen Charakter der Lehre von Lévi-Strauss nicht wundern. Einerseits geht es beim Tausch oder vielmehr der Schenkung von Frauen um die Interessen des Schenkenden – der nur im Falle der Gegenseitigkeit schenkt. Andererseits beruht der Tausch auf der Großzügigkeit. Das entspricht dem Doppelaspekt des Gabentauschs, d. h. der Institution, die man *Potlatsch* genannt hat: Der *Potlatsch* ist zugleich Überwindung und Höhepunkt der Berechnung. Aber vielleicht ist es bedauerlich, dass Lévi-Strauss so wenig Nachdruck auf die Beziehung zwischen dem *Potlatsch* von Frauen und der Natur der Erotik gelegt hat.

Die Ausformung der Erotik schließt den Wechsel von Anziehung und Abstoßung, von Bejahung und Verneinung ein. Es ist richtig, dass die Ehe oft als Gegensatz der Erotik erscheint; aber dieses Urteil gründet sich auf einen vielleicht sekundären Aspekt. Man kann sich vorstellen, dass in dem Augenblick, wo

Regeln für Ehehindernisse und -ermöglichungen aufgestellt wurden, diese tatsächlich bestimmend für die sexuelle Aktivität waren. Die Ehe ist offenbar eine Erbschaft aus der Zeit, in der die sexuellen Beziehungen wesentlich von diesen Regeln abhingen. Hätte sich ein Regime von Verboten und Verbotsaufhebungen, die sexuelle Aktivität betreffend, in dieser Strenge ausgebildet, wenn es von Anfang an keinen anderen Zweck gehabt hätte als die materielle Ausstattung eines Haushalts? Alles weist daraufhin, dass diese Regelungen das Spiel der intimen Beziehungen betrafen. Wie sonst könnte man die Entwicklung des unnatürlichen Verzichts auf die nahen Verwandten erklären? Es handelt sich um eine außerordentliche Entwicklung, die verwirrend für die Vorstellungskraft ist, um etwas wie eine innere Revolution, deren Intensität so groß gewesen sein muss, dass der bloße Gedanke an eine Verfehlung Schrecken einflößte. Es ist die Entwicklung, die zweifellos am Ursprung des *Potlatsch* von Frauen steht, das heißt der Exogamie, des paradoxen Verschenkens eines begehrten Objekts. Wie hätte sich eine Sanktion, die des Verbots, mit solcher Kraft – und überall – durchsetzen sollen, wenn sie sich nicht gegen einen so schwer zu überwindenden Impuls gerichtet hätte wie den der Geschlechtlichkeit? Wurde umgekehrt das verbotene Objekt nicht erst durch das bloße Vorhandensein des Verbots dem Begehren signalisiert? Nicht wenigstens ganz zu Anfang? Denn da das Verbot sexueller Natur war, hob es allem Anschein nach den sexuellen Wert seines Objekts hervor. Oder vielmehr, es wies diesem Objekt einen erotischen Wert zu. Gerade das unterscheidet den Menschen vom Tier: Die der freien Betätigung auferlegten Schranken verliehen dem unwiderstehlichen animalischen Impuls einen neuen Wert. Die Beziehung zwischen dem Inzest und dem unbezwinglichen Wert der Sexualität für den Menschen ist nicht so leicht zu zeigen; aber dieser Wert existiert, und er muss sicher mit der

Existenz der allgemeinen Sexualverbote in Zusammenhang gebracht werden.

Diese Wechselbeziehung scheint mir für die Erotik sogar wesentlich zu sein. Wenn ich Lévi-Strauss folge, ist sie auch das Prinzip der mit dem Inzestverbot verbundenen Tauschregeln. Was die Erotik und diese Regeln verbindet, ist oft schwer zu erfassen, und zwar deshalb, weil die Regeln die Ehe betreffen und, wie gesagt, Ehe und Erotik einander oft widerstreiten. Die wirtschaftliche Assoziation, im Hinblick auf die Nachkommenschaft, wurde zum beherrschenden Aspekt der Ehe. Die angewandten Heiratsregeln mögen zuerst den ganzen Verlauf des sexuellen Lebens zum Gegenstand *gehabt haben*; schließlich aber scheinen sie nur noch den Sinn einer Verteilung der Reichtümer zu haben. Die Bedeutung der Frauen hat sich auf ihre Fruchtbarkeit und ihre Arbeit beschränkt.

Aber diese widersprüchliche Entwicklung war von vornherein angelegt. Das erotische Leben konnte nur eine Zeit lang *reguliert* werden. Die Regeln hatten zum Schluss die Wirkung, die Erotik auf den Bereich außerhalb der Regeln zu verweisen. War die Erotik einmal von der Ehe getrennt, bekam diese vor allem einen materiellen Sinn, den Lévi-Strauss mit Recht hervorhebt: Die Regeln, die die Verteilung der Frauen als Objekte des Begehrens anstrebten, sicherten die Verteilung der Frauen als Arbeitskraft.

Die Feststellungen von Lévi-Strauss erhellen nur einen Einzelaspekt des Übergangs vom Tier zum Menschen, der als Ganzes betrachtet werden muss

Die Theorie von Lévi-Strauss scheint – mit unerwarteter Genauigkeit – die Hauptfragen zu beantworten, die das Inzestverbot mit seinen oft wunderlichen Aspekten in den archaischen Gesellschaften aufgeworfen hatte.

Gleichwohl schränkt die Zweideutigkeit, von der ich sprach, wenn nicht die große Tragweite, so doch die unmittelbare Bedeutung der Theorie ein. Als ihr Hauptmoment wird die Tauschaktivität bezeichnet, ein »fait social total«, bei der das Leben als Ganzes im Spiel ist. Trotzdem bleibt die ökonomische Erklärung der rote Faden, als ob sie allein aufrechterhalten werden sollte. Ich bin weit davon entfernt, dem prinzipiell zu widersprechen. Aber zunächst handelt es sich um die Regeln des Inzests, nicht um die Faktoren der Geschichte, als deren Grundlage die ökonomische Aktivität hingestellt wird. Ich gebe gern zu, dass der Autor selber die notwendige Einschränkung gemacht hat, den entgegengesetzten Aspekt nicht expliziert zu haben. Es ist also noch darum zu tun, *aus einigem Abstand* die Wiederherstellung der Totalität aufzuzeigen. Lévi-Strauss hat selber die Notwendigkeit einer Gesamtsicht gespürt: Er versucht sie auf den letzten Seiten des Buchs zu geben, aber wir können darin nur Hinweise finden. Die Analyse des isolierten Aspekts ist mit einer Art Vollkommenheit ausgeführt; der umfassende Aspekt, in den sich jener einfügt, ist eine Skizze geblieben. Das mag am Widerwillen gegen die Philosophie liegen[97], der, zweifellos aus guten Gründen, die wissenschaftliche Welt beherrscht. Doch scheint es mir schwierig, den Übergang von der Natur zur Kultur zu erörtern, wenn man in den Grenzen der objektiven Wissenschaft bleibt, die ihre Gesichtspunkte isoliert und abstrahiert. Das Festhalten an diesen Grenzen ist zweifellos spürbar, wenn man nicht von der Animalität, sondern von der Natur, nicht vom Menschen, sondern von der Kultur spricht. Das heißt von einer abstrakten Sicht zur anderen übergehen, und damit schließt man den Augenblick aus, in dem die Totalität des Seins in einer Wandlung begriffen ist. Es scheint mir schwierig, diese Totalität in einem Zustand oder in nacheinander aufgezählten Zuständen zu erfassen, und die durch das Auftreten des Menschen bedingte Veränderung kann nicht vom Werden des Seins im Ganzen getrennt werden, von dem, was auf dem Spiel steht, wenn sich Mensch und Tier in einem Zerreißen, das die Totalität des zerrissenen Seins offenlegt, voneinander sondern. Mit anderen Worten, wir können das Sein nur geschichtlich erfassen: in den Veränderungen, in den Übergängen von einem Zustand zum anderen, nicht in den isoliert betrachteten aufeinanderfolgenden Zuständen. Wenn er von Natur, von Kultur spricht, hat Lévi-Strauss Abstraktionen gegenübergestellt; während der Übergang vom Tier zum Menschen nicht nur formale Zustände einschließt, sondern auch die Bewegung, in der sie auseinandertreten.

Die menschliche Besonderheit

Das Aufkommen der Arbeit, historisch nachweisbare Verbote und zweifellos auf der subjektiven Seite dauerhafte Abneigungen und unüberwindlicher Ekel kennzeichnen so sehr den Gegensatz von Tier und Mensch, dass sich das Entstehen dieses Gegensatzes trotz des so weit zurückliegenden Zeitpunkts als Gewissheit anbietet. Ich erhebe ein kaum bestreitbares Faktum zum Prinzip: Der Mensch ist das Tier, das nicht einfach annimmt, was naturgegeben ist, sondern es negiert. Er verwandelt auf diese Weise die äußere natürliche Welt, er gewinnt aus ihr Werkzeuge und fertigt Gegenstände an, die eine neue Welt bilden, die *menschliche* Welt. Parallel dazu negiert sich der Mensch selbst, er erzieht sich, er weigert sich zum Beispiel, der Befriedigung seiner animalischen Bedürfnisse *freien* Lauf zu lassen wie das Tier. Man muss auch zugeben, dass die zwei

Negationen des Menschen, nämlich einerseits der gegebenen Welt, andererseits seiner eigenen Animalität, in Verbindung stehen. Es steht uns nicht zu, der einen oder der anderen Priorität zuzuschreiben, zu untersuchen, ob die Erziehung (die in der Form religiöser Verbote erscheint) die Folge der Arbeit oder die Arbeit die Folge einer moralischen Mutation ist. Aber soweit es den Menschen gibt, gibt es einerseits Arbeit und andererseits Negation der Animalität des Menschen in Form von Verboten.

Der Mensch negiert in erster Linie seine animalischen Bedürfnisse; auf sie bezogen sich die meisten seiner Verbote, deren Universalität so erstaunlich ist und die sich anscheinend so von selbst verstehen, dass nie davon die Rede ist. Die Ethnografie spricht zwar vom Tabu des Menstrualbluts, wir kommen darauf noch zurück; aber streng genommen gibt nur die Bibel dem allgemeinen Verbot der Obszönität eine besondere Form (die des Nacktheitsverbots), indem sie sagt, dass Adam und Eva gewahr wurden, dass sie nackt waren. Aber niemand spricht vom Horror vor den *Exkrementen*, der ebenfalls wesentlich menschlich ist. Die Vorschriften, die unsere schmutzigen Ausscheidungen betreffen, bedürfen von Seiten der Erwachsenen keiner überlegten Beachtung und zählen nicht einmal zu den Tabus. Es gibt also eine so radikal negative Modalität im Übergang vom Tier zum Menschen, dass niemand davon spricht. Wir schreiben sie nicht den religiösen Reaktionen des Menschen zu, obwohl wir dort die unsinnigsten Tabus unterbringen. In diesem Punkt ist die Negation so vollkommen, dass wir es für unpassend halten, zu bemerken oder zu behaupten, es sei etwas Besonderes daran.

Um die Darstellung zu vereinfachen, werde ich jetzt nicht von der dritten menschlichen Besonderheit sprechen, dem Wissen vom Tode: Ich erinnere nur daran, dass die kaum bestreitbare Auffassung, die den Übergang vom Tier zum Men-

Abbildung XVI

Goya. *Satan in Bocksgestalt, umgeben von Kinder opfernden Adeptinnen.*

»Doch die Verderbtheit, das Böse und Satan wurden für den Sünder Objekte der Anbetung, die der Sünder oder die Sünderin liebte. Die Wollust versank im Bösen. Sie war ihrem Wesen nach Überschreitung, Überwindung des Schreckens, und je größer der Schrecken, desto tiefer war die Freude. Imaginär oder nicht, die Sabbatberichte haben einen Sinn: den des Traums von einer ungeheuerlichen Freude. Die Bücher Sades führen sie fort [...].« (S. 176)

schen mit diesem Wissen verbindet, im Prinzip die Hegels ist. Immerhin lässt Hegel, der auf den ersten und den dritten Aspekt Nachdruck legt, den zweiten aus und gehorcht somit (da er nicht davon spricht) selbst den beständigen Verboten, die wir befolgen. Das ist weniger störend, als es zunächst scheint, da sich die elementaren Negationsformen der Animalität in den komplexeren wiederfinden. Sobald es sich aber um den Inzest handelt, dürfen wir bezweifeln, dass es vernünftig ist, das banale Verbot der Obszönität zu vernachlässigen.

Die Veränderlichkeit der Inzestregeln und der allgemein veränderliche Charakter des Gegenstands von Sexualverboten

Könnten wir nicht sogar von diesem Verbot aus den Inzest definieren? Wir können nicht sagen: »Das« ist obszön. Die Obszönität ist eine Beziehung. Es gibt nicht »Obszönität«, wie es »Feuer« oder »Blut« gibt, sondern nur, wie es zum Beispiel »Verletzung der Schamhaftigkeit« gibt. Etwas ist obszön, wenn eine bestimmte Person es sieht und es sagt; das Obszöne ist genau genommen kein Objekt, sondern eine Beziehung zwischen einem Objekt und dem Gemüt einer Person. In diesem Sinne können wir Situationen als obszön definieren, soweit es ihre Aspekte sind oder wenigstens zu sein scheinen. Im Übrigen sind diese Situationen unbeständig, sie setzen immer ungewisse Elemente voraus; besitzen sie aber eine gewisse Beständigkeit, so geht es nicht ohne Willkür ab. Ebenso zahlreich sind die Arten, sich mit den Notwendigkeiten des Lebens abzufinden. Der Inzest ist eine jener Situationen, die nur im Geist der Menschen eine – willkürliche – Existenz haben.

Diese Vorstellung ist so notwendig, so wenig vermeidbar, dass wir den universellen Charakter des Verbots der Obszönität nicht leicht beweisen könnten, hätten wir nicht die Möglichkeit, uns auf die Universalität des Inzests zu berufen. Der Inzest ist das erste Zeugnis für den fundamentalen Konnex, der den Menschen an die Negation der Sinnlichkeit oder der fleischlichen Animalität bindet.

Dem Menschen ist es nie gelungen, die Sexualität zu bannen, außer auf eine oberflächliche Weise oder aus Mangel an individueller Kraft. Sogar die Heiligen haben zumindest Versuchungen. Wir können daran nichts ändern, außer dass wir Bereiche vorsehen, in die die Sexualität nicht eindringen darf. Es gibt daher Orte, Umstände, Personen, die ausgenommen sind: An diesen Orten, unter diesen Umständen und diesen Personen gegenüber sind alle Aspekte der Sexualität obszön. Aber die verschiedenen Aspekte sind wie jene Orte, Umstände, Personen veränderlich und immer willkürlich bestimmt. So ist die Nacktheit nicht an sich obszön: Sie ist es fast überall geworden, aber ungleichmäßig. Von der Nacktheit spricht, aufgrund einer Verschiebung, die Genesis und bindet den Übergang vom Tier zum Menschen an die Geburt der Scham, die mit anderen Worten das Gefühl der Obszönität ist. Aber was die Scham noch am Anfang unseres Jahrhunderts verletzte, verletzt sie heute nicht mehr, oder jedenfalls weniger. Die relative Nacktheit der Badenden ist an einem spanischen Strand noch anstößig, nicht an einem französischen: Aber in einer Stadt stört das Badekostüm sogar in Frankreich eine gewisse Anzahl von Leuten. Ebenso ist ein Dekolleté unvorschriftsmäßig zu Mittag und einwandfrei am Abend. Und die intimste Nacktheit ist im Behandlungszimmer eines Arztes nicht obszön.

In gleicher Weise sind die Vorbehalte gegenüber Personen gleitend. Sie begrenzen die sexuellen Kontakte von Personen, die zusammen wohnen, im Prinzip auf die Beziehungen des Vaters und der Mutter, auf das unvermeidliche eheliche Leben. Aber wie die Verbote, die den Anblick, die Umstände oder die

Orte betreffen, sind diese Grenzen sehr unsicher, sehr wechselnd. Vor allem ist der Ausdruck »die zusammen wohnen« nur unter einer Bedingung zulässig: wenn er in keiner Weise präzisiert wird. Wir finden auf diesem Gebiet ebenso viel Willkür – und ebenso viele Konventionen – wie bei der Nacktheit. Man muss besonders den Einfluss der Bequemlichkeit betonen. Die Ausführungen von Lévi-Strauss machen es sehr deutlich. Die willkürliche Grenze zwischen erlaubten und verbotenen Verwandten variiert je nach dem Bedarf an gesicherten Tauschzyklen. Wenn diese organisierten Zyklen nicht mehr von Nutzen sind, werden die inzestuösen Situationen eingeschränkt. Spielt die Nützlichkeit keine Rolle mehr, lassen die Menschen auf die Dauer Hindernisse außer Acht, deren Willkür anstößig geworden ist. Umgekehrt verschärfte sich die allgemeine Bedeutung des Verbots, wenn sein Charakter sich verfestigte: Sein innerer Wert wurde fühlbarer. Jedes Mal übrigens, wenn es sich als bequem erweist, lässt sich die Grenze von neuem hinausschieben: so in den Scheidungsprozessen des Mittelalters, wo theoretische Inzeste, ohne Beziehung zu irgendeinem Brauch, als Vorwand für die legale Auflösung von Herrscher-Ehen dienten. Gleichviel, es handelt sich stets darum, der animalischen Unordnung das Prinzip der vollendeten Humanität gegenüberzustellen: der es dabei immer ein wenig ergeht wie der englischen Dame der Viktorianischen Epoche, die vorgab zu glauben, dass das Fleisch und die Animalität nicht existieren. Die volle gesellschaftliche Humanität schließt die Unordnung der Sinne radikal aus; sie verneint ihr natürliches Prinzip, verneint die tatsächliche Grundlage und erkennt nur den Raum eines sauberen Hauses an, den versorgten Haushalt, durch den sich respektable Personen bewegen, zugleich naiv und unverletzlich, zärtlich und unzugänglich. Dies symbolisiert nicht nur die Unantastbarkeit der Mutter für den Sohn oder der Tochter für den Vater: Es ist ganz allgemein das Bild –

oder das Heiligtum – einer geschlechtslosen Humanität, die ihre Werte im Schutz vor Gewalt und Beschmutzung durch die Leidenschaften errichtet.

Das Wesen des Menschen gründet sich auf das Inzestverbot und seine Folge: die Frauenvergabe

Kehren wir zu der Tatsache zurück, dass diese Bemerkungen keineswegs der Theorie von Lévi-Strauss widersprechen. Der Gedanke einer extremen (bis zum Extrem des Möglichen gehenden) Negation der fleischlichen Animalität stellt sich unfehlbar am Kreuzungspunkt der beiden Wege ein, die Lévi-Strauss eingeschlagen hat, die, genauer gesagt, die Ehe selbst eingeschlagen hat.

In einer Hinsicht vereinigt die Ehe das materielle Interesse mit der Reinheit, die Sinnlichkeit mit dem Verbot der Sinnlichkeit, die Großzügigkeit mit dem Geiz. Vor allem ihrer ursprünglichen Bewegung nach stellt sie aber den äußersten Gegensatz zu diesem Kompromiss dar – sie ist *Gabe*. Diesen Punkt hat Lévi-Strauss vollkommen erhellt. Er hat diese Bewegungen so gut analysiert, dass wir in seinen Interpretationen deutlich erkennen, was das Wesen der *Gabe* ist: Die Gabe ist gerade der Verzicht, sie ist das Verbot der animalischen Befriedigung, des unmittelbaren und vorbehaltlosen Sinnengenusses. Die Hochzeit ist nämlich weniger Sache der beiden Partner als vielmehr des »Gebers« der Frau, jenes Mannes (des Vaters, des Bruders), der, wäre er frei, diese Frau (seine Tochter, seine Schwester) hätte besitzen können und der sie nun vergibt. Die Gabe, die er spendet, vertritt vielleicht die Stelle des Sexualakts; der Überschwang der Gabe hat jedenfalls eine dem Akt selbst verwandte Bedeutung – nämlich die der Verausgabung von Ressourcen. Aber allein der Verzicht, der diese Art der Verausgabung erlaubte und den das Verbot begründete, hat die *Gabe* möglich gemacht. Selbst wenn die Gabe, wie der Sexualakt, erleichtert, so steht das in keinem Vergleich mehr zur Art und Weise, wie sich die Tierheit befreit: Und in dieser Überwindung zeichnet sich das Wesen der Menschlichkeit ab. Der Verzicht auf den nahen Verwandten – die *Zurückhaltung* dessen, der sich gerade das versagt, was ihm gehört –, bestimmt die *menschliche* Haltung, ganz im Gegensatz zur animalischen Gier. *Umgekehrt* steigert der Verzicht, wie gesagt, den verführerischen Wert des Objekts. Aber er trägt dazu bei, die menschliche Welt zu schaffen, in der Achtung, Widerstand und Zurückhaltung die Gewalt überwinden. Er ist die Ergänzung der Erotik, durch ihn erhält das dem Begehren versprochene Objekt einen höheren Wert. Es gäbe keine Erotik, gäbe es nicht auf der anderen Seite die Achtung vor verbotenen Werten. (Es gäbe keine volle Achtung, wenn der erotische Verstoß weder möglich noch verführerisch wäre.)

Die Achtung ist zweifellos nur ein Umweg der Gewalt. Auf der einen Seite beherrscht die Achtung das Milieu, in dem die Gewalt verboten ist; auf der anderen eröffnet sie der Gewalt eine Möglichkeit ungehörigen Einbruchs in Bereiche, aus denen sie verbannt wurde. Das Verbot ändert nichts an der Gewalt der sexuellen Aktivität, aber es öffnet dem disziplinierten Menschen eine Tür, die der Animalität verschlossen bleibt: nämlich die Überschreitung der Regel.

Der Augenblick der Überschreitung (oder der freien Erotik) einerseits, die Behauptung einer Sphäre unzulässiger Sexualität andererseits, das sind die Grenzformen einer Wirklichkeit, in der die Zwischenformen überwiegen. Der Sexualakt hat im Allgemeinen nicht die Bedeutung eines Verbrechens, und Gegenden, wo nur von auswärts kommende Gatten die Frauen des Landes berühren dürfen, sind Überbleibsel sehr alter Verhältnisse. Gewöhnlich wird die gemäßigte Erotik toleriert, und die Verurteilung der Sexualität, selbst wenn sie streng erscheint, betrifft nur die Fassade; die Überschreitung ist unter der Bedingung zugelassen, dass sie nicht bekannt wird. Allerdings haben nur die Extreme eine wirkliche Bedeutung. Wesentlich ist, dass es eine Sphäre gibt, wie begrenzt auch immer, in der der erotische Aspekt undenkbar ist, und Augenblicke der Überschreitung, in denen die Erotik im Gegenzug den Wert einer Umwälzung hat.

Dieser äußerste Gegensatz wäre übrigens unvorstellbar, wenn man nicht an den unaufhörlichen Wandel der Situationen dächte. So lässt das Element der Gabe (da die *Gabe* zum Fest gehört und Gegenstand des Schenkens immer der Luxus ist, der Überschwang, die Maßlosigkeit) an der Hochzeit einen mit dem Tumult des Festes verbundenen Aspekt der Überschreitung hervortreten. Aber dieser Aspekt hat sich inzwischen stark verwischt. Die Eheschließung ist ein Kompromiss zwischen sexueller Aktivität und Achtung. Mehr und mehr nimmt sie den Sinn der letzteren an. Der Augenblick der Eheschließung, der *Übergang*, hat etwas von der Überschreitung, die sie im Prinzip ist, behalten. Aber das eheliche Leben erstickt in einer Welt von Müttern und Schwestern, es erstickt und neutralisiert gewissermaßen die Exzesse der Geschlechtlichkeit. In dieser Entwicklung geht die *Reinheit*, die das Verbot begründet – die *Reinheit*, wie sie der Mutter, der Schwester eigen ist –, zum Teil wieder auf die zur Mutter gewordene Gattin über. Auf diese Weise bewahrt der *Stand* der Ehe die Möglichkeit, ein menschliches Leben zu leben in der *Achtung* vor den Verboten, die sich der freien Befriedigung animalischer Bedürfnisse entgegenstellen.

V
MYSTIK UND SINNLICHKEIT

Von der Weitherzigkeit des modernen Christentums zur »Sexualangst«

Wer sich unmittelbar oder entfernt für die Probleme interessiert, die von der äußersten Möglichkeit des Lebens, nämlich der mystischen Erfahrung, aufgeworfen werden, kennt die bedeutende Zeitschrift, die ein Unbeschuhter Karmeliter, der Pater Bruno de Jésus-Marie, unter dem Titel *Études Carmélitaines* herausgibt. Von Zeit zu Zeit bringt diese Zeitschrift Sonderbände heraus, wie jetzt den über die brennende Frage nach den Beziehungen zwischen »Mystik und Enthaltsamkeit«.[98]

Es gibt kein besseres Beispiel für die Weitherzigkeit, die Weltoffenheit und Gründlichkeit, die die Veröffentlichungen der Karmeliter auszeichnen. Es handelt sich keineswegs um eine Publikation für Eingeweihte, sondern um einen aus einer internationalen Tagung hervorgegangenen Sammelband, zu dem Gelehrte aller Richtungen Beiträge lieferten. Juden, Orthodoxe, Protestanten wurden eingeladen, ihre Standpunkte zu vertreten; viel Platz wurde vor allem den Religionshistorikern und den Psychoanalytikern eingeräumt, die zum Teil der religiösen Praxis fernstehen.

Ganz gewiss forderte schon der Gegenstand dieser Arbeit eine solche Breite der Standpunkte: Einstimmige, ausschließlich katholische Darstellungen, Arbeiten von Autoren, die ein Gelübde an die Enthaltsamkeit bindet, hätten beim Leser Unbehagen hervorrufen können. Sie hätten sich unmittelbar nur an ein Publikum von Geistlichen und Priestern gewandt, die eine unveränderliche Position bezogen haben. Die von den Karmelitern veröffentlichten Arbeiten allerdings zeichnen sich durch die Entschlossenheit aus, alles in Betracht zu ziehen und auch die schwersten Probleme unerschrocken bis ans Ende zu verfolgen. *Dem Anschein nach* war vom katholischen Standpunkt zu dem Freuds ein langer Weg zurückzulegen: Es ist bemerkenswert zu beobachten, dass heute Geistliche Psychoanalytiker einladen, um über die christliche Enthaltsamkeit zu sprechen.

Ich empfinde Sympathie gegenüber einer so augenscheinlichen Redlichkeit: Sympathie, und nicht etwa Verwunderung. In der Tat gibt es nichts in der christlichen Haltung, was zu einem oberflächlichen Urteil über die sexuelle Wahrheit verpflichtete. Trotzdem muss ich einen gewissen Zweifel an der Tragweite der in dieser Sammlung der *Études Carmélitaines* enthaltenen Position äußern. Ich bezweifle, dass auf diesem Gebiet die Kaltblütigkeit die beste Annäherung an das Problem ermöglicht. Die Geistlichen haben wohl vor allem zeigen wollen, dass die Angst vor der Sexualität nicht die Triebfeder der christlichen Enthaltsamkeit war. Im Text der Rundfrage, auf die die Sammlung zurückgeht, äußert sich Pater Bruno de Jésus-Marie wie folgt: »Ohne zu verkennen, dass sie eine schwindelerregende Befreiung sein kann – könnte es nicht sein, dass die Enthaltsamkeit aus Angst vor dem Sexuellen praktiziert wird […]?«[99] Im Kopfaufsatz von Pater Philippe de la Trinité heißt es dazu: »Auf die von Pater Bruno gestellte Frage: ob die Enthaltsamkeit aus Angst vor der Sexualität empfohlen wird, muss der katholische Theologe mit *Nein* antworten.«[100] Und weiter unten: »Die Enthaltsamkeit wird nicht aus Angst vor der Sexualität empfohlen. – Das ist gewiss.«[101] Ich werde nicht den Grad der Richtigkeit einer derart entschiedenen Antwort erörtern, die tonangebend für die Haltung der Geistlichen ist. Was mir auf jeden Fall anfechtbar erscheint, ist der Begriff der Sexualität, der mit diesem Fehlen der Angst verknüpft ist. Ich werde versuchen, hier die Frage zu prüfen (die auf den ersten Blick nichts mit den vorrangigen Aufgaben der Sammlung zu tun zu haben scheint), ob nicht gerade die Angst das »Sexuelle« begründet, und ob die Beziehung zwischen dem »Mystischen« und dem »Sexuellen« nicht von jenem abgründigen Charakter herrührt, jener ängstigenden Dunkelheit, die dem einen wie dem anderen Bereich gleichermaßen zukommt.

Der sakrale Charakter der Sexualität und die angebliche sexuelle Besonderheit des mystischen Lebens

In einer der interessantesten Studien untersucht Pater Louis Beirnaert den Vergleich zwischen der Erfahrung der göttlichen Liebe und der Erfahrung der Sexualität in der Sprache der Mystiker und betont »die Eignung der sexuellen Vereinigung, eine höhere Vereinigung zu symbolisieren«.[102] Er beschränkt sich darauf, schlicht an den grundsätzlichen Schrecken zu erinnern, den die Sexualität einflößt: »Mit unserer wissenschaftlichen und technischen Mentalität haben wir aus der sexuellen Vereinigung eine rein biologische Realität gemacht ...«[103] Wenn die sexuelle Vereinigung »die Vereinigung des transzendenten Gottes mit der Menschheit« auszudrücken vermag, so ist das in seinen Augen deshalb möglich, weil sie »schon in der menschlichen Erfahrung eine intrinsische Eignung besaß, ein sakrales Ereignis zu bedeuten«. »Die Religionsphänomenologie zeigt uns, dass die menschliche Sexualität von Anfang an etwas Sakrales bedeutet.«[104] Dieses entschlossene »etwas Sakrales bedeutet« steht in den Augen Pater Beirnaerts im Gegensatz zu der »rein biologischen Realität« des Geschlechtsakts. Die Welt des Sakralen hat nämlich erst spät die einseitig erhabene Bedeutung angenommen, die sie für den modernen Geistlichen hat. Sie hatte noch in der klassischen Antike einen zweideutigen Sinn. Offensichtlich ist für den Christen das, was sakral ist, notwendig rein, das Unreine befindet sich auf der Seite des Profanen. Aber für den Heiden konnte das Sakrale ebenso gut das Unreine sein.[105] Und wenn man näher hinsieht, muss man sofort feststellen, dass Satan im Christentum dem Göttlichen recht nahesteht und dass nicht einmal die Sünde für etwas dem *Sakralen* vollkommen Fremdes gelten kann. Die Sünde ist ursprünglich religiöses Verbot, und das religiös Verbotene des Heidentums ist gerade das Sakrale. Mit dem Gefühl des Schreckens, das eine verbotene Sache erregt, sind immer Furcht und Zittern verbunden, wovon sich selbst der moderne Mensch angesichts dessen, was für ihn sakral ist, nicht frei machen kann. Im vorliegenden Fall, glaube ich, ist es nicht möglich, ohne eine gewisse Verzerrung den Schluss zu ziehen: »Die Ehesymbolik unserer Mystiker hat also keine sexuelle Bedeutung. Vielmehr besitzt die sexuelle Vereinigung schon einen Sinn, der über sie hinausgeht.«[106] Der über sie hinausgeht? Das will sagen: *der ihren Schrecken leugnet*, wie er an die schmutzige Realität gebunden ist.

Verstehen wir uns richtig. Nichts liegt meinem Denken ferner als die sexuelle Interpretation des mystischen Lebens, wie sie Marie Bonaparte und James Leuba verfochten haben. Wenn die mystische Ergießung auf irgendeine Weise mit den Erregungen der physischen Wollust vergleichbar ist, so ist es eine Vereinfachung zu behaupten, wie es Leuba tut, dass die Wonnen der Kontemplation, von denen die Mystiker sprechen, immer in einem gewissen Grad die Aktivität der Sexualorgane einschließen.[107] Marie Bonaparte stützt sich auf eine Passage der heiligen Teresa von Avila: »In den Händen des mir erschienenen Engels sah ich einen langen goldenen Wurfpfeil, und an der Spitze des Eisens schien mir ein wenig Feuer zu sein. Es kam mir vor, als durchbohre er mit dem Pfeile einige mal mein Herz bis aufs Innerste, und wenn er ihn wieder herauszog, war es mir, als zöge er diesen innersten Herzteil mit heraus. Als er mich verließ, war ich ganz entzündet von feuriger Liebe zu Gott. Der Schmerz dieser Verwundung war so groß, dass er mir ... Klageseufzer auspresste; aber auch die Wonne, die dieser ungemeine Schmerz verursachte, war so überschwänglich, dass ich unmöglich von ihm frei zu werden verlangen konnte [...] Es ist dies kein körperlicher, sondern ein geistiger Schmerz, wiewohl auch der Leib, und zwar nicht im geringen Maße, an ihm teilnimmt. Der Liebesverkehr, der nunmehr zwischen der Seele und Gott stattfindet, ist so süß, dass ich zur Güte des Herrn flehe, er wolle ihn dem zu kosten geben, der etwa meint, ich lüge hierin.«[108] Marie Bonaparte folgert daraus: »Das ist die berühmte Herzdurchbohrung Teresas, der ich ein Bekenntnis gegenüberstelle, das mir einst eine Freundin gemacht hat. Sie hatte den Glauben verloren, aber im Alter von fünfzehn Jahren eine intensive mystische Krise durchgemacht und gewünscht, Nonne zu werden – nun, sie erinnerte sich, eines Tages, als sie vor dem Altar kniete, so übernatürliche Wonnen empfunden zu haben, dass sie glaubte, Gott selbst käme über sie. Erst später, als sie sich einem Mann hingab, erkannte sie, dass diese Herabkunft Gottes zu ihr ein heftiger sexueller Orgasmus gewesen war. Die keusche Teresa hatte nie Gelegenheit, diesen Vergleich zu machen, der sich aber auch für ihre Herzdurchbohrung aufdrängt.«[109] Solche Überlegungen führen zu der These, wie Dr. Parcheminey feststellt, »dass alle mystische Erfahrung nur transponierte Sexualität ist und damit ein neurotisches Verhalten«.[110] Genau genommen ist es schwierig zu beweisen, dass der von Marie Bonaparte vorgeschlagene Vergleich für die Herzdurchbohrung Teresas unzutreffend ist. Offenbar kann nichts die Behauptung rechtfertigen, dass sie kein heftiger sexueller Orgasmus war. Aber es ist unwahrscheinlich. Jedenfalls vernachlässigt Marie Bonaparte die Tatsache, dass die Erfahrung der Kontemplation schon frühzeitig mit der wachsten Beachtung der Beziehungen verbunden war, die zwischen der geistigen Freude und den sinnlichen Affekten bestehen. »Im Gegensatz zu dem, was Leuba behauptet«, sagt Pater Beirnaert, »hatten die Mystiker ein vollkommenes Bewusstsein von den sinnlichen Erregungen, die ihre Erfahrung begleiteten. Der heilige Bonaventura spricht von jenen, die ›*in spiritualibus affectionibus carnalis fluxus liquore maculantur*‹ [›die in geistigen Anwandlungen durch das Wasser eines fleischlichen Flusses befleckt werden‹]. Die heilige Teresa und der heilige Johannes vom Kreuz handeln ausdrücklich davon. [...] Aber es geht dabei um etwas, was sie als außerhalb ihrer Erfahrung befindlich ansehen; wenn dieses Gefühl in ihnen aufsteigt, lassen sie sich nicht davon einnehmen und betrachten es ohne Angst und Furcht. [...] Die zeitgenössische Psychologie hat übrigens gezeigt, dass organische sexuelle Erregungen oft die Ursache einer mächtigen Gemütsbewegung sind, die sich über alle möglichen Nervenbahnen entlädt. Sie kommt damit wieder zum Begriff der ›*redundantia*‹ [›der inneren Überfülle‹], der dem heiligen Johannes vom Kreuz vertraut war. Bemerken wir schließlich, dass derartige Erregungen, die zu Beginn des mystischen Lebens vorkommen, auf den höheren Stufen nicht andauern, vor allem nicht in der spirituellen Vermählung. Kurz, das Vorhandensein sinnlicher Erregungen im Verlauf der Ekstase bedeutet keineswegs, dass die Erfahrung sexuell bestimmt ist.«[111] Diese Klarstellung beantwortet vielleicht nicht jede Frage, die man stellen könnte; doch sie trennt sehr richtig Bereiche, deren grundlegend verschiedene Natur den Psychoanalytikern, die vielleicht außerhalb jeder religiösen Erfahrung stehen und gewiss kein mystisches Leben kennen, entgehen musste.[112]

Es gibt auffallende Ähnlichkeiten und sogar Äquivalenzen und Vertauschungen zwischen den Ordnungen erotischer und mystischer Ergießung. Aber diese Beziehungen können erst genügend deutlich werden, wenn man von der experimentellen Erkenntnis beider Empfindungsweisen ausgeht. Die Psychiater gehen zwar insofern ausdrücklich über die persönliche Erfahrung hinaus, als sie Kranke beobachten, aber deren Verirrungen können sie nicht intim nachvollziehen. Kurz und gut, wenn sie über das mystische Leben urteilen, das sie nicht kennengelernt haben, reagieren sie so, wie sie es ihren Kranken gegenüber machen. Das Ergebnis ist unvermeidlich: Ein Verhalten, das sich außerhalb ihrer eigenen Erfahrung befindet, stellt sich in ihren Augen *a priori* als anormal dar: Das Recht, das sie sich herausnehmen, von außen zu urteilen, fällt zusammen mit der Zuerkennung eines pathologischen Charakters. Hinzu kommt noch, dass die mystischen Seelenzustände, die sich in verdächtigen Erregungen äußern, zugleich am leichtesten erkennbar und dem Sinnenfieber am ähnlichsten sind. Sie verleiten also zur oberflächlichen Gleichstellung der Mystik mit einer krankhaften Exaltation. Aber die tiefsten Schmerzen sind jene, die keine Schreie verraten, und dasselbe gilt von der inneren Erfahrung der fernsten Möglichkeiten des Seins, nämlich der Mystik: »Sensationelle« Augenblicke entsprechen nicht der fortgeschrittenen Erfahrung. Die Zustände, die die Psychiater vor einem übereilten Urteil bewahrt hätten, fallen praktisch nicht in das Feld ihrer Erfahrung, sie sind uns nur insoweit bekannt, als sie persönlich empfunden werden. Die Beschreibungen der großen Mystiker könnten im Prinzip die Unkenntnis beheben, aber sie verwirren gerade durch ihre Einfachheit, sie bieten nichts, was Symptomen von Neuropathen oder Schreien »durchbohrter« Mystiker ähnelt. Sie geben nicht nur wenig her für die Interpretation der Psychiater, sondern ihre ungreifbaren Tatbestände entgehen noch dazu zumeist deren Aufmerksamkeit. Wenn wir den Punkt bestimmen wollen, an dem sich die Beziehung zwischen Erotik und mystischer Spiritualität klärt, müssen wir auf die Binnenansicht zurückkommen, von der allein oder fast allein die Geistlichen ausgehen.

Die Moral des Sichselbersterbens und ihr Unterschied zur allgemeinen Moral

Die Geistlichen, die das Thema der Mystik behandeln, haben nicht alle genau erlebt, wovon sie sprechen, aber, wie ein Mitarbeiter des Bandes sagt[113], die Mystik (natürlich jene, die die Kirche für die allein authentische hält ...) »ist grundlegend für das ganze christliche Leben«. »Christlich leben und mystisch leben sind zwei äquivalente Ausdrücke«, und: »Alle Elemente, die wir in den erhabensten Zuständen unterscheiden, sind schon in denjenigen wirksam, die man die niedrigen nennen kann.« Mir will zwar scheinen, dass die Geistlichen nicht genau den Punkt bestimmen konnten, an dem alles ins Licht tritt. Wie ich schon gezeigt habe, gehen sie von unklaren Begriffen der Sexualität und des Sakralen aus. Aber die Abweichung, die aus dem herrührt, was mir irrig erscheint, ist nicht allzu schwerwiegend, und sie verdient jedenfalls, dass man ihr nachgeht, denn sie bringt uns wenigstens der Klärung näher.

Die Ansichten Pater Tessons scheinen mir nicht immer befriedigend, aber sie sind tief, und ich glaube, man wird bald einsehen, warum ich von ihnen ausgehe. Pater Tesson hebt den Umstand hervor, dass über mystische Seelenzustände die Moral entscheidet. »Der Wert des moralischen Lebens ist es«, sagt er, »der uns erlaubt, irgendetwas über den religiösen und mystischen Wert eines Menschen festzustellen.« »Die Moral bestimmt und leitet das mystische Leben.«[114] Was bemerkenswert ist: Pater Tesson, der die Moral zum obersten Prinzip des mystischen Lebens macht, wendet sich keineswegs gegen die Sinnlichkeit, sondern unterstreicht ihre Übereinstimmung mit dem Plan Gottes. Nach ihm »führen uns zwei Anziehungskräfte zu Gott«: Die eine, die Sexualität, ist »eingeschrieben in unsere Natur«; die andere ist die Mystik, »die von Christus kommt«. »Zufällige Unstimmigkeiten können diese zwei Kräfte in Gegensatz zueinander bringen: Aber diese Unstimmigkeiten können nicht verhindern, dass zwischen beiden »ein tiefes Einverständnis bestehen bleibt.«[115]

Pater Tesson macht sich zum Sprachrohr der kirchlichen Lehre, nach der die – nur in der Ehe erlaubte – »Ausübung der geschlechtlichen Sexualität weder eine erlaubte Sünde noch eine wegen der menschlichen Schwäche eben noch geduldete Handlung minderer Bedeutung« ist. Innerhalb der Ehe gehören die sinnlichen Handlungen zu den »Liebesbeweisen, die ein Mann und eine Frau füreinander erbringen, die sich für das Leben und selbst darüber hinaus verbunden haben«. »Christus wollte die Ehe unter Christen zu einem Sakrament machen und das eheliche Leben durch eine besondere Gnade heiligen.« Nichts steht also dem entgegen, dass diese »im Stand der Gnade ausgeführten« Handlungen »verdienstvoll« sind. Die Vereinigung ist desto »gesitteter«, je mehr sie einer »wahlverwandten, ausschließlichen Liebe« zu ihrer Wahrheit verhilft. Und was noch hinzukommt: »Nichts spricht dagegen, dass ein eheliches Leben mit den Handlungen, von denen wir sprechen, Teil eines tiefen mystischen und sogar eines Lebens in Heiligkeit sei.«

Derartige Ansichten, deren Bedeutung und Interesse nicht bestritten werden können, müssen dennoch von Anfang an für unvollständig gehalten werden. Sie können nicht verleugnen, dass zwischen Sinnlichkeit und Mystik ein jahrhundertelanger Konflikt besteht, dessen Heftigkeit die Aufmerksamkeit der Autoren dieser Sammlung zweifellos nur insofern beschäftigte, als sie seine Tragweite zu verringern wünschten.

Ich erwähne nur nebenbei, dass der Autor in dieser offenherzigen Tendenz gegenüber den Fragen des sexuellen Lebens, von der gerade die Sammlung, zu der er beiträgt, zeugt, sehr wohl eine Möglichkeit der Verwirrung erblickt. Er bemerkt: »Zu oft hat man in neueren Publikationen behauptet, dass die geschlechtliche Vereinigung von Ehepartnern der größte Liebesakt sei. Wenn auch die gemeinsame Ausübung des fleischlichen Aktes ein Ausdruck der Liebe mit einer tiefen emotionalen und vitalen Resonanz ist, so ist doch zu sagen, dass andere Äußerungen deutlicher ihren freiwilligen und geistigen Charakter bekunden, den man mehr und mehr betonen muss.«[116] Er erinnert bei diesem Thema an das Gesetz des Evangeliums, das auch jene betrifft, die das Eheleben wählen: »Um das gottselige Leben zu erreichen, muss man durch den Tod hindurchgehen.«[117]

Dies bezieht sich im Grunde auf die von Pater Tesson formulierte Moral, die das mystische Leben bestimmen und leiten soll. Denn diese Moral, deren wesentliche Merkmale weder in der Ablehnung der Sexualität noch in der Berufung auf die Notwendigkeiten des Lebens (Gesichtspunkte, die solidarisch sind) bestehen, scheint dem Grundsatz verpflichtet: »Um ein gottseliges Leben zu leben, muss man sterben.«[118] Sie ist daher auf *positive* Art in einem Wert begründet: dem gottseligen Leben; sie ist nicht in negativer Weise auf jene unerlässlichen Vorschriften beschränkt, die nur die Erhaltung des gegebenen Lebens sichern. Die Beachtung dieser Vorschriften, ohne die nichts möglich ist, kann für sich allein kein gottseliges Leben begründen. Die Liebe allein ist seine Wahrheit und seine

Abbildung XVII
Geweihte Kurtisane. Grabstatuette. Alexandrien, römische Zeit.

»In der Prostitution bekundete sich eine Weihung der Prostituierten für die Überschreitung. In der Prostituierten manifestierte sich fortwährend der sakrale Aspekt, der verbotene Aspekt der sexuellen Betätigung: Ihr ganzes Leben war der Verletzung des Verbots gewidmet.« (S. 186)

Stärke. Vielleicht steht jenes Leben nicht einmal in direktem Gegensatz zu den Übeln, denen die Vorschriften abhelfen. Die Krankheit, der es unterworfen ist, ist vielmehr die lähmende Schwere, deren Modalitäten »Routine, oberflächliche Korrektheiten, pharisäerhafte Gesetzlichkeit«[119] heißen. Die Moral ist deshalb nicht weniger an das *Gesetz* gebunden, das »die Kirche [...] sich in keinem Augenblick vorschreiben lassen kann«.[120] Aber wenn eine Verfehlung gegen das Gesetz vorliegt, darf der Theologe nicht zu schnell urteilen. Die »neuen Arbeiten auf dem Gebiet der Psychologie« lenken die Aufmerksamkeit auf »den Zustand derer, die ein sehr starkes Innenleben besitzen, ein tiefes Verlangen, Gott zu gehorchen, die aber in sich auf Hindernisse und Störungen des seelischen Gleichgewichts stoßen«. »Die Psychoanalyse hat uns auf diesem Gebiet den beträchtlichen Einfluss unbewusster Beweggründe enthüllt, die oft durch scheinbar willentlich gefasste verschleiert sind«; daher ist »eine ernste Revision der Moralpsychologie« unerlässlich.[121] »Die offensichtlichen Verfehlungen, so schwer sie auch seien, gegenüber eingegangenen Verpflichtungen sind vielleicht nicht die folgenschwersten, denn in diesem Fall sind die Fehler als solche genau bekannt. Nachteiliger für das spirituelle Leben ist es, in der Mittelmäßigkeit steckenzubleiben oder sich in stolzer Selbstzufriedenheit zu gefallen; die Verbindung dieser beiden Haltungen ist übrigens keineswegs ausgeschlossen.« »Da ein Mensch vor dem Richterstuhl des Gewissens nicht notwendigerweise für Verfehlungen gegenüber Vorschriften des Moralgesetzes verantwortlich ist, darf man schließen, dass Verfehlungen dieser Art, als solche unerkannt oder erkannt, jedoch erlitten und nicht gewollt, auch bei Menschen angetroffen werden, die sich auf dem Wege der Vollendung und der Mystik befinden, und sogar bei Heiligen.«[122] Diese Moral ist nicht auf die Garantie des sozialen und individuellen Lebens ausgerichtet, die uns die allgemeinen Gebote gewähren, sondern auf die mystische Passion, indem sie den Menschen dazu verpflichtet, um eines gottseligen Lebens willen sich selbst zu sterben. Was sie verurteilt, ist die Schwerfälligkeit, die diese Bewegung hemmt: jene tiefe Selbstverhaftung, welche die Selbstzufriedenheit, der Stolz und die Mittelmäßigkeit an den Tag bringen. Pater Tessons Satz »Die Moral bestimmt und leitet das mystische Leben« könnte also umgekehrt werden, und wir könnten ebenso gut sagen: »Die Mystik bestimmt und leitet das moralische Leben.« Daher kann die Moral nicht, wie es sich übrigens von selbst versteht, mit der *Erhaltung* des Lebens verknüpft werden, sie fordert sein *Erblühen*.

Ich wollte genauer sagen: fordert im Gegenteil ... Denn es hieß, dass wir sterben müssten, um zu leben ...

Der gegenwärtige Augenblick und der Tod beim »Hochzeitsflug« und im Leben des Geistlichen

Die Bindung des Lebens an den Tod hat zahlreiche Aspekte. Sie ist in der sexuellen und in der mystischen Erfahrung gleichermaßen wahrzunehmen. Pater Tesson beharrt, wie es im Allgemeinen in der Publikation der Karmeliter geschieht, auf der Übereinstimmung von Sexualität und Leben. Aber wie auch immer man sie versteht, die menschliche Sexualität wird stets nur in Grenzen zugelassen, über die hinaus sie *verboten* ist. Schließlich tritt überall in der Sexualität eine Regung auf, die den Schmutz einbezieht. Von da an handelt es sich nicht mehr um »gottgewollte«, segensreiche Sexualität, sondern um Verfluchtsein und Tod. Die segensreiche Sexualität steht der animalischen Sexualität nahe, im Gegensatz zur Erotik, die spezifisch menschlich ist und nur im Ursprung etwas mit der Geschlechtlichkeit zu tun hat. Die Erotik, die im Prinzip unfruchtbar ist, stellt das Böse und das Diabolische dar.

Gerade von dieser Seite her gesehen ergibt sich die letzte – und die bezeichnendste – Beziehung zwischen Sexualität und Mystik. Im Leben der Gläubigen und der Geistlichen, bei denen Störungen des seelischen Gleichgewichts nicht selten sind, ist das, worauf die Verführung abzielt, oft nicht das Geschlechtliche, sondern das Erotische. Das ist die Wahrheit, die aus den Bildern hervorgeht, die mit der Versuchung des heiligen Antonius verbunden werden. Was den Geistlichen besessen macht, ist tatsächlich das, *wovor er Angst hat*. In dem Wunsch, sich selbst zu sterben, drückt sich seine Sehnsucht nach gottseligem Leben aus; damit aber beginnt eine dauernde Verwandlung, in der jedes Element sich ohne Unterlass in sein Gegenteil verkehrt. Der Tod, den der Geistliche gewollt hat, wird für ihn zum gottseligen Leben. Er hat sich der geschlechtlichen Ordnung widersetzt, die die Bedeutung des Lebens hatte, und er findet die Verführung wieder unter einem Aspekt, der die Bedeutung des Todes angenommen hat. Aber das Verfluchtsein oder der Tod, den die sexuelle Versuchung ihm anzeigt, ist Tod auch vom Gesichtspunkt des gottseligen Lebens aus, das er im Sichselbersterben anstrebt. Daher hat die Versuchung eine doppelte Todesqualität. Wie sollte man sich nicht vorstellen, dass ihre Macht den Geistlichen auf das »Dach des Tempels« führt, von dessen Höhe jemand, der die Augen ganz und *ohne einen Anflug von Furcht* öffnete, die Wechselbeziehungen aller entgegengesetzten Möglichkeiten erblicken würde?

Ich werde jetzt zu beschreiben versuchen, was *vielleicht* von der Höhe des »Dachs« aus erscheint.

Zuerst will ich ein Paradox formulieren: Ist das so gestellte Problem nicht schon in der Natur gegeben? Die Natur vermischt Leben und Tod im Geschlechtlichen. Betrachten wir den Extremfall, in dem die sexuelle Aktivität zum Tod des zeugenden Lebewesens führt. Es ist absurd, von Absichten der Natur zu sprechen, doch die unumgänglichen Prozesse, die das Leben zur Vergeudung seiner Substanz treiben, sind nie einfach, was sie sind. Im selben Augenblick, in dem es sich grenzenlos verschwendet, setzt sich das Leben ein Ziel, das den Verlusten, die es so fieberhaft besorgt, anscheinend entgegengesetzt ist. Es gibt sich exzessiven Verausgabungen an Energie nur dann hin, wenn es ein Wachstum anstrebt. Ob es sich um die Pflanze oder das Tier handelt, der Luxus der Blüten und der Paarungszeit ist vielleicht nicht in dem Maße Luxus, wie es scheint. Er gibt sich den *Anschein* der Zweckmäßigkeit. Zweifellos ist die Pracht der Blumen und der Tiere von geringem *Nutzen* auf der *Funktionsebene*, auf die unser Verstand sie in plumper Weise bezieht. Man möchte sagen, ein ungeheurer Betrug. Als befreite sich eine überbordende Flut, die die Fortpflanzung zum Anlass nimmt, sich aber nicht um sie kümmert. So blind uns sein Vorgehen erscheint, ohne Vorwand hätte das Leben dem Fest, das es in sich trägt, nicht freien Lauf gewähren können. Als hätte die ungeheure Ausgelassenheit eines Alibis bedurft.

Diese Betrachtungen sind keineswegs befriedigend. Auch lassen sie sich auf ein Gebiet ein, auf dem die menschliche Reflexion immer nur mit unerträglicher Leichtfertigkeit operierte. Es ergab sich alles so gut von selbst, dass sich die Vereinfachungen Schopenhauers aufdrängten: Die Sexualtriebe hätten nur *einen* Sinn, und der bestünde in den Zwecken, die die Natur durch sie erreichen wolle. Niemand stieß sich an der Tatsache, dass die »Natur« auf eine unsinnige Weise vorging.

Unmöglich, ein Problem in seinem vollen Umfang zu prüfen, das mich zur Ironie zwingt. Ich beschränke mich darauf anzudeuten, in welchem Maße das Leben, das überschwänglicher Verlust ist, zugleich durch eine entgegengesetzte Bewegung gelenkt wird, die sein Wachstum verlangt.

Doch trägt am Ende der Verlust den Sieg davon. Vergeblich vermehrt die Fortpflanzung das Leben; sie vermehrt es nur, um es dem Tod zu opfern, dessen Verheerungen überhandnehmen, wenn das Leben blind versucht, sich auszubreiten. Ich betone, dass die Vergeudung immer intensiver wird, trotz des Bedürfnisses nach einem entgegengesetzten Ausgang.

Kehren wir zu dem Punkt zurück, den ich für wichtig halte: jenem Extremfall, in dem der Sexualakt zum Tod des Tieres führt. In dieser Erfahrung hält das Leben das Prinzip seines Wachstums aufrecht und geht dennoch verloren. Ich könnte kein vollkommeneres Beispiel des Sichselbersterbens anführen. Ich bleibe dabei, mich nicht durch jene Ansicht einengen zu lassen, der zufolge sich das Tier angeblich dem Ergebnis unterordnet. In diesem Fall geht der Impuls des Individuums bei Weitem über ein Resultat hinaus, das nur für die Art Bedeutung hat. Dieses Resultat allein sichert zwar das Wiederaufleben des Impulses von Generation zu Generation; aber die Gleichgültigkeit gegenüber dem Kommenden, die strahlende und *in einem gewissen Sinne* sonnenhafte Zustimmung zum Augenblick kann nicht zunichte gemacht werden, wie es geschieht, wenn wir uns darauf beschränken, den Augenblick in seiner Unterordnung unter die Folgerung zu begreifen. Nur aus Systemzwang kann jemand das Sichselbersterben des Tieres verkennen, und mir scheint, dass das menschliche Denken, wenn es dessen Tod der Sorge um die Art zuschreibt, das Verhalten des Männchens im Augenblick des Hochzeitsflugs grob vereinfacht.

Komme ich auf die Erotik des Menschen zurück, so hat sie für den Geistlichen in der Versuchung dieselbe Bedeutung, die für die Drohne der Tod hätte, in den sie fliegt, wenn sich die Drohne wie der Geistliche frei entscheiden könnte, im vollen Bewusstsein des Todes, der sie erwartet. Der Geistliche kann nicht physisch sterben; er kann das gottselige Leben verlieren, auf das sein Begehren gerichtet ist. Das ist nach dem Ausdruck Pater Tessons eine jener »zufälligen Unstimmigkeiten«, die unaufhörlich die »zwei Anziehungskräfte«, die uns zu Gott führen, in Gegensatz zueinander bringen, nämlich die Sexualität, die »eingeschrieben in unsere Natur« ist, und die Mystik, »die von Christus kommt«. Ich meine, wir können die Beziehung zwischen diesen beiden Formen nicht deutlich machen, wenn wir sie nicht im Moment ihrer stärksten Opposition erfassen, der zugleich der ihrer ausgesprochenen Ähnlichkeit ist. Ihr »tiefes Einverständnis«? Es ist möglich; aber würden wir es in der Abschwächung der entgegengesetzten Merkmale zu fassen bekommen, wenn es gerade diese Merkmale sind, die sie einander zugleich ähnlich sein lassen?

Nach den Worten Pater Tessons fordert das *gottselige Leben* von dem, der es finden will, dass er *sterbe*. Aber niemand denkt an einen Tod, der nur die passivische Abwesenheit von Leben wäre. Sterben kann die aktive Bedeutung eines Verhaltens annehmen, das die Vorsicht hintanstellt, der wir durch die Todesangst unterworfen sind. Die Tiere kennen angesichts der Gefahr Reflexe wie Bewegungslosigkeit oder Flucht; diese Reflexe zeugen von einer wesentlichen Sorge, deren Formen beim Menschen zahllos sind. Im Augenblick leben, ohne sich der Sorge unterzuordnen, die diese Reflexe bestimmt: Das heißt, sich selber sterben oder wenigstens Auge in Auge mit dem Tod leben. De facto schleppt jeder Mensch sein Leben lang die Auswirkung seiner Selbstverhaftung mit sich herum. Er ist gehalten, unablässig tätig zu sein, um ein gültiges Resultat auf der Ebene der Fortdauer seines personalen Wesens zu erzielen. Soweit er sich dazu hergibt, die Gegenwart der Zukunft zu unterwerfen, ist er jene von sich erfüllte, dünkelhafte und mittelmäßige Person, die der Egoismus fernhält von dem Leben, das Pater Tesson *gottselig* nennt und das man, allgemeiner, *sakral* nennen kann. Dieses Leben hat Pater Tesson, scheint mir, in der Formel zusammengefasst: »Um ein gottseliges Leben zu leben, muss man sterben.« Jenseits von »Mittelmäßigkeit« und »Dünkel« können wir tatsächlich ununterbrochen den Horizont einer ängstigenden Wahrheit wahrnehmen. Die Unermesslichkeit dessen, was ist, diese unbegreifliche Unermesslichkeit – unbegreiflich für die Intelligenz, die alles durch Tat, Ursache und beabsichtigten Zweck erklärt – erschreckt das begrenzte Wesen, dem keinerlei Ort bleibt und das über die Welt mittels Berechnungen urteilt, in denen es losgelöste Teile dieser Totalität auf sich bezieht, auf seine mittelmäßigen und dünkelhaften Ansichten, wo sie sich verlieren. Die Unermesslichkeit bedeutet für den, den sie trotzdem anzieht, den Tod: Eine Art Taumel oder Entsetzen erfasst den, der sich selbst – und der Hinfälligkeit seiner egoistischen Ansichten – die unendlich gegenwärtige Tiefe gegenüberstellt, die zugleich unendliche Abwesenheit ist. Wie ein *vom Tod bedrohtes* Tier halten ihn die miteinander unvereinbaren Reflexe der Starre und der Flucht in jenem Zustand eines Gefolterten fest, den wir gemeinhin *Angst* nennen. Aber die Gefahr, die das Tier bald erstarren lässt, bald in die Flucht jagt, ist von außen gegeben, ist real, ist bestimmt, während es in der Angst das Begehren nach etwas Unbestimmbarem ist, das animalische Reflexe gegenüber dem Tod hervorruft. Das derart vom Tod bedrohte Wesen erinnert an die Situation des Geistlichen, den die Möglichkeit eines Fleischesakts unwiderstehlich versucht, oder im Tierreich an die der Drohne, die sterben wird, nicht weil sie einem Feind begegnet, sondern weil sie sich in tödlichem Ungestüm ins Licht stürzt, der Königin entgegen. Jedenfalls geht es in beiden Fällen um das Aufleuchten eines Augenblicks, der dem Tode trotzt.

Die Versuchung des Geistlichen und die delectatio morosa

Einen Punkt können wir gar nicht genug betonen: Das Sexualverbot, aus dem der Geistliche freiwillig die äußerste Konsequenz zieht, verursacht in der Versuchung gewiss eine anormale Situation, aber der Sinn der Erotik wird dabei eher hervorgehoben als verletzt. Ist es auch paradox, die Versuchung des Geistlichen mit dem – verhängnisvollen – Hochzeitsflug der Drohne zu vergleichen, so ist doch der Tod in beiden Fällen der Abschluss, und ich könnte vom Geistlichen in der Versuchung sagen, dass er eine klarsichtige Drohne ist, die *weiß*, dass auf die Stillung ihres Begehrens der Tod folgen würde. Gewöhnlich lassen wir diese Ähnlichkeit außer Acht, und zwar deshalb, weil beim Menschen der Sexualakt im Allgemeinen nie den wirklichen Tod nach sich zieht und weil die Geistlichen fast als einzige in ihm den drohenden moralischen Tod erblicken. Aber die Erotik erreicht erst ihre Fülle, schöpft die ihr eröffneten Möglichkeiten erst aus, wenn sie zu einem Sturz führt, dessen Schrecken den schlichten fleischlichen Tod beschwört.

Gerade die Unterschiede zwischen der Drohne und dem Geistlichen tragen dazu bei, den Sinn ihrer Ähnlichkeit zu klären und einen Charakter der sinnlichen Leidenschaften aufzuzeigen, der sie mit der Mystik verbindet (inniger als eine Gemeinsamkeit des Vokabulars).

Ich habe schon gesagt, dass die Klarsicht des Geistlichen im Gegensatz zur Blindheit des Insekts steht; aber dieser Unterschied ist eben der Gegensatz zwischen Tier und Mensch: Ich möchte jetzt eine Frage aufwerfen, die über das Problem hinausgeht, die eine begrenzte Form dieses Problems ist. Ich spreche vom Widerstand des Geistlichen, der bei der Drohne nicht vorhanden ist, aber beim Menschen im Allgemeinen auch nicht (es ist richtig, dass der Widerstand bei der Frau häufiger vorkommt; aber so bezeichnend ihr Verhalten auch ist, eine Frau, die Widerstand leistet, ist sich oft ihrer Gründe nicht klar bewusst, sie widersteht instinktiv, wie das Weibchen der Tiere: Nur der Geistliche, den die Versuchung quält, gibt dem Widerstand die volle Bedeutung).

Der Kampf des Geistlichen geht vom Willen aus, *ein spirituelles Leben zu erhalten*, das der Fall *tödlich* treffen würde: Die Fleischessünde setzt dem Aufschwung der Seele zur unmittelbaren Freiheit ein Ende. Wir haben gesehen, für Pater Tesson wie für die ganze Kirche gilt: »Um ein gottseliges Leben zu leben, muss man sterben.« Hier ist das Vokabular zweideutig: Der Tod, der das gottselige Leben vernichtet, steht anscheinend im Gegensatz zu jenem, der dessen Bedingung ist. Aber dieser gegensätzliche Aspekt ist kein letztgültiger: Es handelt sich allemal darum, das Leben gegen verderbliche Kräfte zu behaupten; das Thema der Erhaltung des Lebens (des realen, materiellen Lebens, unter dem Vorwand einer spirituellen Wahrheit) wandelt sich nicht sonderlich, wenn es um das Leben der Seele geht. Das von der Sünde zerstörte Leben hat prinzipiell einen elementaren Wert, es ist das Gute. Das vom gottseligen Leben zerstörte Leben ist vielleicht das Böse. Aber der Tod zerstört immer eine Realität, die dauern möchte. Wenn ich mir selbst sterbe, verachte ich das auf Dauer und Wachstum angelegte Wesen; ebenso, wenn ich durch die Sünde das spirituelle Leben in mir zerstöre. Jedes Mal gewinnt das, was verführt (was Bewunderung erregt, was entzückt), die Oberhand über eine Sorge um dauerhafte Anlage, über einen zur Machtentfaltung entschlossenen Willen. Das, was widersteht, wechselt; bald ist es das Interesse des egoistischen Individuums, bald die Ausbildung des geistlichen Lebens. Aber immer hemmt die Sorge um das Künftige, sei es niedrig oder nicht, die unmittelbare Versuchung. Wie bereits gesagt, spricht Pater Tesson offen von den »zwei Anziehungskräften«, die uns zu Gott hinführen, der sexuellen, die in der Natur liegt, und der mystischen von Christus her: Gott hat (für mich) die Bedeutung eines aufleuchtenden Elements, das uns hinaushebt über die Sorge, den Reichtum, den wir besitzen, in der Zeit zu bewahren oder zu vermehren. Die Geistlichen werden sagen, dass ich das Wesentliche auslasse, dass der Konflikt in der Versuchung ein liebenswertes Objekt einem verabscheuungswürdigen gegenüberstellt. Das ist nicht richtig, oder nur oberflächlich richtig. Ich behaupte vielmehr als Grundgesetz:

In der Versuchung ist nur ein Objekt sexueller Anziehungskraft vorhanden; das mystische Element, das den Geistlichen in der Versuchung zurückhält, hat keine »aktuelle Kraft« mehr in ihm, es wirkt insofern, als er, sich selber treu, die Erhaltung des im mystischen Leben gewonnenen Gleichgewichts dem Taumel, in den ihn die Versuchung gleiten lässt, vorzieht. Das Eigentümliche der Versuchung ist, dass das Göttliche, in seiner mystischen Form, aufgehört hat, *fühlbar* zu sein (und nur mehr verständlich ist). Das fühlbare Göttliche ist in diesem Augenblick *sinnlicher* Art, wenn man will dämonischer Art, und dieses Dämonisch-Göttliche, dieses Göttlich-Dämonische verspricht das, was der in der höheren mystischen Erfahrung gefundene Gott selbst, und sogar noch gründlicher, verspricht, weil der Geistliche den wirklichen Tod dem Unterliegen in der Versuchung vorziehen würde. Ich verkenne nicht die Aussichten auf Befriedigung, die das Unterliegen dem niedrigen *Ich* eröffnen würde; aber der Geistliche negiert dieses Ich, das davon profitieren würde; weit eher fühlt er die intime, eines Tages vielleicht öffentliche Erniedrigung jenes an Orden und Kirche gebundenen *Ichs* voraus, zu dessen Gunsten er auf den primären Egoismus verzichtet: Es gehört zum Grundsatz dieses zweiten Ichs, sich in Gott zu verlieren; aber im Augenblick der Versuchung ist Gott nicht mehr *fühlbar* im Geist, hat er nicht mehr jene schwindelerregende Wirkung, die sein Wesen ist, vielmehr taucht sein Nutzen für das zweite Ich auf, sein verständlicher Wert. Gott bleibt im Spiel, aber nur in einer verständlichen Form. Die eigennützige Berechnung gewinnt die Oberhand, nicht mehr das brennende Begehren.

So hält der Widerstand des Geistlichen im Augenblick der Versuchung ihre Bedeutung als schwindelerregender Verlust aufrecht. Der Geistliche, der widersteht, ist tatsächlich im Zustand einer Drohne, die um den Ausgang des Aufschwungs weiß, der sie der Königin entgegenträgt.

Sein Entsetzen aber – und als Folge sein Widerstand – bewirken, dass das Objekt, das den Geistlichen anzieht, nicht mehr dieselbe Bedeutung hat wie die Königin, die das Insekt zum Tod im Licht führt: Das negierte Objekt ist zugleich hassenswert und begehrenswert. Seine sexuelle Anziehungskraft verfügt über die Fülle des Glanzes, seine Schönheit ist so groß, dass sie den Geistlichen in Entzücken versetzt. Aber dieses Entzücken ist im selben Augenblick ein Schaudern: Eine Aura des Todes umgibt das Objekt, das seine Schönheit verhasst macht.

Dieser zweideutige Aspekt der Versuchung ist sehr ausgeprägt in jener verlängerten Form der Versuchung, die die Kirche »delectatio morosa« genannt hat.

In der *delectatio morosa* sind die Schönheit des Objekts und seine sexuelle Anziehungskraft verschwunden. Nur die Erinnerung daran bleibt in der Todesaura bestehen, von der ich spreche. Der Gegenstand ist nun weniger ein Objekt als eine mit einem Seelenzustand verbundene Sphäre, und es ist unmöglich zu sagen, ob es sich um Entsetzen oder Anziehung handelt; ein Todesempfinden bewirkt die Anziehung, während das Objekt der Sinnlichkeit Schrecken auslöst und den Bereich des Bewusstseins verlässt. Selbstverständlich hat die *delectatio morosa* mit dem Hochzeitsflug eine entferntere Ähnlichkeit als die Versuchung. Trotzdem ist es möglich, sie festzustellen, ungeachtet der etwas komischen Ohnmacht der »Delektation«: Die *delectatio morosa* ist gewissermaßen der gelähmte Elan eines Hochzeitsflugs, an dem trotz seines schmerzlichen Charakters festgehalten wird, aber jetzt in einer unerleuchteten Blindheit, die der des Tieres gleicht. Sie ist in der Tat das Mittel, das Begehren nach dem Seelenheil zu vereinbaren mit dem Begehren, in der tödlichen Lust einer Umarmung zu versinken. Aber das Verlangen nach einem begehrenswerten Objekt hat sich verwandelt in ein Verlangen nach einem Objekt ohne natürlichen Reiz; es ist das unbegreifliche, unbewusste Begehren nach dem Tod oder wenigstens nach der »Verdammnis«.

Die schuldhafte Sinnlichkeit und der Tod

Die Analyse der *delectatio* erhellt das noch unenträtselte Thema der Sinnlichkeit des Menschen; man muss sie unter diesem Aspekt betrachten, um zu bemerken, was sie mit der einzigen entblößenden Erfahrung verbindet, nämlich der mystischen. Ich glaube, wenn wir, wie die Autoren der von den Karmelitern herausgegebenen Sammlung, die menschliche Sinnlichkeit in ihrer erhabensten Form nehmen – gottgewollt und unabhängig von den Verirrungen, die sie beschmutzt haben –, entfernen wir uns eher von der mystischen Erleuchtung. Die auf ihre erlaubten Seiten beschränkte Sinnlichkeit verschleiert jene tödlichen Aspekte, die im Flug der Drohne oder in der Versuchung des Geistlichen sichtbar werden und deren entfernter Sinn noch in der *delectatio morosa* auszumachen ist.

Es ist richtig, dass die »gottgewollte«, auf die Ehe beschränkte geschlechtliche Aktivität und allgemeiner die für natürlich und normal gehaltene Sexualität sowohl zu den widernatürlichen Verirrungen im Gegensatz steht als auch zu jeder Erfahrung, die als schuldhaft und sündig verurteilt wird und aus diesem Grund einen herberen Geschmack hat: den der Verlockung, wie sie von der verbotenen Frucht ausgeht.

Für eine reine Seele soll das erlaubte sexuelle Begehren in den meisten Fällen absolut rein sein. Das ist möglich; aber diese Teilwahrheit verschleiert eine grundlegende Wahrheit.

Trotz der allgemeinen Tendenz, mit der Sexualität ein Element der Scham zu verbinden, ist es vernünftig und in Übereinstimmung mit dem Urteil der Kirche, die Sexualität als Funktion zu den notwendigen Betätigungen zu rechnen. Die Umarmung hat etwas von einem zu preisenden Wunder, das zu der angesprochenen Scham einen Gegensatz bildet. Die Umarmung ist das Aufblühen und die glücklichste Form des Lebens. Es gäbe keinen Grund, im Blick auf sie an das Beispiel der Drohne zu erinnern, für die sie zugleich Höhepunkt und tödliches Ende ist. Dennoch, gewisse Aspekte der Sexualität erregen von Anfang an Misstrauen. Der Volksmund bezeichnet den Orgasmus als »kleinen Tod«. Die Reaktionen der Frauen sind im Prinzip mit denen der Weibchen vergleichbar, die vor der Fatalität der Liebe zu fliehen versuchen: Zwar unterscheiden sie sich von denen des Geistlichen in der Versuchung, doch zeigen diese Reaktionen den Eindruck von Furcht oder Schrecken an, der im Allgemeinen mit der Vorstellung des sexuellen Kontakts verknüpft ist. Diese Ansichten lassen sich theoretisch erhärten. Die Verausgabung der für den Sexualakt notwendigen Energie[123] ist durchgängig immens.

Man braucht die Ursache für die Angst vor dem sexuellen Spiel gar nicht erst woanders zu suchen. Der Tod ist nur der Ausnahme-, der Extremfall; jeder normale Energieverlust ist tatsächlich nur ein *kleiner* Tod, verglichen mit dem Tod der Drohne; aber deutlich oder undeutlich ist dieser »kleine Tod«

selbst ein Angstmotiv. Andererseits ist er jedoch auch ein Gegenstand des Begehrens (in den menschlichen Grenzen wenigstens). Niemand kann leugnen, dass an der Erregung wesentlich das Gefühl beteiligt ist, den Boden unter den Füßen zu verlieren und zu taumeln. Es gibt keine Liebe, wenn sie in uns nicht *wie der Tod* ist, ein Treiben zu raschem Verlust, schnell ins Tragische gleitend und innehaltend erst mit dem Tod. So wahr ist es, dass der Abstand zwischen dem Tod und dem »kleinen Tod«, dem berauschenden Taumel, unmerklich ist.

Dieses Begehren zu taumeln, das jeden Menschen im Innersten umtreibt, unterscheidet sich nichtsdestoweniger vom Begehren zu sterben, weil es zweideutig ist: Sicher ist es das Begehren zu sterben, aber es ist zugleich das Begehren, an den Grenzen des Möglichen und des Unmöglichen mit immer größerer Intensität zu leben. Es ist das Begehren zu leben, indem man aufhört zu leben, oder zu sterben, ohne aufzuhören zu leben; das Verlangen nach einem extremen Zustand, den vielleicht nur die heilige Teresa deutlich genug bezeichnete, als sie sagte: »Ich sterbe, weil ich nicht sterbe«.[124] Aber das Sterben am Nichtsterben ist gerade nicht der Tod, sondern ist der äußerste Zustand des Lebens; wenn ich sterbe, weil ich nicht sterbe, so unter der Bedingung, dass ich lebe: Es ist Tod, was ich lebend empfinde, indem ich weiterlebe. Die heilige Teresa taumelte, aber starb nicht wirklich an ihrem Begehren, taumelnd zu versinken. Sie verlor den Boden unter den Füßen und lebte nur umso gewaltiger, so gewaltig, dass sie sagen konnte, sie sei auf der Schwelle des Sterbens: Aber auf der Schwelle eines Todes, der sie außer sich brachte und doch das Leben nicht erlöschen ließ.

Die ersehnte Ohnmacht ist also nicht nur ein Hauptaspekt der menschlichen Sinnlichkeit, sondern auch der Erfahrung der Mystiker. Wir kommen wieder auf den Vergleich von Mystik und schuldhafter Erotik zurück, aber wir entfernen uns von der idyllischen oder erlaubten Sexualität. Wir haben im Gegenteil einen Aspekt der Sinnlichkeit wiedergefunden, der aufgrund einer wesentlichen Zweideutigkeit mit der Versuchung der Geistlichen und der *delectatio morosa* verwandt ist. In jedem dieser Fälle ist es tatsächlich schwer zu sagen, ob das Objekt des Begehrens die Inbrunst des Lebens oder des Todes ist. Die Inbrunst des Lebens hat die Bedeutung des Todes und der Tod die einer Inbrunst des Lebens. Als ich von der Versuchung des Geistlichen sprach, konnte ich diese Tragweite der Zweideutigkeit noch nicht ganz verdeutlichen. Doch das Verwirrende und Verderbliche der Sexualität ist für die Versuchung wesentlich. Die Versuchung ist der Wunsch, sich fallenzulassen, die verfügbaren Reserven zu verschwenden, bis der Boden unter den Füßen schwindet. In der Folge werde ich von hier aus die Momente zu koordinieren suchen, die die sexuelle Erfahrung mit der Mystik verbinden. Zuerst werde ich jedoch zeigen müssen, wie die so verschiedenen, oft streng gegensätzlichen Formen der Sexualität untereinander in der Sehnsucht nach einem Augenblick des Ungleichgewichts koordiniert sind.

Die Zweideutigkeit, von der ich sprach, zeigt sich von Anfang an, wenn schon nicht als eine Ursache des Untergangs (die Energieverluste, um die es sich handelt, sind ersetzbar, die überstürzten, buchstäblich atemberaubenden Bewegungen, bei denen wir den Boden verlieren, sind zeitlich begrenzt), so doch wenigstens als Ursache eines Ungleichgewichts. Dieses Ungleichgewicht ist selbstverständlich nicht von Dauer; es ist im Allgemeinen in Ausgleichsformen eingebettet, die seine Wiederkehr gewährleisten und die Einbußen des Sinnenlebens kompensieren. Aber diese soliden und gesunden Formen, in denen sich das sexuelle Ungleichgewicht organisiert, verschleiern seine tiefere Bedeutung.

Einer der bedeutsamsten Werte der sexuellen Organisation liegt in dem Bestreben, die Unordnung des Liebesakts in eine die Gesamtheit des menschlichen Lebens umfassende Ordnung einzufügen. Diese Ordnung gründet sich auf die zärtliche Freundschaft zwischen einem Mann und einer Frau und auf die Bande zwischen ihnen und den Kindern. Nichts ist für uns wichtiger, als dem Sexualakt einen Platz an der Basis der Gesellschaftsstruktur anzuweisen. Es handelt sich nicht darum, die Ordnung der Zivilisation auf die dunkle Sexualität zu gründen, das heißt auf Unordnung, sondern diese Unordnung zu begrenzen, indem man sie in eine sinnvolle Ordnung einbindet; indem man ihren Sinn mit dem der Ordnung verschmilzt, der wir sie unterzuordnen suchen. Dieses Unternehmen ist letztlich zum Scheitern verurteilt, da die Erotik niemals ihre souveräne Bedeutung verleugnet, sofern sie nicht verkommt und zu einer bloß animalischen Betätigung herabsinkt. Die Ausgleichsformen, in deren Rahmen die Erotik möglich ist, haben am Ende nur den Ausweg eines neuen Ungleichgewichts, oder sie altern, bevor sie endgültig erlöschen.

Der bezeichnendste Ausdruck für die Notwendigkeit eines Wechsels zwischen Ungleichgewicht und Gleichgewicht ist die gewaltsame und zärtliche Liebe eines Wesens zu einem anderen. Die Gewalt der Liebe führt zur Zärtlichkeit, der dauerhaften Form der Liebe, aber sie weckt im Begehren der Herzen dasselbe Element der Unordnung, denselben Durst nach der Ohnmacht und denselben Nachgeschmack des Todes, die wir im Begehren der Körper finden. Die Liebe erhöht ihrer Natur nach das Gefühl eines Wesens für ein anderes zu einem solchen Spannungsgrad, dass die eventuelle Entbehrung seines Besitzes – oder der Verlust seiner Liebe – nicht weniger hart empfunden wird als eine Todesdrohung. Sie ist also im Grunde das Begehren, angstvoll in der Gegenwart eines Objekts von so hohem Wert zu leben, dass dem, der seinen Verlust fürchtet, der Lebensmut sinkt. Das Sinnenfieber ist nicht das Begehren zu sterben. Ebenso ist die Liebe nicht das Begehren, das geliebte Wesen zu verlieren, sondern in der Angst um seinen möglichen Verlust zu leben, am Rande der Ohnmacht, an dem es den Liebenden festhält: Allein um diesen Preis können wir angesichts des geliebten Wesens die Gewalt des Entzückens verspüren.

Was diese Entgrenzungstendenzen, die die Sorge um die Erhaltung des Lebens in den Wind schlagen, lächerlich macht, ist das fast unmittelbare Hinübergleiten in den Wunsch, eine dauerhafte Form zustande zu bringen, zumindest eine Form, die dauerhaft sein möchte, indem sie das Ungleichgewicht der Liebe – wenn möglich –, vor dem Ungleichgewicht schützt! Das ist nicht lächerlich, solange der Liebende dem möglichen Verlust des geliebten Wesens nicht durch Konventionen zu begegnen sucht, die es seiner Freiheit berauben; solange er die Laune, die die Liebe ist, nicht der materiellen Organisation eines Haushalts – kurz einer Familie – unterordnet. Auch das Fehlen der Liebe macht ein Heim nicht lächerlich (das Fehlen der Liebe, wie man es auch nehme, hat nichts zu sagen), sondern die Vermengung der materiellen Organisation mit der Liebe, das Versacken der Souveränität einer Leidenschaft im Einkauf von Haus- und Küchengerät. (Gewiss ist es nicht weniger lächerlich, es sei denn man ist dazu unfähig, in einer Anwandlung von Eitelkeit die Einrichtung eines gemeinsamen Lebens abzulehnen.)

Diese Gegensätze sind verwirrend, insofern sich die Liebe schon von der sinnlichen Erotik unterscheidet und in ihrer

Entwicklung der Sinnlichkeit einen Vorwand liefert, der Unordnung des Begehrens eine segensreiche Daseinsberechtigung zuzuschreiben. Dieselbe Zweideutigkeit finden wir auf allen Ebenen wieder. Einerseits verwandelt die Liebe des Sexualpartners (Variante der aktiven Einfügung in die Gesellschaftsordnung, wie sie die Ehe darstellt, oft in Übereinstimmung mit ihr) die Sinnlichkeit in Zärtlichkeit, und die Zärtlichkeit mildert die Gewalt der nächtlichen Genüsse, die häufiger einen sadistischen Charakter zeigen, als man meint; die Zärtlichkeit ist fähig, in eine ausgeglichene Form überzuleiten. Andererseits zielt die elementare Gewalt, die uns ins Bodenlose zieht, stets darauf ab, die zärtlichen Beziehungen zu trüben – sodass wir in ihnen die Nachbarschaft des Todes wiederentdecken (die das Zeichen jeder Sinnlichkeit ist, auch der von Zärtlichkeit verwandelten). Und dies ist die Bedingung jener *gewaltigen* Entzückungen, ohne die die sexuelle Liebe nie ihren Wortschatz den Beschreibungen der Mystiker-Ekstasen hätte leihen können.

Die Unterwelt, der geschlechtliche Zynismus und das Obszöne

Diese Ausdehnung des zweideutigen Begehrens, sich fallenzulassen, auf Bereiche, in denen die Unordnung ungerechtfertigt zu sein scheint, entspricht einer das menschliche Leben beherrschenden Tendenz. Wir sind immer bestrebt, die lebensfähigen und dauerhaften Formen, in denen dieses Leben sein Ungleichgewicht umfasst und begrenzt, durch unbeständige, in gewissem Sinne unerträgliche Formen zu ergänzen, in denen dieses Ungleichgewicht sich behauptet. In der einfachen Unordnung einer Leidenschaft ist diese Tendenz zwar nicht beabsichtigt: Die Unordnung wird für ein Übel gehalten, und der Geist kämpft dagegen an. Aber in den zynischen, schamlosen und heruntergekommenen Formen des Lebens, von denen ich jetzt sprechen will, wird Ungleichgewicht zum Prinzip. Dem Wunsch, ins Taumeln zu geraten, dem wir uns nur widerwillig überlassen, wird dort schrankenlos stattgegeben: Nun hat er jedoch keine Macht mehr; wer in einer dauernden Unordnung lebt, kennt nur noch Augenblicke erschlafften Ungleichgewichts. Die Prostituierten und ihre Parasiten, die mit ihnen zusammen ein Milieu bilden, lassen sich oft fallen und finden ein ausdrucksloses Vergnügen daran, dieser Erschlaffung nachzugeben. Sie gleiten nicht immer gänzlich ab; übrigens müssen sie, um das gemeinsame Interesse zu erhalten, eine rudimentäre und begrenzte Organisation schaffen, die sich dem umfassenden Gleichgewicht einer Gesellschaft entgegenstellt, deren Ordnung sie ablehnen und die sie zu zerstören versuchen. Sie können nicht bis ans Ende der Negation gehen, denn sie sind auf alle Fälle von der Gleichgültigkeit gegenüber der Erhaltung eines zynisch egoistischen Lebens weit entfernt. Aber die Vorteile einer »unbotmäßigen« Existenz gestatten ihnen, mühelos für ihre Bedürfnisse zu sorgen: Die Möglichkeit fortwährenden Betrugs gewährt ihnen nach Belieben die Muße, sich der Anziehung eines verworfenen Lebens zu überlassen. Maßlos geben sie den eigentlichen Ausschreitungen einer zerstörerischen Sinnlichkeit nach; sie durchsetzen das menschliche Leben mit einem maßlosen Abgleiten in Erniedrigung und Tod. Ungehindert überschwemmt auf diese Weise ein ungeheurer Hohn das Herz, das keine Angst mehr kennt, und lässt es schlaff werden. Es genügt zu stehlen, wenn notwendig zu töten, das Leben träge und kräfteschonend zu erhalten, in jedem Fall auf Kosten anderer zu leben.

Es handelt sich hier hauptsächlich um einen abstoßenden Niveauverfall, um einen vulgären Fehlschlag. Das Leben der Unterwelt ist nicht beneidenswert. Es hat die Spannkraft der

Lebensfrische verloren, ohne die die Menschlichkeit verkommen würde. Es hat nur die Möglichkeiten einer allseitigen Erschlaffung ausgenutzt, die auf geringer Vorstellungskraft beruht und die Furcht vor der Zukunft begrenzt. Indem es sich rückhaltlos dem Hang zur Ohnmacht auslieferte, hat es aus der Ohnmacht einen faden und reizlosen Dauerzustand gemacht.

An und für sich und als Angelegenheit jener, die ihn leben, wäre dieser Verfall der Sinnlichkeit fast bedeutungslos. Aber er hat weitreichende Auswirkungen. Er betrifft nicht nur jene, die sich ganz und gar gehen lassen: Ein Mangel an Zurückhaltung, der für sie belanglos ist, enthält die schärfste Würze für diejenigen, die dessen Zeugen sind, aber moralisch an der Zurückhaltung festhalten. Die *Obszönität* des Benehmens und der Sprache der Prostituierten ist reizlos für jene, die sie zu ihrem täglichen Umgang machen. Im Gegensatz dazu kann sie denen, die rein bleiben, das Gefühl eines schwindelerregenden Fallens verschaffen. Die niedere Prostitution und die Obszönität stellen im Ganzen eine ausgeprägte und bedeutsame Form der Erotik dar. Sie entstellen und belasten das Bild des sexuellen Lebens, aber verfälschen nicht tiefgreifend seine Bedeutung. Die Sinnlichkeit ist tatsächlich der Bereich des Spotts und der Verstellung; zu ihr gehört wesentlich die Lust, Stand und Halt zu verlieren, ohne unterzugehen: Und das wäre nicht möglich ohne einen gewissen Betrug, dessen blinde Urheber und Opfer wir zugleich sind. Um sinnlich zu leben, müssen wir uns immer eine naive Komödie vorspielen, und die lächerlichste ist die der Obszönität der Prostituierten. Daher ist der Abstand zwischen der Indifferenz innerhalb der Welt der Obszönität und der Faszination, die sie nach außen ausübt, bei Weitem nicht so unüberbrückbar, wie es auf den ersten Blick erscheint. Es herrscht da Ungleichgewicht, aber in der Grundbedeutung des sinnlichen Ungleichgewichts: Die Bitterkeit der Komödie oder das Gefühl der Erniedrigung, das an die Bezahlung geknüpft ist, gewähren dem, der der Neigung, den Halt zu verlieren, nachgibt, einen zusätzlichen Genuss.

Die Einheit der mystischen Erfahrung und der Erotik

Die Bedeutung der Obszönität in der Folge der Schlüsselbilder der sexuellen Aktivität vertiefte den Abgrund, der die religiöse Mystik von der Erotik trennt. Diese Bedeutung ist der Grund, warum der Gegensatz zwischen himmlischer und irdischer Liebe so schwerwiegend ist. Der Vergleich, der in letzter Instanz die Verirrungen der Obszönität und die heiligsten Ergießungen miteinander verbindet, erregt notwendigerweise Anstoß. Das Ärgernis begann, als die Psychiatrie sich aus der Perspektive der Wissenschaft nicht ohne Plumpheit einmischte und die mystischen Zustände erklären wollte. Die Wissenschaftler verkennen diese Zustände aus Prinzip, und jene, die zur Verteidigung der Kirche gegen ihre Urteile protestierten, reagierten oft unter dem Eindruck des Ärgernisses und übersahen die Wahrheit, auf die die Irrtümer und Vereinfachungen hinweisen, auch wenn sie sie entstellten. Auf beiden Seiten bemühte man sich, die Frage gründlich zu verwirren. Wir können indes behaupten, dass der Sammelband der Karmeliter eine beachtliche geistige Offenheit beweist: Auf katholischer Seite ist man trotz allem zu einem möglichen Vergleich geneigt, und auf der anderen leugnen die Psychiater nicht die Schwierigkeiten, auf die sie gestoßen sind.

Man muss weitergehen: Ich denke, dass die Problemstellung präzisiert werden muss, bevor ich sie erneut aufgreife.

Ich glaube (und sage es noch einmal), dass es nicht genügt, die Möglichkeit von Verbindungen zwischen der einen und der anderen Sphäre anzuerkennen, wie es in der Wiederaufnahme einer Tradition die Karmeliter und die an der Publikation beteiligten Geistlichen tun. Zwei Klippen müssen wir umschiffen: Man darf im Hinblick auf einen Vergleich nicht versuchen, die Erfahrung der Mystiker zu schmälern, wie es, nicht immer absichtlich, die Psychiater gemacht haben. Ebenso wenig darf man, wie es die Geistlichen machen, den Bereich der Sexualität vergeistigen, um ihn auf die Höhe sublimer Erfahrungen zu erheben. Ich habe mich veranlasst gesehen, Punkt für Punkt den Sinn der verschiedenen Formen der Sexualität zu bestimmen, von der am ehesten assimilierbaren Form bis zu jener, die im Gegenteil durch die Weigerung, in die Gesellschaftsordnung aufgenommen zu werden, charakterisiert ist, wobei ich erst in zweiter Linie jenen Mischformen Rechnung trug, die einem Streben nach Mäßigung (oder Reinigung) entsprechen. Es ist entscheidend, insbesondere die Fragen zu klären, die sich im Bereich der mit der Prostitution verbundenen Obszönität stellen, insofern sie es ist, die der Sinnlichkeit die anstößige Färbung verliehen hat. Es ist vor allem wichtig zu zeigen, inwiefern der *geistige* Gehalt der Obszönität selbst dem Grundschema des ganzen Bereichs entspricht. Die Obszönität ist abstoßend, und es ist natürlich, dass verschüchterte Geister in ihr nichts Tieferes sehen als diesen abstoßenden Charakter; aber es ist leicht zu bemerken, dass ihre niedrigen Seiten an das soziale Niveau derer gebunden sind, die sie ausüben und die von der Gesellschaft auf die gleiche Weise ausgespeit werden, wie sie selbst die Gesellschaft ausspeien. So viel ist sicher, dass diese abstoßende Sexualität schließlich nur ein paradoxes Mittel ist, den Sinn für eine Aktivität zu schärfen, die ihrem Wesen nach zum Versagen der Kontrolle über sich selbst führt; dass der Geschmack an der Obszönität zwar bei denen, deren soziale Erniedrigung sie hervorbringt, nicht aber bei denen, die sie von außen erregt, etwas ist, was notwendig auf ihre

Abbildung XVIII
Erotische Szenen. Reliefs des Tempels von Konarak. Indien, Provinz Orissa, 13. Jh.

»Wir dürfen niemals vergessen, dass außerhalb des Christentums der religiöse Charakter, der sakrale Charakter der Erotik im hellen Licht erscheinen konnte, indem das Gefühl des Sakralen über die Scham dominierte. Die Tempel Indiens zeigen noch reichlich in Stein gehauene erotische Darstellungen, wo sich die Erotik als das zeigt, was sie grundsätzlich ist, nämlich als göttlich.« (S. 187 f.)

Niedrigkeit schließen lässt: Wie viele Männer (und Frauen) von unbezweifelbarer Interesselosigkeit und Geisteshöhe sahen in ihr nur das Geheimnis, zutiefst den Halt zu verlieren!

Nach all dem muss man letztlich sagen, dass nichts mehr im Wege steht, das konstante Thema der Sexualität, wenn man es einmal in seinen verschiedenen Formen erfasst hat, in seiner Beziehung zum Thema der mystischen Erfahrung zu sehen: Zu diesem Zweck reicht es, anscheinend so gegensätzliche Verlockungen wie die der Obszönität und der idyllischen Liebe, der *delectatio morosa* und der Paarung der Drohne auf ihre Einheit zurückzuführen. Jene Trancen, jene Verzückungen und theopathischen Zustände, die die Mystiker aller Disziplinen (der hinduistischen, buddhistischen, islamischen oder christlichen – ohne von den selteneren zu sprechen, die keiner Religion angehören) so reichlich beschrieben haben, sie haben alle denselben Sinn: Immer handelt es sich um Desinteresse an der Erhaltung des Lebens, um Indifferenz gegenüber allem, was dazu beiträgt, es zu sichern; um die unter diesen Umständen empfundene Angst, die bis zu dem Augenblick anhält, an dem die Kräfte versagen; und schließlich darum, sich jener unmittelbaren Bewegung des Lebens zu öffnen, die gewöhnlich komprimiert ist und sich plötzlich im Überströmen unendlicher Seinsfreude befreit. Der Unterschied dieser Erfahrung zu jener der Sinnlichkeit liegt allein in der Konzentration all dieser Regungen auf den inneren Bereich des Bewusstseins, ohne Einmischung effektiver und willkürlicher Körperreaktionen (diese Einmischung ist zumindest auf das Äußerste beschränkt, sogar in den Übungen des Hindus, die zu ausdrücklich gewollten Wirkungen der Atmung Zuflucht nehmen). Es ist vor allem das Denken mit seinen Entscheidungen, und gerade den negativen – denn das Denken geht hier selbst nur auf die Zerstörung seiner Modalitäten aus –, was sich in diesem Bereich auswirkt, der zunächst kaum eine Beziehung zur Erotik aufweist.

Wenn die Liebe zu einem bestimmten Wesen der Ausdruck der mystischen Ergießung ist – in Europa zu Christus oder in Indien zum Beispiel zu Kali …, und fast überall zu Gott –, handelt es sich zumindest um ein gedachtes Wesen (es ist zu bezweifeln, dass inspirierte Wesen wie Christus zu ihren Lebzeiten Gegenstand einer mystischen Meditation waren, die diesen Namen verdient). Wie dem auch sei, die Nähe der beiden Bereiche ist evident: Obwohl die Mystik versucht, über die Liebe zu einem bestimmten Wesen hinauszugehen, hat sie in solcher Liebe oft ihren Weg gefunden: Sie ist für den Asketen zugleich eine Erleichterung und eine Gelegenheit für den neuerlichen Aufschwung. Wie sollte man sonst nicht betroffen sein von den Zwischenfällen bei den Mystikern im Laufe ihrer Übungen (wenigstens in den Anfängen)? Wir haben es schon erwähnt, es geschieht nicht selten, dass diejenigen, die den mystischen Weg beschreiten, nach den Worten des heiligen Bonaventura »durch das Wasser eines fleischlichen Flusses befleckt werden«. Pater Louis Beirnaert, der den heiligen Bonaventura zitiert, sagt dazu: »Es geht dabei um etwas, was sie (die Mystiker) als außerhalb ihrer Erfahrung befindlich ansehen.«[125] Ich glaube nicht, dass sie unrecht haben: Doch zeigen diese Zwischenfälle, dass die Systeme der Sinnlichkeit und der Mystik in ihrer Grundlage nicht verschieden sind. Wenn man mir gefolgt ist, wird ersichtlich sein, dass es immer möglich ist, da die Intentionen und die Schlüsselbilder in beiden Bereichen analog sind, dass ein mystischer Aufschwung des Denkens unwillkürlich denselben Reflex auslöst, den ein erotisches Bild auszulösen sucht. Wenn dem so ist, muss auch das Umgekehrte wahr sein: In der Tat stützen die Hindus ihre tantrischen Übungen auf die Möglichkeit, eine mystische Krise mit Hilfe einer sexuellen Erregung hervorzurufen. Es handelt sich darum, eine geeignete Partnerin zu finden, jung, schön und von entwickelter Spiritualität, und, indem man den abschließenden

Spasmus immer wieder vermeidet, von der fleischlichen Umarmung zur spirituellen Ekstase überzugehen. Nach dem Urteil derer, die Leute mit diesen Erfahrungen gekannt haben, besteht kein Grund anzunehmen, dass ihre Übungen nicht aufrichtig und ohne irgendeine Abweichung sein könnten. Eine Abweichung ist immer möglich, aber zweifelsohne selten, und es wäre ungerechtfertigt zu leugnen, dass man mit dieser Methode zu Zuständen reiner Verzückung gelangen kann.

So scheint es, dass zwischen Sinnlichkeit und Mystik, die ähnlichen Prinzipien gehorchen, eine Kommunikation immer möglich ist.[126]

Die Enthaltsamkeit und die Bedingung eines unbedingten Augenblicks

Aber die Kommunikation ist nicht zwangsläufig wünschenswert. Die Spasmen der Geistlichen entsprechen nicht ihrer Absicht. Es ist fraglich, ob ein systematisches Hinübergleiten von der Sinnlichkeit zur Spiritualität genügt, wenn es sich darum handelt, die fernen Felder des Möglichen zu erreichen, die einer von jeder Bedingung losgelösten spirituellen Erfahrung offenstehen. Es ist jedoch gewiss, dass dieser Versuch von entscheidender Bedeutung für den Gipfel der menschlichen Bestrebungen ist. Er macht sich frei von der Sorge um bestimmte Gelegenheiten, die von komplexen materiellen Bedingungen abhängen und das erotische Leben schwer belasten (von den verschiedenen Rechtfertigungen der Enthaltsamkeit der Mönche ist diese am wenigsten zu bestreiten). Andererseits findet die Erfahrung der Mystiker auf demselben Feld statt (kann wenigstens dort stattfinden), auf dem die äußersten Anstrengungen der vom Erkenntnisdurst beseelten Intelligenz gemacht werden; auf diesem Gebiet können wir die Tatsache nicht vernachlässigen, dass diese Erfahrung kraft der Ausrichtung auf den Tod, die ihr Wesen ist, im Augenblick der Lösung ins Spiel tritt, das heißt im Augenblick der höchsten Spannung.

Um einen Begriff von der Bedeutung der mystischen Erfahrung zu geben, hebe ich einen Sachverhalt hervor: Sie vollzieht eine vollständige Abkehr von jedweder materiellen Bedingung. Sie entspricht auf diese Weise dem allgemeinen Bestreben des menschlichen Lebens, nicht von Gegebenheiten abzuhängen, die es nicht gewählt hat, sondern die ihm auferlegt sind. Es handelt sich darum, einen Zustand zu erreichen, der *souverän* genannt werden kann. Auf den ersten Blick wenigstens ist die erotische Erfahrung einer Gegebenheit untergeordnet, von der die mystische Erfahrung befreit.

Wir gelangen im mystischen Bereich zur vollkommenen Souveränität, besonders in den Zuständen, die die Theologie als theopathische beschreibt. Derartige Zustände, die unabhängig von ihren christlichen Formen betrachtet werden können, haben einen nicht nur von erotischen, sondern auch von mystischen Zuständen niederer Art sehr verschiedenen Aspekt: Was sie auszeichnet, ist die größte Indifferenz gegenüber dem, was sich ereignet. Im theopathischen Zustand gibt es kein Begehren mehr; das Wesen wird passiv, es nimmt, was ihm zustößt, gewissermaßen ohne Regung hin. In der reglosen Glückseligkeit dieses Zustands, in der vollendeten Transparenz aller Dinge und des Universums, sind Hoffnung und Furcht gleichermaßen verschwunden. Das Objekt der Kontemplation, das dem *Nichts* gleichkommt (die Christen nennen es Gott), scheint noch dazu dem Subjekt zu gleichen, das in der Kontemplation versunken ist. Es gibt keinerlei Differenz mehr: unmöglich, eine Distanz auszumachen; das in der unterschiedslosen und unbegrenzten Gegenwärtigkeit des Universums und seiner selbst verlorene Subjekt gehört nicht mehr dem wahrnehmbaren Zeitverlauf an. Es ist versunken im Augenblick, der sich verewigt. Scheinbar endgültig, ohne Fortbestehen einer Bindung an Zukunft oder Vergangenheit, existiert es im Augenblick, und der Augenblick für sich ist die Ewigkeit.

Wenn man von dieser Betrachtung ausgeht, wäre das Verhältnis der Sinnlichkeit zur mystischen Erfahrung das eines ungeschickten Versuchs zur Vollendung: Es wäre angezeigt zu vergessen, was letztlich nur Irrtum ist, um den Weg zu gehen, auf dem der Geist zur Souveränität gelangt.

Doch ist das Prinzip, die Sinnlichkeit um des mystischen Zustands willen zu vergessen, meines Erachtens anfechtbar. Ich erinnere nur an die Tatsache, dass die islamische Mystik – die der Sufis – die Kontemplation und den Weg der Ehe miteinander verbinden konnte. Wir müssen bedauern, dass die Sammlung der Karmeliter nicht davon spricht. Im Großen und Ganzen geben die Geistlichen unter den Beiträgern die Möglichkeit zu; aber sie werden den Unterschied zwischen einem Prinzip (einem, was das Christentum betrifft, sehr weit von der Realität entfernten) und der Äußerung einer faktischen Erfahrung anerkennen. Doch die Kritik, die ich formulieren will, betrifft nicht das Interesse an einer möglichen Koinzidenz der beiden Erfahrungen. Was meiner Meinung nach der Ablehnung der Erotik entgegensteht, hängt nicht von der Frage ab, ob es, um den begehrenswertesten Zweck zu erreichen, *nützlich* ist, auf das sexuelle Leben zu verzichten. Ich frage mich nur, ob ein auf Berechnung fußender Entschluss, im Besonderen ein Verzicht, vereinbar ist mit dem Zustand der Indifferenz, der die Möglichkeiten des mystischen Lebens erschließt. Ich sage nicht, dass wir zu diesem Zustand nicht auf dem Wege eines berechnenden Entschlusses gelangen könnten. Aber ich bin dessen sicher: Wenn ihn jemand erreicht, dann *trotz* seiner Berechnung und *trotz* seines Entschlusses.

Wir haben es gesehen: Der Widerstand in der Versuchung lag an der Sorge, das Leben zu *erhalten*, weiterzuleben, verbunden mit der Organisation, die die Erhaltung gewährleistet. Die Selbstpreisgabe und die Weigerung zu arbeiten – auf eine knechtische Art und im Hinblick auf ein Resultat, das über den gegenwärtigen Augenblick hinausgeht –, verlangen sie nicht eine wirklichere »Indifferenz« als die eines Geistlichen, eines geweihten Mannes, der sich *bemüht*, den »Zustand der Indifferenz« zu erreichen?

Das ändert nichts an dem bedingten, untergeordneten Charakter der Erotik!

Mag sein.

Aber wo andere ein Steckenbleiben sehen, sehe ich die Souveränität der Chance.

Der Chance – die zuletzt ohne Widerruf entscheidet, ohne die wir niemals *souverän* sind.

In einem bestimmten Augenblick muss ich mich der Chance überlassen oder über mich selbst gebieten, wie der Geistliche, den das Gelübde der Enthaltsamkeit bindet. Die Intervention des Willens, der Entschluss, sich vor dem Tod, der Sünde, der geistigen Angst zu schützen, sie fälschen das freie Spiel der Indifferenz und des Verzichts. Aber ohne das freie Spiel ist der gegenwärtige Augenblick der Sorge um die folgenden untergeordnet.

Zweifellos ist die Sorge um die Zukunft vereinbar mit der Freiheit des gegenwärtigen Augenblicks. Aber der Widerspruch kommt in der Versuchung ans Licht. Die Abwege der Erotik sind manchmal von niederdrückender Last. Im Gegenzug muss ich aber die Berechnung des Geistlichen in der Versuchung unterstreichen, die dem asketischen Leben (welcher Konfession auch immer) irgendetwas Knauseriges verleiht, etwas Armseliges, traurig Diszipliniertes.

Das ist nur im Allgemeinen richtig …

Doch selbst wenn trotz allem in der klösterlichen Regelmäßigkeit die weitreichendste Erfahrung möglich ist, kann ich beim Versuch, den Sinn des mystischen Ausbruchs zu erfassen, nicht vergessen, dass das Einengende der Versuchung der Schlüssel dazu ist. Wenn wir die Seinsmöglichkeit auf die Spitze treiben wollen, können wir diesem Einengen die Verwirrungen der ungewissen Liebe vorziehen: Entgegen dem Anschein der Oberfläche gehört die Unbefangenheit des Augenblicks demjenigen, der durch die unmittelbare Faszination offen wird für die Angst.

VI
HEILIGKEIT, EROTIK UND EINSAMKEIT

Ich möchte zu Ihnen heute von der Heiligkeit, der Erotik und der Einsamkeit sprechen.[127] Bevor ich auf den Zusammenhang eingehe, will ich ein Wort über das Überraschende des Themas sagen. Der Begriff Erotik weckt eine zweideutige Erwartung. Ich will Ihnen zuerst gerne die Gründe nennen, die mich veranlasst haben, von der Erotik und zugleich von der Heiligkeit und von der Einsamkeit zu sprechen.

Ich gehe im Wesentlichen von dem Grundsatz aus, dass die Erotik in die Einsamkeit versetzt. Zumindest ist die Erotik etwas, worüber sich schwer sprechen lässt. Aus Gründen, die nicht nur konventioneller Art sind, wird die Erotik vom Geheimnis bestimmt. Sie kann nicht öffentlich sein. Ich könnte widersprechende Beispiele nennen; aber auf irgendeine Weise liegt die erotische Erfahrung immer außerhalb des gewöhnlichen Lebens. Unter allen unseren Erfahrungen bleibt sie ihrem Wesen nach von der normalen Mitteilung der Gefühle abgeschnitten. Es handelt sich um ein verbotenes Thema. Nichts ist absolut verboten, es gibt immer Überschreitungen. Aber das Verbot ist so weit wirksam, dass ich im Großen und Ganzen sagen kann: Die Erotik, vielleicht die intensivste Empfindung, ist für uns, insofern unsere Existenz uns als Sprache (als Rede) gegenwärtig ist, so gut wie nicht vorhanden. In unseren Tagen ist das Verbot abgeschwächt – sonst könnte ich heute nicht zu Ihnen sprechen –, doch ich glaube trotz allem, da dieser Saal zur Welt der Rede gehört, dass die Erotik für uns außerhalb bleiben wird; ich werde davon sprechen, aber wie von etwas, das jenseits unseres gegenwärtigen Lebens angesiedelt ist, wie von etwas, das uns nur unter einer Bedingung zugänglich ist: dass wir nämlich diese Welt, in der wir uns augenblicklich befinden, verlassen, um uns in die Einsamkeit zu verschließen. Insbesondere, so scheint mir, müssen wir, um zu diesem Jenseits Zugang zu haben, auf die philosophische Haltung verzichten. Der Philosoph kann uns von all dem erzählen, was er empfindet. Die erotische Erfahrung verpflichtet uns im Prinzip zum Schweigen.

Dasselbe gilt nicht für eine Erfahrung, die vielleicht in der Nachbarschaft der erotischen liegt: für die Heiligkeit. Die in der Erfahrung der Heiligkeit verspürte Empfindung kann in der Rede ausgedrückt werden, sie kann Gegenstand einer Predigt sein. Dennoch ist die erotische Erfahrung vielleicht der Heiligkeit benachbart.

Ich will nicht behaupten, dass Erotik und Heiligkeit wesensgleich sind. Die Frage liegt übrigens außerhalb meines Vorhabens. Ich will nur sagen, dass beide Erfahrungen, die eine wie die andere, eine äußerste Intensität besitzen. Wenn ich von Heiligkeit spreche, spreche ich von einem Leben, das von der Gegenwart einer sakralen Wirklichkeit bestimmt wird, einer Wirklichkeit, die uns bis ins Mark erschüttern kann. Ich begnüge mich jetzt damit, die Empfindung der Heiligkeit einerseits und die erotische Empfindung andererseits insoweit in Betracht zu ziehen, als ihre Intensität eine äußerste ist. Zu diesen zwei Empfindungsweisen wollte ich festhalten, dass die eine uns den anderen Menschen näherbringt und die andere uns von ihnen trennt, uns in der Einsamkeit belässt.

Dies ist der Ausgangspunkt dessen, was ich Ihnen darlegen möchte. Ich werde nicht vom philosophischen Standpunkt aus sprechen, so wie man ihn gewöhnlich versteht. Ich möchte schon jetzt darauf aufmerksam machen, dass die eigentlich philosophische Erfahrung die eine wie die andere dieser Empfindungen ausschließt. Ich nehme an, dass die Erfahrung des Philosophen grundsätzlich eine separierte Erfahrung ist, geschützt vor anderen Erfahrungen. Mit einem Wort, die Erfahrung eines Spezialisten. Die Empfindungen stören. Seit Langem fällt mir etwas Eigentümliches auf. Der wahre Philosoph muss sein Leben der Philosophie widmen. Nichts aber widersetzt sich in der Praxis der Philosophie ernstlich der Schwäche jeder Erkenntnisaktivität, die, um die Überlegenheit auf einem Gebiet zu erringen, bewusst die relative Unkenntnis auf anderen Gebieten in Kauf nimmt. Mit jedem Tag wird die Situation schlimmer: Jeden Tag wird es schwieriger, die Summe der menschlichen Erkenntnisse zu erwerben, da diese Summe maßlos ansteigt. Noch gilt das Prinzip, dass die Philosophie diese Summe der Erkenntnisse sei, als ein synthetisches Verfahren, das über eine bloße Aneinanderreihung im Gedächtnis hinausgeht, aber dieses Prinzip wird nur mühsam aufrechterhalten: Mit jedem Tag wird die Philosophie etwas mehr zu einer Spezialdisziplin unter anderen, die ihr ähneln. Ich habe heute nicht darüber zu sprechen, dass es unmöglich ist, eine Philosophie unabhängig von der politischen Erfahrung zu entwerfen: Das ist genau genommen ein Grundsatz, der den modernen Kurs der Philosophie charakterisiert. In diesem Punkt hat sich die Philosophie der Erfahrung geöffnet. Trotz dieser Prämisse ist es jedoch üblich, die Philosophie separat zu betrachten. Ich will sagen, dass es schwierig ist, gleichzeitig zu philosophieren und zu leben. Ich bin der Ansicht, dass die Menschheit sich aus separaten Erfahrungen zusammensetzt und dass die Philosophie nur eine Erfahrung unter anderen ist. Für die Philosophie wird es immer schwieriger, die Summe der Erkenntnisse zu sein, aber in der Borniertheit des Spezialistentums strebt sie nicht einmal danach, die Summe der Erfahrungen zu sein. Doch was bedeutet das Nachdenken des Menschen über sich selbst und das Sein im Ganzen, wenn es den intensivsten Empfindungszuständen fremd gegenübersteht? Es bedeutet offensichtlich die Spezialisierung dessen, was seiner Definition nach unter keinem Vorwand dulden kann, nicht total und universal zu sein. Die Philosophie kann offenkundig nur die Summe der Möglichkeiten im Sinne eines synthetischen Verfahrens sein oder gar nichts.

Ich wiederhole: Die Philosophie ist die Summe der Möglichkeiten im Sinne eines synthetischen Verfahrens oder gar nichts.

Das war sie, scheint mir, für Hegel. Die erotische Erfahrung hatte, wenigstens in den ersten Formen seiner dialektischen Konstruktion, offen teil an der Ausarbeitung des Systems; aber es ist nicht unmöglich, sich vorzustellen, dass sie insgeheim einen viel tieferen Einfluss ausübte: Die Erotik kann nur dialektisch betrachtet werden, und umgekehrt hat der Dialektiker, wenn er sich nicht auf den Formalismus beschränkt, die Augen notwendigerweise auf seine sexuelle Erfahrung gerichtet. Wie dem auch sei (und ich gebe gerne zu, dass man an einem so dunklen Punkt zögern kann), es scheint, dass Hegel wenigstens teilweise sein dialektisches Verfahren aus theologischen Kenntnissen und aus der Kenntnis Meister Eckharts und Jakob Böhmes bezog. Ich habe aber jetzt nicht über Hegel gesprochen, um den Wert seiner Philosophie zu betonen. Ich möchte im Gegenteil Hegel ausdrücklich, trotz meiner Vorbehalte, der spezialisierten Philosophie zurechnen. Im Übrigen genügt es mir, daran zu erinnern, dass er sich selbst mit einigem Starrsinn gegen jene Tendenz der romantischen Philosophie wandte, die meinte, die Philosophie könne, ohne besondere Vorbereitung, Sache des Erstbesten sein. Ich sage nicht, dass er unrecht hatte, die Improvisation auf dem Gebiet der Philosophie abzulehnen: Zweifellos ist sie unmöglich. Aber die sozusagen unergründliche Konstruktion Hegels, und sei sie selbst die Summe der Philosophie, hat mit der spezialisierten Disziplin sicherlich eines gemeinsam: In demselben Maß, wie sie verbindet, trennt sie das, was sie verbindet, von der Erfahrung. Zweifellos ist gerade das ihre Ambition: Im Geiste Hegels ist das Unmittelbare das Schlechte, und gewiss hätte Hegel das, was ich Erfahrung nenne, zum Unmittelbaren gerechnet. Trotzdem möchte ich, ohne mich in die philosophische Diskussion zu begeben, behaupten, dass die Erörterungen Hegels den Eindruck einer spezialisierten Aktivität vermitteln. Dieses Gefühl dürfte er selbst auch empfunden haben. Um im Voraus Einwänden zu begegnen, betonte er, dass die Philosophie eine Entwicklung in der Zeit ist, dass sie ein Diskurs ist, der sich in der Reihenfolge seiner Teilmomente äußert. Jeder kann das zugestehen; aber es bedeutet, jeden Augenblick des Philosophierens zu einem *spezialisierten Augenblick* zu machen, der den anderen untergeordnet ist. Die Spezialisierung verlassen wir auf diese Weise nur, um in den Schlaf des Spezialisten zu sinken, und diesmal endgültig.

Ich behaupte nicht, dass es jedem von uns oder irgendjemandem freisteht zu erwachen. Jene Summe der Möglichkeiten, als ein synthetisches Verfahren gesehen, ist vielleicht eine Chimäre. Ich nehme mir die Freiheit zu scheitern. Ich fühle mich nicht wohl bei dem Gedanken, für ein Gelingen zu halten, was ein Scheitern ist. Vor allem sehe ich noch keinen Grund dafür, das Mögliche, das vor mir liegt, zu begrenzen, indem ich mir eine spezialisierte Arbeit auferlege. Ich spreche von einer Wahl, deren Alternativen in jedem Augenblick jedem von uns vorliegen. In diesem Augenblick habe ich die Wahl, mich entweder dem Thema zu unterwerfen, das vor Ihnen zu erörtern ich mir vorgenommen habe, oder aber einer möglichen Laune nachzugeben. Ich ziehe mich eher schlecht als recht aus der Affäre, wenn ich mir sage, dass ich im Sinne der

Laune spreche, ohne dem Begehren zu folgen, mich ihr auszuliefern; dass ich der Laune als dem Gegensatz zur Spezialisierung den größeren Wert zuerkenne. Die Spezialisierung ist die Bedingung der Effizienz, und jeder, der fühlt, was ihm fehlt, trachtet nach Effizienz. Darin liegt ein Eingeständnis der Ohnmacht, eine demütige Unterwerfung unter die Notwendigkeit.

Es liegt wirklich eine bedauernswerte Schwäche darin, dieses oder jenes Resultat zu wollen, aber nicht zu tun, was notwendig ist, um es zu erreichen. Doch es liegt eine Kraft darin, dieses Resultat nicht zu wollen und es abzulehnen, sich auf den Weg zu begeben, der zu ihm führen kann. An dieser Wegkreuzung bietet sich die Heiligkeit genauso an wie die Erotik. Die Heiligkeit befindet sich im Vergleich zur spezialisierten Anstrengung zunächst auf der Seite der Laune. Der Heilige ist nicht auf der Suche nach Effizienz. Was ihn beseelt, ist einzig und allein ein Begehren: Darin gleicht er dem Menschen der Erotik. Entscheidend ist zu wissen, ob nicht das Begehren dem Wesen der Philosophie eher entspricht als die Spezialisierung des Projekts, eher als die Spezialisierung, die die Effizienz des Projekts sicherstellt, wenn die Philosophie, wie ich behauptet habe, vor allem die Summe der Möglichkeiten, betrachtet als ein synthetisches Verfahren, ist. Mit anderen Worten: Ist dieses Verfahren vorstellbar in der schlichten Berechnung, die zur Spezialisierung führt? Oder auch: Ist die Summe der Möglichkeiten vorstellbar, wenn die Nützlichkeit vor der Laune rangiert, die nur eine andere Bezeichnung für das Begehren ist?

Bevor ich weitergehe, werde ich versuchen, das Wesentliche zum Thema Erotik zu sagen, trotz der grundlegenden Schwierigkeit, auf die wir stoßen, wenn wir von ihr sprechen wollen.

Zuallererst unterscheidet sich die Erotik von der Sexualität der Tiere darin, dass die menschliche Sexualität durch Verbote eingeschränkt ist und dass die Erotik im Bereich der Überschreitung jener Verbote liegt. Das Begehren in der Erotik ist ein Begehren, das über das Verbot triumphiert. Es setzt eine Opposition des Menschen gegen sich selbst voraus. Die Verbote, die sich der menschlichen Sexualität entgegenstellen, haben im Prinzip besondere Formen, sie betreffen zum Beispiel den Inzest oder das Menstrualblut; aber wir können sie auch unter einem allgemeinen Aspekt betrachten, zum Beispiel unter einem Aspekt, der in den ältesten Zeiten (beim Übergang vom Tier zum Menschen) gewiss nicht gegeben war und der übrigens heute *in Frage gestellt* ist, nämlich unter dem Aspekt der Nacktheit. In Wirklichkeit ist das Verbot der Nacktheit heute gleichzeitig stark und *in Frage gestellt*. Es gibt niemanden, der sich nicht über die relative Absurdität, den willkürlichen, historisch bedingten Charakter des Verbots der Nacktheit im Klaren ist, und andererseits über die Tatsache, dass das Verbot der Nacktheit und die Überschreitung dieses Verbots das Hauptthema der Erotik bilden, ich meine der zur Erotik gewordenen Sexualität (der dem Menschen eigenen Sexualität, der Sexualität eines mit Sprache begabten Wesens). Bei den krankhaft genannten Komplikationen, den Lastern, ist dieses Thema immer von Bedeutung. Das Laster könnte als die Kunst betrachtet werden, sich auf mehr oder weniger manische Art das Gefühl der Überschreitung zu verschaffen.

Ich sollte wohl an den seltsamen Ursprung der Theorie von Verbot und Überschreitung erinnern. Wir finden ihn im mündlichen Unterricht von Marcel Mauss, dessen Arbeit zweifellos den unumstrittensten Beitrag der französischen Soziologie darstellt; es folgte aber nichts Gedrucktes nach. Mauss hatte eine Abneigung dagegen, schriftlich zu formulieren, seinem Denken die endgültige Form des Gedruckten zu geben. Ich stelle mir sogar vor, dass ihm die bemerkenswertesten Resultate ein Gefühl der Verlegenheit einflößten. Gewiss, der grundlegende Aspekt der Theorie der Überschreitung taucht in seinem geschriebenen Werk auf, aber als kurzer, ohne Nachdruck vorgebrachter Hinweis. So erwähnt er in seinem *Essai sur le sacrifice* in zwei Sätzen, dass die Griechen das Opfer der Buphonia als Verbrechen des Opferpriesters betrachteten. Er verallgemeinert nicht. Ich habe an seinem Unterricht nicht persönlich teilgenommen, aber was die Überschreitung betrifft, ist die Lehre von Marcel Mauss in dem kleinen Buch eines seiner Schüler, *Der Mensch und das Heilige* von Roger Caillois, dargestellt. Das Glück wollte es, dass Roger Caillois, weit entfernt, ein Kompilator zu sein, nicht nur selbst fähig war, die Tatsachen in prägnanter Form darzustellen, sondern seinen Ausführungen auch die Stärke eines aktiven und persönlichen Denkens zu geben. Ich werde hier das Schema der Darstellung von Caillois wiedergeben: Bei den Völkern, mit denen sich die Ethnografie beschäftigt, ist die Zeit der Menschen aufgeteilt in eine profane und eine sakrale Zeit, wobei die profane Zeit die gewöhnliche Zeit, nämlich die der Arbeit und der Beachtung der Verbote, die sakrale Zeit die des Festes ist, das heißt wesentlich die der Überschreitung der Verbote. Auf der Ebene der Erotik ist das Fest oft eine Zeit sexueller Zügellosigkeit. Auf der eigentlich religiösen Ebene ist es im Besonderen die Zeit des Opfers, das die Überschreitung des Tötungsverbots darstellt.

Ich habe diese Lehre ausgeführt in einer Studie, die ich den Höhlenmalereien von Lascaux gewidmet habe, das heißt dem Menschen der Frühzeit, dem die Geburt der Kunst zufällt und der wirklich vom Animalischen zum Menschlichen übergegangen ist.[128] Ich sah mich veranlasst, das Verbot mit der Arbeit zu verbinden. Die Arbeit gab es lange vor dem Entstehen der Kunst. Wir kennen ihre Spuren in der Gestalt von Steinwerkzeugen, die im Boden erhalten geblieben sind und deren ungefähres Alter wir erschließen können. Es schien mir, dass die Arbeit von Anfang an das Bestehen einer Arbeitswelt voraussetzen musste, aus der das sexuelle Leben oder die Tötung und der Tod ganz allgemein ausgeschlossen waren. Das sexuelle Leben einerseits und andererseits Tötung, Krieg und Tod sind im Hinblick auf die Welt der Arbeit schwere Störungen, sogar Erschütterungen. Es scheint mir nicht zweifelhaft, dass derartige Momente grundsätzlich aus der Zeit der Arbeit verbannt waren, die schnell kollektiv geworden sein dürfte. Mit Rücksicht auf die Arbeitszeit mussten Schöpfung und Zerstörung des Lebens nach außen verwiesen werden, da die Arbeit selbst im Vergleich zu den Augenblicken intensiver Erregung, in denen Leben und Tod auf dem Spiel stehen – und sich behaupten –, eine neutrale Zeit, eine Art Annullierung darstellt.

Ich denke, dass der Punkt, auf den ich kommen will, nun klar hervortreten kann.

Ich behaupte nicht, dass eine nicht spezialisierte Philosophie möglich ist. Aber als Spezialwerk ist die Philosophie eine Arbeit. Sie schließt, ohne es auch nur bemerken zu wollen, die Augenblicke intensiver Empfindungen aus, von denen ich zuerst sprach. Sie ist also nicht jene Summe der Möglichkeiten, betrachtet als ein synthetisches Verfahren, die mir notwendig erscheint. Sie ist nicht die Summe des Möglichen, die Summe aller möglichen Erfahrungen; sie ist nur die Summe einiger bestimmter Erfahrungen, die die Erkenntnis zum Zweck haben. Sie ist nur die Summe der Erkenntnisse. Mit gutem Gewissen, sogar mit dem Gefühl, einen Fremdkörper, etwas Unreines, zumindest eine Quelle des Irrtums zu entfernen, schließt sie die intensiven Empfindungen aus, wie sie mit der Geburt, der Schöpfung des Lebens, und mit dem Tod verbunden sind. Ich bin nicht der erste, der von diesem enttäuschenden Ergebnis einer Philosophie frappiert ist, die zum Ausdruck durchschnittlichen Menschseins wurde und sich

Abbildung XIX
Tätowierter Mann.

»Zuletzt ist es der Verfall, der, auf eine bevorzugte Weise, der Durchsetzung des Guten und der Pflicht, der Notwendigkeit des Guten Widerstand leistet. Zweifellos hat der Verfall die Macht, vollständiger und leichter die Reaktionen der Moral hervorzurufen. Der Verfall ist nicht zu verteidigen, die Überschreitung war es nicht in gleichem Maße. Jedenfalls konnte das Christentum, indem es vor allem den Verfall befehdete, auf die Erotik in ihrer Gesamtheit das Licht des Bösen werfen.«
(S. 191 [mit Varianten])

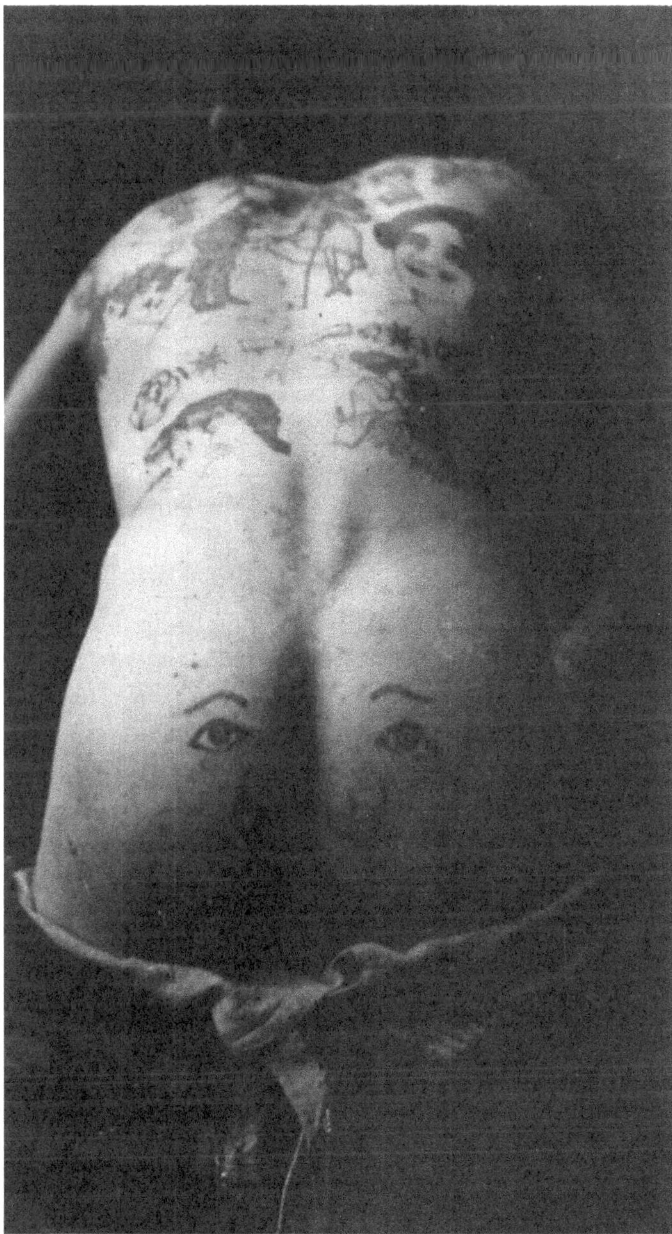

der extremen Situation des Menschen entfremdete, das heißt den Konvulsionen von Sexualität und Tod. Mir scheint sogar, dass die Reaktion gegen diesen erstarrten Aspekt der Philosophie für die ganze moderne Philosophie charakteristisch ist, sagen wir, ohne von Kierkegaard zu sprechen, von Nietzsche bis Heidegger. Natürlich ist die Philosophie, so scheint mir, schwer krank. Sie ist unvereinbar mit einer bohemehaften, völlig ungezwungenen Möglichkeit des Denkens, wie ich sie vielleicht für einige von Ihnen verkörpere. Und genau darin liegt ihre Berechtigung. Die Philosophie ist nichts, wenn sie nicht eine äußerste und demnach eine disziplinierte Anstrengung ist; aber wenn sie eine geplante Anstrengung und eine Disziplin einführt, verfehlt die Philosophie dann nicht andererseits ihre tiefste Daseinsberechtigung, zumindest wenn sie, wie ich sagte, die Summe der Möglichkeiten, betrachtet als ein synthetisches Verfahren, ist? Was ich letztlich zeigen möchte, ist die Sackgasse, in der sich die Philosophie befindet; sie kann ihre Aufgabe nicht ohne Disziplin erfüllen, andererseits aber scheitert sie an der Tatsache, dass sie jene Extreme ihres Gegenstands nicht umfassen kann, die ich einst als »Extreme des Möglichen« bezeichnet habe und die immer die äußersten Punkte des Lebens berühren. Wenn sie *fundamental* ist, wendet sich sogar eine Philosophie des Todes von ihrem Gegenstand ab. Aber ich möchte nicht behaupten, dass eine Philosophie noch möglich sei, die sich in ihn vertieft, die sich dem Taumel überlässt, mit dem er endet. Außer, allerhöchstens, wenn die Philosophie auf ihrem Höhepunkt die Negation der Philosophie ist, wenn die Philosophie die Philosophie verlacht. Nehmen wir einmal an, die Philosophie verlache die Philosophie: Das setzt Disziplin und Aufgeben der Disziplin voraus; in diesem Augenblick ist die Summe der Möglichkeiten ganz und gar im Spiel, und die Summe ist Synthese, keine einfache Addition, denn sie mündet in jener synthetischen Sicht, in der die menschliche Anstrengung ihre Ohnmacht offenbart, in der sie sich reuelos im Gefühl ihrer Ohnmacht entspannt. Ohne die Disziplin wäre es unmöglich gewesen, diesen Punkt zu erreichen, aber die Disziplin geht nie bis ans Ende. Das ist eine experimentelle Wahrheit. Jedenfalls wird der Geist, das menschliche Gehirn, auf einen überfüllten Behälter reduziert, der von seinem Inhalt gesprengt wird – wie ein Koffer, in den man immer weiter Dinge packt und der schließlich kein Koffer mehr ist, weil er die Dinge, die man ihm anvertraut, nicht mehr fasst. Und vor allem bringen die Extremzustände in die Summe der Möglichkeiten ein Element hinein, das der ruhigen Reflexion unzugänglich ist.

Ich werde mich bemühen, die Erfahrung, die wir von diesem Überströmen machen können, genau zu beschreiben.

Wir sind vor die Notwendigkeit gestellt zu wählen. Zuallererst haben wir eine quantitative Wahl zu treffen. Wenn wir alle Möglichkeiten als gleichartig ansehen, sind sie zu zahlreich. Im Hinblick auf die Begrenzung der Lebenszeit zum Beispiel müssen wir darauf verzichten, dieses oder jenes Werk zu lesen, in dem wir vielleicht Materialien und Antworten zu der Frage finden würden, die wir uns gestellt haben. Wir müssen uns also sagen, dass die Möglichkeiten, die dieses Buch in Betracht zieht, uns verschlossen bleiben.

Wenn es aber um die Erfahrung der Extremzustände geht, handelt es sich darum, eine qualitative Wahl zu treffen. Diese Erfahrung löst uns tatsächlich auf, sie schließt die ruhige Reflexion aus, da es ihr Prinzip ist, uns »außer uns« zu versetzen. Man kann sich kaum das Leben eines Philosophen vorstellen, der ständig oder wenigstens häufig außer sich wäre. Damit kommen wir auf die wesentlich menschliche Erfahrung zurück, die zur Aufteilung der Zeit in die Arbeitszeit und in die sakrale Zeit führt. Da wir uns für eine an den Wahnsinn grenzende Möglichkeit offenhalten (und das gilt für jede Möglichkeit, die an die Erotik, die Bedrohung oder allgemeiner die Gegenwart des Todes und der Heiligkeit rührt), wird die Arbeit der Reflexion beständig etwas anderem untergeordnet, vor dem die Reflexion gerade aussetzt.

Praktisch gelangen wir nicht in eine absolute Sackgasse – aber worum handelt es sich? Wir vergessen oft, dass das Spiel der Philosophie, wie die anderen Spiele, ein Wettkampf ist. Es handelt sich immer darum, so weit wie möglich zu kommen. Wir befinden uns in der wahrlich erniedrigenden Situation dessen, der einen Rekord aufzustellen versucht. In dieser Situation wird die Überlegenheit, je nach Sichtweise, Entwicklungen zuerkannt, die in unterschiedliche Richtungen weisen. Aus Sicht der professoralen Philosophie versteht es sich von selbst, dass der Vorrang dem zukommt, der arbeitet und sich von den in der Überschreitung gelegenen Möglichkeiten am häufigsten fernhält. Ich gestehe, dass ich zutiefst dem entgegengesetzten Vorrang misstraue, den man dem Widerspruchsgeist beilegt, der sich auf naive Weise zum Wortführer der Faulheit und der Anmaßung macht. Da ich den Wettkampf akzeptierte, habe ich persönlich die Notwendigkeit empfunden, die Schwierigkeiten in beide Richtungen auf mich zu nehmen, in Richtung der Überschreitung ebenso wie in Richtung der Arbeit. Die Grenze liegt in der offenkundigen Unmöglichkeit, in befriedigender Weise gleichzeitig in beide Richtungen zu gehen. Ich werde nicht weiter darauf herumreiten. Es scheint mir, dass es auf die von mir gestellte Frage nur eine Antwort gibt: ein Gefühl der Bedrückung und der Ohnmacht. Wir stehen ganz offenkundig vor dem Unmöglichen. Es ist nicht notwendig, dass wir resignieren, aber wir müssen erkennen, dass das Nichtresignieren uns von nichts befreit. Immerhin, ich gestehe es ein, ich verspüre eine Versuchung. In Richtung der Überschreitung, die mit der Faulheit zusammenfällt, erblicke ich wenigstens den Vorteil einer offensichtlichen Unterlegenheit. Aber auch das ist noch eine Lüge, ich kann es nicht in Abrede stellen: Der Wettkampf ist eröffnet, und ich habe teilgenommen. Dass sich meine Teilnahme für mich unvermeidlich mit dem Anfechten der auf dem Spiel stehenden Grundsätze der Überlegenheit verbindet, ändert daran nichts. Es handelt sich immer noch darum, es handelt sich stets darum, so weit wie möglich zu kommen, und meine Gleichgültigkeit ändert daran nichts. Wenn ich das Spiel auch ablehne, ich lehne es nicht ganz ab, das genügt. Ich bin trotz allem mit von der Partie. Im Übrigen spreche ich heute vor Ihnen, und das bedeutet, dass mich die Einsamkeit nicht befriedigt.

Zu Anfang dieser Darlegung habe ich die Tatsache hervorgehoben, dass Erotik Einsamkeit bedeutet, im Gegensatz zur Heiligkeit, deren Wert sich allen anderen Menschen anbietet. Ich kann keinen Augenblick Rücksicht darauf nehmen, dass einige unter Ihnen der Erotik von vornherein einen Wert zusprechen, den die Heiligkeit nicht hat. Die immer mögliche Illusion mag noch so groß sein, und was immer auch die Gründe ihrer Ohnmacht sind: Die Erotik hat grundsätzlich nur Bedeutung für einen allein oder für ein Paar. Der Diskurs verwirft sie nicht weniger als die Arbeit. Es ist übrigens wahrscheinlich, dass Diskurs und Arbeit zusammengehören. Diese Darlegung ist eine Arbeit, und habe ich nicht bei ihrer Vorbereitung jenes Grausen empfunden, das wir erst besiegen müssen, um arbeiten zu können? Die Erotik hat in grundlegender Weise den Sinn des Todes. Wer einen Moment den Wert der Erotik begreift, wird schnell gewahr, dass dieser Wert der des Todes ist. Es ist ein Wert, vielleicht, aber die Einsamkeit erstickt ihn.

Um der Frage auf den Grund zu gehen, versuche ich jetzt darzustellen, was das Christentum in Bezug auf die Gesamtheit der Fragen, die ich aufwerfen wollte, bedeutet. Ich glaube nicht, dass ich, um von Heiligkeit zu handeln, ausdrücklich über die christliche Heiligkeit sprechen muss. Aber ob ich will oder nicht, in der Vorstellung meiner Zuhörer besteht praktisch kein Unterschied zwischen Heiligkeit und christlicher Heiligkeit, und wenn ich diesen Begriff gewählt habe, dann nicht um ein Ausweichmanöver zu vollführen. Wenn ich auf die Begriffe zurückkomme, die ich eben ins Spiel zu bringen versucht habe, muss ich hervorheben, dass das, was ich Überschreitung nenne, innerhalb des Christentums Sünde genannt wird. Die Sünde ist ein Vergehen, etwas, das nicht hätte stattfinden dürfen. Betrachten wir zuerst den Tod am Kreuz: Er ist ein Opfer, er ist das Opfer, bei dem Gott selbst geopfert wird. Aber obwohl dieses Opfer uns loskauft, obwohl die Kirche von jener Schuld, die ihm zugrunde liegt, ihr paradoxes *felix culpa*! – glückliche Schuld! – singt, ist das, was uns loskauft, zugleich das, was nicht hätte stattfinden dürfen. Für das Christentum ist das Verbot absolut gültig, und die Überschreitung, welche auch immer, ist definitiv verwerflich. Dennoch wird die Verwerfung aufgehoben und zwar gerade infolge der verwerflichsten Schuld, der abgründigsten Überschreitung, die man sich vorstellen kann. Der Übergang von der Erotik zur Heiligkeit hat größte Bedeutung. Es ist der Übergang von dem, was verflucht und verworfen ist, zu dem, was verheißungsvoll und gesegnet ist. Einerseits ist die Erotik die einsame Schuld, das, was uns nur rettet, indem es uns zu allen anderen in Gegensatz stellt, das, was uns nur rettet in der Euphorie einer Illusion; denn was uns in der Erotik in den höchsten Grad der Intensität versetzt, schlägt uns gleichzeitig mit dem Fluch der Einsamkeit. Andererseits führt uns die Heiligkeit aus der Einsamkeit heraus, aber unter der Bedingung, jenes Paradox – *felix culpa*! – glückliche Schuld! – zu akzeptieren, dessen Exzess uns gerade erlöst. Nur ein Ausweichmanöver gestattet uns unter diesen Bedingungen, zu unseresgleichen zurückzukehren. Dieses Ausweichmanöver verdient zweifellos die Bezeichnung Verzicht, da wir im Christentum nicht gleichzeitig die Überschreitung vollziehen und sie genießen können: Nur andere können sie in der Verdammnis der Einsamkeit genießen! Die Harmonie mit seinesgleichen ist für den Christen nur unter der Bedingung wiederzuerlangen, dass er nicht mehr genießt, was ihn befreit, was aber für immer die Überschreitung bleibt, die Verletzung der Verbote, auf denen die Zivilisation beruht.

Wenn wir den vom Christentum gewiesenen Weg gehen, können wir nicht nur der Einsamkeit entkommen, sondern auch eine Art Gleichgewicht erreichen, das das ursprüngliche Ungleichgewicht vermeidet, von dem ich ausgehe und das eine Versöhnung von Disziplin und Arbeit mit der Extremerfahrung verhindert. Die christliche Heiligkeit eröffnet uns zumindest die Möglichkeit, die Erfahrung jener finalen Konvulsion, die uns an ihrem Extrempunkt in den Tod schleudert, zum Ziel zu führen. Zwischen der Heiligkeit und der Überschreitung des Verbots, das den Tod betrifft, besteht keine vollständige Koinzidenz. Die Überschreitung dieses Verbots ist vor allem der Krieg. Aber die Heiligkeit befindet sich deshalb nicht minder auf der Höhe des Todes: Sie ähnelt dem kriegerischen Heroismus insofern, als der Heilige so lebt, als stürbe er. Aber liegt da nicht eine Verkehrung vor? Er lebt, als stürbe er, doch um das ewige Leben zu finden! Die Heiligkeit ist immer ein Projekt. Das liegt vielleicht nicht in ihrem Wesen. Die heilige Teresa sagte, dass ihr nichts übrigbliebe, als auszuharren, selbst wenn die Hölle sie verschlänge. Wie immer dem sei, die Heiligkeit ist mit der Intention des ewigen Lebens als ihrem Gegenteil verbunden. Als erlaube der Heiligkeit nur ein Zugeständnis, den Heiligen mit der Menge, den Heiligen mit allen anderen Menschen in Einklang zu bringen. Mit der Menge und also mit der Philosophie, das heißt mit dem allen gemeinsamen Denken.

Am seltsamsten ist, dass die entschlossene Überschreitung die Zustimmung der anderen fand, wenn auch unter der Bedingung, dass man darüber nicht sprach. Diese Zustimmung ist in allen Formen archaischer Religion gegeben. Das Christentum erfand für die Überschreitung den einzigen Weg, der noch zu sprechen erlaubte. Halten wir hier einfach fest, dass der Diskurs, der über das Christentum hinausführt, alles zu negieren sucht, was der Überschreitung ähnelt, und zugleich alles, was einem Verbot gleicht. Man sehe sich auf der Ebene der Sexualität den Irrweg des Nudismus an: Negation des Sexualverbots und Negation der Überschreitung, die das Verbot notwendigerweise mit sich bringt. Man kann sagen, dass der Diskurs die Negation dessen ist, was den Menschen im Gegensatz zum Tier ausmacht.

Ich für mein Teil – glaube – sprechend – eine – ziemlich schwerfällige – Huldigung an das Schweigen dargebracht zu haben. Eine Huldigung – vielleicht – auch an die Erotik. Aber in diesem Punkt möchte ich meine Zuhörer zum ärgsten Misstrauen auffordern. Im Großen und Ganzen spreche ich eine tote Sprache. Diese Sprache, so glaube ich, ist die der Philosophie. Ich wage hier zu sagen, dass, meiner Meinung nach, die Philosophie auch eine Tötung der Sprache ist. Sie ist auch eine Opferung. Das Verfahren, von dem ich sprach, das die Synthese aller Möglichkeiten bewirkt, besteht in der Tilgung alles dessen, was die Sprache mit sich bringt, die die Erfahrung des sprudelnden Lebens – und des Todes – durch eine neutrale, eine gleichgültige Sphäre ersetzt. Ich habe Sie dazu einladen wollen, der Sprache zu misstrauen. Ich muss Sie daher gleichzeitig bitten, dem zu misstrauen, was ich Ihnen gesagt habe. Ich möchte hier nicht mit einer Clownerie schließen; aber ich habe eine Sprache sprechen wollen, die gleich Null wäre, eine Sprache, die das Äquivalent von nichts wäre, die zum Schweigen zurückkehrte. Ich spreche nicht vom Nichts, das mir manchmal ein Vorwand zu sein scheint, um dem Diskurs ein spezialisiertes Kapitel anzuhängen, sondern von der Tilgung dessen, was die Sprache der Welt hinzufügt. Ich weiß, dass eine rigorose Tilgung unausführbar ist. Es handelt sich übrigens nicht darum, eine neue Form von Pflicht einzuführen. Aber ich würde mich an mir selbst vergreifen, wenn ich Sie nicht vor einer unangemessenen Verwendung dessen, was ich gesagt habe, warnte. Alles, was uns auf dieser Grundlage nicht der Welt entzieht (in dem Sinne, wie eine Art der Heiligkeit sich jenseits der Kirche oder gegen die Kirche der Welt entzieht), würde meine Intention verfälschen. Ich habe gesagt, dass uns die Disziplin, indem sie uns auf den Weg der Arbeit verpflichtet, von der Erfahrung der Extremzustände entfernt. Das stimmt, wenigstens im Allgemeinen, aber diese Erfahrung hat selbst ihre Disziplin. Auf alle Fälle ist diese Disziplin zuerst jeder Art wortreicher Verteidigung der Erotik entgegengesetzt. Ich habe gesagt, dass die Erotik Schweigen, dass sie Einsamkeit sei. Aber sie ist es nicht für jene, deren bloße Anwesenheit in der Welt nichts weiter als die Negation des Schweigens ist, nichts weiter als Geschwätz und Vergessen einer möglichen Einsamkeit.

VII
VORWORT ZU *MADAME EDWARDA*

Der Tod [...] ist das Furchtbarste, und das Tote festzuhalten, das, was die größte Kraft erfordert.
Hegel, *Phänomenologie des Geistes*

Der Autor von *Madame Edwarda* hat selbst die Aufmerksamkeit auf den Ernst seines Buchs gelenkt.[129] Doch angesichts der üblichen Leichtfertigkeit, mit der Texte behandelt werden, die das sexuelle Leben zum Thema haben, scheint es mir richtig, darauf zu beharren. Nicht, dass ich die Hoffnung – oder die Absicht – hätte, daran etwas zu ändern. Aber ich bitte den Leser meines Vorworts, einen Augenblick nachzudenken über die traditionelle Einstellung gegenüber der Lust (die im Spiel der Geschlechter ihre höchste Intensität erreicht) und gegenüber dem Schmerz (den der Tod zwar stillt, aber zuvor auf die Spitze treibt). Ein ganzer Komplex von Faktoren bewirkt, dass wir uns vom Menschen (vom Menschsein) ein Bild machen, das von der äußersten Lust und vom äußersten Schmerz gleich weit entfernt ist: Von den allgemeinsten Verboten betreffen die einen das Sexualleben, die anderen den Tod, sodass beide zu sakralen Bereichen geworden sind, die zur Religion gehören. Die Qual begann, als man nur noch die Verbote, die sich mit den Umständen des Verschwindens eines Lebewesens befassen, als ernstzunehmende ansah, während jene, die sein Entstehen betreffen – die ganze geschlechtliche Aktivität –, auf die leichte Schulter genommen wurden. Es soll nicht gegen die

Tendenz der großen Zahl protestiert werden: Sie ist Ausdruck des Schicksals, das es so gewollt hat, dass der Mensch über seine Fortpflanzungsorgane lacht. Aber dieses Lachen, das den Gegensatz von Lust und Schmerz hervorhebt (der Schmerz und der Tod sind ehrfurchtgebietend, während die Lust lächerlich und verächtlich ist), enthüllt auch ihre tiefe Verwandtschaft. Das Lachen ist nicht ehrfurchtsvoll, sondern ein Zeichen des Schreckens. Das Lachen ist die Kompromisshaltung, die der Mensch etwas Widerwärtigem gegenüber einnimmt, wenn ihm der widerwärtige Aspekt nicht ernst erscheint. Daher bedeutet es eine Umwälzung, die Erotik als etwas Ernstes, Tragisches anzusehen.

Mir liegt zunächst daran, deutlich zu machen, wie nichtig jene banalen Versicherungen sind, nach denen das Sexualverbot ein Vorurteil ist, das man endlich ablegen sollte. Die Scham, die Schamhaftigkeit, die ein starkes Lustgefühl begleiten, wären demnach nur Zeichen mangelnder Intelligenz. Ebenso gut kann man sagen, wir sollten reinen Tisch machen und zur Stufe des Animalischen zurückkehren, zur hemmungslosen Gefräßigkeit und zur Gleichgültigkeit gegenüber dem Unrat. Als ginge nicht das ganze Menschsein aus den Reaktionen des Schreckens und der darauffolgenden Anziehung hervor, mit denen Sensibilität und Intelligenz verknüpft sind. Wir wollen dem Lachen, das aus der Schamlosigkeit kommt, nichts entgegenhalten, aber es steht uns frei, wenigstens teilweise auf eine Haltung zurückzukommen, die allein durch das Lachen ermöglicht worden ist.

Denn das Lachen rechtfertigt in der Tat eine Art entehrender Verurteilung. Das Lachen führt auf jenen Weg, auf dem sich das Prinzip eines Verbots, das Prinzip des notwendigen, unvermeidlichen Anstands in verschlossene Heuchelei verwandelt und in ein Unverständnis dessen, um was es geht. Die äußerste Zügellosigkeit, verbunden mit dem Scherz, geht Hand in Hand mit der Weigerung, die Wahrheit der Erotik ernst – ich meine *tragisch* – zu nehmen.

Das Vorwort zu diesem kleinen Buch, in dem ohne Umschweife dargestellt wird, wie die Erotik das Bewusstsein eines Risses eröffnet, ist für mich die Gelegenheit zu einem leidenschaftlichen Appell. Nein, es ist für mich nicht überraschend, dass sich der Geist von sich selbst abwendet, sich sozusagen den Rücken zukehrt und in seiner Sturheit zur Karikatur der eigenen Wahrheit wird. Wenn der Mensch die Lüge braucht, so steht es ihm schließlich frei! Der Mensch, der vielleicht seinen Stolz besitzt, ist in der menschlichen Masse ertrunken. Sei's drum. Ich werde niemals vergessen, was sich an Gewaltigem und Wunderbarem mit dem Entschluss verbindet, die Augen zu öffnen, *dem, was geschieht, dem, was ist*, ins Gesicht zu sehen. Und ich wüsste nicht, *was geschieht*, wenn ich nichts von der äußersten Lust, nichts vom äußersten Schmerz wüsste.

Verstehen wir uns richtig. Pierre Angelique spricht es deutlich aus: Wir wissen nichts und wir befinden uns auf dem Grund der Nacht. Aber wir können zumindest sehen, was uns täuscht, was uns davon abhält, unsere Not zu erkennen, genauer gesagt: zu erkennen, dass die Freude dasselbe ist wie der Schmerz, dasselbe wie der Tod.

Wovon uns jenes große vom derben Scherz hervorgerufene Lachen ablenkt, ist die Identität der äußersten Lust und des äußersten Schmerzes: die Identität des Seins und des Todes, des Wissens, das sich in dieser blendenden Perspektive vollendet, und der endgültigen Finsternis. Über diese Wahrheit können wir zweifellos am Ende lachen, diesmal aber mit einem vollständigen Lachen, das nicht haltmacht bei der Verachtung für das, was abstoßend sein kann, sondern uns in Abscheu versinken lässt.

Um bis an das Ende der Ekstase zu gehen, wo wir uns in der Wollust verlieren, müssen wir ihr immer eine unmittelbare Grenze ziehen: Diese Grenze ist der Schrecken. Nicht nur der Schmerz anderer oder mein eigener vermag mich dem Augenblick näherzubringen, in dem mich der Schrecken erfasst, um in mir den in das Delirium übergehenden Freudenzustand zu erzeugen, sondern es gibt keine Form des Widerwillens, bei der ich nicht eine Affinität zum Begehren ausmachen kann. Der Schrecken vermischt sich zwar nie mit der Anziehung; aber wenn er sie nicht verhindern, zerstören kann, *verstärkt der Schrecken die Anziehung*. Die Gefahr lähmt, aber wenn sie weniger bedrohlich ist, kann sie das Begehren erregen. Wir erreichen die Ekstase nicht, wenn wir nicht – und sei es nur von ferne – den Tod, die Vernichtung vor uns sehen.

Ein Mensch unterscheidet sich vom Tier dadurch, dass ihn bestimmte Empfindungen im Innersten verwunden und auflösen. Diese Empfindungen sind verschieden, je nach dem Individuum und den Lebensgewohnheiten. Aber der Anblick von Blut, der Geruch von Erbrochenem erwecken in uns den Schrecken des Todes und versetzen uns manchmal in einen Zustand von Ekel, der uns grausamer trifft als der Schmerz. Wir ertragen diese mit höchstem Schwindelgefühl verbundenen Empfindungen nicht. Manche ziehen den Tod der Berührung mit einer noch so harmlosen Schlange vor. Es gibt einen Bereich, in dem der Tod nicht das bloße Verschwinden bedeutet, sondern jenen unerträglichen Aufruhr, in dem wir *gegen unseren Willen* verschwinden, während wir *um keinen Preis* verschwinden dürften. Gerade dieses *um keinen Preis*, dieses *gegen unseren Willen* zeichnet den Augenblick der äußersten Freude und der unsäglichen, aber wunderbaren Ekstase aus. Wenn es nichts gibt, das uns übersteigt, das uns gegen unseren Willen übersteigt, weil es *um keinen Preis* sein darf, erreichen wir nicht den Augenblick, in dem wir *von Sinnen* sind, den wir mit aller

Kraft anstreben und gegen den wir uns zugleich mit aller Kraft wehren.

Die Lust wäre verächtlich, wenn sie nicht diese irre Entgrenzung wäre, die nicht allein der sexuellen Ekstase vorbehalten ist, die vielmehr die Mystiker verschiedener Religionen, und die christlichen Mystiker vor allem, in der gleichen Weise gekannt haben. Das Sein wird uns nur in einer *unerträglichen* Entgrenzung unseres Seins geschenkt, die nicht weniger unerträglich als der Tod ist. Und da es uns im Tod zugleich geschenkt und wieder entzogen wird, müssen wir es in der *Empfindung* des Todes suchen, in den unerträglichen Augenblicken, in denen wir zu sterben scheinen, weil das Sein in uns nur noch Exzess ist, wenn die Fülle des Schreckens und die Fülle der Freude zusammenfallen.

Selbst das Denken (die Reflexion) vollendet sich in uns nur im Exzess. Was bedeutet Wahrheit, außerhalb der Vorstellung des Exzesses, wenn wir nur das sehen, was über die Möglichkeit zu sehen hinausgeht, was zu sehen unerträglich ist, wie es in der Ekstase unerträglich ist, zu genießen? – wenn wir das denken, was die Möglichkeit, zu denken, übersteigt?[130]

Am Ausgang dieser leidenschaftlichen Reflexion, die sich in einem Schrei selbst vernichtet, weil sie in der eigenen Unerträglichkeit untergeht, finden wir Gott wieder. Das ist der Sinn, das ist die Ungeheuerlichkeit dieses kleinen Buchs *von Sinnen*: Diese Erzählung bringt in der Fülle seiner Attribute Gott selbst ins Spiel; und nichtsdestoweniger ist dieser Gott ein Strichmädchen, das in jeder Hinsicht den anderen gleicht. Aber was die Mystik nicht sagen konnte (denn in diesem Augenblick wurde sie ohnmächtig), sagt die Erotik: Gott ist nichts, wenn er nicht die Entgrenzung Gottes in alle Richtungen ist; in Richtung des vulgären Seins, des Schreckens und der

Unreinheit, und schließlich in Richtung des Nichts ... Wir können der Sprache nicht ungestraft das Wort hinzufügen, das die Wörter entgrenzt, das Wort *Gott*; im selben Augenblick, in dem wir es tun, zerstört dieses sich selbst entgrenzende Wort in schwindelerregender Weise seine Grenzen. Das, was es ist, weicht vor nichts zurück. Es ist überall dort, wo man es unmöglich erwarten kann: Es ist selbst eine *Ungeheuerlichkeit*. Wer die geringste Ahnung davon hat, schweigt sofort. Oder – wenn er den Ausgang sucht und weiß, dass er sich festbeißt – er gelangt dahin, in sich selbst zu suchen, was ihn, da es ihn vernichten kann, gottgleich macht, dem Nichts gleich.[131]

Auf diesem unbeschreiblichen Weg, auf den wir durch das unschicklichste aller Bücher geraten, ist es jedoch möglich, dass wir noch ein paar Entdeckungen machen.

Zum Beispiel, aufs Geratewohl, die des Glücks ...

Die Freude wäre gerade in der Perspektive des Todes zu finden (weshalb sie unter ihrem Gegenteil, der Traurigkeit, verborgen ist).

Ich bin keineswegs geneigt zu denken, dass das Wesentliche in dieser Welt die Wollust sei. Der Mensch ist nicht auf das Organ der Lust beschränkt. Aber dieses verschwiegene Organ lehrt ihn ein Geheimnis.[132] Da die Wollust von dem Verderben abhängt, das der Geist vor sich sieht, ist es wahrscheinlich, dass wir schwindeln und dass wir versuchen werden, die Freude zu gewinnen und trotzdem dem Schrecken möglichst fernzubleiben. Die Bilder, die das Begehren erregen oder den Endspasmus hervorrufen, sind gewöhnlich anrüchig, zweideutig: Ob sie nun auf den Schrecken zielen oder auf den Tod, immer tun sie es auf eine heimtückische Weise. Sogar in Sades Sichtweise wird der Tod auf den anderen abgelenkt, und der andere ist zunächst ein köstlicher Ausdruck des Lebens. Der Bereich der Erotik ist ausweglos der List überantwortet. Das Objekt, das die Reaktion des Eros hervorruft, zeigt sich als etwas anderes, als es ist. Und deshalb haben, was die Erotik betrifft, die Asketen recht. Die Asketen sagen von der Schönheit, dass sie die Falle des Teufels ist: Tatsächlich macht die Schönheit allein das Bedürfnis nach Verwirrung, Gewalt und Schmach erträglich, das die Wurzel der Liebe ist. Ich kann hier nicht die Delirien im Einzelnen untersuchen; ihre Formen sind vielfältig, und in der reinen Liebe lernen wir heimtückischerweise das allerheftigste Delirium kennen, das den blinden Exzess des Lebens bis an die Grenzen des Todes treibt. Die asketische Verurteilung mag grob und feige und grausam sein; aber sie entspricht der Furcht und dem Zittern, ohne die wir uns von der Wahrheit der Nacht entfernen. Es gibt keinen Grund, der sexuellen Liebe eine Eminenz zuzuschreiben, wie sie allein das ganze Leben hat; aber wenn wir das Licht nicht wirklich an der Stelle entzündeten, wo die Nacht hereinbricht, woher könnten wir dann wissen, dass wir aus der Projektion des Lebewesens in den Schrecken hervorgegangen sind? Und wenn das Lebewesen sich verliert, wenn es untergeht in der Brechreiz erregenden Leere, die es *um jeden Preis* fliehen müsste ...

Ganz gewiss, nichts ist furchtbarer. Insofern müssten uns die Bilder der Hölle an den Kirchenportalen lächerlich erscheinen! Die Hölle ist nur eine schwache Vorstellung, die Gott uns unfreiwillig von sich selbst gibt. Aber auf der Ebene des grenzenlosen Verlusts finden wir den Triumph unseres *Seins* wieder – dem immer nur der Einklang mit der Bewegung fehlte, die es vergänglich will. Das Lebewesen lädt sich selbst zu dem schrecklichen Tanz, dessen Rhytmus die Synkope ist; wir müssen ihn akzeptieren, wie er ist, nur müssen wir den Schrecken kennen, auf den er eingestimmt ist. Es gibt nichts Quälenderes, als wenn uns der Mut fehlt. Der Augenblick der Qual wird nie ausbleiben: Wie ihn überwinden, wenn er ausbliebe? Aber das für Tod, Qual, Freude – rückhaltlos *offene Lebewesen*, das offene und sterbende, schmerzerfüllte und glückliche Lebewesen erscheint schon in seinem verschleierten Licht: Dieses Licht ist göttlich. Und der Schrei, den, mit verzerrtem Mund, dieses Lebewesen – vergeblich? – ausstoßen möchte, ist ein ungeheures *Halleluja*, verloren im endlosen Schweigen.

Abbildung XX
Bernini, *Ekstase der heiligen Teresa*. Rom, S. Maria della Vittoria.

»Es gibt auffallende Ähnlichkeiten und sogar Äquivalenzen und Vertauschungen zwischen den Ordnungen erotischer und mystischer Ergießung. Aber diese Beziehungen können erst genügend deutlich werden, wenn man von der experimentellen Erkenntnis beider Empfindungsweisen ausgeht. [...] Die Zustände, die die Psychiater vor einem übereilten Urteil bewahrt hätten, fallen praktisch nicht in das Feld ihrer Erfahrung, sie sind uns nur insoweit bekannt, als sie persönlich empfunden werden. Die Beschreibungen der großen Mystiker könnten im Prinzip die Unkenntnis beheben, aber sie verwirren gerade durch ihre Einfachheit, sie bieten nichts, was Symptomen von Neuropathen [...] ähnelt. Sie geben nicht nur wenig her für die Interpretation der Psychiater, sondern ihre ungreifbaren Tatbestände entgehen noch dazu zumeist deren Aufmerksamkeit. Wenn wir den Punkt bestimmen wollen, an dem sich die Beziehung zwischen Erotik und mystischer Spiritualität klärt, müssen wir auf die Binnenansicht zurückkommen, von der allein oder fast allein die Geistlichen ausgehen.« (S. 316)

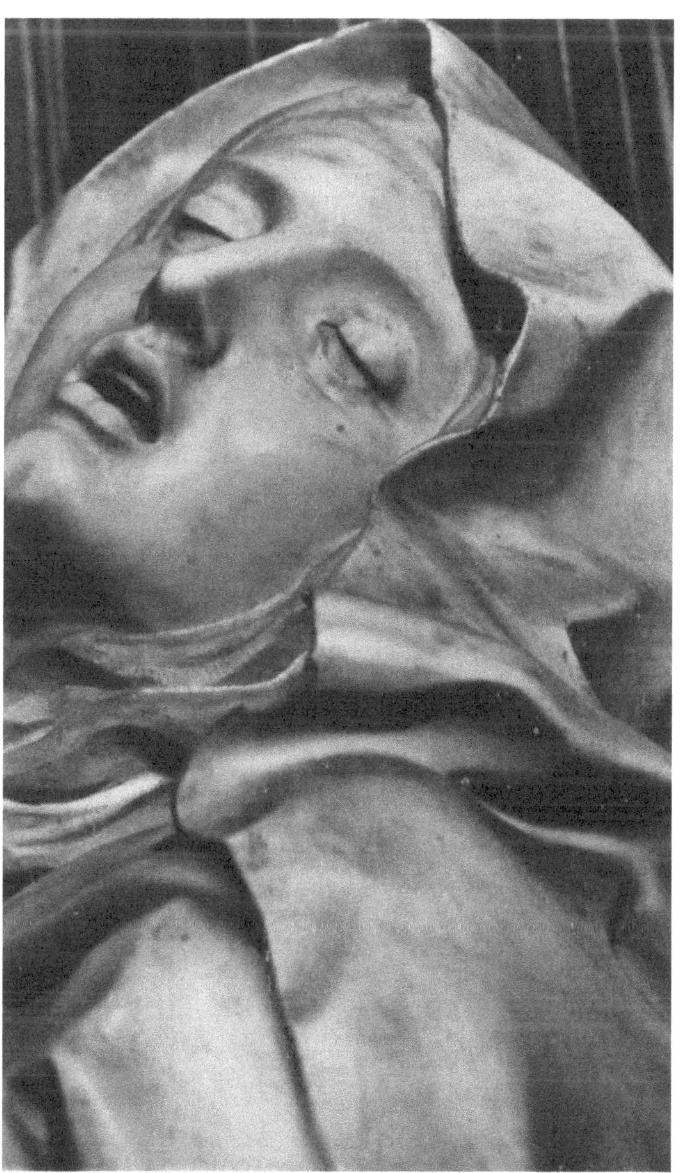

SCHLUSSFOLGERUNG

Wenn sich meine Leser für die Erotik in derselben Weise interessierten wie für separate Probleme, nämlich von einem spezialisierten Standpunkt aus, könnten sie mit diesem Buch nicht viel anfangen.

Ich behaupte nicht, dass die Erotik das wichtigste Problem ist. Das der Arbeit ist dringlicher. Aber letzteres ist ein Problem, das unseren Mitteln entspricht, während die Erotik das Problem der Probleme ist. Insofern er ein erotisches Lebewesen ist, ist der Mensch für sich selbst ein Problem. Die Erotik ist der problematische Teil in uns.

Der Spezialist *ist der Erotik niemals gewachsen.*

Unter allen Problemen ist die Erotik das geheimnisvollste, das allgemeinste und das abseitigste.

Für den, der sich ihr nicht entziehen kann, dessen Leben sich dem Überschwang öffnet, ist die Erotik das persönliche Problem schlechthin. Es ist zugleich das universelle Problem schlechthin.

Der erotische Augenblick ist auch der intensivste (wenn wir die Erfahrung der Mystiker ausnehmen wollen). Daher hat er seinen Platz auf dem Gipfel des menschlichen Geistes.

Wenn sich die Erotik auf dem Gipfel befindet, dann gehört auch die Frage dorthin, die ich am Ende meines Buchs stelle.

Aber sie ist philosophischer Natur.

Die höchste philosophische Frage fällt, denke ich, mit dem Gipfel der Erotik zusammen.

Dieses Aperçu, das ich hier als Schlussfolgerung anbiete, gehört in einem gewissen Sinne nicht zum definierten Inhalt meines Buchs: Es geht von der Erotik zur Philosophie über; doch glaube ich gerade, dass einerseits die Erotik nicht ohne Verstümmelung auf den vom übrigen Leben abgelösten Aspekt beschränkt werden kann, den sie in der Vorstellung der meisten hat. Andererseits kann sich auch die Philosophie selbst nicht isolieren. Es gibt einen Punkt, an dem wir die Gesamtheit der Denkgegebenheiten erfassen müssen, die Gesamtheit jener Gegebenheiten, mit denen wir uns in der Welt ins Spiel bringen.

Offensichtlich entginge uns diese Gesamtheit, wenn die Sprache sie nicht darstellte.

Aber wenn die Sprache sie darstellt, kann sie das nur in aufeinanderfolgenden Teilen tun, die sich in der Zeit entwickeln. Niemals wird uns in einem einzigen und höchsten Augenblick jene umfassende Sicht gewährt sein, denn die Sprache unterteilt sie in getrennte Aspekte, die zwar zu einem Erklärungszusammenhang verknüpft sind, aber aufeinanderfolgen und nicht in ihrer analytischen Bewegung aufgehen.

Die Sprache sammelt die Totalität dessen, was für uns Bedeutung hat, aber zerstreut es zugleich. In ihr können wir das, was für uns Bedeutung hat, nicht ergreifen; es entzieht sich uns in Sätzen, die voneinander abhängen, ohne dass je eine Gesamtheit auftaucht, auf die jeder einzelne verweist. Unsere Aufmerksamkeit bleibt auf jene Gesamtheit gerichtet, die uns in der Satzfolge entgleitet, aber wir können nicht erreichen, dass das Aufblitzen der aufeinanderfolgenden Sätze der großen Erleuchtung weicht.

Die große Zahl der Menschen steht dieser Schwierigkeit gleichgültig gegenüber.

Es ist nicht notwendig, auf die Frage zu antworten, die unsere Existenz an sich darstellt. Es ist nicht einmal notwendig, sie zu stellen.

Aber die Tatsache, dass sie ein Mensch nicht beantwortet, sie sich nicht einmal stellt, beseitigt die Frage nicht.

Wenn jemand mich fragte, was wir sind, würde ich ihm jedenfalls antworten: jene Offenheit für das gesamte Mögliche, jene Er-

wartung, die sich durch keine materielle Befriedigung stillen und durch kein Sprachspiel täuschen lässt! Wir sind auf der Suche nach einem Gipfel. Jeder, dem es beliebt, kann von ihr absehen. Aber die Menschheit in ihrer Gesamtheit strebt nach diesem Gipfel, er allein macht ihre Bestimmung aus, er allein ist ihre Rechtfertigung und ihr Sinn.

Dieser Gipfel, dieser höchste Augenblick, unterscheidet sich von dem der Philosophie.

Die Philosophie geht nicht aus sich heraus, sie kann den Bereich der Sprache nicht verlassen. Sie gebraucht die Sprache so, dass darauf niemals das Schweigen folgt. Und so übersteigt der höchste Augenblick notwendigerweise die philosophische Fragestellung. Er übersteigt sie wenigstens insofern, als die Philosophie vorgibt, ihre eigene Frage zu beantworten.

So können wir die Schwierigkeit erfassen.

Die Frage hat nur einen Sinn, wenn sie von der Philosophie ausgearbeitet ist: die höchste Frage, auf die der höchste Augenblick der Erotik die Antwort ist – das Schweigen der Erotik.

Die Philosophie verlängert die Arbeit und das Verbot. Ich verzichte darauf, auf diesen Punkt einzugehen. Aber die Philosophie widersetzt sich in ihrem Fortschreiten (da sie ihre Bewegung nicht unterbrechen kann) der Überschreitung. Ginge die Philosophie von der Basis der Arbeit und des Verbots (die sich aneinander ausrichten und sich vervollständigen) zu jener der Überschreitung über, wäre sie nicht mehr, was sie ist, sondern würde sich selbst verspotten.

Im Vergleich zur Arbeit ist die Überschreitung ein Spiel.

In der Welt des Spiels löst sich die Philosophie auf.

Die Überschreitung zur Grundlage der Philosophie machen (das ist das Unterfangen meines Denkens) heißt, die Sprache durch eine schweigende Kontemplation ersetzen. Es ist die Kontemplation des Seins auf dem Gipfel des Seins. *Die Sprache ist keineswegs verschwunden. Wäre der Gipfel zugänglich, wenn der Diskurs nicht die Zugänge erschlossen hätte? Aber die Sprache, die sie beschrieb, hat im entscheidenden* Augenblick *keinen Sinn mehr, wenn die Überschreitung selbst, als Bewegung, an die Stelle der diskursiven Darstellung der Überschreitung tritt. Ein höchster Augenblick fügt sich an die sukzessiven Erscheinungen an: In diesem Augenblick tiefen Schweigens – in diesem Todesaugenblick – offenbart sich die Einheit des Seins in der Intensität der Erfahrungen, in denen seine Wahrheit sich vom Leben und seinen Gegenständen abkehrt.*

In der Einführung zu diesem Buch habe ich mich bemüht, zu diesem höchsten Augenblick – auf der Ebene der Sprache – einen verständlichen Zugang zu verschaffen; ich habe ihn auf das Gefühl der Kontinuität *des Seins bezogen.*

Wie ich erwähnt habe, ist der Text dieser Einführung ein Vortrag. Diesem Vortrag wohnte Jean Wahl bei, der hinterher folgenden Einwand erhob (ich hatte jenes Gefühl der Kontinuität den Partnern des erotischen Spiels zugeschrieben): »Einer der Partner«, sagte Jean Wahl, »muss sich der Kontinuität bewusst sein. Bataille spricht zu uns, Bataille schreibt, Bataille ist sich dessen bewusst, und in dem Augenblick, wo er sich dessen bewusst ist, wird die Kontinuität vielleicht zerbrochen. Ich weiß nicht, was Bataille zu diesem Punkt sagen wird, aber es scheint mir, dass es da ein wirkliches Problem gibt ... Das Bewusstsein der Kontinuität ist nicht mehr die Kontinuität, doch dann kann man nicht mehr sprechen.«

Jean Wahl hatte mich genau verstanden.

Ich antwortete ihm sofort und sagte ihm, dass er recht habe, dass aber an der Grenze Kontinuität und Bewusstsein manchmal einander nahekommen.

Tatsächlich ereignet sich der höchste Augenblick im Schweigen, und im Schweigen entzieht sich das Bewusstsein.

Ich schrieb soeben: »in diesem Augenblick tiefen Schweigens – in diesem Todesaugenblick ...«

Was wären wir ohne Sprache? Sie hat uns zu dem gemacht, was wir sind. Nur sie offenbart uns an der Grenze den souveränen Augenblick, in dem sie nicht mehr gilt. Aber wer spricht, gesteht schließlich seine Ohnmacht ein.

Die Sprache ist uns nicht unabhängig vom Spiel des Verbots und der Überschreitung gegeben. Deshalb muss die Philosophie, wenn sie womöglich mit der Gesamtheit der Probleme fertigwerden will, sie von einer historischen Analyse des Verbots und der Überschreitung aus aufgreifen. In der auf die Kritik ihrer Ursprünge gegründeten Selbstanfechtung gelangt die Philosophie, die sich dabei in eine Überschreitung der Philosophie verwandelt, zum Gipfel des Seins. Der Gipfel des Seins offenbart sich in seiner Ganzheit *nur in der Bewegung der Überschreitung; durch sie geht das Denken, auf die Entwicklung des Bewusstseins durch die Arbeit gegründet, schließlich über die Arbeit hinaus und erkennt, dass es sich ihr nicht unterordnen kann.*

ANHANG

DAS PARADOX DER EROTIK

Auf alle Fälle ist die Erotik eine Überspanntheit.

Sie ist einerseits der Horizont, der das Begehrenswerteste erschließt: eine Lust so tief, dass wir erschaudern.

Doch auf der anderen Seite ist sie die Schmach. Wir wären inhuman, wenn wir durchgängig aufhörten, das Abstoßende an ihr zu spüren.

Wenn wir uns nur an eine der beiden Sichtweisen halten, dann verwerfen wir die Erkenntnis; kehren wir jedoch der Erotik den Rücken, so kehren wir uns ab vom Möglichen und Angemessenen des Lebens.

Am häufigsten wird die Erotik geringschätzig betrachtet. Darum müssen wir von der Feigheit der Geringschätzung sprechen: Derjenige ist feige, der verächtlich macht, was ihn mit Glück zu einem tragischen Entzücken emporgetragen hätte.

Doch müssen wir gleichzeitig auf die höchste Verleugnung derer verweisen, die in der Erotik den höchsten Wert und die höchste Rechtfertigung erblicken.

Am schwersten wiegt, dass die Erotik so eng mit der Vernichtung verknüpft ist, dass sie einen Triumph nicht überleben könnte, der derjenige der Vernichtung wäre. Allerdings sind auch Geburt und Leben undenkbar ohne sie ... Aber die Erotik ruft selbst die Verirrungen hervor, in denen sie versinkt. Die Scham antwortet so subtil auf das Begehren nach der Raserei des Begehrens, dass dieses Begehren ohne die von seinem Objekt geheuchelte Scham nicht die Raserei erreichen würde. Die Psychiater verneinen das; um am einfachen Gang der Wissenschaft festhalten zu können, achten sie eine Evidenz für nichts, die sich beinahe an der gesamten Entwicklung der Erotik ablesen lässt. Wo die Scham nicht offen begehrt wird, verhüllt sie sich in der Angst des Begehrens. Wenn wir die Scham nicht in einer Art Umsturz hinter uns ließen, würden wir nicht zur Ekstase gelangen, die die Urteile des gewohnten Lebens außer Kraft setzt. Die Ekstase ist sogar die Wirkung dieser Außerkraftsetzung. Die Wohlbegründetheit jenes Urteils ist der Ursprung der Ekstase, die gerade erfordert, alles Gründende in den Wind zu schlagen.

Diese maßlose Überspanntheit, dieses souveräne Paradox – das *ist* die menschliche Existenz. Wir finden sie niemals rastend, und darum ist unser Denken Geröll, das von einem Sturzbach fortgetragen wird. Eine geäußerte Wahrheit ist immer nur Geröll, sobald sie ausgesprochen ist, wenn sie nicht jene unglückliche Überspanntheit ist, die der vor Scham vergehende Geist nur mit Schaudern in Erwägung zieht. Daher können wir niemals wahrhaft von der Erotik sprechen. In einer Versammlung ist sie stets ein Thema, das Gezeter hervorruft. Es kann dann zu spät sein, die gemeinsame Überspanntheit hervorzuheben, die die Zeternden mit denen teilen, die den Skandal ruhig erwägen. Es kann auch ein Versagen in der Stellungnahme der Protestierenden vorliegen: Manchmal *definiert* die Überspanntheit, die sie zurückweisen, die Menschlichkeit, in deren Namen sie Schweigen gebieten möchten. Aber die Überspanntheit ihres Geschreis ist nur die Folge der ersteren: Auch sie ist unvermeidlich.

Wenn es sich um Literatur handelt, ist die Haltung der Entrüstung umso dümmer, als der Gegenstand der Literatur gerade das Paradox ist. Leute, deren Leben regelmäßig ist und deren Handeln keinerlei Anomalie aufweist, sind langweilig. Das ist in der Tat der einzige gültige Einwand, der gegen die Erotik in der Literatur vorgebracht werden kann: Die erotische

Darstellung kann nicht erneuert werden, das Paradox, das die Erotik ihrem Wesen nach ist, verwandelt sich in eine überflüssige Wiederholung und kehrt so in die Norm und Langeweile zurück. Aber der Einwand kann umgekehrt werden: Die erotische Literatur kann sich wiederholen, weil sie den Leser nicht ermüdet, der von einem Skandal bewegt wird, der ihn immer wieder in Verwunderung versetzt, über ganze Serien von Romanen hin, die im Titel variieren, nicht aber in der Situation. Wenn es nicht die Gleichgültigkeit dieses Lesers gegenüber der Wiederholung gäbe, könnte die Literatur, deren Gegenstand das geheime Leben ist, ebenso gut die Erneuerung vorschlagen – aber wenn er sie entbehren kann? Wenn er an der schändlichen Monotonie festhält, in der die Mittelmäßigkeit mit dem niemals erschöpften Reiz des Verworfenen spielt?

Es gibt Lektüren, die der literarische Wert eines Textes stören würde ... Das Wiederkäuen interessiert dennoch nur wenige: Jenseits davon können die Freiheit, die Verwirrung und Erregung des Lebens im Ganzen nicht aufhören, die friedliche Harmonie in der Disharmonie in Frage zu stellen, jene friedliche Koexistenz komplementärer Gewalten, auf denen das Doppelspiel des Lebens im Ganzen beruht. Insoweit beabsichtigt die erotische Beschreibung mehr als die Wiederholung. Die Wiederholung hielt sie vom unendlichen Ungleichgewicht ab, das den Schlaf des Daseins stört. Das Dasein ist selbst, und zwar seinem Wesen nach, ein Ungleichgewicht: Es ist die Frage ohne Antwort. Die erotische Wiederholung hat immer nur mit Hilfe der Betäubung jene Ration der Verwirrung und Erregung zu ersparen gewusst, ohne die die Lektüre langweilt. Stets jedoch behält ein Ungleichgewicht die Oberhand: Auf ihrem Gipfel ruft die Erotik eine grenzenlose Verwirrung und jenen Juckreiz hervor, der umso rasender macht, je mehr man kratzt.

Jenseits der Wiederholung ist die Möglichkeit der erotischen Literatur die der *Unmöglichkeit* der Erotik. Der Sinn der Literatur selber besteht in diesem Aufstieg zu einem Gipfel, auf dem die Hoffnung des endlichen Aufatmens stets ausbleibt. Sade verleumdete den Einklang, der das Sinnenleben zugleich gewährt und verbannt: Sein Plädoyer forderte für die Erotik alle Rechte, doch gibt es keine Anklage, die sie mehr belastet. Er stellte die Freiheit der Erotik an den Pranger seiner Raserei: Niemand zeigte mit größerer Sorgfalt die Schändlichkeit der Erotik auf. Indem er seine Rage in demselben Maße steigerte wie die Grausamkeit der Verbrechen, die er imaginierte, machte er als erster und am vollkommensten aus der erotischen Literatur den Ausdruck des sich selbst unerträglichen Wesens, das der Mensch ist, seiner »unendlichen Überspanntheit« und seines »souveränen Paradoxes«.

Sein mangelndes Interesse für die flaumweiche Erotik bewahrte ihn zwar nicht vor der besessenen Wiederholung; er hat das Wiederkäuen des Entsetzlichen nicht vermieden, doch war der Höhepunkt, zu dem das Wiederkäuen gelangte, der Gipfel des *Unmöglichen*.

Als erotische kann die Literatur sich entziehen, oder sie kann sich sogar der Wiederholung überlassen, aber von dem Augenblick an, in dem sie sich befreit, ist sie ein Ausdruck des *Unmöglichen*.

An diesem Punkt halte ich inne, da es mir peinlich ist, mich der Sprache bei Vorhaben zu bedienen, die die Möglichkeit der Sprache übersteigen. Es ist übrigens nicht nötig, dass diese Literatur existiert. Wenn sie aber existiert – wenn Sade schließlich Konsequenzen nach sich zieht –, wird sie notwendig eine Forderung an die Literatur ins Extrem treiben, die oft der Poesie vorbehalten wird, die nämlich verlangt, dass sie sich dem Sinn der Sprache widersetzt, die mit einem Wort verlangt, dass sie die ganze Bewegung *vernichtet*, die von der Sprache in Gang gehalten wird. Die Sprache, die ihrem Wesen nach existieren muss, die ihrem Wesen nach geltend zu machen hat, was sein soll… Der Erotik sind Bewegungen zuwider, die sich als Erfüllung einer Pflicht gebärden, der sie entsprochen haben.

In *Roberte, ce soir*, einem der seltenen Romane, in denen die Erotik sich nicht an die Bequemlichkeiten der Wiederholung hält, leiht Pierre Klossowski einem seiner Helden die folgenden Worte. Während der junge päpstliche Dragoner die Schamlosigkeit der Frau des Theologieprofessors würdigt, sagt er zu ihr:

»Ihre Geste, Madame, beweist, dass Sie etwas zu wenig an Ihren Körper und etwas zu sehr an die Existenz der reinen Geister glauben. Aber Sie werden uns beistimmen: Am Anfang war der Verrat. Wenn das Wort Dinge zum Ausdruck bringt, die Sie für schmachvoll halten, nur weil sie zum Ausdruck gebracht werden, so bleiben diese Dinge doch im Schweigen erhaben: Man muss sie nur ausführen; und wenn das Wort nur erhaben ist, solange es etwas, was ist, zum Ausdruck bringt, opfert es die Erhabenheit des Seins Dingen, die nur im Schweigen existieren; diese Dinge hören also auf zu existieren, sobald sie das Wort ergreifen. Wie soll man von nun an die Schmach des Wortes bestrafen? Hat es nicht am helllichten Tage jenes […] Etwas erzeugt […], das Obszöne an sich […]? Da man aber von den falschen Dingen nichts weiter weiß, außer dass es wahr ist, dass sie falsch sind, und da das Falsche keine Existenz hat, bedeutet das Kennenlernenwollen obszöner Dinge niemals etwas anderes als die Erkenntnis, dass diese Dinge nur im Schweigen existieren können. Das Obszöne an sich kennen heißt überhaupt nichts kennen.«[133] Es kann sein, dass die *unnennbare* Natur des Obszönen dasselbe nicht beseitigt. Was nicht in die Ordnung der Sprache eingehen kann, existiert als etwas, das ihr entgegengesetzt und sogar fähig ist, ihre Ordnung zu zerbrechen. Wie dem auch sei, es gibt nur eins von beiden: Entweder die Sprache wird mit der Erotik fertig, oder die Erotik wird mit der Sprache fertig werden. Dies findet auf mehrerlei Weise statt: Es besagt nichts, wenn der Tod am Ende steht. Wir leben immer die gleiche unerträgliche Wahrheit, die uns zur Verneinung dessen führt, was wir trotz allem bejahen müssen: Wir sind genötigt, uns in dem Paradox einer Sprache zu verwirklichen, die mit Nachdruck bekräftigt wird – nur damit wir uns brüsten können, sie zu verraten. Wäre die Erotik, was sie ist, wäre das Schweigen, was es ist, wenn sie nicht zuerst Verrat wären?

Das sind die Rechtfertigung und der Sinn einer erotischen Literatur, die sich heute so deutlich abhebt von der mechanischen Pornografie. Ein so bewunderter Roman wie die *Geschichte der O*, der einerseits der Literatur der Wiederholung gleicht, unterscheidet sich davon andererseits, insofern er die Erotik nicht nur feiert, sondern zugleich schwer belastet. Er ist diese Belastung nicht, insofern die Sprache nicht die Oberhand behält über ein tiefes Schweigen, das wie der Verrat des Todes ist, der letzte Verrat, der der Tod lächerlicherweise ist. Die Erotik der *Geschichte der O* ist auch die Unmöglichkeit der Erotik. Die Zustimmung zur Erotik ist auch eine Zustimmung zum Unmöglichen, was sage ich: Sie besteht aus dem *Begehren* des Unmöglichen. Das Paradox der O ist das der Mystikerin, *die daran starb, dass sie nicht starb*; es ist das Martyrium, bei dem der Peiniger der Komplize des Opfers ist. Dieses Buch ist die Überwindung seiner Sprache, insofern es sich schon für sich zerreißt, insofern es die Faszination der Erotik in der größeren Faszination des Unmöglichen auflöst. Eines Unmöglichen, das nicht nur das des Todes ist, sondern das einer Einsamkeit, die sich absolut verschließt.

Soweit diese Literatur noch möglich ist, stimmt sie denen zu, die sie verurteilen. Sie trachtet nach einem schweigenden Erschrecken, das allein die Kraft hat, sie zu verstehen. Wie schwierig wird von da aus eine Wiederholung sein! Dieses Buch, darin vergleichbar der *Roberte* von Klossowski (die stärker verwirrt und deshalb vielleicht bewundernswerter ist), ist ein Ausnahmewerk. Wenn es wahr ist, dass seit Langem nichts erschienen ist, was diesen beiden frevelhaften Romanen gleicht, so kündigen sie dennoch keine Erneuerung der Literatur an, sondern ihre Schwierigkeit, ihre Sackgasse. Die Literatur erstickt an der realen Unlebbarkeit – die grausam und doch wunderbar ist – des Lebens im Ganzen. Sie erstickt umso mehr, als sie ihr Werk betreibt, das darin besteht, der Möglichkeit der Sprache, die sie trägt, ein Ende zu setzen.

In dem Zerreißen, zu dem uns die Wunder unserer Freude führen, ist die Literatur die einzige, schon gebrochene Stimme, die wir dieser glorreichen Unmöglichkeit geben, nicht zerrissen zu werden; sie ist die Stimme, die wir dem Begehren geben, keinerlei Lösung anzustreben, sondern uns sichtlich und glücklich dem Zerreißen bis zum Schluss auszusetzen. Doch sucht die Literatur zumeist zu entkommen und armselige Auswege zu ersinnen: Warum ihr das Recht streitig machen, frivol zu sein?

DIE BEDEUTUNG DER EROTIK

Unsere Zeit hat beträchtliche Veränderungen in den Umständen des Sexuallebens mit sich gebracht.

Es empfiehlt sich, diese Veränderungen unter dem Namen *sexuelle Revolution* zusammenzufassen. Sie haben sich etappenweise seit mehreren Generationen herausgebildet. Sie sind verknüpft mit der gesamten sozialen Umwälzung und haben sich insbesondere aus der Erschütterung ergeben, die auf den Ersten Weltkrieg folgte.

Unsere *sexuelle Revolution* hat vielerlei Bedeutungen. Es ging zuerst um eine Bewegung, die die starren Regeln bekämpfte, die die Geschlechterbeziehungen lähmten. Gleichzeitig handelte es sich um die Revision einer Moral, die im Begriff der geschlechtlichen Sünde und in der Scham begründet war. Andererseits musste der moderne Mensch seinem Bedürfnis nachkommen, aufzuklären, was in ihm dunkel und verborgen blieb. Die Menschheit sollte sich am Ende vollständig erkennen, sie sollte ihre Fähigkeiten beherrschen und ihre Einheit finden.

Diese Veränderungen wurden befördert und beschleunigt durch die Entdeckungen der modernen Psychologie und der Psychoanalyse; das fortschreitende Wissen auf dem Gebiet der Sexualität sicherte sie ab und erweiterte ihre Tragweite noch. Nicht nur unsere Gewohnheiten, sondern auch das vertiefte Bewusstsein, das wir von uns selbst erlangt haben, unterscheiden uns deutlich von der Menschheit, die dieser *sexuellen Revolution* vorausging. Nicht, dass die Menschheit zur Unschuld der

Naturvölker zurückkehrte – doch indem sie eine Welt verlässt, in der ihre stärksten Antriebe blind unterdrückt wurden, eröffnet sich ihr die Möglichkeit zu einer beispiellosen Klarsicht. Sie profitiert von einer wirklichen Freiheit, doch hat sie noch die Erinnerung an ein Jüngstvergangenes: Sie setzt diese Freiheit in Beziehung zu einer Knechtschaft, deren Erfahrung ihr noch eingeprägt ist.

Die Entdeckungen Freuds, die mit dem Ende des vorigen Jahrhunderts einsetzten, waren von entscheidender Bedeutung. Sie haben das Bild, das der Mensch sich von sich selbst machte, eigenartig modifiziert. Die Psychoanalyse hat den traditionellen Idealismus durch eine bescheidenere Vorstellung ersetzt. Die sexuelle Regung beginnt ihr zufolge mit dem Leben selbst. Und die Verwirrungen, die diese Regung uns bereits in der zarten Kindheit bereitet, wirken sich beim Erwachsenen aus. Von der Wiege bis zur Bahre ist die Sexualität die Basis einer Unruhe, die von der Einfalt des herkömmlichen, durch und durch idealistischen Denkens verkannt wird. Die Sexualität ist nicht, wie man voreilig gefolgert hat, die Grundlage des menschlichen Lebens: Das ist ohne jeden Zweifel die *Arbeit*, die von Anfang an den Menschen vom Tier unterschieden hat. Aber die Illusionen des Idealismus wurden möglich, weil eine verblendete Menschheit die sexuellen Regungen verleugnete, die gleichwohl nicht aufgehört hatten, sie zutiefst zu beunruhigen. Die Arbeiten Freuds haben einsichtig gemacht, dass die sexuellen Regungen sich auch in unseren höheren Bestrebungen mitteilen: Sie drücken sich insbesondere in der Religion aus und schließlich in Kunst und Literatur. So sind wir dank der Psychoanalyse bei einer Auffassung angelangt, die in diametralem Gegensatz zu der ehemaligen steht, für die die Sexualität der angeborene Makel eines Geschöpfs ist, das nach Vollkommenheit strebt.

Wenn die Ergebnisse der Psychoanalyse der modernen

Kenntnis der Sexualität zugrunde liegen, so besteht heutzutage Grund, ohne sie zu vernachlässigen, über sie hinauszugehen. Wir können die Bedeutung der Erotik auf einer Ebene wiederfinden, die einst von der Religion eingenommen wurde. Vielleicht gehen wir auf diese Weise einer der sichersten Entdeckungen unserer Zeit entgegen. Zumindest können wir in diesem Sinn zu den letzten Konsequenzen unserer *sexuellen Revolution* gelangen.

Folgendes können wir heute statuieren:

IN IHRER ELEMENTAREN WAHRHEIT IST DIE EROTIK SAKRAL, IST DIE EROTIK GÖTTLICH.

Umgekehrt haben das Sakrale, das Göttliche, die sich von der Erotik entfernen können, ihre Gewalt und ihre Intensität, teilen auch sie grundlegend dieselbe Regung.

Die tiefe Menschlichkeit offenbart sich uns nur, wenn wir die Einheit des göttlichen Gefühls – des sakralen Schauders – und der Erotik erkennen, einer Erotik, die sich von dem gemeinen Bild gelöst hat, das die herkömmliche Prüderie ihr auferlegte.

Das sind die moralischen Konsequenzen dieser Feststellung. Wir haben zugestanden, dass die Sexualität uns Reaktionen aufzwingen kann, die uns keine Beziehung zu ihr zu haben schienen, müssen aber noch klarer die Bedeutung und Tragweite der erotischen Empfindung erfassen.

Die Meditation über Gott nährte einst ein ganzes Leben. Kann diese Empfindung, die nicht nur körperlich ist, nicht ihrerseits zum Gegenstand einer höchsten Meditation werden?

Das darf uns andererseits nicht davon abhalten, die beunruhigenden Aspekte der Erotik zu sehen; im Allgemeinen entbehren auch das Göttliche und Sakrale nicht des Schreckenerregenden. Jedenfalls geht von der Erotik etwas Tragisches aus, das wir nicht leugnen können und das wir vor allem in unserer tiefen Meditation berücksichtigen müssen.

Der Marquis de Sade hat diese Seite der sexuellen Wirklichkeit zum Ausdruck gebracht. Wie unerträglich die Aspekte seines Werks auch sein mögen, so hat er doch verstanden, dass die Erotik – und der in der Tiefe des erotischen Begehrens inbegriffene Schrecken – den Menschen als ganzen in Frage stellt. Wir müssen von Anfang an erkennen, dass wir, wenn wir von der Erotik sprechen, die schwierigste Frage aufwerfen.

Ich will hier an einen Satz Maurice Blanchots über das Denken Sades erinnern:

»*Wir behaupten nicht, dass dieses Denken gelebt werden kann. Aber es zeigt uns eins: Von jenen beiden, dem normalen Menschen, der den Sade'schen Menschen in eine Sackgasse sperrt, und dem Sade'schen Menschen, der diese Sackgasse in einen Ausweg verwandelt, ist es der letztere, der über die [Wahrheit und] Logik seiner Situation am besten Bescheid weiß und der darüber die tiefste Einsicht besitzt, sodass er dem normalen Menschen helfen kann, sich selbst zu verstehen, indem er ihm hilft, die Bedingungen alles Verstehens zu verändern.*«[134]

Dieser Satz bezeichnet meines Erachtens die eigentliche Schwierigkeit, die wir uns vergegenwärtigen müssen, wenn wir an den sakralen Bereich der Erotik herantreten.

Die Erotik öffnet einen Abgrund: Um ihn in seiner ganzen Tiefe auszuleuchten, braucht es nicht nur große Entschlossenheit und ruhige Klarsicht, sondern vor allem ein Bewusstsein davon, was eine solche dem allgemeinen Schlaf derart entgegengesetzte Intention ins Spiel bringt: das Horrendeste, das zugleich auch *das Sakralste* ist.

ENTWURF EINER SCHLUSSFOLGERUNG ZU *DIE EROTIK*

Traum: Seiltanzen, auf zwei Seilen (akrobatisch und riskant); dabei eine – von mir geliebte und mich liebende – Frau und Publikum. Es dauert eine Weile, nicht ohne Schwierigkeit beginnt es von Neuem, und es ist ein wenig beängstigend. Doch scheint es mir für das Publikum unzureichend. Ich merke, dass es kein wirkliches Spektakel ist. Ich möchte das Interesse der Menge gewinnen. Also schreie ich die Absurdität: »Was ich bräuchte, wenn irgendjemand im Saal eine hat, wäre eine Pauke.« Wie in den Fällen, wo diese Anrede ans Publikum und die Antwort darauf ein abgekartetes Spiel sind, tritt aus dem Saal sofort eine kleine Pauke hervor, aufgerichtet auf Stelzenbeinen wie ein fettes glänzendes Insekt, und gibt dem Geschehen sofort einen gewaltsam-heftigen Rhythmus. Was passiert, verkettet sich in einer Weise, die mich an das Ausmaß gemahnt, das im Zirkus plötzlich ein Sketch der Fratellini annahm, der mit einem Schlag, nur durch dieses plötzliche Ausmaß, ein schallendes Gelächter auslöste. In diesem Augenblick bemerke ich, dass ein junger Nachkomme der Fratellini, der mein Schwiegersohn sein soll (das wird ausgesprochen und verkündet: der Schwiegersohn des Philosophen des Lachens), das Spektakel in die Hand genommen hat und es im Sinne seiner Vorfahren, der in ihm gewaltig wieder aufbricht, ablaufen lässt, das heißt auf eine zugleich sehr komische und überschwängliche Weise. Dieser Traum hat eigentlich keine Fortsetzung. Ich gehe zu einer einfachen Reflexion über: Ich sage mir, dass ich noch nie die Philosophie des Lachens, die in meinen Schriften impliziert ist, in einem Buch entwickelt habe. Ich halte mir sogleich vor, dass ich trotzdem in Wahrheit der Philosoph des Lachens bin. Ich habe kein Buch darüber geschrieben, aber ich bin in das, was Lachen ist, durch spontane Einsicht eingedrungen. Ich halte mir eine Reihe solch spontaner und miteinander korrespondierender Einsichten vor Augen, in der meine Erfahrung des Lachens, der Erotik, der Ekstase, schließlich die des Todes sich in eine einzige Perspektive einschreiben: Diese Perspektive hat einen Sinn allein für mich, und sie in Bücher zu übertragen, stellt eine aufreibende, unabschließbare Anstrengung dar ... Der Übergang vom Traum zu seiner Reflexion im Wachen war eine Kontinuität. Es gab keinen Augenblick, von dem an meine Reflexion klarsichtig wurde: Sie war es schon, als ich erwachte und ich sie mit einem Satz meines Buchs in Verbindung bringen konnte, den ich zehn Stunden zuvor geschrieben hatte, vor der Nacht, und in dem ich mich bemüht hatte, einen Kreuzungspunkt auszumachen, an dem meine gesamte Theorie versammelt wäre oder doch zumindest derjenige Teil meiner Theorie, den ich in dem Buch über die Erotik dargestellt hatte. Während meines Erwachens glitt ich von diesem Kreuzungspunkt, dessen Strahlen sich auf ein einziges Gebiet erstreckten, zu einem unvergleichlichen Strahlpunkt meines Denkens hinüber, der in dem Augenblick, den ich da erlebte, auch wenn seine Intensität nur schwach war, diffus und hinschwindend, in sich die Unermesslichkeit einer Erfahrung verdichtete: Das Gelächter, die Tränen und das Kreuzesopfer, der Tod, die Ekstase und die Erotik waren dort vereint. Der Satz, der sich in meinem Geiste bildete, mochte selbst nur noch eine Entwicklung sein, aber diese Entwicklung bezog sich in mir auf eine einzige schreckliche Verzückung vor der Perspektive, die sich aus der Koinzidenz jener verschiedenen Möglichkeiten ergab, die nur eine einzige waren. Ich wusste, dass es in diesem Sinne keine intensivere Spannung geben könnte als die der tiefsten Dissonanz, in gewisser Hinsicht der Verzweiflung, die aus der unauflöslichen Einheit der Erfahrungen des Christentums und Sades resultiert (einer Einheit, die weder in der Erfahrung von Sade selbst noch in der von wirklichen Christen, sondern erst in meiner eigenen gegeben war, wo sich die Erinnerung an flüchtige Momente, in denen der Sadismus in mir überhandnahm, mit der an eine Ekstase verband, die sich einst auf die schmerzlichste christliche Frömmigkeit gegründet hatte). Indem ich die beiden Erinnerungsbilder zusammenstellte, begriff ich die Beschränktheit der Sade'schen Anschauung, jedenfalls die Beschränktheit von Sade selbst, der sich jeder Möglichkeit außer der des Verbrechens verschlossen hatte; doch zugleich begriff ich die Verblendung des Christentums, das sich weigerte, jene »glücksschwere Schuld« auf sich zu nehmen, ohne die das Blut Christi nicht hätte fließen können. Ich spürte, bis zu welchem Punkt in mir Sades Hass anwuchs (derzeit las ich, oder las ich wieder einmal *Die hundertzwanzig Tage*), doch musste ich mir sagen, dass allein Sades Wut, sein ungeheurer Ekel vor Gott und die Entschlossenheit, die *Energie*, mit der er sich in Schändlichkeit einmauerte, genügend gewaltsam waren, um mir die Augen öffnen zu können. Wer hätte ohne das Beispiel dieses Wüterichs vermocht, sich nicht abzuwenden von einer so blendenden Sonne, wie es die war, die mir soeben aufgegangen war, in dem Augenblick, da ich in den Nebeln meines Erwachens, und vielleicht durch sie begünstigt, die Perspektive der Einheit fixierte: der Schmerz und die Freude, der Schmerz, der notwendig ist, um die Angst aufzulösen, *ohne die die Zeit sich verflüchtigt* und in der aufgelösten Zeit *die Sonne der Ewigkeit* leuchtet? Sade erklärt den Mythos der Kreuzigung in genau dem Augenblick, da er gleich einem sterbenden Stern erlischt, weil er sich in dem grellen Schein, der plötzlich aus ihm hervorgebrochen war, verausgabt hat, ohne dass er selbst ihn hätte begreifen können. Die unversöhnlichsten Regungen des Seins – des maßlosen Exzesses – können nicht in der kohärenten Entwicklung eines Diskurses erfasst werden. Was tun, wenn nicht einer Ohnmacht vorbeugen, die keine des Augenblicks, sondern eine der Lebewesen selber ist, die unaufhörlich dem Exzess ausgesetzt sind, doch ohne je – auch wenn er ihrem tiefsten Verlangen entspricht – die Kraft zu haben, ihn lange wirklich zu wollen? Der Mensch geht notwendig über sich selbst hinaus, und die Regung des Seins in ihm kann nur durch plötzliche Ergießungen unwiderstehlicher Energie erfasst werden: die des irren Gelächters, der religiösen Ekstase, des Schluchzens, die unbegreiflich wären ohne das Licht, das der menschliche Sinn uns für *unnennbare* Exzesse mitgibt. Der Tod entzieht sich zwar dem Bewusstsein (von dem er nur schwer und selten ein flüchtiges Einverständnis empfangen kann), ist aber zugleich die bedeutsamste und unfassbarste dieser Ergießungen, in denen die unpersönlichen Bewegungen der Energie uns übersteigen.

Während ich diesen Traum oder die Reflexionen notierte, die seiner Erzählung folgen, hörte ich im Radio die Aufnahme der Fünften Sinfonie von Beethoven, in der ein Thema fortwährend wiederkehrte, das, wenn nicht die mächtige Empfindung eines, der »sprachlos« war, so doch die Bewegung, angesichts derer er »sprachlos« war, ausdrückte: Ich spürte, wie diese Bewegung durch einen Schock die schmerzhafte Anspannung erweckte, die der von mir beschriebenen Perspektive nahe war; aber es fehlte die abscheuliche Mischung, sofern nicht allein stechendes Entsetzen und mit ihr vermengte Faszination, sondern auch das unbändige Gelächter, dessen privilegiertes Objekt der Tod ist, in mir die Last der Angst aufheben. Als wäre ich unglücklich, aber in die Höhe gehoben, von übermächtiger

Gewalt erfasst. Zumindest hatte die Feierlichkeit eines endlos wiederholten hämmernden Themas eine Kraft, die durch Hall und Widerhall ein klingendes Glück anschwellen ließ, das dem Erscheinen der Pauke in meinem Traum antwortete, die Schrecken verkündete, die Überbietung der Bilder ebenso wie ihren zu raschen Wechsel.

Die lange Meditation, die ich bis hierher weise geführt hatte, konnte sie mich zu einem verständlichen Begriff führen? Es war vom ersten Augenblick an klar, dass sie nicht um das Verständnis, sondern um das Gefühl des anderen warb, den ich jenseits des mir selber Möglichen erahne. Hätte ich eine praktische Veränderung anvisiert, hätte ich in diesem Buch statt einer Perspektive, die sich auf den Grund des Herzens hin öffnet, ein Resultat erreichen wollen, das demjenigen, das die Mathematiker und Schreiner, die Physiker und Astronomen suchen, ähnlich ist, so könnte ich am Ende die Resultate meiner Anstrengungen nutzbringend verwenden, ich spräche in klaren Worten ihre Summe aus. Doch muss ich mich im Gegenteil von diesen beruhigenden Möglichkeiten fernhalten. Ich kann nicht mehr *sprechen*. Ich weiß, dass die voraufgehenden Aussagen durch Analysen ergänzt werden könnten, in denen die Einheit der mannigfaltigen Perspektiven, von der ich rede, sich aus verständiger Annäherung ergeben würde. Ich habe einen solchen Weg in diesem Buch eingeschlagen, wo ich versucht habe, zwar nicht die mannigfaltigen Aspekte der Erotik erschöpfend darzustellen, aber doch eine bestimmte Anzahl auf die Einheit eines Gesichtspunkts zu beziehen, der in jedem Falle der des Gefühlslebens ist. Wohl sind andere Verstandesoperationen möglich, doch muss ich dem ins Spiel gebrachten Gefühl zuvörderst Rechnung tragen. Dieses Buch wäre falscher Schein, wenn ich an seinem Ende nicht die einzig vorstellbare Rechtfertigung für es geben würde: das Gefühlsleben im Augenblick des Schreckens, im komischen Tumult. Wenig besagt dabei übrigens ein musikalisches Thema oder die Absonderlichkeit der Pauke; doch wollte ich, anstelle intelligibler Gegebenheiten, lieber die unmittelbar Gestalt annehmenden Bilder meines Glücks aufgreifen. Das Beethoven'sche Thema oder das schwere Instrument, das meiner Laune entsprang, trugen mir die Ewigkeit ein, die aufgehobene Angst. Das war die Transparenz immergleicher Bilder, deren Wiederholung mir durch die immense Flut geistiger Möglichkeiten sichergestellt schien. Durch sie entfernte ich mich von der Langsamkeit einer auf vielfache Annäherungen bezogenen Reflexion, die aber schließlich aufhörte, langsam zu sein, da die beschwingteren, alle Ungeduld auflösenden Schläge meines Herzens mich in einem einzigen Bild aufgehen ließen.

DIE EROTIK UND DIE FASZINATION DES TODES

(Vortrag[135] vom Dienstag, dem 12. Februar 1957 nebst Diskussion)

Die Erotik ist die Bejahung des Lebens bis in den Tod. Die psychologische Suche, die die Erotik ausmacht, ist unabhängig von der Funktion, die mit ihr verbunden ist: Diese Suche ist der paradoxen Anziehung, die der Tod auf das Lebewesen ausübt, nicht fremd. Der Mord ist nach Sade sexuell erregend.

Die Menschen sind *diskontinuierliche* Wesen (ein Abgrund trennt sie voneinander; jeder stirbt für sich allein: Sein Tod betrifft nur ihn). Diese faktische Diskontinuität kann jedoch nicht die *fundamentale Kontinuität des Seins* unterdrücken: Das diskontinuierliche menschliche Wesen lebt seine Diskontinuität bis zum Ende, aber in der Sehnsucht nach seiner fundamentalen Kontinuität. Die fundamentale Kontinuität ist nicht bloß in allgemeiner Form außerhalb von jedem Einzelwesen gegeben; sie zeigt sich auch jeweils bei der Entstehung eines neuen Lebewesens: *Am Ursprung jedes neuen getrennten Wesens gibt es zumindest einen Augenblick der Kontinuität zwischen einem Wesen und demjenigen, von dem es endgültig getrennt sein wird.* Ein Augenblick der Kontinuität zeigt sich bei der geschlechtslosen Fortpflanzung, und zwar jedes Mal, wenn die Zellteilung einsetzt; bei der geschlechtlichen Fortpflanzung stellt sich ein

Ansatz von Kontinuität zwischen dem Spermatozoid und dem Ovulum her. Dieses fundamentale Aufsspielsetzen der Diskontinuität am Ursprung der Fortpflanzung eines jeden Wesens kann, *von außen* gesehen, als unbedeutend betrachtet werden; wenn man aber gelten lässt, dass jedem Lebewesen, und sogar dem winzigsten, eine Empfindung *von innen* zukommt, die ihm zu eigen ist, dann ist der Übergang von der Diskontinuität zur Kontinuität entscheidend. Dieser Übergang zeigt sich beim individuellen Tod der geschlechtlichen Wesen, aber dann ist die neue Kontinuität nicht in irgendeiner unmittelbar greifbaren Form gegeben, die neue Kontinuität entgeht im Prinzip ganz und gar dem, der stirbt. Beim Spiel der mikroskopisch kleinen Tierchen, die in die verschiedenen Formen der Fortpflanzung verwickelt sind, ist dieser Übergang letztlich noch greifbar. Die fundamentale Bestürzung, die er für das Lebewesen darstellt, beherrscht die drei Formen der Erotik. Das Wesen stirbt nicht in der Erotik, es verharrt in seiner Diskontinuität. Aber es ist vom Tod fasziniert, der der Diskontinuität ein Ende setzt.

Bei der *Erotik der Körper* findet eine Verletzung des individuellen Seins der Partner statt. Diese Verletzung grenzt an den Tod, sie grenzt an den Mord. Das erotische Spiel setzt die Auflösung der für das diskontinuierliche Wesen konstitutiven Elemente, des in sich geschlossenen Wesens voraus: Die Entblößung der verborgenen Kanäle beraubt die Partner ihrer isolierten Persönlichkeit, die Verschmelzung präludierend, die dem Hin und Her der Wellen gleicht, die sich durchdringen und ineinander verlieren. Die fleischliche Vereinigung ist im Altertum als Analogon der Opferung aufgefasst worden, bei der der männliche Opferer zu einer Art Tötung, das heißt zur Entblößung und Penetration des weiblichen Opfers schritt. Bei der gewöhnlichen Form der Erotik der Körper besteht das Spiel des männlichen Partners darin, an dieser Aufgelöstheit des Opfers, die er bewirkt hat, teilzuhaben. Der Sadismus zeigt bloß die äußerste Richtung eines Vorgehens an, das wesentlich ist. Die Erotik der Körper leitet weder den endgültigen Bruch der Diskontinuität ein, der der individuelle Tod ist, noch die Augenblicke völliger – realer Kontinuität, die die Fortpflanzung (Vermehrung) der diskontinuierlichen Wesen begründen, sondern sie führt die, die sich auf sie einlassen, in die Richtung des Todes, in eine Richtung, in der der Tod mit der im Spiel der Organe und Körper gegebenen Kontinuität verbunden ist.

Bei der *Erotik der Herzen* erblickt der Liebende unter glücklichen Umständen im geliebten Wesen die Gesamtheit, das heißt die Kontinuität des Seins (an die Stelle dessen, was gewöhnlich die Wesen trennt, tritt angesichts des geliebten Wesens das Gefühl einer Offenheit für die endgültige Vereinigung der Herzen). Die Erotik der Herzen ist unter gewöhnlichen Bedingungen eine Verlängerung der Erotik der Körper. Die Möglichkeit einer Verschmelzung der Herzen enthüllt sich vor allem durch das Leiden, unter Verhältnissen, die sie schwierig, ja mitunter unmöglich machen; so ist die Faszination des Todes, bis an den Rand des Mordes und des Selbstmordes, bei der allerheftigsten Erotik, die die Herzen zerreißt, stets mit inbegriffen. Ein stilles Glück, bei dem ein Gefühl der Sicherheit die Oberhand gewinnt, hat nur Sinn als Besänftigung des langen Leidens, das ihm vorausgegangen ist. Der Egoismus zu zweit begründet gewöhnlich eine neue Form von Diskontinuität, die des Paares. Die Erotik der Herzen führt dennoch in ihrer Transparenz, jenseits der realen Einsamkeit, am Rande des Todes, ein wunderbares, vollkommen herzzerreißendes Bild von der begehrenswerten Kontinuität des Seins ein.

Jenseits der Erotik der Körper und der Herzen, näher verwandt mit der letzteren, ist die *»spirituelle« Erotik* das Streben nach einer Offenheit für die Kontinuität, die nicht mehr von der Begegnung der Partner abhängt und die der individuelle Tod nicht in uns vernichten kann. (Im Laufe meines Vortrags habe ich von »sakraler« Erotik gesprochen, hinzufügend, dass der Ausdruck »göttliche« Erotik zur gleichen Zeit, wie er vielleicht in die Irre führe, leichter auf die Spur verhelfe: Die im Abendland allgemeinste Form der spirituellen Erotik ist die Gottesliebe.) Die Grundlage der »spirituellen« Erotik ist das religiöse Opfer. Da der Tod die Zerstörung eines diskontinuierlichen Wesens ist, berührt er in keiner Weise die Kontinuität des Seins: Er offenbart sie vielmehr, aber diese Offenbarung kommt nicht dem Toten selber zu; nur im Tod, der von einem anderen oder von anderen betrachtet wird, kann die Offenbarung, die der Tod erschließt, erscheinen: die der Kontinuität des Seins. Bei der Tötung eines Lebewesens, die bei einer Opferung ausgeführt wird, werden die Anwesenden von dem Gefühl einer Kontinuität durchdrungen, die der Tod offenbart und die sich an die Stelle der Präsenz des diskontinuierlichen Wesens setzt, das sich im Tod verzehrt: Dieses undeutliche Gefühl ist das des »Sakralen« oder des »Göttlichen«. Die mystische Erfahrung, jenseits besonderer religiöser oder philosophischer Interpretationen betrachtet, bewirkt in einem einzigen Wesen das, was die Opferung mittels der Anwesenden, die das Opfer umgeben, bewirkt: Der Mystiker stirbt sich selber, stirbt der Diskontinuität seines Seins, er öffnet sich rückhaltlos der Kontinuität. In der mystischen Erfahrung findet eine Vernichtung des Objekts statt, die mit der Vernichtung des Subjekts koinzidiert: Derjenige, den die Faszination des Todes überwältigt hat, ohne dass das diskontinuierliche Wesen wirklich erlegen wäre, das ihn trägt und das von dem stärkeren Gefühl der Kontinuität verneint wird, vollendet bis zum Extrem des Möglichen, was die Erotik der Körper ankündigte und was die Erotik der Herzen erahnen ließ. Oft resultierte die Verdammung des Lebens aus Anschauungen, die mit der spirituellen Erotik verbunden waren, aber wir können uns der tiefen Einheit des erotischen Bereichs bewusst werden: Im Bewusstsein dieser Einheit ist die gesamte Erotik die Bejahung des Lebens, die im Tod gefunden wird.

Die Kontinuität des Seins unterscheidet sich vom persönlichen Sein des Gottes der Theologen, aber zur gleichen Zeit wird sie vom Gott der Theologen (zumindest von der mystischen Erfahrung, die die negativen Formen dieser Theologie aufgreift) und von der Erotik der Herzen und der Körper angekündigt. Ohne uns der Bedeutung der Erotik in ihrer fundamentalen Einheit – von der schmutzigsten bis zur reinsten – bewusst zu sein, können wir nicht zum einfachen Bewusstsein des Seins gelangen, dessen vielfältige Aspekte – vom Leben bis zum Tod – uns in der Multiplizität ihrer Sackgassen irregehen lassen: Einzig die Erotik eröffnet uns die Kontinuität des Seins, sie allein eröffnet uns das blendende Spiel des Seins.

DISKUSSION

JACQUES NANTET – Ich glaube, dass das, was Georges Bataille gerade gesagt hat, Ihre Reflexionen und vielleicht auch Ihre Reaktionen herausfordert. An Sie appelliere ich jetzt und bitte jene, die Stellung nehmen möchten, ihren Namen zu nennen, bevor sie sprechen.

HÉRAUD – Ich glaube, dass im Grunde alles, was uns Herr Bataille gesagt hat, nur eine Vertiefung des Angstgefühls der herrschenden Ideologie im Hinblick auf die Erotik ist. Ich habe einen ganzen Komplex von Behauptungen ausgemacht, gegen die ich mich mit Nachdruck wende, weil ich denke, dass sie die

Negation eines wissenschaftlichen Standpunkts hinsichtlich der Sexualität sind.

Eine der ersten Behauptungen ist, dass es eine direkte Beziehung zwischen dem Tod und der Sexualität gebe. Diese Idee, die auf Freud mit seinen »Todestrieben« zurückgeht, ist meiner Ansicht nach völlig falsch. Es ist nicht der »Todestrieb«, um den es sich handelt, es ist die mehr oder weniger große biologische Energie, die sich im Lebewesen entwickelt, und wenn diese biologische Energie durch mechanische Energie bekämpft, zerstört wird, nun, so ist das der Tod des biologischen Lebens im Individuum. Das ist höchst einfach, aber niemand hat es bis jetzt gesagt.

Darauf versichert man uns, dass es einen Taumel gebe bei der Empfindung des Abgrunds, der ein Individuum vom andern trennt; andererseits aber versichert man uns, dass trotz alledem die Fortpflanzungsfunktion der Schlüssel zur Erotik sei. Man weiß recht gut, dass all dies von den Puritanern und den reaktionärsten Leuten auf diesem Gebiet behauptet wurde. Ich glaube, dass man, wenn man sich an diese Vorstellung klammert, letztlich die sexuelle Ökonomie negiert.

Dann stellt man uns die Kontinuität und die Diskontinuität in einer Art philosophischer Systematik gegenüber. Ich glaube, dass man den Begriff der Kontinuität anfechten kann. Ich schätze, dass dieser Kontinuitätsbegriff ein irriges Postulat der klassischen Wissenschaft ist. Das hängt mit einem ganzen Komplex von Auffassungen zusammen, die sich unter dem Namen »funktionelles Denken« miteinander verbinden. Danach ist das die ganze Geschichte von der Umwandlung der Kontinuität in die Diskontinuität. Kurz, der heilige Thomas von Aquino hätte uns ähnliche Dinge sagen können.

Andererseits erzählt man uns von einem Versessensein auf ursprüngliche Kontinuität, empfunden beim Geschlechtsakt, bei den Gefühlen im Allgemeinen, und man sagt uns, dass es vor allem ein Gefühl tiefer Kontinuität gebe, das in der Erotik erzielt werde. Man sagt uns auch, dass die sexuelle Erregung wesentlich psychologisch sei. Mit einem Wort: Das ganze Kapitel Sexualität, das man uns präsentiert, ist wesentlich psychologisch, und dieser Psychologismus ist schlicht und einfach nur eine Verdrängung des biologischen Bewusstseins im Individuum. Es ist also eine neue Form von Puritanismus, der modernen Zeit angepasst.

Man erzählt uns danach vom Gefühl fundamentaler Gewalt, das in der Sexualität empfunden wird. Was hat man hier unter Gewalt zu verstehen? Man weiß sehr wohl, dass Gewalt verschiedene Dinge meint. Bedeutet das Aggressivität oder Destruktivität? Man müsste sich verständigen.

Mit einem Wort, die Situation, so wie man sie uns darstellt, führt in ein Dilemma: entweder Mystizismus oder Verzweiflung. Man will uns davon überzeugen, dass die gegenwärtige Angst des Individuums vor dem Geschlechtsakt unauflösbar sei, man will uns weismachen, dass es keine angängige kollektivistische Existenz des Menschen gebe; man will uns weismachen, dass der Mensch wesentlich individuell, dass er unaufhebbar individuell sei. Das ist klar ... (Unruhe.) Aber ich behaupte, dass dies hier der Mensch einer ganz autoritären und patriarchalischen Gesellschaft ist, das ist nicht der Mensch von morgen, das ist nicht mehr der Mensch, der in der gegenwärtigen Gesellschaft lebt.

Ich denke, dass dieser Begriff der Todesangst, der die Sexualität erklären soll, der Eckpfeiler der Entfremdung im Allgemeinen und der religiösen Entfremdung im Besonderen ist.

JACQUES NANTET – Georges Bataille wird Ihnen gewiss antworten. Möchte André Breton über die Literatur und die Erotik sprechen?

ANDRÉ BRETON – Nein. Ohne Vorbereitung halte ich das für unmöglich.

JACQUES NANTET – Ist Hans Bellmer im Saal? (Ja.) Ich denke, wenn – in der Reihenfolge der Stellungnahmen – Hans Bellmer bereit ist, uns etwas über die Malerei und die Erotik zu berichten, so könnten wir nach ihm Ado Kyrou hören, der zu uns über die Erotik im Film sprechen würde. Vielleicht würde Dr. Fraenkel den Standpunkt des Arztes einbringen und Daniel Guérin den des Soziologen. Ich frage nochmals Jean Wahl, ob er Stellung nehmen will. Wer bittet jetzt um das Wort?

HANS BELLMER – Dies scheint mir etwas schwierig zu sein, weil ich ganz unvorbereitet bin, und das Thema »die Erotik in der Malerei« ist überaus komplex. Ich kann einige Anmerkungen machen, aber mir wäre lieb, wenn jemand anderes vor mir spricht.

DE LA CHESNERAIE – Sie haben zu Anfang gesagt, dass die Erotik im Großen und Ganzen das sei, was sich jenseits des einfachen Fortpflanzungstriebs abspielt, und dass diese Neigung sich beim Menschen finde, aber nicht bei den Tieren. Nun, die Homosexualität ist bei den Affen sehr häufig. In Amerika hat Marelmann einen Affen durch ein sehr einfaches Verfahren neurotisch gemacht, das darin bestand, seinen Fressnapf zu elektrisieren. Nachdem seine Neurose einmal errichtet war, schenkte der Affe einer brünstigen Äffin, die bei ihm untergebracht wurde, keinerlei Aufmerksamkeit, ein anormales Verhalten für einen Affen. Dagegen brachte er seine Tage damit zu, Autofellatio zu praktizieren.

Andererseits gibt es, was die Bezüge zwischen Tod und Erotik betrifft, einen Ausdruck, der zu meinem Erstaunen nicht gefallen ist: Masochismus nämlich, denn mitten darin befinden wir uns. Zuvor muss ich Ihnen sagen – ich spreche als Psychoanalytiker –, dass uns die psychoanalytischen Theorien des Masochismus nicht befriedigen; es scheint mir, dass man etwas Befriedigenderes dafür einsetzen könnte, was mir durch einige Sätze eines Werks nahegelegt wurde, das ich für bedeutender halte als das ganze Werk des Marquis de Sade, nämlich die *Geschichte der O*, insbesondere die folgende Idee: »Du gehörst mir, also kann ich mit dir machen, was ich will« (im römischen Recht wurde das Eigentum durch das volle Nutzungs- und Verfügungsrecht bestimmt); infolgedessen besitzt man ein Objekt, man kann es verkaufen, vermieten, verleihen, zerstören, und das ist es, was in der *Geschichte der O* geschieht. Es scheint so, dass für viele Leute jemanden besitzen heißt, jemanden vom entgegengesetzten Geschlecht zu besitzen: Was sich daran zeigt, dass man darüber wie über ein Objekt verfügt, ein Objekt im Sinne eines Dings, das einem Lebewesen entgegengesetzt ist, und was bedeutet, das Lebewesen in den Zustand unbelebten Seins zurückzuführen, und es ist vielleicht kein Zufall, dass das Wort Objekt nicht nur eine unterschiedliche Bedeutung in der Philosophie hat, sondern auch bei Dr. Lacan, wenn er sagt: »Das Problem für die Frau besteht darin, sich als Objekt des männlichen Begehrens zu akzeptieren« – Objekt bedeutet zweifellos Subjekt. Ich erinnere hier an die grundlegende Theorie des weiblichen Masochismus von Helene Deutsch, die man akzeptieren mag oder nicht.

Ich glaube, dass man das Problem auf einem anderen Weg in Angriff nehmen kann, der keinesfalls den Weg ausschließt, den man uns vorgeschlagen hat: Das ist die Idee, dass Liebe Besitz bedeutet und dass dieser Besitz, zumindest für eine gewisse Zahl von Individuen, durch die Umwandlung in ein unbelebtes Ding unterstrichen wird, das heißt, jemanden symbolisch zu töten und in ein unbelebtes, seelenloses Ding umzuwandeln. Da ist ein Weg, dessen Vergleich mit jenem, den man uns vorgeschlagen hat, mir interessant scheint.

Alle Menschen besitzen aggressive Tendenzen. Die Tatsache, dass man daran Spaß hat, zu kratzen und gekratzt, gebissen zu werden, ist allgemein bekannt. Man kann jemanden, der sich einen Kussfleck hat machen lassen, nicht zum Psychoanalytiker schicken! Wir haben es mit etwas zu tun, das bei allen Menschen existiert. Es scheint mir interessant zu sein, die normalen Mechanismen, die einen gewissen pathologischen Grad, einen gewissen anderen Grad des Sadomasochismus aufweisen, mit dem Verhältnis von Liebe und Tod zu vergleichen, wie es auf ganz andersartige Weise uns vorgeführt worden ist.

ADO KYROU – Es gibt in der Tat viel zu sagen, zuerst über den Vortrag von Herrn Bataille, mit dem ich in verschiedenen Punkten nicht einverstanden bin. Aber ich will nicht darauf zurückkommen, es wäre zu langwierig.

Ich will in ein paar Worten sagen, dass für mich die Erotik etwas viel Einfacheres, viel Klareres ist: Es ist vor allem die Erkenntnis, die Erkenntnis im weitesten Sinne des Wortes; andererseits habe ich niemals Liebe von Erotik unterschieden.

Um zum Film zu kommen: Ich glaube, dass er von vornherein das tauglichste Mittel gewesen ist, um die Erotik auszudrücken, und das aus verschiedenen, dem Wesen des Films innewohnenden Gründen, deren wichtigster der ist, dass der Film die Bewegung gestattet, ohne die die Erotik nicht existieren kann; andererseits erlaubt er, die bedeutende Sache zu isolieren, die ein Regisseur zu sehen vermag und die die Leute gewöhnlich nicht sehen – weil es Personen gibt, die, sagen wir mal, einen Blick für die Erotik haben, und andere, die diesen Blick völlig verloren haben, und der Film kann die Dinge hervorheben, die man sehen muss.

Aber der Film hat niemals seine Funktion erfüllt, er ist niemals ein Vehikel der Erotik gewesen – oder nur in sehr seltenen Ausnahmefällen. Diese Ausnahmen, die wir alle kennen – etwa »Le diable au corps« oder »Voyage sans retour« –, diese Ausnahmen sind wahrhaftig isoliert in einem Ozean von Sachen, in denen die Erotik fortwährend verhöhnt wird – ebenso verhöhnt von den Leuten, die den Film drehen, wie von jenen, die ihn ansehen. Ich will mich deutlich ausdrücken. Indem der Film den Vorschriften gewisser Personen, den Vorschriften des Geschäfts vor allem, gehorcht, hat er versucht, die befreiende Kraft zu ersticken, die die Erotik ist, und deshalb präsentiert man uns Filme, die von platonischer, idealisierter, christlicher Liebe handeln oder sich dem Gefälligsten zuwenden, was es auf erotischem Gebiet gibt, einige nackte Frauen zum Beispiel, um ein Publikum anzulocken, das sich damit begnügt, um nur ja aus der Erotik nicht sein eigenes Leben machen zu müssen. Das heißt, dass der Film ein Weg geworden ist, der die Erotik aus dem Leben entfernt, um die Leute durch den einfachen Anblick eines ihnen äußerlichen Schauspiels zu befriedigen. Es gäbe viel darüber zu sagen.

Andererseits hat der Film dem Leben der Menschen ein anderes unermessliches Unrecht zugefügt: Ihm äußerlich, schafft er eine pseudo-erotische oder pseudo-amouröse Atmosphäre, die alle Zuschauer umfasst und krankhafte – christliche oder ohnmächtige Geistesverfassungen erzeugt. (Gelächter.)

Der Film hat ganz und gar verfehlt, wozu er bestimmt war, und es ist vor allem an uns, den Zuschauern, beharrlich zu sein, damit der Film diese großartige Sache sein kann, die ohne Zensur, ohne Geschäft jene unermessliche Freude – und ich bestehe auf dem Wort Freude – ausdrücken könnte: die Erotik. (Beifall.)

JACQUES NANTET – Wenn wir über den Film fortfahren wollen, frage ich mich, ob nicht Fulchignoni, der ein Spezialist ist, nach Kyrou Stellung nehmen könnte. Doch, wer möchte das Wort ergreifen?

BENDER – Verzeihen Sie mir bitte, ich spreche nie in der Öffentlichkeit – ich bin nur ein Kaufmann aus der Nachbarschaft –, aber ich melde mich zu Wort, weil ich in dieses Gespräch den Standpunkt der ganz gewöhnlichen Leute einbringe.

Ich habe mich vor allem an Wörtern gestoßen, an Wörtern, die mir ziemlich ungewiss und merkwürdig vorkamen. In Ihrem Vortrag, Herr Bataille, habe ich sehr oft das Wort Kontinuität angetroffen: Kontinuität … Kontinuität …, ohne zu begreifen, was dieses Wort in Ihrem Denken vorstellt. Dann habe ich die Idee gehabt, dieses Wort einer Menge von anderen Worten hinzuzufügen, die viele Philosophen, viele Denker benutzen und die ich versuchen will zu definieren. Es ist dann ein Teil der menschlichen Seele, der dunkel genug, tiefgründig genug ist, um nicht formulierbar zu sein, es ist der unbewusste Teil des Menschen, der sich unserem eigenen Denken entzieht, der den Worten entflieht, die man finden kann, und der eine Art Grundlage wäre. Da er sich mir definitiv entzieht, werde ich nicht die Lächerlichkeit besitzen, danach zu trachten, ihn zu definieren. Ich möchte sagen: der unerforschbare und nicht formulierbare Grund von uns selbst. Sie, Sie haben das Wort Kontinuität gefunden, andere das Wort Gott, andere das und das Gefühl. Schließlich möchte ich gern, dass man ein für allemal anzuerkennen versucht, dass es einen Teil der menschlichen Seele gibt, der zur Zeit unerforschlich ist. Es ist zu einfach, uns, dem Publikum, die Formulierung vorzuschlagen, die uns passt; das entbindet Sie von jeder Beweisführung. Ich kann Sie nicht widerlegen. Ich bitte Sie nur um eins: zu versuchen, mir zu sagen, was Sie mit Kontinuität sagen wollen. Ich wäre damit hinlänglich zufrieden.

Ich möchte gern auf einen anderen Aspekt Ihres Vortrags zu sprechen kommen. Ihre Beweisführung ist manchmal ziemlich verführerisch, aber ist sie nicht widersprüchlich, da es feststeht, dass die Wesen die Möglichkeit haben, sich ihrer selbst bewusst zu sein? Wenn Sie sagen, dass man in der Erotik durch ein anderes Wesen die Kontinuität zu erreichen sucht, glaube ich zu verstehen, was Sie sagen wollten: Man sucht diesen mystischen, tiefgründigen Teil unserer selbst, den Sie Kontinuität nennen, durch ein anderes Wesen zu erreichen, und das ist es, was für Sie die Erotik ausmacht. Glauben Sie nicht, dass die Tatsache, dass mir dieser Sachverhalt bewusst ist, indem ich ihn erlebe ..., wenn ich, so ich ein erotisches Phänomen erlebe, auf das hingetrieben werde, was Sie diese Kontinuität im Sein nennen, auf das hin, was ich in einem anderen Wesen suche, das ich liebe, für das ich erotische Gefühle habe, glauben Sie nicht, dass mein Bewusstsein mir sagt, dass das ein falsches, da unmögliches Gefühl ist, das heißt: Ich neige dazu, auf diese Kontinuität zuzugehen, aber ich weiß durch Definition, durch Logik, durch Bewusstsein, dass das eine Unmöglichkeit ist. Wie können Sie Ihre Definition der Erotik mit dem Bewusstsein der Erotik in Übereinstimmung bringen? Zerstört die Tatsache, dass man sich des Erlebens dieser erotischen Versuchung bewusst ist, nicht Ihren ganzen Gedankengang?

DANIEL GUÉRIN – Es fällt mir sehr schwer, den herrlichen Bericht zu diskutieren, den uns Bataille erstattet hat, weil sich offenbar der Gesichtspunkt, von dem er ausgeht, ganz außerhalb des Gesichtskreises befindet, in dem sich, leider sehr fern von ihm, mein bescheidenes Denken bewegt.

Dennoch glaube ich, auf zwei Punkte von dem, was er gesagt hat, eingehen zu können. Zunächst, alles, was den Tod betrifft, die Angst vor dem Tod, hat mich sehr bewegt, schien mir, was die Form angeht, äußerst schön, und was den Inhalt angeht, tiefgründig zu sein, aber ich habe den Eindruck, dass wir heute Abend viel mehr einem Vortrag über das religiöse Gefühl beigewohnt haben als einem Vortrag über die Erotik, denn diese Angst vor dem Tod ist – neben anderen Gründen, die als Materialist zu analysieren ich heute Abend nicht die Zeit habe – eine der Grundlagen des religiösen Bedürfnisses beim Menschen. Aber lassen wir dieses rein religiöse Gebiet beiseite, das nicht das meine ist. Ich denke an eine Frage, die angeschnitten worden ist und die sich vielleicht etwas mehr auf das Gebiet bezieht, das ich versucht habe zu berühren: das der leidenschaftlichen Liebe.

Wenn man Bataille hört, so scheint es, dass es bei allen Menschen oder in allen Lebenslagen eines jeden Menschen etwas gibt, dass in der Erotik etwas vorkommt, von dem er zwar keine sehr gründliche Definition geliefert hat, aber ich glaubte zu verstehen, dass wovon er sprach, das war, was wir anderen leidenschaftliche oder romantische Liebe nennen.

Nun, ohne eine so ernste Debatte entscheiden zu wollen, habe ich persönlich den Eindruck, dass die Gegner dieser Vorstellung von der leidenschaftlichen Liebe ziemlich starke Argumente in ihrer Tasche haben. Ich glaube zum Beispiel, dass ein Buch wie das von Denis de Rougemont über die Liebe äußerst anfechtbar und kritisierbar ist. Es ist gut möglich, obwohl ich es keineswegs behaupten möchte, dass das, was wir leidenschaftliche Liebe nennen, das Produkt einer ganzen kulturellen Evolution ist. Seit Generationen unterhalten uns Bücher, Theaterstücke, Opern, heute Filme mit dieser romantischen Idee, dass eine derart unauflösliche und derart spezialisierte Liebe existiere, dass sie ein Wesen an ein anderes bindet, und auf eine solche Weise, dass dieses Wesen, wenn es das bewusste Wesen entschwinden sieht, nur noch ein Verlangen hat, nämlich zu sterben. Andere glauben dagegen, dass der Mensch, der ja schließlich vom Tier abstammt, viel einfacher sei, dass dieses Wesen bloß erotische Befriedigungen, erotische Partner, einen gewissen Kult der physischen Schönheit sucht, die ihn am Wechsel und an der Mannigfaltigkeit der Erfahrungen Gefallen finden lässt. Und viele sind sich keineswegs sicher, ob sich das erotische Leben, das Gefühlsleben eines Wesens immer in diesen fürchterlichen Stürmen äußern soll, die man mit den Ausdrücken leidenschaftliche Liebe oder romantische Liebe zusammenfassen kann.

Ich füge hier eine persönliche Anmerkung hinzu: Manchmal frage ich mich, ob es nicht die schrecklich individualistische Gesellschaft ist, die uns voneinander trennt, die uns in kleine isolierte Einheiten aufteilt und die bewirkt, dass wir ein so heftiges Bedürfnis haben, uns auf einen Partner oder eine Partnerin zu spezialisieren, um der Isolierung zu entkommen, in der sich unser Individuum in der bürgerlichen Gesellschaft eingeschlossen findet. Ich frage mich, ob in einer wirklich sozialistischen Gesellschaft die menschliche Brüderlichkeit, die sich in allen Bereichen des Lebens und der Existenz manifestierte, nicht einen beträchtlichen Teil dieser sogenannten Liebe in eine umfassende und weitreichende Kameradschaft umwandeln würde. Niemand brauchte sich mehr auf diese heftige Liebe zu spezialisieren. Ich möchte jetzt eine Erklärung abgeben. Ich habe ihr eine schriftliche Form verliehen, sodass ich meine Ausdrücke mit Bedacht setze. Ich möchte gegenüber den anderen Auffassungen der Erotik, die heute Abend vorgetragen wurden, eine Auffassung unterstreichen, die, wie ich glaube, ebenfalls von Bedeutung ist.

Ich möchte sagen, dass ich die Erotik wesentlich von einem libertären Standpunkt aus betrachte. Ich glaube, dass die Erotik die libertäre Kraft par excellence ist. Sie ist, wie Simone de Beauvoir gesagt hat, ihrem Wesen nach der Gesellschaft feindlich gesinnt, weil sie die Revolte des Individuums gegen die

Kollektivität einschließt. In »Carmen« wird gesungen: »Die Liebe ist ein Lotterkind und hat nie ein Gesetz gekannt«. Der Code Civil, der doch so bürgerlich und schikanös ist, ist unter dem einigermaßen libertären Einfluss der Französischen Revolution entstanden, und deshalb geht er relativ nachsichtig mit der Erotik um: So bestraft er nicht die Prostitution, und so bestrafte er zumindest bis zu den von Marschall Pétain erlassenen Okkupationsgesetzen, die dann von General de Gaulle wiederaufgenommen wurden, auch nicht die Homosexualität zwischen Partnern unter 21 Jahren. Man muss das betonen: Man musste bis 1943 warten, um die Homosexualität zwischen Partnern unter 21 Jahren vom französischen Gesetz unter Strafe gestellt zu sehen. Der Gesetzgeber von 1810 hatte sich enthalten – er hatte es eines allgemeinen Prinzips libertären Rechts wegen getan, an das der Professor der Rechte, Garraud, im Strafgesetzbuch erinnert: »Jedes Individuum ist Herr seines Körpers wie seines Geistes und ist sogar frei, sich zu verderben, ohne dass die Gesellschaft einschreiten darf.«

Aber das moderne Leben und der wachsende Einfluss totalitärer Staatsaufsicht ziehen eine fortschreitende Annihilierung des Individuums durch die Gemeinschaft nach sich. Wir sehen, wie allmählich dieser gigantische Termitenhügel errichtet wird, diese zunehmend intolerante und intolerierbare Tyrannei, diese Fabrik-, Kasernen- oder Zuchthausexistenz, die Maurice Maeterlinck mit Entsetzen kommen sah.

Angesichts dieser drohenden Kasernierung ist die Behauptung des individuellen Ichs mehr denn je ein unentbehrliches Gegengift. Und nirgends behauptet sich das Recht des individuellen Ichs besser als in der Erotik.

In einer allzu organisierten, allzu gelenkten, allzu mechanisierten Gesellschaft muss die Freiheit des Liebens ein Verteidigungsmittel des Individuums bleiben, ganz so wie die Arbeitergewerkschaft gegen den – individuellen oder kollektiven – Arbeitgeber oder der Arbeiterrat gegen die Panzer der sogenannten Diktatur des Proletariats.

Aber für einen libertären Sozialisten ist diese totalitäre Kasernierung nur das Purgatorium vor dem Paradies, ein schmerzhafter Übergang zwischen der alten Welt und der neuen, den es so schnell wie möglich zu bewältigen gilt. Das gelobte Land der Freiheit leuchtet uns am Horizont.

Ebenso wie der Staat eines natürlichen Todes sterben wird, ebenso werden alle Hindernisse verschwinden, die der freien Erotik im Wege stehen.

ALAIN CUNY – Herr Ado Kyrou hat von der Freude gesprochen, während Georges Bataille von der Angst und dem Kampf gesprochen hat, den wir alle gegen die Angst führen. Ich glaube nicht an die Freude des Herrn Kyrou, ich glaube nicht, dass man sie durch die Mittel erreicht, auf die er hingewiesen hat.

Es gibt auch ein kleines Detail, das mir im Beitrag des Herrn, der von der *Geschichte der O* gesprochen hat, nicht ganz richtig zu sein scheint. Die *Geschichte der O* ist keine Liebesgeschichte, es ist eine Geschichte von Homosexuellen, die nicht den Mut haben, sich zu erklären …

ADO KYROU – Man hat seit Jahrhunderten versucht, uns davon zu überzeugen, dass die Erde ein Jammertal sei. Dagegen erhebe ich mich, und ich glaube, dass die Erotik, wie die Revolte, zu den ausgezeichneten Mitteln gehört, die geeignet sind, uns zu dieser maßlosen Freude zu führen.

ALAIN CUNY – Aber welche Freude denn? Um welche Freude handelt es sich? Wir leiden alle, es ist nur zu gut bekannt, wir leiden alle unter einer furchtbaren Schuld.

ADO KYROU – Ich glaube nicht an die Sünde …

ALAIN CUNY – Das ist eine Dummheit! (Gelächter.)

HÉRAUD – Diese Kontroverse würde sich erhellen, wenn man die Menschen in ihrer Rigidität betrachten würde. Eine Schule marxistischer Psychologie hat auf wissenschaftliche Weise die seelische Struktur des Menschen untersucht und herausgefunden, dass die überwiegende Mehrheit aller Menschen von einem äußerst schweren Gebrechen befallen ist, das seit Jahrtausenden währt und das ist, was man Charakterpanzer nennt, Rigidität, einstweilige Unfähigkeit, aus sich herauszugehen und den anderen zu erreichen. Was die Menschen angeht, die in diesem Panzer bleiben, so werden sie niemals wirklich die Freude kennenlernen; sie werden sie sich vorstellen können, aber niemals wirklich empfinden. Aber unter ihnen gibt es welche, die beginnen, diesen Panzer zu sprengen, und die diese erotische Freude empfinden können.

ALAIN CUNY – Wer?

HÉRAUD – Ich glaube, es wäre erforderlich gewesen, dass Herr Bataille in seinem Text die objektive Beschreibung der sexuellen Akte vorgenommen hätte. Man hätte dann den Schlüssel zu dem Problem erlangt, der in der Erläuterung und Erhellung des sexuellen Phänomens selbst liegt, in dem, was man die Orgasmusformel genannt hat, mit ihren Spannungs- und Ladungsunterschieden. Wenn man das nicht berücksichtigt, weicht man dem Problem aus, navigiert auf die eine oder andere Weise stets in der Sphäre des Puritanismus und kommt schließlich dahin, mit sehr ängstlichem Ausdruck wie ein Pfarrer zu sprechen!

DE LA CHESNERAIE – Ich möchte apropos der *Geschichte der O* antworten. Ich bin vollkommen einverstanden: Die männlichen Protagonisten der *Geschichte der O* schlafen miteinander durch eine Frau als Mittelsperson. Das ist ein seit der Psychoanalyse recht bekannter Mechanismus. Aber ich möchte mich nicht gern mit fremden Federn schmücken und sagen, dass mir die Theorie, die ich Ihnen skizziert habe, nahegelegt worden ist durch die Reflexionen gewisser Personen der *Geschichte der O* über den Besitzgedanken. In der psychoanalytischen Redeweise gibt es zwei unterschiedliche Arten von Liebe: die besitzergreifende Liebe und die hingebungsvolle Liebe. In der *Geschichte der O* gibt es gar keine hingebungsvolle Liebe, aber es gibt verdammt viel besitzergreifende Liebe.

Apropos Schuld: Alle Menschen sind nie völlig normal, weder physisch noch psychisch, und empfinden mehr oder weniger unbewusste Schuld. Jemand, der mir sagen würde: Ich mache, was ich will, und empfinde nie irgendein Schuldgefühl – ich würde meinen, dass er eine Analyse verflucht nötig hat. (Gelächter.)

JEAN WAHL – Da man von Kontinuität gesprochen hat, möchte ich auf diese Idee zurückkommen. Herr Bender hat etwas Richtiges gesagt, das ein Problem aufwirft: Einer der Partner muss sich der Kontinuität bewusst sein. Bataille spricht zu uns, Bataille schreibt, Bataille ist sich dessen bewusst, und in dem Augenblick, wo er sich dessen bewusst ist, wird die Kontinuität vielleicht zerbrochen. Ich weiß nicht, was Bataille zu diesem Punkt sagen wird, aber es scheint mir, dass es da ein wirkliches Problem gibt. Es ist nicht dasjenige, von dem ich sprechen wollte – aber, nicht wahr, das Bewusstsein der Kontinuität ist nicht mehr die Kontinuität, doch dann kann man nicht mehr sprechen …

Ich weiß nicht, ob Bataille im Grunde wirklich die Kontinuität sucht, und nicht vielmehr Einheit. Wenn er aber Kontinuität sucht, dann stellt sich eine andere Frage. D. H. Lawrence hat den Gedanken des anderen in der Erotik oder in der Liebe sehr betont. Mir scheint, dass für Sie beide, der andere und das Ich, verschwinden müssen. Es ist auch eine andere Auffassung möglich, in der der andere als anderer, als Person da ist. Das ist vielleicht gleichfalls ein wesentlicher Aspekt. Aber unter diesem Gesichtspunkt müsste man die Idee der Kontinuität kritisieren oder auf die Idee der Einheit zurückkommen und sagen, dass dies eine Einheit von zweien ist und nicht von einem. Das sind die zwei Punkte hinsichtlich des Bewusstseins und hinsichtlich der Präsenz des anderen. Im Grunde ist die Kontinuität vielleicht eine Idee, die man nicht sehr lange verfolgen kann, bei der man sich nicht sehr lange aufhalten kann, weil es die Kontinuität von jemandem mit jemand anderem sein muss, das heißt, dass alle Worte wenig befriedigend sind. Was Sie suchen, ist eine Einheit. Ich glaube, das wäre befriedigender als Kontinuität. Indes, selbst um Einheit denken zu können, bedarf es der Dualität oder Pluralität.

Darüber hinaus bin ich tief beeindruckt von der Denkgewalt Georges Batailles, wie sie sich in seiner Darlegung bekundet, und ich bin im Ganzen einverstanden mit den Positionen, die er bezieht. Außerdem kann ich nicht umhin, die bezwingende Form und den meisterhaften Stil, der das Denken Georges Batailles beseelt, zu würdigen.

BENDER – Ich kann meine Idee von vorhin nur präzisieren. Ich möchte eine persönliche Erfahrung wählen, um mich gut verständlich zu machen. Ich habe den Eindruck, dass diese Erfahrung alle Beweise, die der Vortragende vorgelegt hat, außer Kraft setzt.

Ich befinde mich gerade in einem der Anwendungsfälle des Vortrags von heute Abend. Nun, ich bin gerade versucht gewesen, im anderen seine Zerstörung anzustreben. In diesem Augenblick versteht man, dass der Vortragende für diese Besitzgier das Wort Tod verwendet, das heißt: Gibt es beim Besitz automatisch die Zerstörung des besessenen Wesens? Auf diese Weise würde man den Titel des Vortrags rechtfertigen, indem man sagt, dass dieser Besitz die Zerstörung, den Tod nach sich zieht. Aber es stellt sich heraus, dass mein Bewusstsein diese Versuchung zurückgewiesen und dieses elementare Gefühl geläutert hat, das, wie ich spürte, eine destruktive Besitzgier war. Ich habe es mir versagt, diesen Weg einzuschlagen, und ich habe die Integrität meines Gegenübers zu wahren gesucht, das seine Diskontinuität oder vielmehr seine Singularität behält. Dass dieses erotische Begehren oder diese Liebe, nennen Sie es, wie Sie wollen, in jedem von uns seine Originalität und sein integrales Wesen bestehen lässt, hindert nicht, Beziehungen erotischer oder amouröser Art zu unterhalten. Ergibt sich automatisch Zerstörung? Ist Besitz, Kontinuität gleichwertig mit Zerstörung? Es ist leicht, das zu behaupten, nur muss man es beweisen.

Ebenso behaupten Sie viele andere Dinge, ohne einen klaren Beweis anzutreten. Sie können sagen: In den meisten Fällen, in denen Lebewesen das Phänomen erfahren, ist ein Beweis möglich; sobald ich mir aber dieses Phänomens bewusst bin, kann ich es zurückweisen, und da tritt ein anderer Zustand ein. Nichts von dem, was Sie gesagt haben, kann ich auf mich beziehen. Man kann es auf ein Wesen beziehen, das kein Bewusstsein hat, auf ein Tier, nicht aber auf ein bewusstes menschliches Wesen.

FULCHIGNONI – Ich hätte gern den physiologischen Standpunkt gehört, weil der Ausgangspunkt von Herrn Bataille recht interessant schien. Einer der Teilnehmer hat von Affen gesprochen. Das Studium des Liebeslebens der Tiere ist wichtiger, als man glaubt, vor allem auf dieser Stufe. Ich möchte einen absolut außergewöhnlichen Versuch erwähnen, der vor drei Jahren von einem amerikanischen Psychologen durchgeführt wurde, der zum ersten Mal das Sexualleben der Affen im Freien studiert hat.

Carpenter hat auf einer kleinen Insel eine Gruppe von 200 Affen auf freien Fuß gesetzt und mittels versteckter Kameras Filmaufnahmen von ihrem Treiben machen können. Er hat eine Reihe aufregender Tatsachen festgestellt. Ich führe einige Situationen an, die die Aufmerksamkeit auf sich gelenkt haben, weil sie – was die Psychologie der Menschen betrifft – zu merkwürdigen Gedanken und Verlängerungen Anlass geben. Sobald die zwei Gruppen von etwa 100 Affen zusammengebracht waren, Männchen und Weibchen, haben sich unverzüglich zwei Clans gebildet: Diese Affen, die gesellig leben, haben sich in zwei entgegengesetzte Gruppen geteilt, die jeweils Männchen und Weibchen enthalten. Diese Struktur der Aggressivität, die zur Bildung der zwei Gruppen treibt, ist ein erster, äußerst interessanter Punkt.

Es gibt Oberhäupter und eine Hierarchiebildung unter diesen Oberhäuptern. Die Oberhäupter sind übrigens weder die Stärksten noch die Gewandtesten. Die Eignung zur Vorherrschaft zeigt sich vor allem in der erotischen Aktivität, das heißt, dass diese geheimnisvolle Fähigkeit sie in die Lage versetzt, vom erotischen Gesichtspunkt aus der Beherrscher der Pärchen zu sein. Übrigens unterwerfen sich Männchen und Weibchen in allen Lagen, in denen sie ihre Ergebenheit beweisen müssen, sexuellen Handlungen. Wenn zum Beispiel das Futter beschränkt ist, wird – der Reihe nach vom Schwächsten bis zum Stärksten, bis zum Oberhaupt – die Bewilligung von einem Akt sexueller Darbietung abhängig gemacht: Wenn ein Schwacher vom Oberhaupt die Bewilligung erlangen will, Futter zu sich zu nehmen, so bietet er sich sexuell an.

Die Situation der Homosexualität: Carpenter hat die Männchen von den Weibchen mittels Käfigen getrennt, wobei er eine Gruppe von hundert Weibchen völlig auf freiem Fuß ließ. Unverzüglich haben sich Bekundungen von Homosexualität gezeigt. Wenn er die Männchen auf freiem Fuß ließ, war es dasselbe. Aber der äußerst wichtige Punkt, den die Psychologen und auch die Biologen nie untersucht haben, ist der, dass in dem Augenblick, da die beiden Gruppen wieder zusammengeführt werden, die normalen sexuellen Aktivitäten unverzüglich wieder beginnen, aber für eine kleine Gruppe des einen oder anderen Geschlechts ist die Homosexualität sozusagen fixiert (2–3 %, was die Männchen, 1 %, was die Weibchen betrifft). Das heißt, dass ein Faktor der Homosexualität existiert, der der Determination vorausgeht und für immer bestehen bleibt.

Der letzte Punkt, jener, über den man am meisten nachzudenken hätte, ist die Beziehung zwischen dem Tod und der erotischen Aktivität. Die Kameras haben zwei ergreifende Szenen gefilmt.

Infolge eines Skorpionstichs stirbt eine kleine Äffin. Ihre Mutter, die keinerlei Begriff vom Tod hat, die absolut nicht weiß, was das bedeutet, entdeckt vor diesem leblosen Körper, was der Tod ist. Sie versucht, den Arm emporzuheben, der zurückfällt, versucht, die Kleine aufzujagen, bis zu dem Augenblick, wo etwas passiert, wo sie das Gefühl hat, dass dies nicht mehr das Wesen ist, mit dem sie verbunden war, dass es ein Gegenstand geworden ist: Da tritt sie mit Füßen auf ihr herum und verlässt sie.

Eine andere Episode ist der Tod eines Weibchens, das von einem giftigen Tier gebissen worden ist. Das Oberhaupt nähert sich dem Leichnam, berührt ihn, wiederholt genau dieselben Gesten wie die Mutter der kleinen Äffin, und in dem Augenblick, wo es sieht, dass es nur noch einen Gegenstand vor sich hat, paart es sich mit dem Leichnam. Das ist die Manifestation einer gewaltigeren Kraft als die Mutterliebe, diese Art von Starrheit des Geschlechtstriebs, die bewirkt, dass dieses Wesen sogar angesichts des Todesbewusstseins die sexuelle Handlung weiter aufrechterhält.

BENDER – Das würde bedeuten, dass der Tod nicht die Liebe negiert, aber erfordert die Erotik notwendigerweise den Tod? Das ist der Gegenstand der Debatte, und auf diese Frage hat man noch keine Antwort gehört.

HÉRAUD – Man kann nicht sagen, dass man die menschliche Sexualität auf biologischem Gebiet nicht studiert habe, man hat mit Menschen Versuche gemacht. Andererseits muss man bedenken, dass man mit der Kamera das Problem nicht ergründen kann: Die Versuche, die gemacht worden sind, sind mit elektrischen Größen gemacht worden. Man muss die tiefgründige Natur der Erotik berücksichtigen, es geht nicht einfach darum, die Angelegenheit unter einem quantitativen Aspekt zu betrachten, der zweitrangig ist, oder unter einem mechanischen Aspekt; es geht darum, die Erotik als die Befähigung zu einem natürlichen Akt zu betrachten. Es gibt eine vollständige Definition der natürlichen Funktion der Akte. Es ist nicht irgendeine beliebige, es ist die natürliche Funktion des Menschen, des Mannes und der Frau.

EINE DAME – Wir haben immer nur Männer gehört … Man hat nur einmal Simone de Beauvoir zitiert, man hat von Masochismus nur mit Rücksicht auf das männliche Verhalten gesprochen, aus der Situation des Mannes heraus, der eine Frau als Objekt betrachtet, etc. Aber man hat nicht von der Situation der Frau gesprochen, die sich als Objekt betrachtet, das heißt: sich negiert. Nun, Herr Bataille hat ausführlich erklärt, dass für ihn die Erotik vor allem die Negation des Todes sei. In diesem Fall ist es genau das Gegenteil, es ist der Satz der Teresa von Avila: »Ich sterbe, weil ich nicht sterbe«. Man sollte fragen, ob es nicht eine weibliche Stimme gibt, die die Diskussion wieder entzünden möchte.

JACQUES NANTET – Es gibt in der Tat eine Entwicklung der Sexualität bei der Frau. Vielleicht könnte sich eine Frau zu diesem Thema äußern.

FRAU SOLEDAD LEQUEN – Das ist ein einfacher Protest. Wir leben seit jeher zusammen, Männer und Frauen, und wir bleiben das »Andere«, unbekannt, wir sind das »Objekt«, passiv. Ich meine, dass es etwas unwürdig ist, im Namen aller zu sprechen und die eine Hälfte zu ignorieren.

FRAU GENEVIEVE BONNEFOY – Ich möchte Herrn Fulchignoni fragen, ob das tote Weibchen das gewöhnliche Weibchen dieses Affen war.

FULCHIGNONI – Nein, es war nicht das gewöhnliche Weibchen, weil die Affen polygam sind.

FRAU WAHL – Nichts von dem, was Georges Bataille gesagt hat, ist mir fremd. Ich glaube, dass viele von uns seinem bewundernswerten Vortrag von Anfang bis Ende folgen konnten.

GEORGES BATAILLE – Ich antworte auf die zahlreichen Stellungnahmen, so gut ich kann. Ich kann gewiss nicht alle prüfen. Zuerst antworte ich Herrn Fulchignoni: einfach um die Möglichkeit abzulehnen, auf jene Diskussion einzugehen, die sich nach der Darstellung, die er gegeben hat, aufdrängen würde. Es würde sich eher um eine Diskussion über die Kenntnis des Todes als über die Kenntnis der Erotik handeln. Ich sage nicht, dass die Kenntnis der Erotik die Grundfrage, die sich aus Herrn Fulchignonis Darstellung ergab, nicht berühren würde, aber die Kenntnis des Todes bei den Tieren dürfte von der Kenntnis des Todes bei den Menschen sehr verschieden sein. Es hat den Anschein, dass die Kenntnis des Todes bei den Tieren sehr rudimentär, ja sogar zweifelhaft ist, und den Tod zu kennen, ist ein wesentliches Element der menschlichen Natur. Indessen scheint mir, dass uns die Frage etwas weit führen würde. Ich entschuldige mich also, dass ich nicht darauf antworte ... jedenfalls heute Abend nicht, denn sicher werde ich Gelegenheit haben, in Schriften zu antworten.

Am meisten liegt mir daran, Jean Wahl zu antworten, mit dem ich ziemlich übereinstimme hinsichtlich des Arguments, das er mir entgegengehalten hat. Nach Jean Wahl gibt es Bewusstsein oder es gibt Kontinuität, es kann nicht das eine und das andere geben. Ich glaube, dass dies in der Tat die Grundlage möglichen Denkens bezüglich Kontinuität und Bewusstsein ist. Indessen gibt es immer die Möglichkeit einer Grenzsituation, und offensichtlich habe ich vor allem von dieser Grenzsituation sprechen wollen. Die Erotik, wie ich sie entwickelt habe, ist dennoch nicht wesentlich psychologisch, wie man mir vorgeworfen hat, sie wird von innen wahrgenommen und nicht von außen beobachtet, was nicht eigentlich psychologisch bedeutet. Es kann dabei rein physische Empfindungen geben, die von innen wahrgenommen werden, die streng genommen nicht das sind, was man psychologische Tatsachen nennt.

Aber ich komme auf das zurück, was ich über das Bewusstsein der Kontinuität sagte. Mir scheint, dass ich im Wesentlichen davon gesprochen habe und dass trotz allem die Möglichkeit einer Grenzsituation nicht ausgeschlossen werden kann, dass sie sogar für den Menschen so etwas wie ein entscheidendes Projekt, ein grundlegendes Ziel darstellen muss. Kurz, es handelt sich darum, aus dem Zustand herauszutreten, der uns vorgegeben ist, oder zumindest zu versuchen, aus ihm herauszutreten. Vielleicht ist dieses Heraustreten wesentlich dem Menschenleben aufgegeben.

Was das Vokabular betrifft, so haben Sie mir vorgeworfen, mich des Ausdrucks Kontinuität zu bedienen. Ich gestehe, dass man zwischen Kontinuität und Einheit schwanken kann, will aber nun darlegen, warum ich mich für die Kontinuität entschieden habe. Bei der Einheit gibt es nicht eigentlich das Gefühl eines Übergangs, und ich wollte die Vorstellung dieses Gefühls des Übergangs vom Diskontinuierlichen zum Kontinuierlichen vermitteln. Sicher, wenn man die Kontinuität von einem beinahe statischen Standpunkt aus betrachtet, wie ich es in gewissen Augenblicken meiner Darstellung getan habe, dann befinden wir uns außerhalb, was ich aber vor allem festgehalten habe, ist die Möglichkeit, von einem Zustand zum anderen, von der Diskontinuität zur Kontinuität überzugehen. Deshalb habe ich diese Ausdrücke benutzt, die etwas seltsam klingen mögen und die ich gern besser erklären würde als in meinem Vortrag, um Herrn Bender zu antworten. Aber ich glaube, dies wäre schwierig für mich, weil ich noch einmal mit größerer Klarheit von vorn anfangen müsste, was schließlich langweilig würde. Und es ist nicht sicher, dass ich beim zweiten Mal klarer bin als beim ersten ... (Gelächter.)

Herrn de la Chesneraie, der einen psychoanalytischen Standpunkt vertreten hat, antworte ich im Wesentlichen, dass mein Standpunkt nicht der der Psychoanalyse ist. Es ist übrigens nicht der Standpunkt eines Mannes, der die Psychoanalyse nicht kennt, sondern in etwa der eines Mannes, der sie verlassen und daher sozusagen vergessen hat und der nicht mehr sehr vertraut ist mit den Vorstellungen, die sie entwickelt. Ich bin von einem philosophischen Standpunkt ausgegangen, wollte aber diesen Aspekt in meinem Vortrag so wenig wie möglich betonen; es schien mir bereits bedrückend, so darauf zu dringen, wie ich es getan habe. Jedenfalls fällt es mir nicht leicht, nochmals in die Diskussion des psychoanalytischen Standpunkts einzutreten.

Ich möchte einfach Herrn de la Chesneraie darauf aufmerksam machen, dass ich ein wenig über die Beharrlichkeit erstaunt bin, die er darauf verwandt hat, von der Verwandlung der Frau in ein erotisches Objekt zu sprechen. Es scheint mir, dass Sie da einen Gesichtspunkt vorgebracht haben, der so wenig dialektisch wie möglich ist.

Sicher gibt es diese Verwandlung in ein Objekt, zum Beispiel in der *Geschichte der O*, aber kann man wirklich auf den Gedanken kommen, dass das, was man ein Objekt nennt, genau durch die O vorgeführt wird? Ich glaube, dass es eine Tendenz der Liebhaber der O gibt, aus ihr ein Objekt zu machen, und eine Tendenz der O, für ihre Liebhaber ein Objekt zu sein, aber von dort bis zu der Behauptung, dass dieses Objekt meinem Bleistift gleicht, ist es ein weiter Weg. Die O gleicht meinem Bleistift nur von einem äußerst provisorischen Gesichtspunkt aus, und wenn man von einem provisorischen Gesichtspunkt zu einem dialektischen übergeht, nun, dann wird der Gegenstand in dem fortwährenden Wechsel untergehen.

Ich möchte gern Herrn Héraud zwei Worte sagen, der mich vor allem beschuldigt hat, nicht den kollektiven Standpunkt dargestellt zu haben. Ich muss ganz einfach sagen, dass ich nicht ohne Mühe an die Möglichkeit kollektiver Erotik denke [Protest Herrn Hérauds]. Sie haben mir vorgeworfen, in meinen Betrachtungen über die Erotik keinen kollektiven Standpunkt entwickelt zu haben. Ich hätte ihn nur entwickeln können, wenn die Erotik selbst ihn entwickelt hätte, und meines Wissens tut dies die Erotik nur in seltenen Ausnahmefällen. Davon abgesehen, muss ich sagen, dass der kollektive Standpunkt mir sicher ebenso viel bedeutet wie Herrn Héraud. [Herr Héraud versucht, wieder das Wort zu ergreifen, Herr Bataille fährt mit Nachdruck fort:] Ich glaube, dass ich dem Marxismus nicht fremd genug bin, als dass seine Kritik mich tiefgreifend erschüttern könnte. Es scheint da ein Missverständnis gegeben zu haben, und Sie werden mir verzeihen, dass ich etwas heftig geantwortet habe, weil Sie eine Sache bestritten haben, die sich von selbst versteht. Das bedeutet aber nicht, dass ich mit Ihnen in so tiefem Missklang stehe. Der wissenschaftliche Standpunkt existiert. Ich habe einen philosophischen Standpunkt eingeführt. Mit etwas Geduld wäre es leicht, die Möglichkeit wahrzunehmen, sie miteinander zu versöhnen.

Ado Kyrou hat gesagt, dass für ihn die Erotik wesentlich Freude sei. Ich fühle mich in gewisser Hinsicht schuldig, insofern ich davon ziemlich ausführlich wie von einem Leiden gesprochen habe. Aber ich glaube, dieses Leiden immer nur als ein Streben nach Freude und als Hinweis auf die Möglichkeit der Freude dargestellt zu haben. Die Möglichkeit der Freude ist der Grund des Leidens in der Erotik, und wenn ich glaube, dass die Erotik mit dem Tod verbunden ist, dann nicht weil der Tod in sie eine Traurigkeit hineinbringt, sondern weil die Herrschaft des Todes über die Erotik sie vollkommen verneint. Es gäbe vielleicht Überlegungen, die man hier anschließen könnte. So führt zum Beispiel die Sade'sche Erotik den Tod auf eine von meinen Darlegungen ziemlich abweichende Art und Weise ein, da der Tod, den Sade intervenieren lässt, ein schmerzhafter Tod ist, bei dem die Freudlosigkeit der Partner das Entscheidende ist. Aber mir scheint, dass ich jetzt nicht näher auf diesen Aspekt der Debatte eingehen kann.

Ich muss noch Daniel Guérin antworten, der ausführlich von der Freiheit gesprochen hat, und es liegt mir jetzt daran, ihm einen Gesichtspunkt darzulegen, der vielleicht Herrn Héraud – den wir aber sicher bitten werden, Ruhe zu bewahren – die Ansicht gestattet, dass er heute Abend die Rede eines Pfarrers gehört hat. Daniel Guérin hat von Freiheit gesprochen, er glaubt gewiss, dass die Freiheit der Erotik möglich ist. Ich glaube das Gegenteil. Ich glaube, dass die Erotik sich auf das Verbot gründet, dass wir keine erotische Aktivität kennen würden, wenn es in uns nicht ein Verbot gäbe, das sich zutiefst der Freiheit unserer erotischen Aktivität widersetzt. Und es ist vielleicht die Schwäche der Definition, die ich zu Anfang gegeben habe, dass ich diesen Gesichtspunkt nicht dem vielleicht etwas arg improvisierten vorgezogen habe, den ich da eingeführt habe. Ich glaube, dass es keine Erotik ohne Schuldgefühl gibt, überschrittenes Schuldgefühl, versteht sich, weil die Schuld in der Erotik nur noch Freude ist; sie ist kein Hindernis mehr, sie ist nur noch ein überwundenes Hindernis. Aber die erste Schuld, die sich in aller Menschheitsfrühe nachweisen lässt, ist jeder Art von Puritanismus weit voraus, da ja das Inzestverbot und all die Einwendungen gegen die sexuelle Freiheit bereits in der frühesten Menschheit zu finden sind. All das gehört zur Grundlage des erotischen Lebens der Menschen. Und ich glaube, dass es für mich äußerst wichtig ist, zumindest zum Schluss ein paar Worte zu diesem Thema gesagt zu haben, da ich diesen Aspekt in meiner Darstellung nicht betont habe, die in eine andere Richtung getrieben wurde.

Die Erotik ist dem Verbot entsprungen, sie lebt vom Verbot, und wenn wir in uns kein Verbot aufrichten, wenn wir hinsichtlich des Wesentlichen der Erotik dieses Gefühl des Verbots nicht bewahren, so können wir nicht in dem Sinne erotisch sein, in dem ich darüber gesprochen habe, das heißt in einem Sinne, der die Verletzung mit einbegreift; wir können dann nur erotisch sein wie die Tiere und nicht zu dem gelangen, was für uns das Wesentliche ist. [Beifall.]

Ich habe dem wenig hinzuzufügen. Ich habe meine Darstellung auf eine etwas bündige Art mit Betrachtungen beschlossen, die sogar die Idee Gottes einführten. Ich fürchte, Missverständnisse hervorgerufen zu haben. Ich hatte im Verlauf der Diskussion den Eindruck, dass man in dieser Hinsicht vielleicht trotz allem im Recht wäre, wenn man behauptete, dass dies die Rede eines Pfarrers sei. Jedoch möchte ich nicht, dass sich das Missverständnis allzu sehr breitmacht. Ich habe im Verlauf meiner Darstellung betont, dass mein Denken dem der Theologen, die den persönlichen Gott einführen, entgegengesetzt ist. Ich habe die Idee der Kontinuität eingeführt. Diese Idee ist anfechtbar, wie Jean Wahl uns gesagt hat, aber es ist offensichtlich, dass ich mit meinem Denken, indem ich von der Kontinuität des Seins sprach, etwas erhellen wollte, was die Erfahrung Gottes fortsetzt, die einst gemacht worden ist. Und ich habe geglaubt, dass es äußerst wichtig ist zu zeigen, dass diese Erfahrung mit den einfachsten Erfahrungen versöhnt werden kann, die wir auf dem Feld einer Erotik machen, die oft als bloß materiell betrachtet wird. [Lebhafter Beifall.]

ANMERKUNGEN

1 [Sade, *Les cent vingt journées de Sodome*, in *Œuvres complètes* (Ed. du Cercle du Livre Précieux, Paris 1966/67), Bd. XIII, S. 14. – Alle Anmerkungen und Zusätze in eckigen Klammern stammen vom Übersetzer.]

2 [Ebd., S. 288 (24. Tag). – Nicht wörtlich zitiert, sondern zur Maxime zusammengezogen.]

3 Der Text ist ein für den Zweck dieses Buchs überarbeiteter Vortrag. [Vom 12. Februar 1957. Siehe dazu unten, im Anhang, Batailles Zusammenfassung dieses Vortrags: »Die Erotik und die Faszination des Todes«, S. 402–432.]

4 Arthur Rimbaud, »Die Ewigkeit«, in: ders.: *Korrespondenz. Briefe, Texte und Dokumente*, Berlin: Matthes & Seitz 2018, Band I, S. 694.

5 Es ist überflüssig, auf den hegelianischen Charakter dieser Denkart hinzuweisen, die dem durch das (unübersetzbare) deutsche Wort *aufheben* ausgedrückten dialektischen Moment entspricht.

6 Das gilt für die gesamte Psychologie, die allerdings ohne die Erotik und die Religion nur ein leerer Sack ist. Ich bin mir bewusst, dass ich mich im Moment einer Zweideutigkeit im Hinblick auf Erotik und Religion bediene, der nur die weitere Entwicklung dieser Arbeit abhelfen wird.

7 Die Arbeit hat den Menschen zum Menschen gemacht: Seine ersten Spuren sind die Steinwerkzeuge, die er hinterlassen hat. Es scheint, dass bereits der Australopithecus, weit entfernt noch von unserer Gestalt, solche Werkzeuge hinterlassen hat: Der Australopithecus lebte ungefähr eine Million Jahre vor uns (während der Neandertaler, auf den die ersten Gräber zurückgehen, nur etwa hunderttausend Jahre vor uns lebte).

8 Trotzdem sind die Beschreibungen Lévy-Bruhls korrekt und von beträchtlichem Interesse. Wenn er, wie Cassirer, von »my-

thischem Denken« statt von »primitivem Denken« gesprochen hätte, wäre er nicht auf dieselben Schwierigkeiten gestoßen. Das »mythische Denken« kann zeitlich mit dem vernünftigen Denken zusammenfallen, da es nicht dessen Ursprung ist.

9 Die Ausdrücke profane Welt (= Welt der Arbeit oder der Vernunft) und sakrale Welt (= Welt der Gewalt) sind nichtsdestoweniger sehr alt. Doch sind *profan* und *sakral* Wörter der irrationalen Sprache.

10 Sade, *Les cent vingt journées de Sodome*, Einleitung [*Œuvres complètes*, Bd. XIII, S. 48].

11 Dieser Mensch kannte den Gebrauch färbender Stoffe, aber er hat keine Spur von Zeichnungen hinterlassen, während solche Spuren von den frühesten Zeiten des *Homo sapiens* an zahlreich sind.

12 *L'homme et le sacré*, 2. erw. Auflage, Paris: Gallimard 1950. [Zitiert nach Roger Caillois, *Der Mensch und das Heilige*, aus dem Französischen von Brigitte Weidmann, München: Hanser 1988, S. 78 Anm.]

13 Eine mehr ins Detail gehende Analyse des Inzests, die sich auf die gelehrte Arbeit von Claude Lévi-Strauss, *Les structures élémentaires de la parenté* (Paris 1949) stützt, bringe ich im zweiten Teil (siehe unten Studie IV, S. 77–87).

14 Doch bezieht sich der Begriff einer der Vernunft entgegengesetzten Gewalt auf die hervorragende Arbeit von Éric Weil: *Logique de la philosophie*, Paris: Vrin 1950. Die Auffassung der Gewalt, die der Philosophie Éric Weils zugrunde liegt, scheint mir darüber hinaus verwandt mit jener, von der ich ausgehe.

15 So stellte sich Aristoteles die »Urzeugung« vor, an die er noch glaubte.

16 Obwohl diese Wahrheit im Allgemeinen verkannt wird, bringt Bossuet sie in seinem *Sermon sur la mort* (1662) zum Ausdruck. »Die Natur, fast neidisch auf das Gute, das sie uns tut, erklärt uns oft und lässt uns bedeuten, dass sie uns nicht für lange Zeit das bisschen Materie, das sie uns leiht, überlassen kann, dass es nicht in denselben Händen bleiben darf und dass es ewig in Umlauf sein muss: Sie braucht es für andere Formen, sie verlangt es für andere Werke zurück. Dieser ununterbrochene Nachwuchs des Menschengeschlechts, ich meine die Kinder, die geboren werden, scheinen uns, so wie sie fortschreiten, auf die Schulter zu klopfen und zu sagen: Zieht euch zurück, wir sind

an der Reihe. Und so wie wir vor uns andere abtreten sahen, werden uns wieder andere abtreten sehen, die ihrer Nachfolge dasselbe Schauspiel schulden.«

17 Caillois, *Der Mensch und das Heilige*, Kap. IV: »Die Übertretung als Heiliges: Theorie des Festes«, S. 125–166.

18 Ebd., S. 151 f. und 150. [Übersetzung modifiziert.]

19 Ebd., S. 152.

20 Ebd., Kap. IV: »Theorie des Festes«, S. 125–166.

21 In der Tierwelt gibt es kein *Verbot*, seinesgleichen zu töten. Tatsächlich aber ist das Töten von seinesgleichen etwas Außergewöhnliches für das Tierverhalten, das vom Instinkt bestimmt ist, welche Schwierigkeiten der Begriff des Instinkts auch mit sich bringen mag. Selbst die *Kämpfe* unter Tieren der gleichen Art enden im Prinzip nicht mit dem Tod.

22 Ich verweise auf Georges Bataille, *La peinture préhistorique. Lascaux ou la naissance de l'art*, Genf: Skira 1955, S. 139 f., wo ich die damals vorliegenden Erklärungen dargestellt und kritisiert habe. Andere, nicht weniger fragwürdige Erklärungen wurden seither publiziert. 1955 hatte ich darauf verzichtet, eine eigene Hypothese vorzutragen. [Neueste dt. Ausgabe: *Lascaux oder die Geburt der Kunst*. Mit einem Essay von Rita Bischof. Aus dem Französischen von Karl Georg Hemmerich, durchgesehen und überarbeitet von Rita Bischof, Berlin: Brinkmann & Bose 2019.]

23 René Grousset et Sylvie Regnault-Gatier in der Pléiade-Ausgabe der *Histoire universelle*, Paris: Gallimard 1955, Bd. 1, S. 1332 f.

24 Carl von Clausewitz, *Vom Kriege*. [Zitiert nach der Ausgabe: Augsburg: Weltbild Verlag 1990, S. 19. (1. Buch, 1. Kap.)]

25 Maurice R. Davie, *La guerre dans les sociétés primitives*. Übersetzt aus dem Englischen von Maurice Gerin, Paris: Payot 1931, S. 439 f.

26 Zumindest, wenn ihre Maschinerie in Gang gesetzt würde.

27 Vgl. oben S. 34.

28 Die Gestalt des Bären ohne Kopf in der Höhle von Montespan (vgl. Henri Breuil, *Quatre cents siècles d'Art pariétal*, Montignac 1952, S. 236 ff.) könnte allerdings eine Zeremonie nahelegen, die einem Bären-Opfer gleichkäme und in das späte jüngere Paläolithikum fiele. Die rituellen Tötungen gefangener Bären bei den sibirischen Jägern oder den Ainu Japans haben, scheint mir, einen sehr altertümlichen Charakter. Man könnte sie mit dem

in Verbindung bringen, was die Darstellung von Montespan nahelegt.

29 Wenn man es vorzieht: dessen Denken dialektisch ist, nämlich fähig, sich durch Umkehrungen zu entwickeln.

30 Genauer: geformt durch die Arbeit.

31 Die Azteken, bei denen die Opfer üblich waren, hatten für jene, die nicht mit ansehen konnten, wie die Kinder in den Tod geführt wurden, und sich vom Zug abwandten, Bußen vorgesehen.

32 Vgl. oben S. 28.

33 Vgl. oben S. 70 f.

34 Das liegt klar zutage, wenn es sich um die Ökonomie der Gesellschaft handelt. Die Tätigkeit des Organismus bleibt uns verborgener, obwohl immer eine Beziehung zwischen dem Wachstum und der Entwicklung der Sexualfunktionen besteht, die beide von der Hypophyse abhängen. Wir können den Kalorienverbrauch des Organismus nicht regelmäßig genug feststellen, um sicherzugehen, dass er entweder für das Wachstum oder für die Fortpflanzung verwandt wird. Aber die Hypophyse verwendet die Energie bald für die Entwicklung der Sexualfunktionen, bald für das Wachstum. So behindert Riesenwuchs die Sexualfunktion; die Frühreife könnte, aber das ist zweifelhaft, mit einem Aufhören des Wachstums zusammenfallen.

35 Die Übereinstimmungsmöglichkeiten zwischen der erotischen Verwirrung und der Gewalt sind allgemein und niederschmetternd. Ich beziehe mich auf eine Stelle aus Marcel Aymés *Uranus* (Paris: Gallimard 1948, S. 151 f.), die das Verdienst hat, die Dinge in ihrer unmittelbaren Banalität darzustellen, in einer unmittelbar sinnlichen Form. Hier der Schlusssatz daraus: »Die Erscheinung dieser zwei vorsichtigen, engherzigen, scheinheiligen Kleinbürger, die, von ihrem Renaissance-Esszimmer aus, die Hingerichteten mit dem Fernglas betrachtend, sich wie Hunde aufstützen und in den Vorhangfalten hin und her springen [...].« Es handelt sich um die Exekution von Milizionären, der blutige Gräuel vorangingen, und die von einem mit den Opfern sympathisierenden Paar beobachtet wird.

36 Auf jeden Fall war das Recht der ersten Nacht, das dem Lehnsherrn diese Aufgabe übertrug, weil er der Souverän seines Gebiets war, nicht, wie man glaubte, das unerhörte Vorrecht eines Tyrannen, dem niemand Widerstand zu leisten wagte. Wenigstens war der Ursprung dieses Rechts ein anderer.

37 Vgl. oben, S. 124.

38 Vgl. Caillois, *Der Mensch und das Heilige*, S. 37–73. Dieser Text von Caillois findet sich auch in der *Histoire générale des religions* (Quillet 1948, t. I) unter dem Titel »L'Ambiguïté du sacré« [Die Ambiguität des Sakralen].

39 Die *tiefe* Verwandtschaft von Heiligkeit und Überschreitung ist jedoch spürbar geblieben. Sogar in den Augen der Gläubigen steht der Lüstling den Heiligen näher als der Mensch ohne Begehren.

40 Hertz teilte offenbar, wenn er nicht überhaupt Christ war, eine der christlichen verwandte Moralauffassung. Seine Studie erschien zuerst in der *Revue philosophique*. Sie wurde in eine Sammlung seiner Arbeiten aufgenommen (*Mélanges de sociologie religieuse et de folklore*, 1928). [Robert Hertz, »La prééminence de la main droite. Étude sur la polarité religieuse«, in: *Revue philosophique* 68 (1909), S. 533–580; dt.: »Die Vorherrschaft der rechten Hand. Eine Studie über religiöse Polarität«, aus dem Französischen von Hubert Knoblauch, in: Robert Hertz, *Das Sakrale, die Sünde und der Tod – Religions-, kultur- und wissenssoziologische Untersuchungen*, hg. von Stephan Moebius und Christian Papilloud, Konstanz 2007, S. 181–217.]

41 Er wurde im Ersten Weltkrieg getötet.

42 *Esquisse d'une théorie générale de la magie*, in *L'Année Sociologique*, 1902–1903. [Dt. Ausgabe: »Entwurf einer allgemeinen Theorie der Magie«, in: Marcel Mauss, *Soziologie und Anthropologie*, Bd. I, München: Hanser 1974.] Die vorsichtige Haltung der Autoren stand im Gegensatz zu der Frazers (die der von Hertz verwandt ist). Frazer sah in der Magie eine profane Aktivität. Hubert und Mauss halten die Magie für religiös, zumindest *lato sensu*. Die Magie befindet sich oft auf der linken, der unreinen Seite, aber sie gibt komplexe Fragen auf, die ich hier nicht anschneide.

43 [Erschienen 1891. Erste deutsche Ausgabe: *Tief unten*, aus dem Französischen von Victor Henning Pfannkuche, Potsdam: Kiepenheuer 1921. Zuletzt: *Die Schule der Satanisten*, Neuübersetzung von Caroline Vollmann, Leipzig: Haffmans Verlag bei Zweitausendeins 2018.]

44 Charles Baudelaire, *Fusées*, Nr. III. Hervorhebung von Baudelaire.

45 Ich kann im Rahmen dieses Buchs nicht ausführlicher über die Bedeutung einer Erinnerung an die schwarze Erotik in der Ero-

tik der Herzen sprechen, die über jene hinausgeht. Doch kann ich behaupten, dass die schwarze Erotik sich im Bewusstsein eines leidenschaftlichen Paares verwandelt. In diesem Bewusstsein dämmert nach, was die schwarze Erotik bedeutet. Die Möglichkeit der Sünde erscheint nur, um zu verschwinden. Ungreifbar, zeigt sie sich dennoch. Die Erinnerung an die Sünde ist nicht mehr das Aphrodisiakum, das die Sünde war, doch in der Sünde verschwindet am Ende alles: Ein Gefühl der Katastrophe oder die Desillusionierung folgen auf die Erfüllung. In der Erotik der Herzen entgleitet das geliebte Wesen nicht mehr, es wird in der vagen Erinnerung an aufeinanderfolgende Möglichkeiten in der Entwicklung der Erotik festgehalten. Was sich vor allem im klaren Bewusstsein dieser verschiedenen Möglichkeiten auftut, die sich in der langen Entwicklung – bis hin zur Macht der Profanierung – niedergeschlagen haben, ist die Einheit der ekstatischen Momente, in denen sich die diskontinuierlichen Wesen für das Gefühl der Kontinuität des Seins öffnen. Eine ekstatische Klarsicht ist von da aus erreichbar, verbunden mit der Erkenntnis der Begrenztheit des Lebewesens.

46 Vgl. Max-Pol Fouchet, *L'art amoureux des Indes*, Lausanne: La Guilde du Livre 1957.

47 Wie konnten wir uns, unterwegs zur Kontinuität, zum Tod, die um die individuelle Unsterblichkeit, um jedes Haar eines menschlichen Wesens besorgte Person Gottes vorstellen? Ich weiß, dass sich dieser Aspekt in der Gottesliebe manchmal auflöst, dass sich jenseits des Vorstellbaren, des Vorgestellten die Gewalt offenbart. Ich weiß, dass die Gewalt und das Unbekannte niemals die Unmöglichkeit von Erkenntnis und Vernunft bedeutet haben. Aber das Unbekannte ist nicht die Erkenntnis, die Gewalt ist nicht die Vernunft, die Diskontinuität ist nicht die Kontinuität, die sie zerbricht, die sie tötet. Diese Welt der Diskontinuität ist aufgerufen, im Schrecken – da von der Diskontinuität aus Erkenntnis möglich ist – den Tod zu begreifen: das über Erkenntnis und Begreifbarkeit Hinausgehende. Die Entfernung ist also klein zwischen Gott, in dem Gewalt und Vernunft (Kontinuität und Diskontinuität) koexistieren, und der Perspektive des Zerreißens, die der unversehrten Existenz eröffnet wird (der Perspektive des Unbekannten, die sich der Erkenntnis auftut). Aber die Erfahrung ist da, die Gott als das Mittel bezeichnet, diesem Delirium zu entgehen,

an das die Gottesliebe selten herankommt, die mit Gott den »lieben Gott« meint, den Garanten der sozialen Ordnung und des diskontinuierlichen Lebens. Was die Gottesliebe auf ihrem Gipfel erreicht, ist in Wahrheit *der Tod* Gottes. Aber wir können in dieser Hinsicht nichts erkennen, es sei denn die Grenze der Erkenntnis. Das bedeutet nicht, dass uns die *Erfahrung* der Gottesliebe nicht die wahrsten Hinweise gäbe. Wir dürfen uns nicht darüber wundern, dass die theoretischen Gegebenheiten die mögliche Erfahrung nicht verfälschen. Die Suche gilt stets der Kontinuität, die der »theopathische Zustand« erreicht. Die Wege dieser Suche sind nie gerade.

48 Uns selbst als Objekt zu verneinen.

49 Ich bin mir der Unvollständigkeit dieser Darlegungen bewusst. Ich wollte von der Erotik einen zusammenhängenden Überblick geben, aber nicht ein erschöpfendes Bild. Hier habe ich im Wesentlichen die weibliche Schönheit im Auge. Eine Lücke unter vielen anderen in diesem Buch.

50 Des Begehrens mit der individuellen Liebe, der Fortdauer des Lebens mit der Verlockung des Todes, der sexuellen Phrenesie mit der Sorge für die Kinder.

51 Wenn ich klar und deutlich von *mir* spreche, setze ich meine Existenz als isolierte Wirklichkeit, gleich der der anderen Menschen, die ich von außen betrachte, und ich habe die anderen Menschen nur insofern deutlich unterscheiden können, als sie in ihrer scheinbaren Isoliertheit jene vollkommene Identität mit sich selbst besitzen, die ich den Dingen zuschreibe.

52 Alfred C. Kinsey, Wardell B. Pomeroy, Clyde E. Martin: *Sexual Behaviour in the Human Male*, Philadelphia: Saunders 1948. [Dt. Ausgabe: *Das sexuelle Verhalten des Mannes*, Berlin/Frankfurt a. M.: G. B. Fischer 1955.]
Alfred C. Kinsey and others: *Sexual Behaviour in the Human Female*, Philadelphia: Saunders 1953. [Dt. Ausgabe: *Das sexuelle Verhalten der Frau*, Berlin/Frankfurt a. M.: G. B. Fischer 1954.]

53 Selbst die grundlegenden Daten der somatischen Anthropologie haben nur insofern Bedeutung, als sie eine bekannte Wirklichkeit erklären, als sie das menschliche Lebewesen in das Tierreich einordnen.

54 [*Sexual Behaviour in the Human Male*, S. 263.]

55 Ein amerikanischer Kritiker, Lionel Trilling, weist in der Tat zu Recht auf die Naivität der Autoren hin, die das Problem zu lösen

dachten, indem sie diesen *natürlichen* Charakter behaupteten. [Vgl. Trilling, »Sex and Science«, in: *Partisan Review*, New York, April 1948.]

56 Was ist in gewissem Sinn die souveräne Klasse, wenn nicht die glückliche Unterwelt, versehen mit der Zustimmung der Masse? Die primitivsten Völker zeigen eine Neigung, ihren Führern die Polygamie vorzubehalten.

57 [Mit der – mehr als fragwürdigen – Hypothese, das französische Wort »travail« stamme vom lateinischen »tripalium« ab, das ein Marterwerkzeug bezeichnet.]

58 Blanchot, *Lautréamont et Sade*, Paris: Éditions de Minuit 1949. [Zit. nach der 2. Aufl. 1963, die die Sade-Studie »La raison de Sade«, die unter anderem Titel bereits 1947 erschienen war, an den Anfang des Buchs stellt; hier S. 19. (Bataille hat die Sade-Paraphrase Blanchots in einem Satz verändert; statt »und dass ich alles für nichts erachte ...« heißt es bei Blanchot: »ohne mich um die Folgen zu kümmern, die diese Entscheidung für andere nach sich ziehen könnte«.)] Die Studie Maurice Blanchots ist nicht nur die erste zusammenhängende Darstellung des Sade'schen Denkens: Dem Autor zufolge hilft sie dem Menschen, sich selbst zu verstehen, indem sie ihm hilft, die Bedingungen jedes Verständnisses zu verändern.

59 In *Die 120 Tage von Sodom*, geschrieben im Gefängnis, entwarf er zum ersten Mal das Bild eines souveränen Lebens, das ein ruchloses Leben von Wüstlingen war, verbrecherischer Wollust geweiht. Kurz vor dem 14. Juli 1789 wurde er in ein anderes Gefängnis gebracht, weil er die Passanten aufzuwiegeln versucht hatte, von seinem Fenster aus heulend: »Volk von Paris, man erwürgt die Gefangenen.« Er durfte nichts mit sich nehmen, und das Manuskript der *120 Tage* wurde bei der Plünderung, die auf die Eroberung der Bastille folgte, gestohlen. Herumstöberer sammelten in dem Haufen verschiedener Gegenstände, die den Hof bedeckten, was ihnen des Interesses wert schien. Das Manuskript fand sich um 1900 bei einem deutschen Buchhändler wieder; und Sade selbst sagt, dass er »blutige Tränen« vergossen habe wegen eines Verlusts, der in Wirklichkeit die anderen betraf, die Menschheit im Allgemeinen.

60 [Blanchot, *Lautréamont et Sade*, S. 34.]

61 Blanchot, *Lautréamont et Sade*, S. 44 f. [Das Sade-Zitat des Schlusssatzes findet sich in der *Juliette*, *Œuvres complètes*,

Bd. VIII, S. 464; Ungenauigkeiten in der Zitation, die schon Blanchot unterlaufen, dem Bataille hier folgt, sind stillschweigend verbessert.]

62 Blanchot, *Lautréamont et Sade*, S. 35. [Sade, *Juliette*, *Œuvres complètes*, Bd. VIII, S. 503.]

63 Blanchot, *Lautréamont et Sade*, S. 29 f. – [Sade, *Juliette*, *Œuvres complètes*, Bd. IX, S. 276. (Für das erste Zitat, unter Wiederherstellung des Originaltexts , in dem es nicht, wie bei Blanchot, heißt: »J'aime ta férocité«, sondern »J'aime ta fermeté«.)]

64 1834, in der *Revue de Paris*.

65 Es handelt sich um *Justine*, genauer um *La Nouvelle Justine*, also um die freieste Fassung, 1797 vom Autor selbst veröffentlicht und neu herausgegeben 1953 bei Jean-Jacques Pauvert. Die erste Version erschien 1930 bei den Editions Fourcade, herausgegeben von Maurice Heine, und wurde neuerlich 1946 bei den Editions du Point du Jour mit einem Vorwort von Jean Paulhan und 1954 bei J.-J. Pauvert mit einer anderen Fassung der vorliegenden Studie als Vorwort publiziert. [Hier ist Bataille ein unerklärlicher Irrtum unterlaufen: Die erste Fassung dieser Studie hat nicht die erste Version des *Justine*-Komplexes: *Les infortunes de la vertu* als Vorwort begleitet, sondern immer nur die zweite: *Justine ou les malheurs de la vertu* (1791). Sie erschien erstmals zusammen mit dieser Sade-Ausgabe 1950 in der Collection »Le Soleil Noir«, wurde dort 1952 wiederaufgelegt und 1955 in die Pauvert-Ausgabe aufgenommen.]

66 Die Behauptung ist nicht neu; jeder kennt sie. So gut, dass Volkes Stimme sie immer wieder ausspricht, ohne dass sich ein Protest vernehmen ließe: »In jedem Menschen schläft ein innerer Schweinehund.«

67 Sie hat ihrer Studie einen etwas grellen Titel gegeben: *Faut-il brûler Sade?* Zuerst in *Les Temps Modernes* erschienen, bildet diese Studie den ersten Teil von *Privilèges* (Paris: Gallimard 1955, Coll. »Les Essais«, Nr. LXXVI). Unglücklicherweise hat die Biografie Sades, die die Autorin mit dieser Arbeit vorlegte, die Gestalt eines Bravourstücks angenommen, dessen Lebendigkeit die Tatsachen manchmal übertreibt. [Das Zitat: Simone de Beauvoir, *Privilèges*, S. 42. – Eine deutsche Ausgabe des Buchs erschien unter dem Titel *Soll man de Sade verbrennen? Drei Essays zur Moral des Existenzialismus* im Szczesny Verlag, München, aus dem Französischen von Alfred Zeller (1964).]

68 Beauvoir: *Privilèges*, S. 42.

69 [Blanchot, *Lautréamont et Sade*, S. 17.]

70 Paris: Presses Universitaires de France 1949 [1967]. [Zit. nach der deutschen Ausgabe: Claude Lévi-Strauss, *Die elementaren Strukturen der Verwandtschaft*, aus dem Französischen von Eva Moldenhauer, Frankfurt a. M.: Suhrkamp 1981.]

71 Ebd., S. 15.

72 Ebd., S. 73.

73 Ebd., S. 58.

74 Ebd., S. 63.

75 Ebd., S. 67.

76 Ebd., S. 69.

77 Ebd., S. 656. In einer Anmerkung dazu verweist Lévi-Strauss auf A. L. Kroeber, »*Totem and Taboo* in Retrospect«, in: *American Journal of Sociology*, Bd. 45, 1939.

78 Lévi-Strauss: *Strukturen*, S. 167. [Ergänzung in eckigen Klammern vom Übersetzer hinzugefügt, da sie unerlässlich ist.]

79 Ebd.

80 Vgl. ebd., S. 590.

81 Ebd.

82 Ebd., S. 590 f.

83 Ebd., S. 107. – Der *Essai sur le don* von Marcel Mauss, der erstmals 1925 erschien (in *L'Année Sociologique*, N. S., Bd. I, 1923–1924), wurde vor Kurzem neu aufgelegt, und zwar in einem Band, der unter dem Titel *Sociologie et Anthropologie* (Presses Universitaires de France, 1950) einige Schriften des verstorbenen großen Soziologen versammelt. In *La part maudite* (Éditions de Minuit, 1949) habe ich den Inhalt des *Essai sur le don* ausführlich dargestellt; ich sehe in ihm, wenn nicht die Grundlage für eine neue Auffassung der Ökonomie, so doch das Fundament für die Einführung eines neuen Gesichtspunkts. [Dt. Ausgabe: *Die Gabe. Form und Funktion des Austauschs in archaischen Gesellschaften*, aus dem Französischen von Eva Moldenhauer, Frankfurt a. M.: Suhrkamp 1968. Wiederveröffentlicht in der deutschen Ausgabe des genannten Sammelbands: *Soziologie und Anthropologie*, München: Hanser 1974/75, 2. Teilband.]

84 Lévi-Strauss: *Strukturen*, S. 107.

85 Ebd., S. 108.

86 Ebd., S. 109.

87 Ebd., S. 122.

88 Ebd., S. 121.

89 Ebd., S. 122.

90 In diesem Punkt liegt eine offensichtliche Übertreibung vor: Die Situationen unterscheiden sich in unseren Tagen beträchtlich je nach dem einzelnen Fall. Desgleichen dürfen wir uns fragen, ob das Schicksal des Junggesellen für die archaischen Menschen stets das gleiche geblieben ist. Mir persönlich scheint, dass die Theorie von Lévi-Strauss grundsätzlich auf der Großzügigkeit beruht, wenn auch der Nutzen den Tatsachen ihr unbestreitbares Gewicht verleiht.

91 Ebd., S. 89 f.

92 Ebd., S. 105.

93 Ebd., S. 105 f.

94 Ebd., S. 216. [Das Zitat stammt von Frazer, und zwar aus dessen Werk *Folklore in the Old Testament*, London 1919 (Bd. 2, S. 209).]

95 Lévi-Strauss: *Strukturen*, S. 218.

96 Ebd., S. 606.

97 Es scheint nicht, dass Claude-Lévi-Strauss diesen Widerwillen teilt. Aber ich bin mir nicht sicher, ob er alle Konsequenzen bemerkt, die der Übergang von einem Denken, das sich ein besonderes, künstlich isoliertes Objekt vornimmt (also von der Wissenschaft), zu einem Denken, das sich dem Ganzen, der Objektlosigkeit widmet und zu dem die Philosophie verpflichtet, mit sich bringt (aber unter dem Begriff Philosophie findet sich oft nur eine weniger enge – gewagtere – Art, besondere Fragen zu betrachten).

98 Bruno de Jésus-Marie (Hg.), *Mystique et continence. Travaux scientifiques du VIF Congrès international d'Avon.* (Brügge:) Desclée de Brouwer 1952. (31. Jahrgang der *Études Carmélitaines.*) [Von einer Handvoll abgesehen, stammen sämtliche Nachweise aus diesem Sammelband vom Übersetzer.]

99 Ebd., S. 10. [Bataille schreibt statt »vertueux« (tugendhaft): »vertigineux« (schwindelerregend).]

100 Ebd., S. 19. (Hervorhebung des Paters.)

101 Ebd., S. 26.

102 »La signification du symbolisme conjugal dans la vie mystique«, S. 380–389; hier: S. 385.

103 Ebd.

104 Ebd.

105 Vgl. oben S. 168 ff.

106 »La signification du symbolisme conjugal dans la vie mystique«, S. 386.

107 Pater Beirnaert verweist (S. 380) auf James Henry Leuba, *Psychologie du mysticisme religieux*, Paris: F. Alcan 1925, S. 202. Dr. Parcheminey stellt (auf S. 238 f.) die Auffassung Marie Bonapartes dar, nach einem Artikel in der *Revue Française de Psychanalyse* von 1948 (Nr. 2).

108 [»Leben, von ihr selbst beschrieben«, zitiert nach: *Sämtliche Schriften der hl. Theresia von Jesu*, hg. und aus dem Französischen von Pater Aloysius Alkofer, München: Kösel & Pustet 1933–1941 (6 Bde.); Bd. I, S. 281 f.]

109 Zit. nach Dr. Georges Parcheminey, a. a. O., S. 239.

110 Ebd.

111 Ebd., S. 386. [Bataille zitiert auch hier falsch: Im Original heißt es: »Die zeitgenössische Psychologie hat übrigens gezeigt, dass organische sexuelle Erregungen oft die *Folge* [conséquence] einer mächtigen Gemütsbewegung sind [...]«. Hervorhebung durch den Übersetzer.]

112 Immerhin sind sie von sich aus zur Vermutung gelangt, dass eine Berufung zum Psychiater ein Minimum an neurotischen Anlagen voraussetzt.

113 Pater Eugène Tesson, »Sexualité, morale et mystique«, S. 357–379; hier: S. 359 f. Die gleiche Ansicht wird von Pater Philippe de la Trinité vertreten, im Anfangsbeitrag »Amour mystique, chasteté parfaite«, S. 17–26.

114 Ebd., S. 376. [Bataille zitiert erneut falsch: Im Original steht »la mystique« (die Mystik), und nicht »la vie mystique« (das mystische Leben).]

115 Ebd., S. 368. [Auf dieser Seite auch sämtliche Zitate des folgenden Absatzes.]

116 Ebd., S. 369.

117 Ebd., S. 368.

118 Ebd., S. 360.

119 Ebd., S. 365.

120 Ebd., S. 367.

121 Ebd., S. 365 f.

122 Ebd., S. 372 f.

123 Ich sage nicht: Verausgabung von »Sexualenergie«. Ich stimme mit Oswald Schwartz (*Psychologie sexuelle*, Paris: Gallimard, 1951,

S. 9) überein, wenn er im Begriff »Sexualenergie« eine grundlose Wortbildung sieht; doch scheint mir Schwartz die Tatsache zu vernachlässigen, dass in der Sexualtätigkeit stets eine undeterminierte, in mehrfacher Hinsicht verfügbare physische Energie am Werk ist.

124 [Das berühmte »muero porque no muero« der heiligen Teresa stammt aus ihren Gedichten, und zwar bildet es den achtfach wiederholten Refrain des Gedichts »Aspiraciones de vida eterna« (»Sehnsucht nach dem ewigen Leben«). Vgl. die zweisprachige Ausgabe in *Sämtliche Schriften der hl. Theresia von Jesu*, Bd. VI, S. 272–277.]

125 A. a. O., S. 386. [Vgl. oben Anm. 108.]

126 Von den menschlichen Möglichkeiten auf anderen Gebieten gilt nicht dasselbe. Ob es sich nun um philosophische oder mathematische Untersuchungen handelt oder selbst um dichterische Schöpfungen, eine sexuelle Erregung findet nicht statt. Äußerstenfalls scheinen der Kampf, das Verbrechen, sogar der Diebstahl und der Einbruch diese Möglichkeit zu bieten. Die sexuelle Erregung und die Ekstase sind immer an Bewegungen der Überschreitung gebunden.

127 Vortrag am »Collège philosophique«, Frühjahr 1955.

128 *La peinture préhistorique – Lascaux ou la naissance de l'art* (»Les Grands Siècles de la Peinture«), Genf: Skira 1955. Ich sage: dem Menschen der Frühzeit, aber nur insofern sich der Mensch von Lascaux nicht wesentlich von ihm unterschieden haben dürfte. Die Höhlenmalereien von Lascaux sind offenbar später anzusetzen als der Zeitpunkt, der ohne allzu große Ungenauigkeit als »Geburt der Kunst« bezeichnet werden kann.

129 Pierre Angélique, *Madame Edwarda*, 3. Aufl., Paris: Pauvert 1956.

130 Ich bitte um Verzeihung, wenn ich hier hinzufüge, dass diese Definition des Seins und des Exzesses philosophisch nicht begründet werden kann, da der Exzess die Begründung übersteigt: Der Exzess ist gerade das, wodurch das Sein zuerst und vor allen Dingen außer allen Grenzen ist. Das Sein findet sich zweifellos auch innerhalb der Grenzen: Diese Grenzen gestatten uns zu sprechen (auch ich spreche, aber beim Sprechen vergesse ich nicht, dass mir das Wort nicht nur entgleiten wird, sondern dass es mir entgleitet). Diese methodisch geordneten Sätze sind möglich (sie sind es in einem weiten Umfang, da der Exzess die Ausnahme ist, das Wunderbare, das Wunder …; und der Exzess bezeichnet

die Anziehung – die Anziehung oder auch den Schrecken, wie sie von allem ausgehen, was *mehr ist als das, was ist*), aber ihre Unmöglichkeit ist zuvor gegeben: so sehr, dass ich niemals gebunden bin; niemals unterwerfe ich mich, sondern ich wahre meine Souveränität, die allein mein Tod, der beweisen wird, dass es mir unmöglich war, mich auf ein Sein ohne Exzess zu beschränken, mir nehmen kann. Ich lehne die Erkenntnis nicht ab, ohne die ich nicht schriebe; aber die Hand, die schreibt, ist eine *sterbende*, und durch den ihr versprochenen Tod entgeht sie den beim Schreiben akzeptierten Grenzen (akzeptiert von der Hand, die schreibt, aber abgelehnt von der, die stirbt).

131 Hier ist also die erste Theologie, die ein Mensch vorschlägt, den das Lachen erleuchtet und der geruht, nicht zu begrenzen, *was nicht weiß, was Grenze ist*. Streichen Sie sich den Tag an, an dem Sie von einem Flammen-Kiesel lesen! Sie, die Sie erbleichen über den Texten der Philosophen! Wie könnte sich der ausdrücken, der sie zum Schweigen bringt, wenn nicht auf eine Weise, die ihnen unfassbar ist.

132 Ich könnte darüber hinaus darauf aufmerksam machen, dass der Exzess das eigentliche Prinzip der sexuellen Fortpflanzung ist: Die *göttliche Vorsehung* wollte tatsächlich, dass in ihrem Werk das Geheimnis lesbar blieb! Konnte dem Menschen nichts erspart bleiben? Am selben Tage, da er bemerkt, dass ihm der Boden fehlt, wird ihm gesagt, dass die Vorsehung es so wollte. Aber auch wenn seine Blasphemie ihm ein Kind beschert – noch der Elendste genießt, indem er Gott lästert, indem er auf seine Grenze spuckt, und indem er Gott lästert, ist er Gott. So wahr ist es, dass die Schöpfung vertrackt ist, auf keine andere geistige Tendenz zurückzuführen als auf die Gewissheit, indem sie überschritten wird, sich selbst zu überschreiten.

133 [Pierre Klossowski, *Heute Abend, Roberte*, in: *Die Gesetze der Gastfreundschaft*, aus dem Französischen von Sigrid von Massenbach, Reinbek: Rowohlt 1966, S. 186.]

134 Maurice Blanchot, *Lautréamont et Sade*, S. 264 f.

135 [Es handelt sich hier um eine Zusammenfassung des Vortrags, wie aus dem Text hervorgeht. Siehe unten, S. 405, Batailles erläuternden Einschub in Klammern: »(Im Laufe meines Vortrags habe ich von »sakraler« Erotik gesprochen [...].)« – wie oben bereits angemerkt, ist der eigentliche Vortrag, in einer überarbeiteten Fassung, im Buch enthalten, als »Einführung«.]

NACHWORT

MICHEL SURYA
ENTSETZEN UND ENTZÜCKEN[1]

Die Erotik von Georges Bataille ist 1957 erschienen. Wie auch *Die Literatur und das Böse* sowie *Das Blau des Himmels*. Ein ergiebiges Jahr, so scheint es: drei Bücher, drei Verlage (Minuit, Gallimard, Pauvert)! Aber ...? Aber zwei Essais und ein Roman, noch dazu zeitgleich: was das Profil eines Autors nicht gerade schärfte, der bis zu diesem Zeitpunkt mit zahlreichen Profilen (Pseudonymen) gespielt hatte und somit einer Art selbstgesetzter Regel gefolgt war: zu schreiben, um *seinen Namen zu löschen*. Was auch keinem klar abgesteckten intellektuellen Gebiet entsprach: War er Schriftsteller? Philosoph? Auch wenn das für Sartre und Camus nicht weniger zutraf, die zudem noch Theaterstücke schrieben. War er Ethno-Soziologe? Vielleicht. Sexologe? Durchaus. Wohl auch Anthropologe? Mag sein. Jedenfalls zu viel auf einmal, hieß es, hat es lange Zeit geheißen, bis sich schließlich jeder seinen Bataille aussuchte, den der Erzählungen oder den der Essays (den man weiter unterteilte: in den mystischen, den ethno-soziologischen, den politischen, den anthropologischen, usw.), und die anderen den anderen überließ. Letztlich steckte in Batailles Büchern zu viel Wissen, wenngleich er im Gegenteil nach dem »Nichtwissen« zu streben behauptete. Und niemand konnte sich in ihm ausreichend wiedererkennen, um zu wissen, wer Bataille war, was er im Übrigen auch nicht genau wusste, er, der von sich im Grunde nur wusste, dass er weder Sartre noch Camus war, von denen ihn so ziemlich alles unterschied, auch nicht

Breton, der getragen vom überdauernden Prestige des Surrealismus mitansehen musste, wie seine Größe schrumpfte und schon dabei war, falsch zu werden. Die Zuschreibungen von Bedeutung sind ungleich verteilt und zu Batailles Lebzeiten fielen sie nie zu seinen Gunsten aus.

Immerhin wird in diesem »ergiebigen« Jahr 1957 auf Betreiben von Jean-Jacques Pauvert, dem jüngsten und dem eifrigsten der drei Verleger seiner drei soeben erschienenen Bücher, eine kleine Hommage veranstaltet, der wir die ersten *öffentlichen* Fotos von Bataille verdanken (verlässliches Anzeichen einer möglichen »Bedeutung«, zumal zu jener Zeit), auf denen er lass aussieht, und auch ein wenig verloren. Einige Monate später wird er sogar im Fernsehen auftreten, zum ersten und zum letzten Mal; so kommt es zu den einzigen *bewegten* Bildern, die wir von ihm haben; auch auf ihnen ist ihm die Erschöpfung deutlich anzusehen (die Gelegenheit, von sich selbst und seinem Werk Zeugnis abzulegen, hat sich ihm erst eröffnet, nachdem die Erschöpfung durch sein Werk bereits – endgültig – über ihn gekommen war). Noch vor seinem Fernsehauftritt hatte eine der bedeutendsten Tageszeitungen, *Le Figaro*, über die von seinen Verlegern veranstaltete Hommage berichtet[2]; und ein Interview mit seiner Freundin Marguerite Duras war in der Wochenzeitung *France Observateur* erschienen, unter einem heiteren Titel, der von Bataille nicht weniger hatte als von Duras.[3] Gipfel eines kläglichen und späten Ruhms. Kläglich zumindest im Vergleich zu Sartres oder Camus' Ruhm, der beträchtlich war, unermesslich: Letzterer wird in diesem Jahr den Nobelpreis erhalten, Ersterer ihn 1964 ablehnen, hochmütig, beinahe souverän.[4] Und spät, insofern Bataille 1957 bereits krank ist und sich zwei Krankenhausaufenthalten unterziehen muss. Seine Tage sind gezählt, er spürt es. Tatsächlich muss man über diesen Ruhm sagen: Er war an der Zeit und er kam zu spät. Dass in den fünf Jahren, die ihm noch blieben, nur noch ein neues Buch erscheinen sollte, ist Beleg genug: *Die Tränen des Eros*, ein Buch mit unzeitgemäßer, provozierender, herausragender Illustrierung, aber auch mit einem unvollkommenen, lückenhaften, unvollendeten Text – zwangsläufig: Die Krankheit arbeitete in ihm –, der zudem noch mit einer der damaligen Zensurformen belegt wurde. Alles sollte sich so fügen, dass Bataille im Wesentlichen und anders als alle seine bedeutenden Zeitgenossen zu einem posthumen Autor werden musste.[5]

Tatsache ist dennoch: Wenn Bataille zu Lebzeiten zumindest nicht gänzlich unbekannt war und wenn auch spät und wenn auch schlecht von einem Publikum gelesen wurde, das sich nicht auf die kleine Zahl jener beschränkte, die vor dem Krieg seine faszinierenden, verrückten, flüchtigen Unterfangen verfolgt hatten (anti-surrealistische, antifaschistische, konspirative, sakrifizielle Unterfangen), die während des Krieges gelesen hatten, was er im Zeichen einer paradoxen geistigen Erfahrung geschrieben hatte (Die Atheologie von *Die Innere Erfahrung*, *Der Schuldige*, usw.[6]) und die schließlich, nach dem Krieg, *Hass der Dichtung*[7], *Der verfemte Teil* oder *Abbé C*[8] gelesen hatten, dann verdankte er dies der Veröffentlichung dieser drei Bücher aus dem Jahr 1957. Gewiss weniger seinem Buch *Die Literatur und das Böse*, das zu sehr »kritische Literatur« war, in einem damals modernen und noch ungeläufigen Sinn (in jenem eben in der Tat modernen Sinn, dem zufolge es in der Literatur um alles geht, nicht nur um die Erfahrung der höchsten Freiheit, sondern auch um das Denken, um die Philosophie und selbst um die Politik). Und gewiss noch weniger seinem Roman *Das Blau des Himmels*, nach dem *Abbé C* das zweite seiner »nicht zu verteidigenden« Bücher, die er mit seinem Namen signierte, die er also zu »verteidigen« bereit war, und sein Verleger mit ihm (Pauvert, der einzige vielleicht, der nicht zaghaft war, sondern im Gegenteil zu allem bereit, damit Bataille gelesen wurde, wie er auch zu allem bereit war, damit Sade gelesen wurde). Sondern vor allem seinem Werk *Die Erotik*. Das hat natürlich auch etwas mit dem Titel zu tun, einem scharfen Titel, der noch nicht zur gewöhnlichen Sprache gehörte, und noch weniger zur gelehrten Sprache, sondern einer Veränderung in den gewöhnlichen und gelehrten Denkweisen zuvorkam, obwohl er in gewisser Weise auch schon von ihnen getragen wurde, kurz vor dem Beginn der Sechzigerjahre, als sich der Versuch abzeichnete, aus der Erotik einen Wert zu machen, der zumindest von einer Versuchung zeugte: dass sich das Denken und die Literatur endlich und offen dessen bemächtigen, was im Verborgenen gehalten wurde und ohne sie dort hätte bleiben müssen. Womit sich ein vollkommenes Missverständnis abzuzeichnen begann. Nicht nur weil *Die Erotik* auch, vor allem, ein »gelehrtes« und strenges Buch war, im Gegensatz zu der Erwartung, wie sie mit jener Versuchung einherging, das heißt mit der Erwartung eines »leichten« und jedenfalls befreienden Buchs, das so ziemlich alle enttäuschte, die von einem Buch nicht mehr verlangten. Und auch das Missverständnis zwischen jenen, die es aus besseren Gründen erwarteten, jedenfalls aus Gründen, die jenen, die Bataille dazu veranlasst hatten, es zu schreiben, näherstanden, und den Surrealisten begann sich abzuzeichnen: Diese Surrealisten, die jungen insbesondere, die Nachkriegssurrealisten, kaum war es zur Versöhnung der Alten (der Meister) gekommen, konnten mit diesem Buch nichts anfangen.

Ein Vortrag, den Bataille im Januar 1957 gehalten hatte, beschloss gleichsam im Voraus, noch bevor es irgendjemand gelesen haben konnte, das Schicksal, das dem Buch seitens der Kritik bereitet werden sollte. Der Vortragstitel lautete: »Die

Erotik und die Faszination des Todes«.[9] Ein für Batailles Vorstellungswelt gewiss emblematischer Titel, an den wir uns im Lauf der Zeit und keineswegs ohne Widerstände gewöhnt haben, der aber damals weit mehr als nur gewöhnungsbedürftig anmutete. Die Erotik war die Quelle eines unvordenklichen Skandals für die alte Ordnung und die alte Ordnung (der Familie, der Bourgeoisie und des seinem Wesen nach puritanischen Kommunismus) seit je bemüht, die Erotik zu verfluchen; für die neue Ordnung, für die neue intellektuelle Ordnung im Sinne des Surrealismus und der Surrealisten war die Erotik hingegen Quelle und Verheißung der Emanzipation, die es herbeizuführen galt. Letztere waren im Vortragssaal in der Mehrheit, Breton ihr Wortführer, der Gegner aus der Zwischenkriegszeit, inzwischen zu einem entfernten Freund unter Vorbehalt geworden, war auch zugegen. Aber der Einladung, die ihm an jenem Abend gemacht worden war, kam er nicht nach: nach Bataille das Wort zu ergreifen. Er begründete dies damit, dass ihm der Vortragstext nicht im Vorhinein ausgehändigt worden sei. Man kann das bedauerlich finden. So meldeten sich an seiner Stelle junge Surrealisten zu Wort, die gewiss nicht das sagten, was Breton wohl gesagt hätte, die aber gleichwohl »als« Surrealisten sprachen. Und was sie im Namen nicht einer alten, sondern einer neuen, einer anderen neuen Ordnung sagten, ist gewiss interessant: Was sagten, behaupteten, bekräftigten sie? Die Antezedenz des Begehrens und der Erotik gegenüber jeglicher religiöser Korruption, gegenüber jeglicher moralischer oder gesellschaftlicher Verdammung, die natürliche oder angeborene Unvergänglichkeit des Begehrens und der Erotik. Mit anderen Worten: Sie vertraten den Idealismus, der im Surrealismus immer den Ton angegeben hatte und der Bataille in den Zwanziger- und Dreißigerjahren zu einem Gegenspieler des Surrealismus hatte werden lassen. Sie vertraten also genau das Gegenteil von dem, was der Vortragende gesagt hatte. Sie, die gekommen waren, um zu hören, dass die Erotik glücklich und frei ist, und nicht nur frei und glücklich, sondern emanzipatorisch noch dazu, mussten mit anhören, wie jemand in ernstem Ton das Gegenteil aussprach: dass die Erotik verflucht ist, ihrem Wesen nach, von Natur aus, und zwar so verflucht, dass man zittert (vor Entzücken, vor Entsetzen), und dass es dieser Fluch ist, der die erotische Umarmung begehrenswert und zu einer Zerreißprobe werden lässt; dass die Erotik, eben weil sie verflucht ist, zu allen Zeiten in den engen Grenzen von religiösen und moralischen Verboten eingedämmt worden ist; dass die Überschreitung dieser Verbote etwas Sakrales ist, was die Erotik zum Sakralen überhaupt macht, in Reichweite aller, sofern sich alle auf der Höhe dessen erweisen, was durch das Verbot bezeichnet wird. Und schließlich und letztlich: dass diese Grenzen, die durch die gesellschaftlichen, moralischen oder religiösen Verbote markiert werden, immer den Sinn haben werden, den der Mensch seinem Entzücken und Entsetzen angesichts des Todes zu geben das Bedürfnis hat; dass es aus diesem Grunde unnütz und unmöglich ist, sie abschaffen zu wollen; dass ganz im Gegenteil jeder, der in souveräner Weise frei sein möchte, sie zu übertreten, aus diesem Fluch, aus diesem Entsetzen ein finsteres, schreckliches, höllisches Entzücken ziehen muss. Indem er einen Gemeinplatz antizipiert, der im Entstehen begriffen ist, während er gleichzeitig vielleicht auch eine anti-surrealistische Provokation fortschreibt, entzieht sich Bataille an jenem Abend der verkürzenden Verwertung durch die Surrealisten der zweiten Stunde. Nicht ohne eine gewisse Verachtung, man könnte auch sagen in souveräner Weise, bekräftigt er, was er schon ein Jahr zuvor in seinem Vorwort zu *Madame Edwarda* behauptet hatte: »Mir liegt zunächst daran, deutlich zu machen, wie nichtig jene banalen Versicherungen sind, nach denen das Sexualverbot ein Vorurteil ist, das man endlich ablegen sollte.«[10]

In *Die Erotik* steht nichts anderes. Gleich der erste Satz, der im Vortrag wieder aufgegriffen wird, den man allzu leichtfertig zum Resümee, zum »Kernsatz« gemacht hat, sagt es: »Von der Erotik ist es möglich zu sagen, dass sie die Bejahung des Lebens bis in den Tod ist.« Ein in der Tat gern zitierter Satz, oft zitiert in dem Glauben, mit ihm schon alles, was Bataille in seinem Buch sagt, was im Grunde alle seine Bücher sagen, gesagt zu haben. Obwohl man mit ihm in Wahrheit noch so gut wie nichts gesagt hat, insofern dieser Satz nichts sagt, was jedermann nicht auch sagen könnte. Sei es in dem Sinn, in dem er ihn niedergeschrieben hat: »Von der Erotik ist es möglich zu sagen, dass sie die Bejahung des Lebens bis in den Tod ist.« Oder sei es in einem umgekehrten, weniger glimpflichen (im Grunde Batailles Denken näherstehenden) Sinn: *Von der Erotik ist es möglich zu sagen, dass sie die Bejahung des Todes bis ins Leben ist*. Denn im einen wie im andern Fall sagt Bataille nichts, was nicht alle sagen könnten und was im Grunde nicht viel anderes als ein platter Stoizismus besagt. Doch wenn man das Buch dann wirklich liest, wird alles rasch um einiges düsterer. Im Grunde so düster wie in Batailles *Geschichte der Erotik* (auf die ich weiter unten zurückkommen werde), wo Bataille schreibt: »Unsere sexuelle Aktivität führt uns das beängstigende Bild des Todes vor Augen«; oder, im selben Satz, aber gleichsam gegenläufig: »[…] und das Wissen um den Tod vertieft den Abgrund der Erotik.«[11] So verbindet er den Tod und die Erotik durch eine doppelte, reversible und unauflösbare Inzidenz: Der Tod macht die Erotik begehrenswert, die Erotik macht den Tod begehrenswert. Das ist meilenweit entfernt von dem, was die jungen Surrealisten und die Jugend im Allgemeinen, eine in dieser Hinsicht surrealistische und jedenfalls nicht »batailleistische« Jugend, im Rahmen des Vortrags zu hören begehrten, im Buch zu lesen begehrten. Diese Ambiguität hat die Aufnahme und die Interpretation von Batailles

Werk lange erschwert. Denn für alle, die es gelesen haben, ist eines klar: Dieses Werk ist eines der kühnsten, wenn nicht gar der skandalösesten Werke überhaupt; und daher hätte es dazu beigetragen, die Anzahl der sexuellen Verbote zu verringern, ja vielleicht sogar sie ganz und gar zum Verschwinden zu bringen. Und es besteht nicht der geringste Anlass, daran zu zweifeln, dass Bataille die sexuelle Befreiung, die kurz nach seinem Tod begann, begrüßt hätte. Mehr noch, er hätte darin sogar seine kühnsten Träume in Erfüllung gehen sehen. Aber genau das stimmt natürlich nicht. Batailles Erotik ist wesentlich düster, angstvoll, verfemt oder verflucht. Und zwar in einer Weise, an der die Zeitläufte oder die Lockerung der Sitten nichts zu ändern vermögen. Sie ist es *wesentlich* und ohne Ausweg, denn nichts wird jemals gegen das aufkommen, worin sie besteht. Nichts wird dagegen aufkommen können, dass sie aus dem Tod ihren finsteren Charakter bezieht, ihr versehrendes Verzücken. Deshalb geht es in Batailles Erzählungen um das grässliche und »heilige« Fieber der Körper, die sich in Ausschweifungen ergehen, weil sie am Sterben sind. Alle seine Erzählungen sagen, dass es nur einen Grund gibt, das zugleich Schändliche und Ruhmreiche des sexuellen »Verkehrs« zu lieben: die Abwesenheit Gottes. Die »Verkehrenden« sind absolut voneinander getrennt und von der abwesenden Absolutheit Gottes bleibt nichts als die Absolutheit der Trennung, wie sie die vergeblich sich umschlingenden Körper erfahren.

Bataille wird genau dies eingehender sagen im Rahmen seiner 1962 erfolgenden Neuauflage von *Der Hass der Dichtung* unter dem neuen und emblematischen Titel *Das Unmögliche*. Und was er da sagt, ist keineswegs der Krankheit, dem Alter, nicht einmal dem nahen Tod geschuldet und nimmt nichts von dem fünfzehn Jahre zuvor veröffentlichten Buch zurück. Was er da sagt, hätte er damals, also 1947, schon genauso sagen können, wenn er sich denn damals hätte vorstellen können, dass sein Buch nicht nur die Puritaner verstören würde, sondern im selben Maße, vielleicht sogar mehr noch, die Gegner, ja selbst die Erzfeinde der christlichen, bürgerlichen, sozialdemokratischen Moral. Ich muss ihn etwas ausführlicher zitieren, um alle diese Missverständnisse auszuräumen:

»Gewiss drücke ich mich auch klarer aus, wenn ich die sexuelle Unordnung hervorhebe, die die ersten beiden Teile dieser Ausgabe aufweisen. Wobei ich diese Unordnung keineswegs gutheißen möchte. Ganz im Gegenteil. In meinen Augen ist die sexuelle Unordnung ein Fluch. Diesbezüglich und allem Anschein zum Trotz bin ich gegen die Tendenz, die sich heute durchzusetzen scheint. Ich gehöre nicht zu jenen, die im Vergessen der sexuellen Verbote einen Ausweg sehen. Ich glaube sogar, dass die Möglichkeit des Menschlichen von ihnen abhängt: Wir können uns diese Möglichkeit ohne die Verbote nicht denken [...]. Im Übrigen glaube ich nicht, dass dieses Buch einer sexuellen Freiheit, die gar nicht ausgelebt werden könnte, das Wort redet. Ganz im Gegenteil: Es macht deutlich, wie unerträglich der sexuelle Wahn ist.«[12]

In Wirklichkeit ist die Unordnung die des Todes. Und der Tod lässt die Unordnungen des Begehrens unerträglich werden. Letztere zu begrüßen, sie gutzuheißen oder, schlimmer noch, in ihnen einen befreienden Ausweg zu sehen, einen Weg der Emanzipation, ist idealistisch – wie es die Surrealisten, selbst nach dem Krieg, immer noch sind. Das denkt und schreibt Bataille. Es gibt keine »gute« Fleischlichkeit, das ist die Lehre, die er letztlich zieht, es gibt sie niemals, weil jeder Körper von Natur aus getrennt und sterblich ist. Der Abgrund, in den alles Fleisch stürzt, der Körper eines jeden, der einen anderen umschlingt, zerreißt, sich am anderen zerreißt, ist eben der Körper, der schlussendlich verfallen wird: Die Verwesung ist der letzte Sinn dieses Verfalls des Fleisches im Fleisch. Was Bataille gestattet, etwas zu sagen, das er bis dahin noch nie so deutlich ausgesprochen hatte: seine Abscheu vor der Natur. Nicht in *Die Erotik* von 1957, die finster ist, deren Illustrierungen es auch sind, sondern in einem anderen Buch, an dem er kurz zuvor gearbeitet hatte, das unvollendet bleiben sollte, ein erster Entwurf gewissermaßen, und doch ein richtiges Buch, auf das ich vorhin schon einmal kurz hingewiesen habe, sein Titel: *Die Geschichte der Erotik*, noch um einiges finsterer, gewiss zu finster – und *Die Erotik* ist im Grunde die dezente, gemäßigte oder abgeschwächte Version von *Die Geschichte der Erotik*. Angesichts der Tatsache, dass man ihn lange für chthonisch gehalten hatte, mag dieser Widerwille gegen die Natur überraschen: »[...] als ob der Verfall letztlich diese Welt resümieren würde, aus der wir scheiden und auf die wir in einer Weise kommen, in der die Scham – und der Schrecken – in gleicher Weise dem Tod und der Geburt anhaftet.«[13] Die Natur ist widerwärtig, widerwärtig sind die Animalitäten des Mannes und der Frau; widerwärtig sind die Animalitäten im Allgemeinen; widerwärtig sind die sexuellen Animalitäten im Besonderen, eine »zugleich erträgliche und faszinierende Abscheu«, wobei »die Obszönität selber nichts anderes als diese natürliche Animalität ist.«[14] So schnappt die Falle zu und die Behauptung, die Bataille hier aufstellt, scheint nackter als alles, was er bis dato gesagt hatte, auch wenn sie sich nicht wesentlich von dem unterscheidet, was er Edwarda (in *Madame Edwarda*) oder Marie (in *Der Tote*) hatte sagen lassen, also in seinen ergreifendsten Erzählungen. Hier scheint es nur roher, nackter gesagt zu sein, weil die Emotion fehlt, wie sie mit den Erzählungen einhergeht. In gewisser Weise verändert diese Emotion den Sinn. Und er sagt es umso nackter, als er den Eindruck erweckt, plötzlich Gefallen daran zu finden, von sich selbst zu behaupten, dass er hin und hergerissen zwischen Entsetzen und Entzücken letztlich doch vor allem das Entsetzen hervorzuheben gedenke[15]: dass das Fleisch von der Lust gequält wird, dass es der Tod ist, der aus dieser Qual eine Lust macht. Und gerade das ist ihm zufolge das Verwirrendste: dass das Fleisch genau das genießen kann, dass seine Wahrheit, seine ultimative Wahrheit genau das ist: es oft zu genießen (das ist die aus Sades Algolagnie gezogene Lehre). Dass das Fleisch seine Wonne aus dem bezieht, wodurch es verflucht ist, aus dem Schlamm seines schändlichen Ursprungs wie auch aus seinem horrenden Ende: »Es gibt einen Horror im Lebewesen: Dieser Horror ist die abscheuliche Animalität, deren Präsenz ich genau an dem Punkt ermesse, an dem sich das Ganze des Seins eröffnet. Aber dieser verspürte Horror stößt mich nicht ab, verursacht mir keine Übelkeit [...] ich kann ganz im Gegenteil nach ihm dürsten; anstatt ihn zu fliehen, kann ich mich entschlossen an ihm laben; mich an dieser Abscheu, die meine Wonne ist, verdichten. Dazu habe ich versaute Ausdrücke, die in mir das Gefühl verstärken, an das unerträgliche Geheimnis des Seins zu rühren. Diese Worte kann ich aussprechen, um das Geheiminis zu offenbaren, um sicher zu gehen, dass ich nicht der einzige bin, der es kennt, dass ich nicht mit ihm allein bin: Und in diesem Augenblick zweifele ich nicht mehr daran, das Ganze zu umarmen, ohne das ich nur außen vor wäre: Ich genieße.«[16] In *Die Erotik* ein wenig, in *Die Geschichte der Erotik* ungemein, sagt Bataille so klar und unmissverständlich wie in keinem anderen seiner Bücher, so unverpackt, wie horrend und anziehend, wie anziehend und horrend die Animalität der menschlichen Umarmung ist, als ob mit ihr die Natur als Ganzes, aus der wir – äußerst zufällig – herausgekommen sind, um nur desto gewisser in sie zurückzufallen, als eine scheußliche und fatale Ansteckung empfunden werden müsste: »Denn eine Umarmung ist nicht nur ein Rückfall in den animalischen Schlamm, sondern eine Antizipation des Todes und der auf ihn folgenden Verwesung. Die Erotik ist in dieser Hinsicht eine Analogie der Tragödie [...].«[17]

Es wäre etwas vorschnell, dieses Buch als das eines kranken, matten Mannes abzutun, denn immerhin war er weder matt noch krank genug, um nicht noch ein neues, großes Projekt in Angriff zu nehmen, das Projekt einer neuen Zeitschrift, das ihm Maurice Girodias, der erste und kurzzeitige Verleger von *Critique* und auch der englische Verleger von *Madame Edwarda*, angetragen hatte: das Projekt zu einer »erotischen« Zeitschrift. Auch wenn daraus nichts wurde (wie aus so vielen anderen Projekten Batailles), handelt es sich doch um Batailles allerletztes größeres Vorhaben, an dem er ein Jahr lang arbeiten und dabei auch viele seiner alten Gefährten einbeziehen wird, um sich eben mit jenen Fragen weiter zu befassen, die seit jeher die seinen und auch die seiner Freunde gewesen waren.

Bataille hat in diesem Rahmen eine Liste mit möglichen Themen für diese neue Zeitschrift erstellt: sexuelle Verbote, Heirat, rituelle Orgie, Sabbate, sakrale Prostitution, niedere Prostitution, Erotik und Tod, Sauberkeit und Schmutzigkeit, Schönheit, Nacktheit und Schmuck, Psychopathologie, Erotik und Todestrieb, usw. Hier ist all das versammelt, was Bataille in Sachen Erotik seit dreißig Jahren umgetrieben hatte, seit er 1928 seiner *Geschichte des Auges* einen interpretierenden (quasi-analytischen) Epilog hinzugefügt hatte: »Koinzidenzen«; seit er zwischen 1927 und 1930 unter dem Titel *Das Scheitelauge* und in Beiträgen für die Zeitschrift *Documents* den Grundfragen der Erotik nachgegangen war, wie sie sich ihm auch in *Die Erotik* gestellt haben und nun, im Rahmen der projektierten Zeitschrift, immer noch stellen. Ein Satz von 1957, aus einem Entwurf zur Vorstellung der neuen »erotischen« Zeitschrift, könnte auch in *Documents* gestanden haben. In ihm kommt dieselbe agressive und finstere Entschlossenheit zum Ausdruck, die sich auch in *Die Erotik* und mehr noch in der spektralen *Geschichte der Erotik* findet: »Von der Wiege bis zur Bahre ist die Sexualität die Basis einer Unruhe, die von der Einfalt des herkömmlichen, durch und durch idealistischen Denkens verkannt wird.«[18] Eine Unruhe, die zu verkennen der Idealismus sich versteift, und auch der surrealistische Idealismus, der surrealistische Idealismus vor allem, weil er nicht den tragischen Charakter der Existenz, den tragischen Charakter der Erotik, und mit ihrem tragischen Charakter ihren sakralen Charakter einsehen will: »Die Erotik öffnet einen Abgrund: Um ihn in seiner ganzen Tiefe auszuleuchten, braucht es nicht nur große Entschlossenheit und ruhige Klarsicht, sondern vor allem ein Bewusstsein davon, was eine solche dem allgemeinen Schlaf derart entgegengesetzte Intention ins Spiel bringt: das Horrendeste, das zugleich auch *das Sakralste* ist.«[19] Bataille kündigte in dieser Form, die so wenig »gelehrt« wie möglich ist (die in Wahrheit eine Form von *Erfahrung* ist, eine »gelehrte« Zeitschrift an. Maurice Girodias kündigte seinerseits eine »erotische« Zeitschrift an und Bataille gegenüber tat er dies ebenfalls so wenig gelehrt wie möglich. Wie unterschiedlich auch ihre Auffassung vom »Wissen« gewesen sein mag, waren sie sich in dieser Hinsicht einig. Ansonsten konnten sie nur noch Einigkeit über den geplanten Titel erzielen: Die Zeitschrift sollte *Genèse* (*Genesis* oder *Genese)* heißen.

Im Laufe ihrer Arbeit an diesem Vorhaben mussten Maurice Girodias (der Verleger) und Georges Bataille (der Chefredakteur) feststellen, dass ihre Vorstellungen weit auseinanderlagen. Ein wesentlicher Punkt war Girodias' Sorge um die Absatzmöglichkeiten der Zeitschrift, während die allgemeine Ausrichtung derselben kaum umstritten war. In einem Brief vom 11. August 1958 zeigt sich Girodias erfreut über den »seriösen«, also über den »gelehrten« Charakter, den die Zeitschrift aufweisen würde[20], aber zugleich verleiht er seiner Sorge darüber Ausdruck, dass die Frage nach einer breiten Leserschaft »schwer vernachlässigt« worden sei (und was er mit einer »breiten Leserschaft« meint, stellt er ganz ausdrücklich klar: Durchschnittsleser, »mittelmäßige« Leser). Später ist er dann anscheinend noch deutlicher geworden: Er hätte in *Genèse* gerne viele »vehemente« Bilder gesehen (und damit meinte er nicht die Vehemenz, wie sie zum Beispiel in *Documents* zu sehen war), um auf diese Weise eine »perverse Klientel« anzusprechen. Bataille widersetzte sich diesem Ansinnen. Am 6. Dezember 1958 beendete Girodias die Zusammenarbeit. Bataille begann zu dieser Zeit die Arbeit an seinem letzten Buch, *Die Tränen des Eros*, er blieb also bei seiner Sache, nun aber auf sich allein gestellt – es scheint in der Tat so gewesen zu sein, dass die Einsamkeit für Bataille unausweichlich war.

ANMERKUNGEN

1 Aus dem Französischen von Tim Trzaskalik.

2 Pierre Mazara, »La littérature est du côté du mal«, *Le Figaro littéraire*, 12. Oktober 1957. Der Autor beschließt diesen seinen Artikel mit folgendem Satz: »Georges Bataille hat den fruchtbarsten Pakt mit dem Bösen, Verzeihung! mit der Literatur geschlossen.«

3 »Dieu: Vaudeville à situations, genre Feydeau« (Gott: Gelegenheitsposse in der Manier von Feydeau), *France observateur*, 12. Dezember 1957.

4 Wer würde heute den Nobelpreis ablehnen?

5 Ein weiterer Beleg dafür: Im Jahr 1956 ist nur ein einziges seiner Bücher übersetzt: *Madame Edwarda* unter dem nicht gerade naheliegenden und dennoch zu Bataille passenden Titel *The Naked Beast At Heaven's Gate* (bei Olympia Press, dem Verlag von Maurice Girodias).

6 *Die innere Erfahrung* wurde 1954 neu aufgelegt, angereichert mit zwei zusätzlichen Texten, »Meditationsmethode« und »Postscriptum 1953«, unter dem Obertitel *Atheologische Summe I* (zwei weitere Bände hatte Bataille geplant und Raymond Queneau bereits angekündigt, aber er sollte sie nie schreiben).

7 Neu aufgelegt 1962 unter dem Titel *Das Unmögliche*.

8 Man sollte hier auch *Die frühgeschichtliche Malerei. Lascaux oder die Geburt der Kunst* sowie seinen *Manet* anführen: Beide Werke waren 1955 bei Skira erschienen. Sie scheinen auf den ersten Blick aus Batailles Werk herauszufallen, insofern sie sich mit Ideengeschichte und Kunstgeschichte befassen. Dennoch sind sie mögliche Appendixe zur Universalgeschichte, die Bataille mit *Der verfemte Teil* zu schreiben begonnen hatte und zu der auch *Die Erotik* gehört.

9 Vgl. oben S. 410–440.

10 In stark überarbeiteter Form fand dieses Vorwort Eingang in *Die*

Erotik. Der hier zitierte Satz steht in der vorliegenden Ausgabe auf S. 373. Siehe dazu auch die bibliografischen Hinweise, unten, S. 474 f. Das Vorwort war schon an sich eine bewusste Provokation, denn wie in den beiden ersten Ausgaben von *Madame Edwarda* erschien auch diese dritte von 1956 unter Pseudonym (Pierre Angélique); Bataille signierte nur sein Vorwort.

11 Georges Bataille, OC VIII, 72.

12 *L'Impossible* (Notes pour la préface), OC III, 512.

13 *L'Histoire de l'érotisme*, OC VIII, 70.

14 Ebd., 129.

15 Bataille wird an anderer Stelle betonen, dass »die Erotik niemals eine Rückkehr zur Natur ist, sondern eine Rückkehr zu jenem Element, das der Geist zum Bereich der Scham zählt.« (»Hors des limites«, OC XII, 309).

16 *L'Histoire de l'érotisme*, OC VIII, 102.

17 Ebd., 103.

18 G. Bataille, »La signification de l'érotisme«, OC X, 631. Vgl. oben, S. 393.

19 Ebd. Vgl. oben, S. 403.

20 Dieser »gelehrte« Charakter wird an den zu diesem Zeitpunkt bereits beschlossenen Beiträgen deutlich. Die Kontinuität zu *Die Erotik* ist unübersehbar, im Grunde geht es um eine *Erotik* zu mehreren: Robert Lebel hatte eine Arbeit mit dem Titel »Entzifferungsversuch eines unbewussten Bildes auf einem nicht gegenständlichen Gemälde« angekündigt; René Leibowitz wollte über die Frage schreiben »Gibt es eine erotische Musik?«; Man Ray gedachte, einen Aufsatz über das weibliche Gesicht und einige unveröffentlichte Fotos beizusteuern; Alfred Métraux einen Aufsatz über das Verhältnis von Obszönität und Tod. Des Weiteren hatten Édouard Glissant, Pascal Pia, Gilbert Lely, und Michel Leiris Beiträge in Aussicht gestellt.

BIBLIOGRAFISCHE HINWEISE

L'érotisme erschien erstmals im Oktober 1957 bei den Editions de Minuit, Paris. Eine erste Taschenbuch-Ausgabe kam 1965 in der Collection 10/18 der U. G. E. heraus. In die Bataille-Werkausgabe (im vorliegenden Buch immer als »OC« zitiert) fand das Buch 1987 Aufnahme: Georges Bataille, *Œuvres complètes* X, Paris: Gallimard 1987. Auf Deutsch kam der Text zuerst 1963 bei Luchterhand heraus, unter dem Titel *Der heilige Eros*, übersetzt von Max Hölzer. Diese Übersetzung wurde für die 1974 erschienene Ullstein-Taschenbuchausgabe von Erika Höhnisch überarbeitet und lag in dieser Form der Neuübersetzung von Gert Bergfleth zugrunde, die 1994 erschienen ist. Sie wurde für die vorliegende Ausgabe von Tim Trzaskalik überarbeitet.

Die sieben Studien, die den zweiten Teil des Werks ausmachen, hat Bataille in der Reihenfolge ihrer Erstveröffentlichung (bzw. in einem Fall der Vortragsfassung) angeordnet, wobei es sich trifft, dass die beiden Sade-Aufsätze nebeneinander zu stehen kommen. Die Vorfassungen sind zum Teil stark überarbeitet.

Kinsey, die Unterwelt und die Arbeit geht zurück auf *La révolution sexuelle et le »Rapport Kinsey«*, in: *Critique*, Nr. 26, Juli 1948, S. 646–652; Nr. 27, August 1948, S. 739–750 (wiederabgedruckt in: OC XI, 1988, 339–360).

Der souveräne Mensch Sades weist zurück auf *Le bonheur, L'érotisme et la littérature*, in: *Critique*, Nr. 35, April 1949, S. 291–306; Nr. 36, Mai 1949, S. 401–411 (wiederabgedruckt in OC XI, 434–460).

Sade und der normale Mensch stellt, abweichend von Batailles Angabe, die Umarbeitung eines Vorworts zu Sades *Justine ou les malheurs de la vertu* dar, erstmals erschienen 1950 (Druckvermerk 15. Februar 1950) in der Collection »Le Soleil Noir« der Presses du Livre Français (S. I–XXVIII). Dieses Vorwort kann als die berühmteste Sade-Studie Batailles angesehen werden, denn es ist über ein halbes dutzendmal wiederveröffentlicht worden; zuerst 1952 in der 2. Auflage der »Soleil Noir«-Ausgabe, dann 1955, 1958 und 1967 in Pauverts Ausgabe dieser *Justine* – *Œuvres complètes* II/III), schließlich 1963, 1966 und 1968 in der Sade-Ausgabe des Cercle du Livre Précieux (*Œuvres complètes* VI, hier als Begleitung der *Nouvelle Justine* und der *Juliette*). Außerdem erschien es englisch in der Olympia Press, wo es 1954, 1957 und 1962 unter dem Titel *On reading Sade* die *120 Days of Sodom* einleitete. Dieses Vorwort, das besonders im letzten Drittel völlig abweicht von der *Erotisme*-Fassung, ist nur in den genannten Sade-Ausgaben zugänglich, denn in OC ist es nicht enthalten).

Das Rätsel des Inzests erschien zuerst unter dem Titel *L'inceste et le passage de l'animal à l'homme* in: *Critique*, Nr. 44, Januar 1951, S. 43–61.

Mystik und Sinnlichkeit geht zurück auf den zweiteiligen Aufsatz *La relation de l'expérience mystique à la sensualité*, erschienen in: *Critique*, Nr. 60, Mai 1952, S. 416–428; Nr. 63/64, August–September 1952, S. 728–745.

Heiligkeit, Erotik und Einsamkeit stellt, wie Bataille selbst sagt, einen Vortrag am »Collège philosophique« dar, den er im Frühjahr 1955 gehalten hat. Eine Vorform ist nicht erhalten.

Das *Vorwort zu Madame Edwarda* begleitete erstmals die dritte Ausgabe der pseudonymen, mit »Pierre Angélique« signierten erotischen Erzählung, die Pauvert 1956 in 1500 Exemplaren herausbrachte (Druckvermerk 15. Januar 1956). *Madame Edwarda* war zuerst 1941 bei den Éditions du Solitaire in 50 Exemplaren erschienen (vordatiert auf 1937), in zweiter Ausgabe ebenda 1945 in weiteren 50 Exemplaren, (vordatiert auf 1942). Für die Aufnahme in *L'érotisme* hat Bataille das Vorwort stark überarbeitet (Varianten finden sich in OC X, 712, die Pauvert-Fassung selbst in OC III). Auf Deutsch erschien die Fassung von 1956 erstmals in *Das obszöne Werk*, Reinbek: Rowohlt 1972, übersetzt von Marion Luckow. Die Differenzen zu jener Übersetzung erklären sich also zum Teil aus der veränderten Textgrundlage.

Der *Anhang* der vorliegenden Ausgabe versammelt vier Texte, die in näherem Zusammenhang mit dem Buch stehen.

Das Paradox der Erotik (*Le paradoxe de l'érotisme*) ist aufgenommen, weil es vor allem die Problematik der erotischen Literatur entfaltet. Der Text findet sich in *La Nouvelle Revue Française*, Nr. 29, Mai 1955, S. 834–839; wiederabgedruckt in OC XII, 1988, 321–325.

Die Bedeutung der Erotik (*La signification de l'érotisme*), aufgenommen vor allem wegen der Auseinandersetzung mit der »sexuellen Revolution«, entstammt dem Plan einer Zeitschrift, den Bataille unmittelbar nach Erscheinen seines Buchs entworfen hat (November 1957). Die Zeitschrift sollte »Genèse« bzw. »Genesis« heißen, zugleich französisch und englisch erscheinen und sich ausschließlich den Fragen von Sexualität und Erotik widmen, der letzteren vor allem. Als Verleger war Maurice Girodias, der Gründer und Leiter der Pariser Olympia Press, gewonnen, der aber schließlich resignierte, sodass der Plan nicht zustande kam. Batailles Programm-Entwurf wurde erstmals veröffentlicht in der *Revue de la Bibliothèque Nationale* (Nr. 17, Herbst 1985) und 1987 in OC X integriert (631–633). Siehe dazu auch oben, Michel Suryas Nachwort, S. 460–462.

Bei dem *Entwurf einer Schlussfolgerung zu ›Die Erotik‹* (*Projet d'une conclusion à ›L'érotisme‹*) handelt es sich um ein Nachlassmanuskript, von Bataille auf den 7. März 1956 datiert. Es erschien erstmals im Bataille-Heft von *L'Arc* (Nr. 32, 1967, S. 81–84), wurde im zweiten Bataille-Heft dieser Zeitschrift wiederveröffentlicht (Nr. 44, 1971, S. 88–90) und 1987 in OC X aufgenommen (636–639). Auf Deutsch kam der Text zuerst 1974 in der Ullstein-Ausgabe des *Heiligen Eros* heraus, übersetzt von Werner Hamacher. Diese Übersetzung liegt unserer Neuübersetzung zugrunde.

Die Erotik und die Faszination des Todes (*L'érotisme et la fascination de la mort*) beruht auf einem Vortrag, den Bataille am 12. Februar 1957 gehalten hat und der vom »Cercle Ouvert« organisiert wurde, einem freien Diskussionsforum, das monatlich zusammentrat und die anfallenden Vorträge samt Diskussionen in Typoskriptform vervielfältigte. Wie bereits zu Beginn dieses Konvoluts bemerkt wurde, handelt es sich bei dem abgedruckten Text jedoch nicht um den eigentlichen Vortrag, sondern um eine nachträgliche Zusammenfassung desselben von Batailles Hand. Der Vortrag als solcher ist nicht erhalten, er ist jedoch in stark überarbeiteter Form als »Einführung« in das Buch eingegangen, auf die sich somit auch die Diskussion bezieht. Wegen dieser Diskussion und Batailles Antwort darauf haben wir es in Kauf genommen, dass sich im Vortragsextrakt einige Sätze der »Einführung« wiederholen. Auch bezieht sich Bataille selbst im Schlusskapitel der Erotik auf diese Diskussion, die übrigens in OC X nur in Auszügen abgedruckt ist (S. 692–695). Das ganze Konvolut erschien erstmals deutsch in: *Konkursbuch*, Nr. 6, Tübingen 1981, in der Übersetzung von Bernd Mattheus und Gerd Bergfleth. Sie wurde hier nochmals durchgesehen und in den Bataille-Passagen der Begrifflichkeit des Haupttextes angepasst.

INHALT

Zweiter Teil
Verschiedene Studien zur Erotik

Anhang

Nachwort:

Matthes & Seitz Berlin · Paperback · 026

Das Nachwort wurde von Michel Surya eigens für diese Ausgabe geschrieben und erscheint hier zum ersten Mal.

Zweite Auflage dieser Ausgabe 2025

MSB Matthes & Seitz Berlin Verlagsgesellschaft mbH
Großbeerenstr. 57A, 10965 Berlin, Deutschland
info@matthes-seitz-berlin.de

Umschlaggestaltung: Michael Rosenlehner
Druck und Bindung: GGP Media GmbH, Pößneck
Printed in Germany
ISBN 978-3-95757-910-2
www.matthes-seitz-berlin.de